PRINCÍPIOS BÁSICOS DE ANÁLISE DO COMPORTAMENTO

M838p Moreira, Márcio Borges.
       Princípios básicos de análise do comportamento / Márcio Borges Moreira, Carlos Augusto de Medeiros. – 2. ed. – Porto Alegre : Artmed, 2019.
       xi, 306 p. : il. ; 25 cm.

       ISBN 978-85-8271-515-4

       1. Análise comportamental. I. Medeiros, Carlos Augusto de. II.Título.

CDU 159.9.019.4

Catalogação na publicação Karin Lorien Menoncin – CRB 10/2147

Márcio Borges **Moreira**
Carlos Augusto de **Medeiros**

PRINCÍPIOS BÁSICOS DE ANÁLISE DO COMPORTAMENTO
2ª edição

Reimpressão

artmed

2019

© Artmed Editora Ltda., 2019

Gerente editorial
Letícia Bispo de Lima

Colaboraram nesta edição:

Coordenadora editorial
Cláudia Bittencourt

Capa
Paola Manica

Ilustrações
Gilnei da Costa Cunha

Preparação de originais
Antonio Augusto da Roza

Leitura final
Aline Pereira de Barros

Projeto gráfico e editoração
Ledur Serviços Editoriais Ltda.

Reservados todos os direitos de publicação à
ARTMED EDITORA LTDA., uma empresa do GRUPO A EDUCAÇÃO S.A.
Av. Jerônimo de Ornelas, 670 – Santana
90040-340 – Porto Alegre – RS
Fone: (51) 3027-7000 Fax: (51) 3027-7070

Unidade São Paulo
Rua Doutor Cesário Mota Jr., 63 – Vila Buarque
01221-020 – São Paulo – SP
Fone: (11) 3221-9033

É proibida a duplicação ou reprodução deste volume, no todo ou em parte, sob quaisquer formas ou por quaisquer meios (eletrônico, mecânico, gravação, fotocópia, distribuição na Web e outros), sem permissão expressa da Editora.

SAC 0800 703-3444 – www.grupoa.com.br

IMPRESSO NO BRASIL
PRINTED IN BRAZIL

Autores

O Professor Doutor **Márcio Borges Moreira** é Doutor em Ciências do Comportamento pela Universidade de Brasília (UnB), Mestre em Psicologia e psicólogo pela Pontifícia Universidade Católica de Goiás (PUC-GO). Autor/organizador de artigos, livros e capítulos de livros sobre diversos temas em Análise do Comportamento, é diretor do Instituto Walden4 e professor do Programa de Mestrado em Psicologia do Centro Universitário de Brasília (UniCEUB). Além de textos didáticos, tem se dedicado à produção de vídeos (disponíveis no YouTube), *slides* (disponíveis no SlideShare) e cursos didáticos sobre Análise do Comportamento (disponíveis no *site* do Instituto Walden4). Seus principais interesses de pesquisa e aplicados são: comportamento simbólico, aprendizagem de matemática e desenvolvimento de *softwares* para pesquisa e ensino.

Acompanhe os trabalhos do professor Márcio pelas mídias sociais:

- http://lattes.cnpq.br/4094892880820475
- https://www.walden4.com.br/
- https://www.facebook.com/marcio.b.moreira.9
- https://www.facebook.com/iwalden4/
- https://www.facebook.com/marcioapplegadgets/
- https://www.youtube.com/user/borgesmoreirayt
- https://www.youtube.com/user/instwalden4
- https://pt.slideshare.net/borgesmoreira
- https://www.linkedin.com/in/márcio-borges-moreira-10217934/

O Professor Doutor **Carlos Augusto de Medeiros** é bacharel em Psicologia e psicólogo pela Universidade de Brasília (UnB). É Mestre e Doutor em Psicologia – área específica Análise do Comportamento – também pela UnB. Seu mestrado e seu doutorado envolveram a temática do comportamento verbal e das relações de equivalência. Atualmente é professor nível A8 do Centro Universitário de Brasília (UniCEUB), atuando, desde 2011, como docente e coordenador do Curso de Mestrado em Psicologia. Tem 19 anos de experiência na área de psicologia, com ênfase em Análise do Comportamento aplicada à clínica e em Análise Experimental do Comportamento, trabalhando principalmente com os seguintes temas: comportamento verbal (correspondência verbal e independência funcional), terapia analítico-comportamental (psicoterapia comportamental pragmática), comportamento governado por regras e controle social do comportamento.

Acompanhe os trabalhos do professor Carlos Augusto pelas mídias sociais:

http://buscatextual.cnpq.br/buscatextual/visualizacv.do?id=K4795832Y8

https://scholar.google.com.br/citations?user=BxDtnNoAAAAJ&hl=pt-BR

https://www.researchgate.net/profile/Carlos_Medeiros14

https://www.facebook.com/profile.php?id=100011393168794

Dedicado a
Nathalie de Medeiros
Vanessa Faria

Apresentação

Apresentar a nova edição de *Princípios Básicos de Análise do Comportamento*, de Moreira e Medeiros (ou Márcio e Guto, como os chamo em nossa longa história), é, para mim, um prazer e uma honra. Parafraseando Skinner (1991), um leitor mais desavisado poderia afirmar que, sendo behaviorista (e analista do comportamento), eu deveria dizer que é reforçador para mim. Certamente eu digo que é reforçador, mas para o meu comportamento. Claro que novos contextos, nos quais esse comportamento possa ser emitido novamente, devem ocorrer para que se possa verificar se houve alteração em sua frequência, mas isso dependerá de essa apresentação ser reforçadora para o comportamento dos leitores e futuros autores que venham a buscar descrever os princípios de aprendizagem sob o olhar da Análise do Comportamento e do Behaviorismo Radical. Com essa fala inicial, quero já mostrar a importância dos princípios e dos termos técnicos que usamos para descrevê-los, e aproveitar para indicar que, ao falar de princípios básicos, estamos nos referindo não a princípios simples, mas àqueles que são a base da compreensão do comportamento, incluindo os complexos.

Certa vez, ao explicar sobre os princípios que estavam operando quando o comportamento de pressão à barra emitido por um ratinho levava à liberação de água no contexto em que a luz estava acesa, mas não quando estava apagada, um estudante relatou sua preocupação com questões, segundo ele, mais profundas: "Isso é muito simples, professor!". De pronto concordei, mas fui adiante: "Sim, mas o que aconteceria com esse comportamento se eu trocasse a iluminação?", perguntei. Ele e outros alunos se entreolharam e, de repente, ele respondeu: "Não sei, se fosse eu, acho que ia ficar confuso". Aproveitei esse momento, então, para enfatizar o quão importante é poder compreender os processos básicos, a fim de gradualmente ir adquirindo compreensão do comportamento complexo, e apresentei outra situação: "Imagine, então, um adulto que foi criado por um pai altamente exigente e uma mãe permissiva. Após a separação dos pais, no entanto, o pai começa a 'fazer todas as suas vontades', e a mãe passa a exigir muito a presença do filho; adicionalmente, os períodos de contato com cada pai se modificam, ora está apenas com um e em alguns momentos ambos estão presentes... Que comportamentos ele apresentaria (leia-se: o que ele sentiria, pensaria, faria, falaria)?". Como vocês podem esperar, por ser um aluno de início de curso, ele teve dificuldade em responder, mas eu o acalmei, informando que não ter a resposta naquele momento não era um problema, pois eu havia inserido diversas variáveis no exemplo, de forma a ilustrar a complexidade do controle do comportamento quando há muitas variáveis envolvidas. Salientei, também, que sem dúvida os princípios básicos estavam operando e auxiliariam a compreender a situação; conhecê-los iria permitir analisar as funções dos comportamentos e das diferentes variáveis envolvidas. Descrevi alguns dos princípios presentes na situação, mas tomo a liberdade de omiti-los aqui, deixando que vocês venham a reconhecê-los ao longo da leitura do livro.

Complementarmente ao conhecimento das funções envolvidas na interação com o ambiente, entender os princípios que operam na aprendizagem de novos comportamentos ou no fortalecimento de comportamentos com baixa frequência tem importância teórico-metodológica, mas, principalmente, aplicada. Uma das grandes batalhas do behaviorismo e da análise do comportamento tem sido mostrar como, a partir dos mesmos princípios básicos gerais, nossas interações podem selecionar tanto comportamentos "adequados" como "inadequados". Determinados eventos (em geral contingências que envolvem condições aversivas) levam a comportamentos prejudiciais para o indivíduo ou para o grupo, ou, em uma linguagem mais coloquial, levam ao "sofrimento". Podemos intervir para reduzi-los e/ou fortalecer os comportamentos mais adequados, ou "saudáveis", alterando ou diversificando consequências, modificando o contexto ambiental, evitando o uso de coerção, etc. Essas possibilidades de intervenção, porém, não se efetivam a partir de um conhecimento parcial ou superficial dos princípios de aprendizagem.

Como professor e pesquisador interessado nos princípios básicos, um dos grandes temores é que aqueles que se proponham a intervir no comportamento em qualquer contexto, aplicando os procedimentos ou os princípios aqui descritos, considerem desnecessários os conhecimentos sobre princípios básicos. De fato, é comum vermos diferentes áreas aplicando-os a partir de um conhecimento superficial ou com o uso de técnicas específicas e pontuais sem uma preocupação (ou um entendimento) de como o comportamento sob foco de intervenção se relaciona com outras variáveis presentes. É frequente o aparecimento da melhor intervenção de todos os tempos da última semana para treinar, ensinar, "facilitar a aprendizagem", desenvolver competências, usando conhecimentos parciais sobre aplicações de incentivos, sistemas de recompensa e até mesmo controle aversivo. Mais frequentes que o aparecimento dessas técnicas são suas falhas. Muitas opiniões usam essas falhas como pretensas ilustrações da limitação dos princípios. Já os dados indicam que as falhas derivam de erros de intervenção relacionados a aplicações nas quais não se tem um amplo conhecimento dos princípios envolvidos.

Os princípios descritos no livro não foram inventados pela análise do comportamento; os termos, a linguagem que os descrevem e a forma de abordá-los, sim. Os princípios de aprendizagem respondente possibilitam o entendimento de comportamentos estabelecidos por emparelhamento de estímulos, e como essas respostas podem passar a ser controladas por condições novas presentes, seja assustar-se ao ver um raio, seja o coração bater mais forte ao ouvir novamente a música tocada em seu casamento. Os princípios de aprendizagem operante permitem a compreensão dos efeitos iniciais e fundamentais das consequências de nosso comportamento e como isso acaba fazendo com que o contexto no qual o comportamento ocorreu passe também a torná-lo mais ou menos provável. Ademais, a partir desses princípios, podemos entender como as consequências podem levar respostas com forma semelhante a ter funções diferentes. Os diferentes arranjos de consequências, ou esquemas de reforço, nos permitem entender, ainda, por que alguns indivíduos passam a responder mais frequentemente em situações que outros respondem menos frequentemente e até mesmo por que um esquema é preferido a outro em situações de escolha. A compreensão de todos esses princípios em conjunto e à luz das histórias da espécie, individual e cultural permite análises completas e possibilita intervenções mais adequadas.

É nesse ponto que *Princípios Básicos de Análise do Comportamento* vem auxiliar de forma substancial o estudante ou interessado no comportamento humano a compreender as bases do estabelecimento, da manutenção e da alteração do comportamento. Sua linguagem mescla, de forma clara, o uso técnico dos conceitos e exemplos próprios do laboratório com contextos naturais, remetendo o leitor a situações cotidianas de fácil entendimento. Ao longo do livro, princípios importantes são descritos e retomados, buscando mostrar que, apesar da separação didática, se interrelacionam, provendo assim, ao leitor, indicativos de ferramentas de análise que podem contribuir com o avanço gradual que culmina em uma descrição de análise funcional de situações mais complexas.

Com o livro completando 10 anos, esta nova edição já era aguardada há tempos. E a espera, sem dúvida, valeu a pena. Novos exemplos, revisões e esclarecimento de conceitos, procedimentos e processos comportamentais apoiarão ainda mais docentes, monitores e auxiliares na discussão dos diferentes tópicos relacionados à aprendizagem operante e respondente, bem como os estudantes na ampla compreensão dos princípios básicos e seu estudo no laboratório. Tenhamos todos uma ótima leitura!

Cristiano Coelho
Doutor em Psicologia pela Universidade de Brasília

Sumário

 1 O reflexo inato — 1
 2 O reflexo aprendido: condicionamento pavloviano — 20
 3 Aprendizagem pelas consequências: o reforçamento — 46
 4 Aprendizagem pelas consequências: o controle aversivo — 75
 5 Primeira revisão do conteúdo — 105
 6 Controle de estímulos: o papel do contexto — 118
 7 Esquemas de reforçamento — 155
 8 Segunda revisão do conteúdo — 183
 9 A análise funcional: aplicação dos conceitos — 193
10 Atividades de laboratório com animais não humanos — 228
11 Algumas normas e dicas para redigir um relatório científico — 260
12 B. F. Skinner, Análise do Comportamento e o Behaviorismo Radical — 286

1

O reflexo inato

Objetivos do capítulo

Ao final deste capítulo, espera-se que o leitor seja capaz de:

1 Definir, identificar e prover exemplos de estímulos e respostas;
2 Definir, identificar e prover exemplos de comportamento reflexo inato;
3 Definir, identificar e prover exemplos das leis do reflexo inato: intensidade-magnitude, limiar e latência;
4 Definir, identificar e prover exemplos de habituação e sensibilização da resposta;
5 Relacionar de forma geral os comportamentos reflexos inatos à compreensão e ao estudo das emoções;
6 Definir o comportamento reflexo em termos de contingências estímulo-resposta.

Quando você vai ao médico e ele bate o martelo no seu joelho, o músculo de sua coxa é contraído (você "dá um chute no ar"); quando a luz incide sobre a pupila do seu olho, esta se contrai; quando você ouve um barulho alto e repentino, seu coração dispara (taquicardia); quando entra em uma sala muito quente, você começa a suar. Esses são apenas alguns exemplos de comportamentos **reflexos inatos**. Note que há algo em comum em todos eles: há sempre uma alteração no ambiente que produz uma alteração no organismo.

Todas as espécies animais, incluindo nós, seres humanos, apresentam comportamentos reflexos inatos. Esses reflexos são uma preparação mínima que os organismos têm para começar a interagir com seu ambiente e para ter chances de sobreviver. A Figura 1.1 mostra um exemplo de reflexo inato, o de sucção. Se você colocar seu dedo na boca de um recém-nascido, ele provavelmente irá sugá-lo. Da mesma forma, quando o seio da mãe entra em contato com a boca do bebê, uma resposta semelhante é observada (suc-

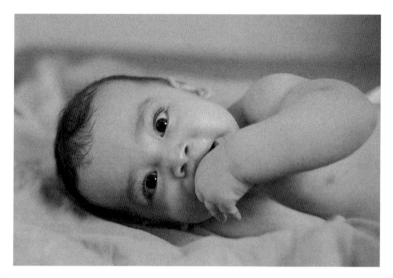

Figura 1.1
Os reflexos inatos são muito importantes para nossa sobrevivência. Esta figura ilustra o reflexo de sucção, presente em recém-nascidos.
Fonte: https://www.shutterstock.com/PixieMe/small babe portrait laying on bed with finger in mouth

ção). Não é necessário que o recém-nascido, de maneira geral, aprenda a mamar. Imagine como seria difícil ensiná-lo a sugar o seio da mãe. De modo semelhante, se você espetar o pé de um bebê, ele contrairá a perna, afastando o pé do objeto que o está ferindo. Esses e inúmeros outros reflexos fazem parte do **repertório comportamental** (comportamentos de um organismo) de animais humanos e não humanos desde o momento de seu nascimento, ou mesmo já durante a vida intrauterina; por isso, são chamados de comportamentos reflexos inatos.

No dia a dia, utilizamos o termo **reflexo**, entre outros significados, como sinônimo de uma ação que ocorreu temporalmente muito próxima a algum evento ambiental antecedente; por exemplo, "aquele goleiro teve reflexos rápidos ao defender a cobrança do pênalti" ou "você teve bons reflexos evitando que o prato caísse no chão". Também usamos o termo, por exemplo, em frases como "o reflexo da luz cegou seu olho por alguns instantes". Além disso, o termo reflexo foi empregado por alguns psicólogos e fisiologistas para falar sobre comportamento, mas, muitas vezes, as maneiras como tratam esse conceito diferem do modo como o usamos na linguagem cotidiana, isto é, como falamos no dia a dia. Neste capítulo, discutiremos os comportamentos chamados de reflexos, especialmente os reflexos inatos. Para tanto, é necessário que, antes de falarmos sobre esses comportamentos, especifiquemos o que é, para nós, psicólogos, um reflexo.

Na linguagem cotidiana (p. ex., "aquele goleiro tem reflexos rápidos"), utilizamos o termo *reflexo* como um conjunto de habilidades ou capacidades de um organismo. Dizemos que uma pessoa tem bons reflexos quando ela consegue executar certas ações de forma bem-sucedida e rápida, como desviar de um soco no rosto, por exemplo. Em psicologia, quando falamos sobre comportamento reflexo, o termo reflexo não se refere a capacidades ou habilidades, mas, sim, a uma relação entre uma ação e o que aconteceu antes dela. Neste caso, o que o indivíduo fez é chamado de resposta, e o que aconteceu antes da resposta – e a produziu – é chamado de estímulo. Reflexo, portanto, é uma relação entre um estímulo e uma resposta, é um tipo específico de interação entre um organismo e seu ambiente.

Reflexo, estímulo e resposta

Para compreendermos o que é reflexo, ou seja, uma relação entre estímulo e resposta, é necessário que, antes, saibamos claramente o que é um estímulo e o que é uma resposta. Esses termos são amplamente utilizados por nós na linguagem cotidiana. Seus significados, ao se referirem ao comportamento, são, no entanto, diferentes do uso no dia a dia. Quando falamos sobre comportamento reflexo, esses termos adquirem significados diferentes: estímulo é uma mudança no **ambiente**, e resposta é uma mudança no **organismo**. Analise os exemplos de reflexos da Tabela 1.1, tentando relacioná-los aos conceitos de estímulo e resposta apresentados anteriormente.

Note que na Tabela 1.1 temos a descrição de quatro reflexos, ou seja, a descrição de quatro relações entre o ambiente (estímulo) e o organismo (resposta). No reflexo "fogo próximo à mão → contração do braço", "fogo próximo à mão" é uma mudança no ambiente (não havia fogo, agora há) que leva à "contração do braço", uma mudança no organismo (o braço não estava contraído, agora está). Portanto, quando mencionamos reflexo, estamos nos referindo às relações entre estímulo e resposta que especificam que determinada mudança no ambiente **produz** determinada mudança no organismo. Dito em termos técnicos, o reflexo é uma relação na qual um estímulo **elicia** (produz) uma resposta. Outros dois reflexos, ou **relações reflexas**, podem ser vistos na Figura 1.2, em cuja parte superior temos um reflexo no qual o estímulo "som alto de um grito" elicia a resposta de "susto" ou "sobressalto". Já na parte inferior, é possível observar um comportamento reflexo no qual a resposta "sudorese" é eliciada pelo estímulo "aumento na temperatura".

É comum, em ciência, utilizarmos símbolos para representar tipos diferentes de fenômenos e seus aspectos. Em uma **ciência do comportamento**, como a Análise do Comportamento, não seria diferente. Ao longo deste livro, você aprenderá diversos símbolos que representam os aspectos do comportamento envolvidos nas **interações organismo-ambiente**. Para falar de comportamento reflexo, utilizaremos a letra **S** para representar os

TABELA 1.1 Exemplos de reflexos

Estímulo	Resposta
Fogo próximo à mão	Contração do braço
Martelada no joelho	Extensão da perna
Alimento na boca	Salivação
Barulho estridente	Sobressalto

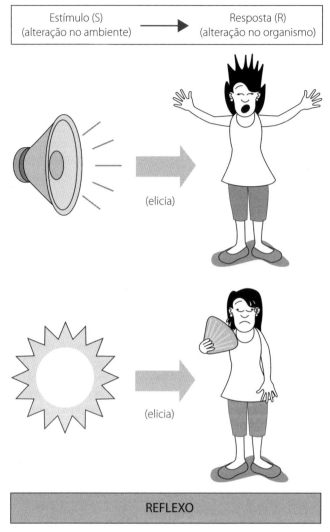

Figura 1.2
Reflexos são relações entre estímulos e respostas. Respostas são mudanças em um organismo produzidas por mudanças no ambiente.

estímulos e a letra **R** para representar as respostas (iniciais das palavras correspondentes em língua inglesa: *stimulus* e *response*). A relação entre o estímulo e a resposta é representada por uma seta (→), a qual significa "elicia". Quando a análise comportamental envolve dois ou mais reflexos, é comum haver índices nos estímulos ($S_1, S_2, S_3, ..., S_n$) e nas respostas ($R_1, R_2, R_3, ..., R_n$). O reflexo patelar, por exemplo, poderia ser representado assim:

$$S_1 \to R_1$$

PRINCÍPIOS BÁSICOS DE ANÁLISE DO COMPORTAMENTO **5**

ou seja, S₁ é o estímulo (batida de um martelo no joelho) e R₁ é a resposta (extensão da perna). A seta significa que o estímulo produz (elicia) a resposta. Dizemos, nesse caso, que S₁ elicia R₁, ou que a batida de um martelo no joelho elicia a resposta de extensão da perna.

A Tabela 1.2 apresenta vários exemplos de estímulos e respostas para exercitarmos. Quando há um "X" na coluna "S", trata-se de um estímulo. Quando o "X" está na coluna "R", trata-se do exemplo de resposta. Quando há apenas um traço "__" nas colunas "S" e "R", significa que é necessário completar a tabela marcando um "X" na coluna "S" quando o exemplo indicar um estímulo ou na coluna "R" quando indicar uma resposta. Após completar a Tabela 1.2, confira o gabarito ao final da tabela.

TABELA 1.2 Estímulos (S) e respostas (R)

Eventos		S	R
1.	Cisco no olho	X	__
2.	Sineta do jantar	__	__
3.	Ruborizar-se (ficar vermelho)	__	__
4.	Choque elétrico	X	__
5.	Luz no olho	__	__
6.	Lacrimejar	__	X
7.	Arrepiar-se	__	__
8.	Som da broca do dentista	__	__
9.	Aumento na frequência cardíaca	__	X
10.	Contração pupilar	__	X
11.	Suar	__	__
12.	Situação embaraçosa	__	__
13.	Cebola perto do olho	X	__
14.	Comida na boca	__	__
15.	Piscar	__	__
16.	Salivar	__	X

Gabarito da Tabela 1.2: 1. S; 2. S; 3. R; 4. S; 5. S; 6. R; 7. R; 8. S; 9. R; 10. R; 11. R; 12. R; 13. S; 14. S; 15. R; 16. R.

Contingências estímulo-resposta

Contingências são modos de descrever como ambiente e organismo interagem de forma condicional. Uma **contingência** é definida como uma descrição de relações condicionais entre eventos, isto é, relações do tipo: se..., então... Por exemplo, **se** uma luz forte incide sobre a retina (estímulo), **então** ocorre a contração da pupila (resposta). Dessa forma, podemos dizer que uma relação reflexa é uma relação de contingência.

Intensidade do estímulo e magnitude da resposta

Antes de estudarmos um pouco mais as relações entre os estímulos e as respostas, é necessário conhecermos os conceitos de **intensidade do estímulo** e de **magnitude da resposta**. Tanto intensidade como magnitude referem-se ao "quanto" de estímulo e de resposta, ou à "força" do estímulo e da resposta, como falamos na linguagem cotidiana. Tomemos como exemplo o reflexo patelar, conforme exemplificado na Figura 1.3A. Nesse reflexo, o estímulo é a martelada no joelho, e a resposta é a extensão da perna. No caso, a força com que a martelada é dada é a intensidade do estímulo, e o ângulo da extensão da perna é a magnitude da resposta. Já na Figura 1.3B, o estímulo é o aumento da luminosidade do ambiente, e a resposta é a contração da pupila. Nesse caso, a magnitude da resposta pode ser medida pela diferença entre os diâmetros da pupila medidos (em milímetros, por exemplo) antes e depois do aumento da luminosidade do ambiente. O aumento da luminosidade pode ser medido pela diferença da potência (em watts) entre duas lâmpadas. Quando entramos em uma sala muito quente, começamos a suar. Nesse exemplo de comportamento reflexo, o estímulo é o calor (temperatura), e a resposta é a sudorese. A intensidade do estímulo, nesse caso, é medida em graus Celsius (p. ex.,

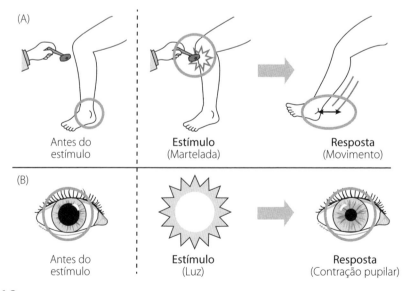

Figura 1.3
Mudanças no ambiente produzem mudanças no organismo. (A) Reflexo patelar. (B) Reflexo pupilar.

25, 30, 40°C, etc.), e a magnitude da resposta é medida pela quantidade de suor produzido (p. ex., 10, 15, 20 mL, etc.).

A Tabela 1.3 apresenta alguns exemplos de estímulos e respostas e informa como poderíamos medi-los. A primeira coluna indica se o exemplo é um estímulo (S) ou uma resposta (R). A segunda traz exemplos específicos de estímulos ou respostas. Já a terceira apresenta uma forma de medi-los. Note que as formas colocadas na Tabela 1.3 representam apenas algumas possibilidades de mensuração de estímulos e respostas.

Aprender a observar e medir o comportamento é extremamente importante para o psicólogo (analista do comportamento). O tempo todo estamos fazendo referência, mesmo que implicitamente, a alguma medida de comportamento. Até mesmo o leigo faz isso quando, por exemplo, pergunta "Você ficou com muito medo naquele momento?" ou "O que mais te excita: palavras ou cheiros?". Os advérbios de intensidade, como "muito", "pouco", "mais" e "menos", não são indicadores muito precisos, apesar de se destinarem a expressar medidas dos fenômenos, como o comportamento. Grandezas físicas como peso, altura, temperatura e frequência são formas mais apropriadas de medição em ciência.

Leis ou propriedades do reflexo

Ao longo dos três últimos séculos, vários pesquisadores, entre eles alguns psicólogos, estudaram os reflexos inatos de humanos e não humanos, buscando compreender melhor esses comportamentos e identificar seus padrões de ocorrência. Estudaremos, a seguir, algumas das descobertas desses pesquisadores. Os padrões de ocorrência dos comportamentos são descrições de regularidades. As regularidades são fundamentais para a construção do

TABELA 1.3 Exemplos de estímulos e respostas e formas de medi-los

S ou R	Estímulo/Resposta	Como medir?
S	Som, barulho	Volume em decibéis
R	Salivar	Gotas de saliva em mililitros
R	Contração pupilar	Diâmetro da pupila em milímetros
S	Choque elétrico	Volts
S	Temperatura	Graus Celsius
R	Taquicardia	Número de batimentos por minuto
R	Suar (sudorese)	Quantidade de suor em mililitros
R	Contração muscular	Força da contração em newtons
S	Alimento	Quantidade em gramas

conhecimento científico. A partir da observação de relações entre organismo e ambiente que se repetem, é possível prever e até controlar as ocorrências futuras de um mesmo fenômeno.

O objetivo de uma ciência é buscar relações regulares (constantes) entre **eventos**, e foi exatamente isso que os cientistas que estudaram e estudam o comportamento reflexo fizeram: eles buscaram identificar relações constantes entre os estímulos e as respostas por eles eliciadas que se repetissem nos mais diversos reflexos e em diferentes espécies animais. Essas regularidades nas relações entre estímulos e respostas são chamadas de leis ou propriedades do reflexo.

Em ciência, leis são definidas como descrições de regularidades dos fenômenos naturais que foram sistematicamente testadas pelos cientistas. Por exemplo, como veremos a seguir, a relação entre a intensidade do estímulo e o seu efeito sobre a magnitude da resposta é regular: quanto maior a intensidade do estímulo, maior a magnitude da resposta. Essa descrição de uma regularidade é um exemplo de lei científica. Examinaremos, a seguir, essa e outras leis do reflexo com mais detalhes.

Lei da intensidade-magnitude. A lei da intensidade-magnitude estabelece que a intensidade do estímulo é uma medida diretamente proporcional à magnitude da resposta, ou seja, em um reflexo, quanto maior a intensidade do estímulo, maior será a magnitude da resposta (ver Fig. 1.4). Tomando novamente como exemplo o reflexo que compreende um

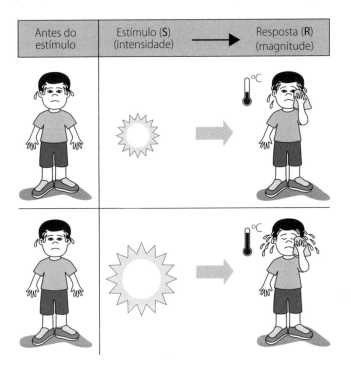

Figura 1.4
Quanto mais forte um estímulo, mais forte será a resposta eliciada por ele. Neste exemplo, quanto maior é a intensidade do estímulo (calor), maior é a magnitude da resposta (suor). Na representação gráfica desta figura, o tamanho do sol simboliza a quantidade de calor. Ao mesmo tempo, o número de gotas indica a quantidade de suor.

barulho alto (estímulo) e um susto (resposta), teríamos o seguinte: quanto mais alto o barulho, maior o susto. Quando você abre a janela do seu quarto pela manhã, após acordar, o aumento da luminosidade no interior do aposento (estímulo) elicia a contração de suas pupilas (resposta). Segundo a lei da intensidade-magnitude, quanto mais claro estiver o dia, mais suas pupilas irão se contrair.

Lei do limiar. A lei do limiar estabelece que, para todo reflexo, é necessária uma intensidade mínima do estímulo para que a resposta seja eliciada. Um choque elétrico é um estímulo que elicia a resposta de contração muscular. Segundo a lei do limiar, existe uma intensidade mínima do choque que é necessária para que a resposta de contração muscular ocorra. Por exemplo, para uma determinada pessoa, essa intensidade mínima pode ser algo em torno de 5 volts; para outra, porém, essa intensidade poderia ser de 10 volts (exemplos hipotéticos). Note que, a despeito das diferenças individuais citadas no exemplo, a relação comportamental se mantém, isto é, há sempre uma intensidade mínima do estímulo para que a resposta seja eliciada. Para a primeira pessoa do nosso exemplo, intensidades do estímulo abaixo de 5 volts não eliciam a resposta de contração muscular, ao passo que aquelas acima dos 5 volts eliciam sempre. A Figura 1.5 ilustra a relação entre a intensidade do estímulo e a eliciação da resposta.

Lei da latência. Latência é o nome dado a um intervalo entre dois eventos. No caso dos reflexos, latência é o tempo decorrido entre a apresentação do estímulo e a ocorrência da resposta. A lei da latência estabelece que, quanto maior a intensidade do estímulo, menor o intervalo entre sua apresentação e a ocorrência da resposta (ver Fig. 1.6). Dizemos, portanto, que intensidade do estímulo e latência da resposta são duas medidas inversamente proporcionais. Barulhos altos e estridentes (estímulos) geralmente eliciam um susto (resposta). Segundo a lei da latência, quanto mais alto for o barulho, mais rapidamente haverá as contrações musculares comuns no susto.

Além da latência entre a apresentação do estímulo e a ocorrência da resposta, a intensidade do estímulo também tem uma relação diretamente proporcional à duração da resposta: quanto maior a intensidade do estímulo, maior será a duração da resposta. Quando somos expostos a um vento frio (estímulo), ocorre o arrepio de nossa pele (resposta). Você já deve ter tido alguns arrepios mais demorados que outros. O tempo durante o qual a sua pele ficou arrepiada é diretamente proporcional à intensidade do frio, ou seja, quanto mais frio, mais tempo dura o arrepio.

Sobre as relações descritas por essas três leis do reflexo que acabamos de estudar, é necessário lembrar que há um limite para as modificações do organismo em função das intensidades dos estímulos. Com o aumento na intensidade do estímulo, o aumento na magnitude e na duração da resposta não é ilimitado. Ou seja, chega um ponto em que aumentos na intensidade do estímulo não serão acompanhados de aumentos correspondentes na magnitude e na duração da resposta. Por exemplo, chegará um ponto em que a pupila não se contrairá mais, mesmo com novos aumentos na intensidade da luminosidade do ambiente. O mesmo ocorre com a latência da resposta, a qual não continuará a diminuir mesmo que se aumente a intensidade do estímulo. Por fim, as relações quantitativas entre a intensidade do estímulo e as diferentes medidas da resposta só podem ser obtidas empi-

Figura 1.5
Lei do limiar. Existe uma intensidade mínima do estímulo necessária para eliciar uma resposta. Na ilustração, só a partir do terceiro quadro o suor é produzido, ou seja, apenas nesse quadro o calor é suficiente (está acima do limiar) para eliciar a sudorese.

ricamente, isto é, testando-se na prática e, de preferência, em situação controlada, típica de um ambiente laboratorial.

Efeitos de eliciações sucessivas

Se você está próximo a uma casa em construção, o som súbito e estridente de uma martelada em uma viga de ferro pode eliciar uma resposta de sobressalto, isto é, você se assusta ao ouvir o som da martelada. No entanto, à medida que esse ruído se repete, é possível que você se assuste cada vez menos e com maior latência da resposta a cada novo golpe.

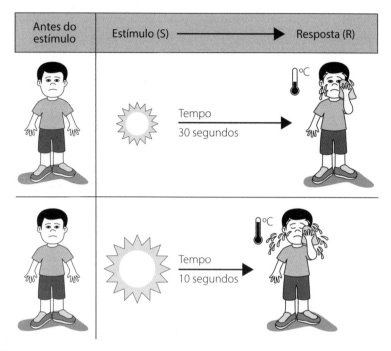

Figura 1.6
Lei da latência. Quanto mais fraco é o estímulo (menor intensidade), mais tempo se passará entre a apresentação do estímulo e a ocorrência da resposta, ou seja, maior será a latência da resposta.

Em contrapartida, pode ser que ocorra o contrário, que você se assuste mais a cada nova martelada. Em ambos os casos, falamos do efeito de **eliciações sucessivas** de uma resposta.

Quando um determinado estímulo, que elicia uma determinada resposta, é apresentado ao organismo várias vezes seguidas em curtos intervalos de tempo, a resposta que compõe o reflexo em questão é eliciada várias vezes em sequência, em sucessão, uma vez após a outra. Nesse caso, falamos de eliciações sucessivas de uma resposta. Essas eliciações sucessivas podem produzir alterações nas relações entre o estímulo e a resposta. Mais especificamente, elas podem alterar as relações entre a intensidade do estímulo e a magnitude, a duração e a latência da resposta.

Vimos que, em um reflexo, a magnitude da resposta é diretamente proporcional à intensidade do estímulo eliciador, isto é, quanto maior a intensidade do estímulo, maior a magnitude da resposta. Vimos também que a latência da resposta é inversamente proporcional à intensidade do estímulo, isto é, quanto maior a intensidade do estímulo, menor a latência da resposta. No entanto, eliciações sucessivas de uma resposta podem fazer uma mesma intensidade do estímulo eliciar respostas com magnitudes cada vez menores e latências cada vez maiores. Esse padrão de diminuição na magnitude da resposta e aumento na latência produzidos por eliciações sucessivas é chamado de **habituação da resposta** ou, simplesmente, de **habituação**. Em contrapartida, eliciações sucessivas podem fazer uma mesma intensidade do estímulo eliciar respostas com magnitudes cada vez maiores e latências cada vez menores. Esse padrão de aumento na magnitude e diminuição na latência da resposta produzidos por eliciações sucessivas da resposta é chamado de **sensibilização da**

resposta ou, simplesmente, de **sensibilização** (tradução do termo *sensitization*, em inglês). O termo **potenciação** também é utilizado em Análise do Comportamento em vez de sensibilização (p. ex., Catania, 1999). Entretanto, optamos pelo termo sensibilização por ser o mais frequentemente empregado na literatura especializada.

Há, por exemplo, uma interessante linha de pesquisa na literatura científica que tem estudado as diferenças no processo de habituação entre pessoas com e sem diagnóstico de esquizofrenia. Os pesquisadores Mark Geyer e David Braff, por exemplo, publicaram um artigo sobre esse assunto em 1982. No experimento realizado por eles, foi estudado o reflexo de sobressalto produzido por estímulo acústico, em que o estímulo é um som, um "bip" agudo e de curta duração, e a resposta pode ser uma contração muscular, como um piscar de olhos, por exemplo (movimentos característicos de um susto). Nesse experimento em específico, a resposta medida foi a de piscar os olhos. A intensidade do estímulo foi medida em decibéis, e a magnitude da resposta, em milímetros (deslocamento das pálpebras).

O experimento de Geyer e Braff (1982) consistia, basicamente, em apresentações sucessivas do estímulo acústico ("bips" de 116 dB), em média a cada 15 segundos, e na mensuração da magnitude das respostas de piscar eliciadas. Os participantes dessa pesquisa foram pessoas sem diagnóstico psiquiátrico, pacientes com diagnóstico de esquizofrenia e indivíduos com diagnóstico psiquiátrico diferente do de esquizofrenia.

Os resultados dessa investigação mostraram que eliciações sucessivas do reflexo de piscar geraram, em média, uma diminuição de 70% da magnitude da resposta de piscar para os participantes não esquizofrênicos e de menos de 50% para aqueles com esquizofrenia. Também foram encontradas diferenças na latência da resposta entre esses dois grupos. Para todos os participantes, a magnitude da resposta de piscar eliciada pela primeira apresentação do estímulo acústico foi de cerca de 10 mm. Após 121 eliciações, a magnitude da resposta de piscar para os participantes sem diagnóstico e não esquizofrênicos foi de cerca de 3 mm — uma diminuição de aproximadamente 70%. O mais interessante dessa pesquisa, no entanto, é que se verificou uma diminuição menor na magnitude da resposta de piscar para os participantes com diagnóstico de esquizofrenia. Para estes, foi verificada uma magnitude média de 5 mm após 121 eliciações, uma diminuição de menos de 50%. A pesquisa mostrou, portanto, que ocorre menos habituação do reflexo de piscar em pessoas com diagnóstico de esquizofrenia se comparadas àquelas sem esse diagnóstico.

A pesquisa realizada por Geyer e Braff também mostrou aumento da latência da resposta de piscar ao longo de suas eliciações sucessivas, caracterizando outra evidência de habituação. Além disso, foram encontradas diferenças entre aumento da latência para participantes com e sem diagnóstico de esquizofrenia. De maneira geral, os indivíduos com o diagnóstico apresentaram menor latência da resposta após as eliciações sucessivas em comparação àqueles sem o diagnóstico. É interessante notar também que a latência da resposta aumentou após as primeiras eliciações e, depois, voltou a diminuir, retornando aos seus níveis iniciais. A Figura 1.7 ilustra, com números aproximados, os resultados apresentados por Geyer e Braff com relação à magnitude e à latência da resposta de piscar para os participantes dos três grupos. São apresentados os valores médios (médio do grupo) de cada medida.

Embora haja muitas pesquisas como a de Geyer e Braff (1982) demonstrando a habituação da resposta no reflexo de sobressalto (e em outros reflexos), há também aquelas

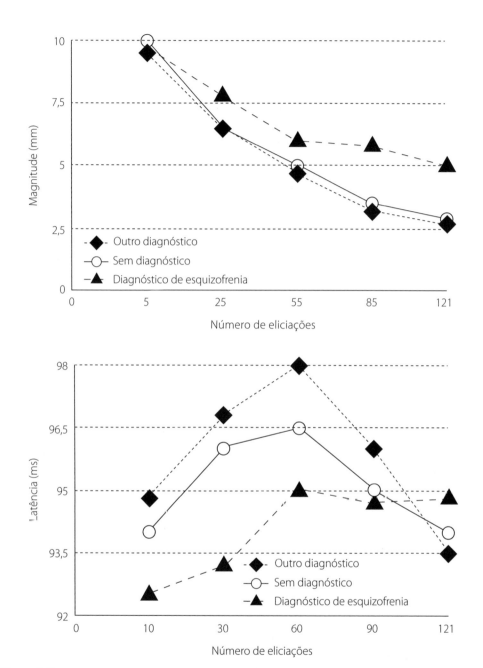

Figura 1.7
Ilustrações dos resultados encontrados por Geyer e Braff (1982) – dados aproximados referentes às Figuras 1 (p. 3) e 2 (p. 4) do estudo original.
Fonte: Geyer, M. A., & Braff, D. L. (1982).

que demonstram a sensibilização da resposta, incluindo a resposta de piscar no reflexo de sobressalto com estímulo acústico. Esse é o caso, por exemplo, de uma pesquisa realizada por Paul Haerich em 1997. No experimento de Haerich, estudantes universitários foram expostos a apresentações sucessivas do estímulo acústico ("bips") por três dias consecutivos. O pesquisador manipulou o intervalo entre as apresentações dos estímulos. Por exemplo, para alguns participantes, o intervalo entre um "bip" e outro era de 2 segundos e, para outros, de 16 segundos. Haerich verificou que, ao final dos três dias, houve habituação da resposta de piscar para os participantes expostos a intervalos de 16 segundos. No entanto, para aqueles expostos a intervalos de 2 segundos, observou-se a sensibilização da resposta.

Eliciações sucessivas com estímulos aversivos, como choques elétricos, por exemplo, tendem a gerar sensibilização, em vez habituação. No entanto, se eliciações sucessivas gerarão habituação ou sensibilização depende, no geral, de uma série de fatores (i.e., de uma série de variáveis experimentais), conforme tem sido apontado na literatura da área. Schicatano e Blumenthal (1994), por exemplo, demonstraram que o consumo de café pode atrasar o início da habituação da resposta de sobressalto eliciada por estímulo acústico. Estudos como esse têm grande relevância para pesquisas relacionadas aos efeitos de fármacos sobre o comportamento.

É importante destacar que os efeitos de eliciações sucessivas, tanto a habituação quanto a sensibilização, são temporários. Isso quer dizer que, uma vez interrompida a apresentação do estímulo eliciador por um certo período de tempo, uma nova apresentação do estímulo produzirá magnitudes e latências de respostas similares àquelas registradas no início das eliciações sucessivas.

Os reflexos e o estudo de emoções

Um aspecto extremamente relevante do comportamento humano são as emoções (medo, alegria, raiva, tristeza, excitação sexual, etc.). Você já deve ter dito ou ouvido a seguinte frase: "Na hora, não consegui me controlar, explodi de raiva". Também já deve ter achado esquisito, e até certo ponto incompreensível, que algumas pessoas apresentem certas emoções, como o medo de penas de aves ou de baratas – isso sem falar nos casos pouco usuais como os daquelas pessoas que ficam sexualmente excitadas na presença de estímulos, no mínimo, estranhos, como ocorre na coprofilia e na necrofilia.

Parte daquilo que chamamos de emoções envolve respostas reflexas a estímulos ambientais. Em certos casos, talvez esse seja o motivo da dificuldade em "controlar" algumas emoções. Não sentir medo de barata pode ser tão difícil quanto não piscar o olho ao se ouvir um barulho alto e repentino. Um exemplo clínico pode ilustrar esse ponto. Muitas pessoas apresentam fortes respostas emocionais de ansiedade e medo quando são solicitadas a falar em público. Em vão, tentam controlar suas respostas emocionais dizendo para si mesmas: "Controle-se!", "Acalme-se!", "Está tudo bem!". Tais iniciativas podem ser infrutíferas, já que a situação de falar em público elicia as respostas emocionais em uma relação reflexa. Dessa forma, essas pessoas evitam as situações de falar em público, o que pode trazer prejuízos para suas vidas acadêmica e profissional.

Os organismos, de acordo com as suas espécies, nascem de alguma forma preparados para interagir com seu ambiente. Assim como nascemos preparados para contrair um músculo quando uma superfície pontiaguda é pressionada contra nosso braço, nascemos também preparados para ter algumas **respostas emocionais** quando determinados estímulos surgem em nosso ambiente. Inicialmente, é necessário saber que as emoções não surgem do nada. As emoções, ou respostas emocionais, ocorrem em função de determinados eventos ambientais. Na maioria dos casos, não sentimos medo, alegria ou raiva na ausência de eventos desencadeadores; sentimos essas emoções apenas quando algo acontece. Mesmo que a situação que produza uma resposta emocional não seja aparente, isso não quer dizer que ela não exista, podendo ser até mesmo um pensamento, uma lembrança, uma música, uma palavra, etc. (isso ficará mais fácil de entender no Capítulo 2, quando trataremos da aprendizagem de novos reflexos).

Outro ponto importante a ser considerado é que boa parte – mas não tudo – daquilo que entendemos como emoções diz respeito à fisiologia do organismo. Quando sentimos medo, por exemplo, uma série de reações fisiológicas está acontecendo em nosso corpo: as glândulas suprarrenais secretam adrenalina, os vasos sanguíneos periféricos contraem-se e o sangue concentra-se nos músculos, entre outras reações fisiológicas (ver Fig. 1.8). Da mesma forma, quando sentimos raiva, alegria, ansiedade ou tristeza, outras mudanças

Figura 1.8
Ilustração de como o reflexo está relacionado com as emoções que sentimos. Quando sentimos uma emoção, como o medo, várias alterações podem estar ocorrendo em nosso corpo.

em nossa fisiologia podem ser detectadas utilizando-se aparelhos próprios. Esse aspecto fisiológico das emoções fica claro quando falamos sobre o uso de medicamentos como, por exemplo, os ansiolíticos e os antidepressivos.

Os fármacos que os psiquiatras prescrevem não afetam a mente humana, mas sim o organismo, isto é, a sua fisiologia. Quando nos referimos às emoções, estamos falando, portanto, sobre respostas dos organismos que ocorrem em função de algum estímulo. Os organismos nascem preparados para que algumas modificações momentâneas ocorram em sua fisiologia em função de alterações no ambiente. Por exemplo, se um barulho alto e estridente é produzido próximo a um bebê recém-nascido, poderemos observar nele algumas das respostas fisiológicas que descrevemos anteriormente como constituintes do que chamamos medo.

De acordo com a teoria da evolução, de Charles Darwin, determinadas respostas emocionais em função da apresentação de alguns estímulos mostraram ter valor de sobrevivência para os membros da espécie. O mundo, na época em que o primeiro ser humano "apareceu", provavelmente era mais parecido com o da Figura 1.9 do que com o que conhecemos hoje. O valor das emoções para a sobrevivência das espécies pode ser ilustrado pela Figura 1.9. Provavelmente, o animal que está sendo atacado pelo leão (estímulo) está sentindo algo semelhante ao que chamamos de medo (resposta emocional): seu coração está batendo mais rapidamente e seus vasos sanguíneos periféricos estão contraídos, retirando o sangue da superfície de sua pele e concentrando-o nos músculos. Essas respostas fisiológicas em relação à situação apresentada no exemplo (i.e., o ataque do leão) tornam mais provável que o animal escape com vida do ataque: se o sangue saiu da superfície de sua pele, arranhões produzirão menos sangramento; se o sangue concentra-se nos músculos, o animal correrá mais velozmente e dará coices mais fortes. O mesmo raciocínio ilustrado no caso do medo aplica-se a outras emoções, como, por exemplo, raiva e excitação sexual.

É importante ressaltar que as relações reflexas descrevem boa parte do que concebemos por emoções. Entretanto, o comportamento emocional não se restringe apenas às relações reflexas, sendo necessário o uso de outros conceitos para ser compreendido de forma mais abrangente. Alguns desses conceitos serão discutidos neste livro. As respostas emocionais reflexas podem ser modificadas por meio da interação do organismo com o ambiente. Esse processo será discutido em detalhes no próximo capítulo sob o rótulo de *condicionamento respondente*.

Figura 1.9
Ilustração de como emoções (p. ex., medo) têm valor de sobrevivência para as espécies.
Fonte: https://www.shutterstock.com/Alta Oosthuizen/Male lion attack huge buffalo bull while riding on his back

Principais conceitos apresentados neste capítulo

Conceito	Descrição	Exemplo:* Reflexo salivar
Estímulo	Qualquer alteração no ambiente que produza uma alteração no organismo	**Comida** colocada na boca produz a salivação
Resposta	Qualquer alteração no organismo produzida por uma alteração no ambiente	O **salivar** produzido pela colocação de comida na boca
Reflexo	Uma relação entre um estímulo e uma resposta	**Comida elicia salivação**
Eliciar	Produzir	Comida **elicia** salivação
Intensidade do estímulo	Força ou quantidade de determinado estímulo	**Quantidade** de comida colocada na boca (3 g, 7 g, etc.)
Magnitude da resposta	Força de uma determinada resposta	**Quantidade** de saliva produzida (2 gotas, 3 gotas, 2 mL, 4 mL)
Latência da resposta	Tempo decorrido entre a apresentação do estímulo e a ocorrência da resposta	A salivação inicia-se após o **intervalo** de 1,5 s depois de a comida ter sido colocada na boca
Duração da resposta	Tempo decorrido desde o início da emissão da resposta até sua cessação	A salivação continua a ocorrer por um **intervalo** de 30 s
Limiar do reflexo	Intensidade mínima do estímulo para que a resposta seja eliciada	A salivação só começa a ocorrer quando a **quantidade** de comida na boca for maior ou igual a 5 g
Habituação	Diminuição da magnitude da resposta em função de eliciações sucessivas	Caso ocorra uma **diminuição** na quantidade de salivação mesmo com a manutenção da mesma quantidade de comida
Sensibilização	Aumento da magnitude da resposta em função de eliciações sucessivas da resposta	Caso ocorra um **aumento** na quantidade de salivação mesmo com a manutenção da mesma quantidade de comida

* Os valores expressos neste quadro são hipotéticos.

Questões de Estudo

1. De acordo com os conceitos de reflexo inato, estímulo e resposta, é correto apenas o que se afirma em:

a. Um estímulo eliciará sempre a mesma resposta e com a mesma magnitude, independentemente de sua intensidade.

b. Um reflexo pode ser definido como uma reação voluntária do indivíduo a certos estímulos.

c. A relação entre estímulo e resposta, que caracteriza um reflexo inato, é exclusiva do repertório comportamental de animais irracionais (o que exclui o homem).

d. Estudar para tirar boas notas é um exemplo de reflexo inato.

e. Um reflexo expressa a relação entre um estímulo e uma resposta, na qual dizemos que uma resposta é eliciada por um estímulo.

2. De acordo com o referencial teórico da Análise do Comportamento sobre as leis do reflexo, é correto apenas o que se afirma em:

a. A lei da intensidade-magnitude estabelece que existe uma intensidade mínima do estímulo para que ele elicie uma resposta.

b. A lei da latência estabelece que intensidade do estímulo e magnitude da resposta são duas grandezas diretamente proporcionais.

c. A lei do limiar estabelece que intensidade do estímulo e magnitude da resposta são duas grandezas diretamente proporcionais.

d. A lei da intensidade-magnitude estabelece que intensidade do estímulo e magnitude da resposta são duas grandezas diretamente proporcionais.

e. A lei da latência estabelece que existe uma intensidade mínima do estímulo para que ele elicie uma resposta.

3. Jorge estuda em uma faculdade que fica ao lado do aterro sanitário de sua cidade. No início das aulas, todos os dias, Jorge e seus colegas se incomodavam com o mau cheiro vindo do aterro. Com o passar do tempo ao longo do dia, o cheiro deixava de incomodar aos alunos e professores da faculdade – mas voltava a incomodar no dia seguinte. De acordo com referencial teórico da Análise do Comportamento, pode-se dizer, neste caso, que houve:

a. extinção da resposta

b. magnitude da resposta

c. intensidade da resposta

d. sensibilização da resposta

e. habituação da resposta

4. Reflexos, estímulos e respostas apresentam várias propriedades diferentes. Uma dessas propriedades é a latência da resposta, que pode ser definida como:

a. A força com a qual uma resposta é emitida após a apresentação de um determinado estímulo eliciador.

b. O nome dado ao efeito de sucessivas eliciações de uma determinada resposta.

c. Uma medida diretamente proporcional à intensidade do estímulo eliciador da resposta.

d. O tempo que decorre entre a apresentação do estímulo e a ocorrência da resposta.

e. A magnitude com a qual uma resposta é emitida após a apresentação de um determinado estímulo eliciador.

5. Julgue como verdadeiras (V) ou falsas (F) as seguintes afirmações sobre os reflexos inatos:

a. (   ) Em um comportamento reflexo inato, quanto maior for a intensidade de um estímulo, menor será a magnitude da resposta eliciada por ele.

b. (   ) São relações entre organismos vivos e seu ambiente.

c. (   ) Não têm relação com o estudo das emoções humanas.

d. (   ) Na frase a seguir, o termo reflexo está sendo empregado de acordo com o referencial teórico da Análise do Comportamento: o reflexo da luz cegou seu olho por alguns instantes.

e. (   ) Na frase a seguir, o termo reflexo está sendo empregado de acordo com o referencial teórico da Análise do Comportamento: reflexo é uma relação entre um organismo e seu ambiente.

Gabarito: 1. e; 2. d; 3. e; 4. d; 5. F, V, F, F, V.

Bibliografia consultada, citada e sugestões de leitura

Catania, A. C. (1999). *Aprendizagem: comportamento, linguagem e cognição*. (4. ed.) Porto Alegre: Artmed.

Davis, M. (1989). Sensitization of the acoustic startle reflex by footshock. *Behavioral Neuroscience, 103*(3), 495-503.

Davis, M., Parisi, T., Gendelman, D. S., Tischler, M., & Kehne, J. H. (1982). Habituation and sensitization of startle reflexes elicited electrically from the brainstem. *Science, 218*(4573), 688-690.

Domjan, M. (2015). *The principles of learning and behavior* (7th ed.). Stanford: Cengage Learnig.

Geyer, M. A., & Braff, D. L. (1982). Habituation of the Blink Reflex in Normals and Schizophrenic Patients. *Psychophysiology, 19*, 1–6.

Globisch, J., Hamm, A. O., Esteves, F., & Öhman, A. (1999). Fear appears fast: Temporal course of startle reflex potentiation in animal fearful subjects. *Psychophysiology, 36*(1), 66-75.

Haerich, P. (1997). Long term habituation and sensitization of the human acoustic startle response. *Journal of Psychophysiology, 11*, 103-114.

Millenson, J. R. (1975). *Princípios de análise do comportamento*. Brasília: Coordenada. (Obra original publicada em 1967).

Schicatano, E. J., & Blumenthal, T. D. (1994). Caffeine delays habituation of the human acoustic startle reflex. *Psychobiology, 22*(2), 117-122.

Thompson, R. F., & Spencer, W. A. (1966). Habituation: A model phenomenon for the study of neuronal substrates of behavior. *Psychological Review, 73*(1), 16-43.

2

O reflexo aprendido: condicionamento pavloviano

Objetivos do capítulo

Ao final deste capítulo, espera-se que o leitor seja capaz de:

1. Definir, identificar e prover exemplos de estímulos neutros, incondicionados e condicionados;
2. Definir, identificar e prover exemplos de respostas incondicionadas e condicionadas;
3. Definir, identificar e prover exemplos de comportamentos reflexos incondicionados e condicionados;
4. Descrever e exemplificar o paradigma do condicionamento pavloviano;
5. Descrever e exemplificar os processos comportamentais de extinção respondente, generalização respondente e recuperação espontânea;
6. Descrever e exemplificar os procedimentos de extinção respondente, contracondicionamento, dessensibilização sistemática e condicionamento de ordem superior;
7. Aplicar, de maneira geral, o paradigma do condicionamento pavloviano à análise de situações cotidianas e intervenções psicológicas.

Você começa a suar e a tremer ao ouvir o barulho feito pelos aparelhos utilizados pelo dentista? Seu coração dispara ao ver um cão? Você sente náuseas ao sentir o cheiro de determinadas comidas? Você tem algum tipo de fobia? Muitas pessoas responderiam "sim" a essas perguntas. Mas a maioria delas, até um determinado momento de sua vida, diria "não". Portanto, estamos falando sobre **aprendizagem**, sobre um tipo de aprendizagem denominado **condicionamento pavloviano**.

No capítulo anterior, sobre os reflexos inatos, vimos que eles são comportamentos característicos das espécies, desenvolvidos ao longo de sua **história filogenética**. O surgimento desses reflexos no repertório comportamental das espécies as prepara para um primeiro contato com o ambiente, aumentando suas chances de sobrevivência. Outra característica das espécies animais, também desenvolvida ao longo de sua história filogenética, de grande valor para sua sobrevivência, é a **capacidade de aprender novos reflexos**, ou seja, a capacidade de reagir de formas diferentes a novos estímulos. Durante a evolução das espécies, determinadas respostas a estímulos específicos de seu ambiente foram selecionadas, isto é, passaram a fazer parte do repertório comportamental da espécie.

Os reflexos inatos compreendem determinadas respostas dos organismos a determinados estímulos do ambiente. Por exemplo, alguns animais já nascem evitando comer uma fruta de cor amarela que é venenosa. Nesse exemplo, a fruta amarela possui uma toxina venenosa que pode levar certos organismos à morte. Se animais de uma determinada espécie já nascem preparados para evitar a ingestão de tal fruta, essa espécie tem mais chances de se perpetuar num dado ambiente em comparação a outras, similares, que não têm esse repertório comportamental. O ambiente, porém, está em constante mudança. Essa mesma fruta, ao longo de alguns milhares de anos, pode mudar de cor, e os animais não mais a rejeitariam, ou migrariam para outro local onde ela tem cores diferentes. Assim, essa preparação para evitar as frutas amarelas tornaria-se inútil. É nesse momento que a capacidade de aprender novos reflexos passa a ser importante.

Suponha que o animal a que nos referimos no parágrafo anterior mude-se para um ambiente onde há frutas vermelhas que possuem a mesma toxina da fruta amarela. A toxina (estímulo), de maneira inata, produz (elicia) no animal vômitos e náuseas (respostas). Assim, após tal evento, o animal poderá passar a sentir náuseas ao ver a fruta vermelha. **Ver a fruta vermelha → sentir náuseas** é um reflexo aprendido. É sobre essa aprendizagem de novos reflexos, chamada de condicionamento pavloviano, que trataremos neste capítulo. Claro que, após essa aprendizagem, a probabilidade de esse animal ingerir tal alimento pode ser menor, uma vez que a consequência provável da sua ingestão é uma grave intoxicação – mas isso envolve outro tipo de comportamento que será visto a partir do Capítulo 3.

A descoberta do reflexo aprendido: Ivan Petrovich Pavlov

Ivan Petrovich Pavlov, um fisiologista russo, ao estudar reflexos inatos, observou que seus sujeitos experimentais (cães) haviam aprendido novos reflexos; ou seja, estímulos que não eliciavam determinadas respostas passaram a eliciá-las. Ao fenômeno da aprendizagem de um novo reflexo, em sua homenagem, deu-se o nome de **condicionamento pavloviano**, também conhecido como **condicionamento clássico** ou **condicionamento respondente**.

Pavlov estudava, em seu laboratório (Fig. 2.1), entre outras coisas, leis do reflexo como as que vimos no Capítulo 1. Ele estudou bastante o reflexo salivar (alimento na boca → salivação). Em uma fístula (um pequeno corte) próxima às glândulas salivares de um cão, Pavlov introduziu uma pequena mangueira, o que permitia medir a quantidade de saliva produzida pelo animal (magnitude da resposta) em função da quantidade e da qualidade da comida que lhe era apresentada (Fig. 2.2). Pavlov observou que outros estímulos, além da comida, também estavam eliciando salivação no cão. Ele percebeu que a simples visão

Figura 2.1
Ilustração do aparato experimental utilizado por Ivan Pavlov em seus experimentos sobre condicionamento de novos reflexos.

da colocação da comida no recipiente em que era servida eliciava a resposta de salivação nos animais, assim como o som de seus passos ao chegar ao laboratório. Pavlov, então, decidiu estudar com mais cuidado esses acontecimentos.

O experimento clássico de Pavlov sobre a aprendizagem de novos reflexos foi realizado utilizando-se cães como sujeitos experimentais; carne e o som de uma sineta como estímulos; e a resposta registrada foi a de salivação (Figs. 2.2 e 2.3). Prevendo, com base nos seus estudos anteriores, que a carne já tinha a função de eliciar respostas de salivação, mas que o som de uma sineta não, Pavlov apresentou o som da sineta logo antes de apresentar a carne ao cão, registrando a quantidade de saliva. Pavlov repetiu várias vezes esse procedimento, denominado **emparelhamento de estímulos**.

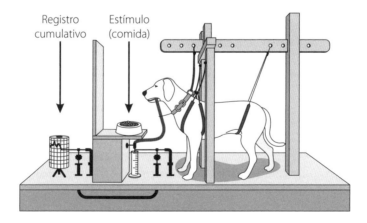

Figura 2.2
O aparato experimental usado por Pavlov. A figura ilustra a situação experimental montada por Pavlov para estudar a aprendizagem de novos reflexos. A mangueira colocada próxima à boca do cão permitia medir a quantidade de saliva produzida mediante a apresentação dos estímulos incondicionados (comida) e condicionados (som de uma sineta).

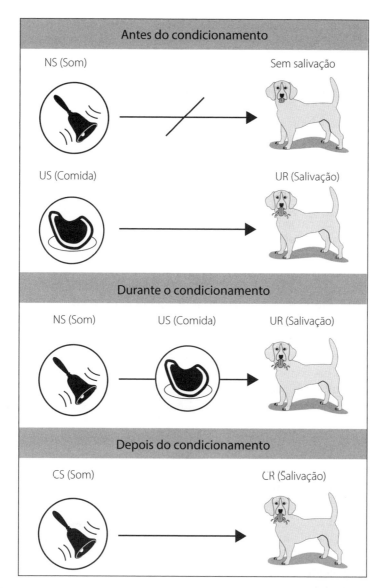

Figura 2.3
Procedimento para produzir o condicionamento pavloviano. Para que haja a aprendizagem de um novo reflexo, ou seja, para que haja condicionamento pavloviano, um estímulo que não elicia uma determinada resposta (neutro) deve ser emparelhado a um estímulo que a elicia. A seta cortada na situação 1 da figura indica que o estímulo não elicia a resposta.

Após cerca de 60 emparelhamentos dos estímulos "som da sineta" e "carne", Pavlov apresentou para o cão apenas o som da sineta, e então mediu a quantidade de saliva produzida. Ele observou que esse estímulo havia eliciado no cão a resposta de salivação, ou seja, **o cão havia aprendido um novo reflexo: salivar na presença do som da sineta**. Outra forma de descrever o mesmo processo seria dizer que o som da sineta adquiriu uma nova **função comportamental** por meio do procedimento de emparelhamento de estímulos.

Vocabulário do condicionamento pavloviano

Quando se fala em condicionamento pavloviano, é necessário empregar corretamente os termos técnicos que a ele se referem. Vamos examinar melhor a Figura 2.3 e identificar, nela, tais termos. Na imagem, ocorrem três situações: (1) antes do condicionamento; (2) durante o condicionamento; e (3) depois do condicionamento. Na situação 1, o som da sineta é um **estímulo neutro** (cuja sigla é NS) para a resposta de salivação: ele não elicia a resposta. Ainda na situação 1, temos que a comida é um estímulo incondicionado (US) para a resposta incondicionada (UR) de salivação. Já a situação 2 mostra o **emparelhamento** do estímulo neutro ao **estímulo incondicionado**, a carne. Dizemos que a relação entre a carne e a **resposta incondicionada** de salivação é um **reflexo incondicionado**, pois não depende de aprendizagem para ocorrer.

Após várias repetições da situação 2, chegamos à situação 3, na qual o condicionamento foi estabelecido, isto é, houve a aprendizagem de um novo reflexo, chamado de reflexo condicionado. O **reflexo condicionado** é uma relação entre um **estímulo condicionado** (CS) e uma **resposta condicionada** (CR). Note que o estímulo neutro e o estímulo condicionado são o mesmo (som da sineta), porém em momentos diferentes ao longo do procedimento de emparelhamento. Nomeamos esse estímulo de formas diferentes na situação 1 e na situação 3 para indicar que sua **função** com relação à resposta de salivar foi modificada: na situação 1, o som não eliciava a salivação (estímulo neutro), mas, na situação 3, ele elicia essa resposta (estímulo condicionado).

Um aspecto importante em relação aos termos **neutro**, **incondicionado** e **condicionado** é que seu uso é relativo. Quando falamos sobre comportamentos reflexos (ou **comportamentos respondentes**, outro nome dado aos reflexos na psicologia), estamos sempre nos remetendo a uma relação entre um estímulo e uma resposta. Portanto, quando dizemos que um determinado estímulo é neutro (como no caso do som da sineta na situação 1 da Fig. 2.3), estamos dizendo que ele é neutro para a resposta de salivar. Quando dizemos que a carne é um estímulo incondicionado, estamos afirmando que ela é um estímulo incondicionado para a resposta de salivar. Se a resposta fosse, por exemplo, arrepiar, a carne seria um estímulo neutro. Essa forma de aprendizagem é chamada, de modo genérico, de **paradigma do condicionamento respondente**. A Figura 2.4 mostra, em forma de diagrama, o paradigma do condicionamento respondente: S1, um estímulo incondicionado para a resposta incondicionada R1, é emparelhado com um estímulo S2, um estímulo neutro para a resposta R1. Após o emparelhamento, S2 torna-se um estímulo condicionado para a resposta R2, semelhante à resposta R1.

Uma ressalva precisa ser feita quanto à relação entre a resposta incondicionada e a condicionada. Para fins didáticos, costumamos tratar ambas como se fossem idênticas. Entretanto, existem diferenças entre elas, principalmente com relação a magnitude, duração e latência da resposta condicionada. Pavlov verificou que até a composição química da saliva de seus cães era diferente quando comparadas as respostas condicionadas com as incondicionadas.

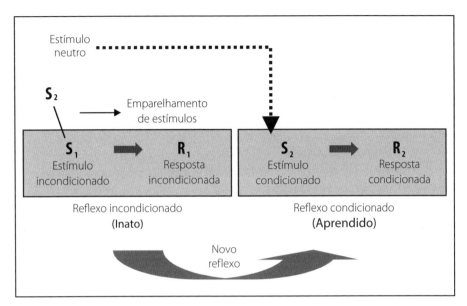

Figura 2.4
Diagrama que representa como é feito (ou como ocorre) o condicionamento pavloviano. Note que os estímulos neutro e condicionado são o mesmo: o estímulo (S_2) apenas muda de função.

Outra observação importante é a origem das siglas utilizadas ao se falar de condicionamento respondente. As siglas, como você percebeu, não correspondem exatamente às palavras em português. Elas derivam das palavras correspondentes em língua inglesa: *unconditioned stimulus* (US), *unconditioned response* (UR), *neutral stimulus* (NS), *conditioned stimulus* (CS) e *conditioned response* (CR).

Condicionamento pavloviano e o estudo de emoções

No início deste capítulo, vimos que o condicionamento pavloviano refere-se ao processo e ao procedimento pelos quais os organismos aprendem novos reflexos. Vimos também, no Capítulo 1, que emoções são, em grande parte, relações entre estímulos e respostas (são, em parte, comportamentos respondentes). Se os organismos podem aprender novos reflexos, podem também aprender a emitir respostas emocionais na presença de novos estímulos. Para exemplificar esse fenômeno, descreveremos o experimento clássico sobre condicionamento pavloviano e emoções conduzido pelo psicólogo **John Watson** e por Rosalie Rayner, em 1920, o qual ficou conhecido como "o caso do pequeno Albert".

O objetivo de Watson ao realizar o experimento era verificar se o condicionamento pavloviano teria utilidade para o estudo do comportamento emocional, o que se provou verdadeiro. Basicamente, a intenção do pesquisador foi verificar se, por meio do condicionamento pavloviano, um ser humano (um bebê de aproximadamente 10 meses, Albert) poderia aprender a ter medo de algo que, antes, não temia. Para responder a essa pergunta de pesquisa (o que também se chama de **problema de pesquisa**), Watson partiu para a experimentação controlada, ou seja, buscou na prática as suas respostas em ambiente controlado, no qual é possível ter certo domínio sobre as variáveis relevantes para o experimento.

Como já afirmado, um reflexo é condicionado a partir de outro já existente. O primeiro passo de Watson, portanto, foi identificar no repertório comportamental do bebê um reflexo inato. Apenas para efeito de teste, o pesquisador verificou um conhecido reflexo: som estridente (estímulo) elicia susto ou medo (resposta). Watson posicionou, próximo à cabeça do bebê, uma haste de metal (Fig. 2.5). Ele bateu nessa haste com um martelo, produzindo um barulho alto e estridente. Após a martelada, foram registradas as respostas do bebê: ele contraiu os músculos do corpo, especialmente os da face, e começou a chorar. Watson repetiu a martelada e observou respostas parecidas, concluindo que o estímulo "barulho estridente" é incondicionado para as respostas incondicionadas características de medo apresentadas pelo bebê Albert. Feita essa verificação, o pesquisador fez outra: colocou próximo à criança um rato albino (estímulo) e, novamente, registou as respostas do bebê. Observou-se que ele olhou para o animal por alguns instantes e, em seguida, tentou tocá-lo. Watson concluiu que Albert não tinha medo do pequeno ratinho. Feita essa segunda verificação, o experimentador fez o emparelhamento do estímulo incondicionado (som estridente) com o estímulo neutro (rato) para a resposta de medo.

Durante o condicionamento da resposta de medo, Watson posicionou a haste de metal próximo ao bebê e colocou o rato ao seu alcance. No momento em que Albert tocou o

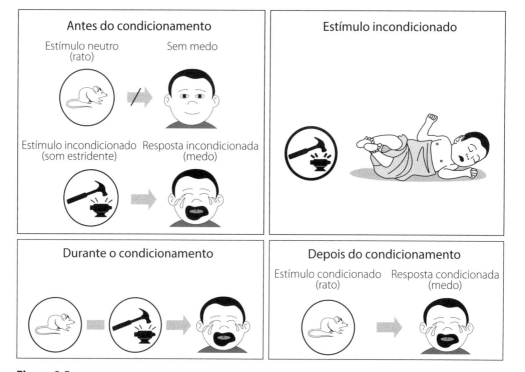

Figura 2.5
Ilustração do experimento conduzido por Watson e Rayner: condicionamento de uma resposta de medo. O psicólogo norte-americano John Watson mostrou a relevância do condicionamento pavloviano para a compreensão do comportamento emocional.

rato, o pesquisador bateu o martelo contra a haste, produzindo o som que havia eliciado respostas de medo na criança. Após alguns emparelhamentos (som-rato), Watson colocou próximo ao bebê apenas o animal e registrou suas respostas. Ao fazer isso, pôde observar que, ao ver o rato, Albert apresentava respostas parecidas com aquelas produzidas pelo som estridente. O pesquisador observou, portanto, a aprendizagem de um novo reflexo envolvendo respostas emocionais. Em outras palavras, Watson concluiu que Albert havia aprendido a ter medo de rato.

Estamos agora em condições de começar a compreender alguns aspectos sobre como determinadas pessoas passam a emitir respostas emocionais como, por exemplo, medo de penas de aves ou de baratas, ou excitação sexual ante estímulos pouco usuais (como nos casos de sadomasoquismo e necrofilia, por exemplo). O mesmo pode ser dito em relação àquelas emoções mais corriqueiras, como ter palpitação ao ouvir a música que tocava quando do seu primeiro beijo ou ficar ansioso ao falar em público.

Também podemos, agora, compreender um pouco melhor por que emoções são "difíceis de controlar". É difícil controlar algumas delas porque são, em parte, respostas reflexas. Quando um médico bate o martelo no joelho de um paciente, este não decide se a perna irá ou não se estender; ela simplesmente se estende. Da mesma forma, uma pessoa que tem fobia de penas de aves não decide ter ou não ter medo diante desse estímulo; ela simplesmente tem respostas de medo. Pouco ou nada adianta explicar a esse indivíduo que seu medo é irracional, que não há motivos para temer uma simples pena de ave. O mesmo raciocínio vale para pessoas que se sentem bem (ou tristes) ao ouvir uma determinada música ou para aquelas que se excitam tendo relações sexuais diante de estímulos que produzem dor.

Todos nós temos sensações de prazer ou de desprazer, por exemplo, em maior ou menor grau, diferentes de outras pessoas, da mesma forma que podemos sentir emoções diferentes na presença de estímulos iguais. Algumas pessoas, por exemplo, excitam-se ao ouvir certas palavras de amor, outras não. Algumas se excitam ao serem chicoteadas, outras não. Umas têm medo de ratos, outras de voar de avião ou de lugares fechados e pequenos, e outras, ainda, têm medos diferentes desses. Algumas pessoas se sentem tristes ao ouvir uma determinada música, outras não têm nenhuma sensação especial. A razão de respondermos emocionalmente de formas diferentes aos mesmos estímulos está na **história de condicionamento** de cada um de nós (existem outras formas de aprendermos respostas emocionais, como por modelagem, regras e por modelação, mas elas não serão estudadas neste capítulo).

Todos nós passamos por diferentes emparelhamentos de estímulos em nossa vida. Esses diferentes emparelhamentos contribuem para o nosso "jeito" característico de nos comportarmos emocionalmente hoje. Alguém que, por exemplo, ao dirigir sob chuva, sofre um acidente, pode passar a ter medo de dirigir quando estiver chovendo. Durante o acidente, houve o emparelhamento de alguns estímulos incondicionados para a resposta de medo (barulho, dor, impacto súbito, etc.) com um estímulo neutro para a resposta de medo (dirigir na chuva). Alguém que tem o hábito de ter relações sexuais à luz de velas pode, depois de alguns emparelhamentos, sentir certa excitação apenas por estar na presença de velas. Alguém que tenha comido uma deliciosa costela de porco com um molho estragado e passado mal pode sentir náuseas na presença do cheiro da carne de porco. Como diferentes pessoas têm diferentes histórias de aprendizagem, o analista do comportamento precisa sempre investigar a história de cada indivíduo, baseando a sua intervenção na história de aprendizagem específica do sujeito.

Generalização respondente

Vimos anteriormente neste capítulo que não podemos falar de um estímulo incondicionado ou condicionado sem fazer referência a uma resposta incondicionada ou condicionada específica. Isso não significa, no entanto, que, após o condicionamento de um reflexo, com um estímulo específico, somente esse estímulo específico eliciará aquela resposta. Após um condicionamento, estímulos que se assemelham fisicamente ao estímulo condicionado podem passar a eliciar a resposta condicionada em questão. Esse fenômeno é chamado de **generalização respondente**.

Uma pessoa que, por ventura, tenha passado por uma situação aversiva envolvendo uma galinha, como aquela no centro da Figura 2.6, pode passar a emitir respostas de medo

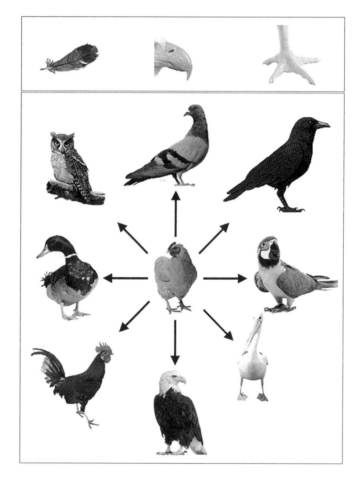

Figura 2.6
Generalização respondente. Estímulos fisicamente parecidos com o estímulo previamente condicionado podem passar a eliciar a resposta condicionada. Veja que todas as aves, apesar de diferentes, apresentam várias semelhanças físicas.

na presença desse espécime. Muito provavelmente, ela passará também a apresentá-las na presença de outras galinhas da mesma raça e até mesmo de outras aves. Isso acontece em função das semelhanças físicas (cor, tamanho, textura, forma, etc.) dos demais estímulos com o estímulo condicionado presente na situação de aprendizagem – no caso, a galinha do centro da Figura 2.6. Esse exemplo ocorreu com um divertido personagem do seriado *The Big Bang Theory*, chamado Sheldon Cooper. Em vários episódios da série, Sheldon emite respostas de medo diante de diferentes aves e narra que, em sua infância, havia sido perseguido por uma galinha.

Em alguns casos, como o do exemplo anterior, a resposta condicionada de medo pode ocorrer na presença de partes do estímulo condicionado, como, por exemplo, o bico da ave, suas penas ou suas pernas. Note que essas partes do estímulo condicionado são fisicamente semelhantes para as aves apresentadas na Figura 2.6.

Um interessante aspecto da generalização respondente reside no fato de que as propriedades da resposta eliciada (magnitude, duração e latência) dependerão do grau de semelhança entre os estímulos em questão. Quanto maior a semelhança desse outro estímulo com o estímulo condicionado que estava presente no momento do condicionamento, maior será a magnitude e a duração da resposta eliciada, e menor será a sua latência. Em outras palavras, no exemplo, se uma pessoa passa a ter medo de galinhas por um determinado emparelhamento desse animal com estímulos aversivos (como ser atacado por uma galinha), quanto mais parecida com uma galinha determinada ave for, mais fortes serão as respostas de medo eliciadas por ela. A representação gráfica da variação nessas propriedades da resposta em função das semelhanças físicas entre os estímulos é denominada **gradiente de generalização**. A amplitude do gradiente de generalização é um indicador do nível de generalização de um dado reflexo.

A Figura 2.7 mostra um exemplo de gradiente de generalização respondente. Uma pessoa que tenha sido atacada por um pastor alemão poderá aprender a ter medo tanto dessa raça como de outros cães em geral. Caso isso aconteça, quanto mais parecido um cachorro for com um pastor alemão, maior será a magnitude da resposta de medo eliciada por ele.

Veja no exemplo da Figura 2.7 como a magnitude da resposta de medo eliciada diminui à medida que o cão (estímulo) apresentado vai diferenciando-se do estímulo condicionado original (o pastor alemão). É interessante notar que até mesmo um cachorro de brinquedo pode passar a eliciar uma resposta de medo. Essa resposta, no entanto, será bem mais fraca que aquela eliciada na presença de um pastor alemão de verdade.

No experimento de Watson com o pequeno Albert (Fig. 2.8), foi verificada a generalização respondente. Após o condicionamento da resposta de medo eliciada pelo rato, Watson colocou próximo ao bebê alguns estímulos que compartilhavam algumas características físicas (forma, cor, textura, etc.) com o estímulo condicionado (o rato albino). Então, registrou as respostas de Albert. O pesquisador percebeu que estímulos como "barba branca", "animal de pelúcia branco", "cachorro branco", etc., que se pareciam com o estímulo condicionado utilizado na situação de aprendizagem do novo reflexo (rato albino), passaram também a eliciar a resposta de medo.

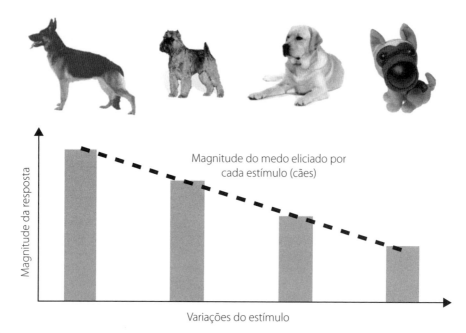

Figura 2.7
Gradiente de generalização. A magnitude de uma resposta condicionada diminui à medida que diminuem as semelhanças entre o estímulo presente no condicionamento (o primeiro cão à esquerda) e os demais estímulos semelhantes ao original.

Respostas emocionais condicionadas comuns

Da mesma forma que os indivíduos têm emoções diferentes em função de suas diferentes histórias de condicionamento, eles compartilham algumas emoções semelhantes a estímulos semelhantes em função de condicionamentos que são comuns em sua vida. Às vezes, conhecemos tantas pessoas que têm, por exemplo, medo de altura que acreditamos tratar-se de uma característica inata do ser humano. No entanto, se olharmos para a história de vida de cada pessoa, será difícil encontrar uma que não tenha caído de algum lugar relativamente alto (mesa, cadeira, etc.). Nesse caso, temos um estímulo neutro (perspectiva, visão da altura) que é emparelhado com um estímulo incondicionado (o impacto e a dor da queda). Após o emparelhamento, a simples "visão da altura" pode eliciar a resposta de medo. É muito comum também encontrarmos indivíduos que têm medo de falar em público, como também é comum encontrarmos pessoas que, durante sua vida, tenham passado por alguma situação constrangedora ao falar em público.

É importante saber como os seres humanos aprendem novos reflexos, sobretudo como passam a apresentar respostas emocionais na presença de novos estímulos. Contudo, para a prática do psicólogo, talvez seja mais importante ainda saber como fazer as pessoas deixarem de apresentar certas respostas emocionais na presença de alguns estímulos, reflexos estes que podem estar atrapalhando suas vidas. É o que veremos a seguir.

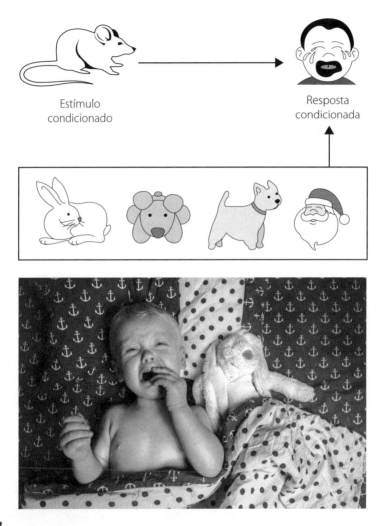

Figura 2.8
Generalização respondente no experimento de Watson com o pequeno Albert. Após condicionada a resposta de medo, outros estímulos, fisicamente semelhantes ao rato, passaram a eliciar na criança respostas de medo.
Fonte da foto: www.shutterstock.com/Nick Fedirko/View from above.Baby crying in the bed before a bedtime

Extinção respondente e recuperação espontânea

No experimento de Pavlov citado anteriormente, após o condicionamento produzido pelo emparelhamento do som à carne, o som de uma sineta passou a eliciar no cão a resposta de salivação. Essa **resposta reflexa condicionada** (salivar na presença do som) pode deixar de ocorrer se o estímulo condicionado (som) for apresentado repetidas vezes sem a presença do estímulo incondicionado (carne). Quando um estímulo condicionado (CS) é apresentado várias vezes sem o estímulo incondicionado (US) ao qual foi emparelhado, seu efeito eliciador se extingue gradualmente. O CS começa a perder a função de eliciar a resposta condicionada até não mais eliciá-la. Denominamos tal procedimento e o processo dele decorrente de **extinção respondente** (a Fig. 2.9 mostra um exemplo hipotético do processo de extinção).

Assim como um organismo, em função de um emparelhamento de estímulos, pode aprender a ter, por exemplo, medo de aves, ele também pode aprender a deixar de ter medo. Foi exatamente isso que aconteceu com o personagem Sheldon Coorper em um episódio em que sua casa foi invadida por um pássaro. Sheldon teve de interagir com o animal – que não o atacou. Após algumas interações com o pássaro, sem maiores infortúnios, as respostas condicionadas de medo de Sheldon deixaram de ser eliciadas pelo animal. Mas é claro que, em situações reais, o processo de extinção (infelizmente) não costuma ser tão rápido e fácil.

Para que um reflexo condicionado perca a sua força, o CS deve ser apresentado sem novos emparelhamentos com o US. Por exemplo, se um indivíduo passou a ter medo de andar de carro após um acidente automobilístico, esse medo só deixará de ocorrer se a pessoa se expuser ao CS (carro) sem a presença dos USs relacionados ao acidente.

A necessidade de se expor ao CS sem a presença do US é a razão pela qual carregamos, ao longo da vida, uma série de medos e outras emoções que, de algum modo, nos atrapalham. Por exemplo, devido a emparelhamentos ocorridos durante nossa infância, podemos passar a ter medo de altura. Consequentemente, sempre que pudermos, evitaremos lugares altos, mesmo que estejamos em absoluta segurança. Desse modo, não entramos em contato com o CS (altura), e o medo pode nos acompanhar pelo resto da vida. Se uma pessoa, no entanto, por alguma razão, precisar trabalhar na construção de prédios, ao expor-se a lugares altos em segurança provavelmente seu medo deixará de ocorrer, caracterizando um processo de extinção respondente.

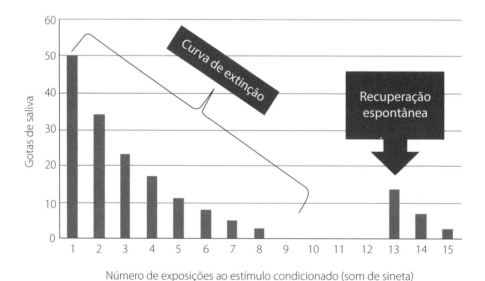

Figura 2.9
Ilustração dos processos de extinção respondente e recuperação espontânea. Um reflexo, depois de extinto, pode ganhar força novamente sem novos emparelhamentos. Esse fenômeno é conhecido como recuperação espontânea.

Uma característica interessante da extinção respondente é que, às vezes, após ela ter ocorrido, ou seja, após determinado CS não mais eliciar determinada resposta condicionada (CR), a força do reflexo (magnitude, duração e latência) pode voltar espontaneamente. Por exemplo, alguém com medo de altura precisa, por algum motivo, ficar à beira de um lugar alto por um longo período de tempo. No início, todas as CRs que caracterizam seu medo de altura serão eliciadas pela exposição à altura. Passado algum tempo de exposição sem que nada aconteça, o indivíduo não mais sentirá medo: terá ocorrido a extinção da resposta de medo nessa situação. Agora imagine que essa pessoa passe alguns dias sem subir em lugares altos e, então, seja novamente forçada a ficar no mesmo lugar alto. Nesse caso, é possível que ocorra o fenômeno conhecido como **recuperação espontânea**, ou seja, que o reflexo **altura → medo** ganhe força outra vez, mesmo após ter sido extinto. Sua força será menor nesse momento: o medo que a pessoa sente é menor do que aquele que sentia antes da extinção. Porém, ao ser exposta novamente ao CS sem novos emparelhamentos com o US, o medo tornará a diminuir, e as chances de uma nova recuperação espontânea ocorrer diminuem (a Fig. 2.9 ilustra a ocorrência de uma recuperação espontânea).

A despeito de o nome recuperação espontânea induzir a noção de que se trata de um processo indeterminado, alguns pesquisadores defendem a ideia de que algumas pistas da situação de condicionamento podem estar relacionadas à recuperação da força da resposta sem a necessidade de um novo emparelhamento. Ou seja, a força da resposta não se recupera "do nada". É importante lembrar que novos emparelhamentos do CS com o US envolvidos em um reflexo em processo de extinção farão a resposta recuperar a sua força para níveis similares aos de antes do início do processo de extinção.

Contracondicionamento e dessensibilização sistemática

Esperamos ter conseguido mostrar a relevância dos conhecimentos referentes ao condicionamento pavloviano para a formação dos psicólogos. Mostramos como novos reflexos são aprendidos, qual a relação entre emoções e condicionamento pavloviano e que novos reflexos podem perder sua força por meio de um procedimento chamado de extinção respondente. Provavelmente, na sua atuação profissional como psicólogo, você irá se deparar com vários clientes que apresentam queixas relacionadas às suas emoções, como nos casos das fobias específicas ou de ansiedade generalizada. Você já viu, neste capítulo, um procedimento capaz de diminuir a força de aspectos respondentes de, por exemplo, medos e ansiedades: a extinção respondente. Não obstante, alguns estímulos produzem respostas emocionais tão fortes que dificultarão a exposição da pessoa diretamente ao CS que as perturba, mesmo que a exposição ocorra na ausência do US. Essa limitação do procedimento de extinção dificulta sua utilização com fins de produzir o enfraquecimento do reflexo. Algumas pessoas têm, por exemplo, medos tão intensos que a exposição direta ao CS é intolerável, dado o nível de desconforto produzido.

Imagine alguém que tenha uma fobia muito intensa de aves. Supondo-se que esse medo tenha se desenvolvido a partir de condicionamento respondente, sabemos que, para extingui-lo utilizando o procedimento já descrito, o indivíduo deve ser exposto a esses animais (CS) sem a presença do US ao qual o estímulo "aves" foi emparelhado. Não podemos, no entanto, simplesmente trancar essa pessoa em um quarto cheio de aves e esperar pelo enfraquecimento do reflexo. Isso ocorre porque, em primeiro lugar, dificilmente conseguiríamos convencer essa pessoa a fazer isso. Em segundo lugar, o medo pode ser tão intenso que o indivíduo talvez desmaiasse – e, consequentemente, não estaria mais em contato com o CS – ou a resposta, em vez de enfraquecer, se tornasse mais intensa. Por último, o sofrimento causado a essa pessoa esbarraria em ressalvas éticas e, talvez, ferisse o bom senso. Felizmente, contamos com duas técnicas muito eficazes para produzir a extinção de um reflexo de forma menos aversiva: o **contracondicionamento** e a **dessensibilização sistemática**.

O contracondicionamento, como sugere o próprio nome, consiste em condicionar uma resposta contrária àquela produzida pelo CS. Por exemplo, se determinado CS elicia uma resposta de ansiedade, o contracondicionamento consistiria em emparelhar esse CS a outro estímulo que elicie relaxamento (uma música ou uma massagem, por exemplo). A Figura 2.10 ilustra dois exemplos nos quais há contracondicionamento. As duas situações estão divididas em três momentos: (A) os reflexos originais; (B) o contracondicionamento; e (C)

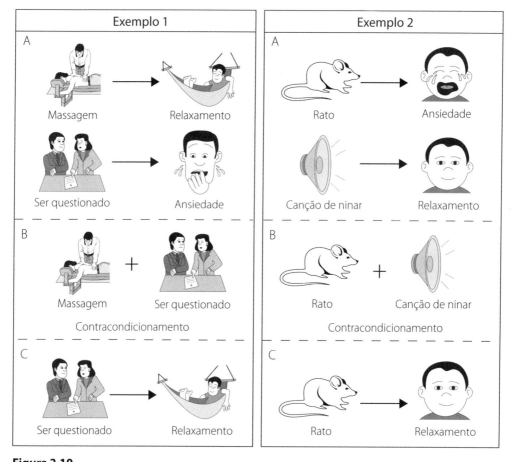

Figura 2.10

Contracondicionamento. Esta técnica consiste simplesmente do emparelhamento de estímulos que eliciam respostas contrárias (p. ex., ansiedade *versus* relaxamento).

o resultado do contracondicionamento. No exemplo em que há a situação na qual se é questionado, temos, no primeiro momento, dois reflexos: 1) a massagem elicia relaxamento; 2) ser questionado elicia ansiedade. Nesse exemplo, se uma pessoa recebe uma massagem algumas vezes logo após ter sido questionada (segundo momento), essa situação pode não mais eliciar respostas de ansiedade ou eliciar respostas de ansiedade mais fracas (terceiro momento). O segundo exemplo, com um rato e uma canção de ninar, segue a mesma lógica.

Outra técnica para se suavizar o processo de extinção de um reflexo, provavelmente a mais consagrada na história da psicologia clínica, é a dessensibilização sistemática (Fig. 2.11). Essa é uma técnica utilizada com base na generalização respondente. Ela consiste em dividir o procedimento de extinção em pequenos passos. Na Figura 2.7, vimos que, quanto mais diferente for o cão em comparação àquele que atacou a pessoa, menor é o medo que ele produz, ou seja, menor é a magnitude da resposta de medo. Suponha que alguém que tenha um medo muito intenso de cães consiga um emprego muito bem remunerado para trabalhar em um canil e resolva procurar um psicólogo para ajudá-lo a superar sua fobia. O profissional não poderia simplesmente expô-lo aos cães que lhe provocam pavor para que o medo diminuísse (ele não precisaria de um psicólogo para isso, nem estaria disposto a fazê-lo). Será possível, nesse caso, utilizar a dessensibilização sistemática. Em função da generalização respondente, a pessoa em questão não tem medo apenas do cão que a atacou (supondo que a origem do medo esteja em um ataque) ou de cachorros da

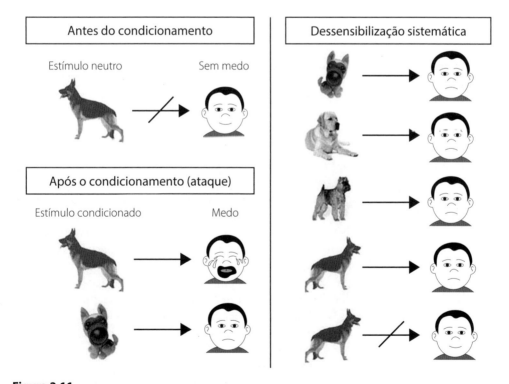

Figura 2.11
Dessensibilização sistemática: expõe-se o indivíduo gradativamente a estímulos que eliciam respostas de menor magnitude até o CS original não mais eliciar a resposta em questão.

mesma raça. Ela provavelmente tem medo de cães de outras raças, de diferentes tamanhos e formas. Alguns medos são tão intensos que ver fotos ou apenas pensar em cães produz certas respostas de medo, ainda que de magnitude menor que as eliciadas pelo estímulo fóbico original.

Para utilizar a dessensibilização sistemática, seria necessário construir uma escala crescente de estímulos de acordo com as magnitudes que produzem, a chamada **hierarquia de ansiedade**. A hierarquia, portanto, envolveria uma lista de estímulos relacionados a cães, iniciando-se com aquele que eliciasse respostas de medo de menor magnitude e progredindo em escala crescente até o estímulo fóbico original, como, por exemplo:

1. Ver fotos de cães.
2. Tocar em cães de pelúcia.
3. Observar, de longe, cães bem diferentes daquele que atacou a pessoa.
4. Observar, de perto, cães bem diferentes daquele que atacou o indivíduo.
5. Observar de longe cães similares ao animal que atacou a pessoa.
6. Observar de perto cães similares ao animal que atacou o indivíduo.
7. Por fim, interagir com cães similares ao animal que atacou a pessoa.

Após a elaboração da hierarquia de ansiedade, o cliente é exposto a esses estímulos sequencialmente de forma repetida. Quando o estímulo inicial não mais elicia respostas de medo, o indivíduo é submetido ao item seguinte da hierarquia da ansiedade. Desse modo, o cliente será exposto a todos os estímulos da hierarquia até que o último não elicie mais respostas de medo.

A extinção de uma variação do CS fóbico original terá como efeito a diminuição da magnitude das respostas de medo diante de outras variações que lhe são similares. A extinção feita com o primeiro item da hierarquia de ansiedade, portanto, resultará em uma diminuição da magnitude da resposta de medo eliciada pelo segundo item, e assim por diante. É esse processo que resulta na extinção gradual característica da dessensibilização sistemática.

É muito comum, na prática psicológica, utilizar a dessensibilização sistemática em conjunto com o procedimento de contracondicionamento. No exemplo anterior, o psicólogo poderia emparelhar aos estímulos fóbicos uma música suave que eliciasse relaxamento, por exemplo. A utilização conjunta dos dois procedimentos torna as repetidas exposições aos estímulos fóbicos menos aversivas e acelera o processo de enfraquecimento do respondente.

Psicólogos clínicos têm utilizado, cada vez mais, medidas de *biofeedback* em suas intervenções, sobretudo intervenções nas quais a ansiedade é uma variável de interesse, como, por exemplo, nos casos em que o contracondicionamento e a dessensibilização sistemática são as intervenções de escolha. O *biofeedback* fornece informações aos clientes (*feedback*) sobre alterações em medidas fisiológicas, como, por exemplo, batimentos cardíacos, ciclo respiratório, temperatura corporal e corrente galvânica da pele. Esta última é uma medida de quanta eletricidade a pele está conduzindo e geralmente é interpretada como uma mensuração de ansiedade. O uso dessas medidas comportamentais é interessante na prática clínica, pois produz dados mais objetivos: tais medidas são obtidas utilizando-se os aparelhos de *biofeedback*, que apresentam uma boa precisão. É bem melhor uma medida objetiva de ansiedade, como corrente galvânica, do que simplesmente perguntar ao cliente: "Numa escala de 0 a 10, quanta ansiedade você está sentido?". Porém, se uma medida mais objetiva, por qualquer motivo, não pode ser obtida, vale a pena, em casos como esse, fazer a pergunta anterior e registrar as respostas do cliente (de 0 a 10) sistematicamente. Sem dados objetivos, preferencialmente representados de forma numérica em gráficos e tabelas, os resultados da eficácia de um tratamento psicoterápico podem ser enganosos.

Uma "palavrinha" sobre condicionamento pavloviano

Costumamos dizer que algumas palavras possuem uma forte carga emocional, isto é, nos fazem sentir emoções boas ou ruins. Por que palavras, simples palavras, nos afetam tanto? Se você disser a uma criança de 3 meses de vida "Você é um inútil", provavelmente o pobre bebê ficará olhando para você sem apresentar reações específicas. No entanto, dizer isso a alguns adultos os faz sentir emoções desagradáveis. Como as palavras passam a eliciar emoções? Parte dessa "carga emocional" das palavras pode estar relacionada ao condicionamento respondente. Tendemos a considerar palavras faladas como algo mais do que realmente são. De fato, elas são estímulos como outros quaisquer e, portanto, adquirem suas funções comportamentais pelos processos descritos neste livro.

Da mesma forma que Pavlov emparelhou o som de uma sineta ao alimento, e tal som passou a eliciar no cão a resposta de salivação, emparelhamentos da palavra falada "bife" (um som) com o próprio alimento podem fazer o som dela eliciar salivação. O emparelhamento de algumas palavras com situações que eliciam sensações agradáveis ou desagradáveis pode fazer seus sons passarem a eliciar respostas semelhantes àquelas eliciadas pelas situações em que elas foram ditas.

É comum, por exemplo, que palavras como "feio", "errado", "burro" e "estúpido" sejam ouvidas em situações de punição, como uma surra ou reprimenda. Quando apanhamos, sentimos dor, choramos e, muitas vezes, ficamos com medo de nosso agressor. Se a surra ocorre junto com xingamentos (emparelhamento de estímulos), as palavras ditas podem passar a eliciar sensações semelhantes àquela que a agressão física eliciou, e o mesmo pode ocorrer com a audição da voz ou a simples visão do agressor.

Muitas pessoas conhecidas por apelidos emitem respostas de ansiedade quando são chamadas pelo próprio nome. Esse fato exemplifica o condicionamento de respostas emocionais aos estímulos verbais (palavras, nesse caso). Na infância, os pais costumam chamar seus filhos por apelidos carinhosos a maior parte do tempo, como, por exemplo, "Paulinho" em vez de "Paulo Silva". Entretanto, quando chamam a criança para lhe repreender ou colocar de castigo, utilizam o nome próprio em vez do apelido. Esse pode ser um dos motivos pelos quais algumas pessoas relatam que "congelam de medo" quando alguém as chama pelo seu próprio nome.

Condicionamento pavloviano de ordem superior

Vimos até agora que novos reflexos são aprendidos a partir do emparelhamento de estímulos incondicionados a estímulos neutros. Mas o que acontece se emparelharmos estímulos neutros a estímulos condicionados? No experimento realizado por Pavlov, o som de uma sineta (estímulo neutro, NS) foi emparelhado ao alimento (US). Após algumas repetições, o som da sineta passou a eliciar a resposta de salivação. A partir daí, passamos a chamar o som da sineta de estímulo condicionado (CS). Da mesma forma que o som da sineta, antes do condicionamento, não eliciava a resposta de salivação, a visão de, por exemplo, um quadro-negro também não elicia no cão essa resposta, ou seja, o animal não saliva ao ver um quadro-negro. Você já sabe que, se emparelhássemos quadro-negro (NS) ao alimento (US), o quadro provavelmente passaria, após o condicionamento, a ser um CS para a resposta de salivar. Mas o que aconteceria se emparelhássemos o quadro-negro (NS) ao som da sineta (CS)? É possível que observássemos o que denominamos **condicionamento de ordem superior**.

Chamamos esse novo reflexo (quadro-negro → salivação) de reflexo condicionado de segunda ordem, e o quadro-negro de estímulo condicionado de segunda ordem. Se outro estímulo neutro fosse emparelhado ao quadro-negro e houvesse condicionamento de um novo reflexo, chamaríamos esse novo reflexo de reflexo condicionado de terceira ordem, e assim por diante.

O condicionamento de ordem superior é um processo em que um estímulo previamente neutro passa a eliciar uma resposta condicionada como resultado de seu emparelhamento a um CS que já elicia a resposta em questão. Falamos sobre um emparelhamento NS-CS. Por exemplo, muitos casais têm uma música especial, a qual foi emparelhada aos sentimentos agradáveis que eles experimentaram quando se encontraram pela primeira vez. A "música do casal", por ter sido emparelhada aos beijos e carícias do primeiro encontro amoroso, tornou-se um estímulo condicionado para respostas semelhantes às eliciadas pelos beijos e pelas carícias. Outros estímulos que geralmente estão presentes quando a música toca em outros contextos nos quais as carícias não estão presentes, como a foto do cantor ou mesmo o som de seu nome, podem passar também a eliciar respostas condicionadas similares àquelas eliciadas pela música (exemplo hipotético). Vale lembrar que, quanto mais alta é a ordem do reflexo condicionado, menor é a sua força. Nesse exemplo, a magnitude das respostas de prazer eliciadas pelo som do nome do cantor é menor que a das respostas eliciadas pela música, e, é claro, a magnitude das respostas eliciadas pela música é menor do que a das respostas eliciadas pelos beijos e pelos carinhos.

Fatores que influenciam o condicionamento pavloviano

Em vários momentos deste livro, dissemos que o condicionamento pode ocorrer, e não que ele de fato ocorreria. Assim o fizemos porque não basta emparelhar estímulos para que haja condicionamento pavloviano. Há alguns fatores que aumentam as chances de o emparelhamento de estímulos estabelecer o condicionamento, bem como definem o quão forte será a resposta condicionada.

Frequência dos emparelhamentos. Em geral, quanto mais frequentemente o CS é emparelhado com o US, mais forte será a resposta condicionada. No entanto, em alguns casos (ingestão de alimentos tóxicos ou eventos muito traumáticos, como um acidente de carro ou um estupro, por exemplo), pode ser que apenas um emparelhamento seja suficiente para que uma resposta condicionada de alta magnitude surja. Além disso, o aumento na magnitude da resposta condicionada com o aumento no número de emparelhamentos não ocorre de forma ilimitada. Chegará um ponto em que novos emparelhamentos não resultarão em subsequentes aumentos na magnitude da resposta.

Tipo do emparelhamento. Respostas condicionadas mais fortes surgem quando o NS é apresentado antes do US e permanece durante sua apresentação. Quando se inverte essa ordem, ou seja, quando o US é apresentado antes do NS, as respostas reflexas condicionadas são mais fracas ou mesmo há uma menor probabilidade de que ocorra o condicionamento.

Intensidade do estímulo incondicionado. Um US intenso tipicamente leva a um condicionamento mais rápido. Por exemplo, um jato de ar (US) direcionado ao olho elicia a resposta incondicionada de piscar. Emparelhamentos de jato de ar com um som fazem a resposta de piscar ocorrer ao se ouvir o som. Nesse exemplo, um jato de ar mais forte levaria ao condicionamento mais rapidamente do que um jato fraco. Novamente, é importante deixar claro que o aumento na intensidade do US não produz respectivos aumentos indefinidamente na força da resposta condicionada.

Grau de predição do estímulo neutro. Para que haja condicionamento, não basta que ocorra apenas o emparelhamento NS-US repetidas vezes. O NS deve ser preditivo da ocorrência do US. Caso o NS seja apresentado muitas vezes sem ser seguido pelo US, o condicionamento será menos provável do que se o NS for seguido pelo US sempre que apresentado. Por exemplo, um som que ocorre 100% das vezes antes da apresentação de alimento eliciará com maior probabilidade a resposta de salivação do que um que é seguido do alimento em apenas 50% das vezes. O processo de extinção respondente pode nos ajudar a compreender por que isso ocorre, já que, nas vezes em que o NS é apresentado sem o US, está ocorrendo, por definição, o procedimento de extinção, cujo efeito é um enfraquecimento da resposta condicionada. Essa seria uma interpretação alternativa do mesmo fenômeno sem recorrer à noção de grau de predição do estímulo condicionado.

Outras aplicações do condicionamento pavloviano

Os publicitários utilizam, frequentemente, o condicionamento pavloviano para tornar mais atrativos os seus produtos, mesmo desconhecendo os princípios comportamentais que descrevem esse fenômeno. É muito comum nas propagandas, por exemplo, ver pessoas bonitas ou celebridades em situações de diversão. Com isso, os produtores esperam estabelecer uma relação funcional entre o produto anunciado, que é um NS, e as respostas emocionais eliciadas ao vermos as pessoas e situações presentes na propaganda. Após vários emparelhamentos decorrentes das inúmeras vezes em que os comerciais são veiculados na televisão, o produto anunciado poderá passar a eliciar as respostas pretendidas pelos produtores.

O condicionamento pavloviano também possui aplicações relevantes na área da saúde. Robert Ader e Nicholas Cohen (1975), por exemplo, mostraram que esse condicionamento estende-se às respostas imunológicas. Esses pesquisadores administraram simultaneamente, em ratos, água com açúcar e uma droga supressora do sistema imunológico. Depois de vários emparelhamentos água com açúcar-droga (NS-US), a supressão imunológica passou a ocorrer após a ingestão de água com açúcar. Essa descoberta tem importantes implicações para a saúde humana. Por exemplo, quando órgãos são transplantados, há o risco de rejeição. O sistema imunológico passa a combater o novo órgão como se fosse um corpo estranho, danoso ao organismo. Os médicos contornam tal situação receitando aos pacientes medicamentos que têm efeito de supressão do sistema imunológico. O emparelhamento dos fármacos com determinados cheiros, por exemplo, pode fazer apenas um cheiro específico bastar para a obtenção dos efeitos supressores sobre o sistema imunológico, o que poderia reduzir a quantidade de medicação tomada e, consequentemente, seus efeitos colaterais.

Ainda no campo da saúde, sabemos que o efeito da mesma dosagem de uma certa droga costuma ser menor em usuários frequentes do que em não usuários. Esse fenômeno é conhecido como tolerância. A tolerância aumenta com o consumo repetido da droga. Em decorrência disso, os usuários tendem a utilizar dosagens cada vez maiores da substância para obter o mesmo efeito. Caso a dose utilizada seja muito elevada em relação à tipicamente consumida, é possível que ocorra a *overdose*, o que, muitas vezes, leva o indivíduo à morte. A literatura científica aponta casos em que houve morte por *overdose* sem um aumento significativo da dosagem usualmente consumida.

O condicionamento pavloviano pode nos ajudar a entender esse fenômeno. Um artigo publicado na revista *Science*, um dos periódicos científicos mais respeitados do mundo, relatou achados muito importantes sobre esse tópico. No artigo, Siegel, Hinson, Krank e McCully (1982) realizaram um experimento no qual investigaram o efeito de pistas ambientais sobre a tolerância ao uso de heroína. Eles basearam seu estudo na noção de que a situação de administração da droga envolve condicionamento pavloviano. Quando uma substância é administrada com frequência em um mesmo contexto, as pistas ambientais nele presentes podem adquirir a função de um CS capaz de eliciar parte do efeito sistêmico da droga no organismo. Esses efeitos seriam as respostas incondicionadas eliciadas pela substância, a qual exerce a função de US. Essa seria uma hipótese explicativa para a tolerância, já que as pistas ambientais eliciariam respostas antecipatórias ao consumo da droga. Essas respostas antecipatórias, por sua vez, produziriam uma atenuação do efeito da substância em si.

Nessa pesquisa de Siegel e colaboradores, os sujeitos experimentais foram 97 ratos. Os animais foram divididos em três grupos (Grupo 1, Grupo 2 e grupo-controle). Dois desses grupos receberam 15 injeções de heroína, uma por dia, com um aumento gradual da dose de 1 mg/kg até 8 mg/kg. Os animais desses dois grupos também receberam injeções de água com açúcar em dias alternados àqueles em que recebiam as injeções da substância.

Os animais do Grupo 1 receberam as injeções de heroína no biotério onde viviam e as de água com açúcar em outra sala, na qual um barulho semelhante a um chiado (ruído branco) era emitido enquanto a água com açúcar era administrada. Com os animais do Grupo 2 aconteceu o inverso: eles recebiam as injeções de heroína na sala com chiado e as de água com açúcar no biotério. Os animais do grupo-controle receberam 30 injeções de água com açúcar, alternando o lugar: 15 no biotério e 15 na sala com chiado.

Após essa fase com as 15 injeções de heroína e de água com açúcar, todos os animais receberam uma injeção de 15 mg/kg de heroína, dose quase duas vezes maior que a última recebida (8 mg/kg). Os animais do Grupo 1 receberam essa administração da droga no mesmo local em que haviam recebido as doses anteriores (no biotério). Os animais do

Grupo 2 a receberam em um local diferente em comparação às administrações anteriores. Alguns animais do grupo-controle receberam a dose de 15 mg/kg no biotério, e outros, na sala com chiado.

Siegel e colaboradores observaram que, no Grupo 1, no qual os animais receberam a dose alta no mesmo ambiente das doses anteriores, houve a menor taxa de mortalidade: 32,4% dos sujeitos foram a óbito por *overdose*. No Grupo 2, no qual os animais receberam a dose alta em um ambiente diferente daquele em que receberam as doses iniciais, houve uma taxa de mortalidade de 64,3%. Já o grupo-controle apresentou a maior taxa de mortalidade: 96,4% dos ratos morreram com a administração.

O estudo de Siegel e colaboradores, portanto, demonstrou o efeito do condicionamento pavloviano para o desenvolvimento da tolerância ao uso de drogas, assim como o seu papel nos casos de *overdose* baseados na mudança de ambiente – fenômeno conhecido como *overdose* contextual. É possível chegar a essa conclusão pelo fato de os animais que receberam a dose alta de heroína no ambiente em que "estavam acostumados a consumir a droga" terem tido uma menor taxa de mortalidade. Logo, os sujeitos de pesquisa desse grupo apresentaram maior tolerância à substância, muito provavelmente porque o ambiente passou a ser um CS que eliciava as respostas antecipatórias ao consumo da droga.

O Grupo 2, ainda que acostumado com a mesma dosagem do Grupo 1, apresentou uma taxa de mortalidade maior. Isso se deve ao local onde a dose de 15 mg/kg foi administrada. Como, para esse grupo, a dosagem máxima foi aplicada em um local diferente do habitual, as respostas antecipatórias ao consumo da droga não foram eliciadas, o que pode ter resultado em mais mortes por *overdose*.

Por fim, o grupo-controle, além de ter sido exposto à dose máxima da droga logo na sua primeira administração, não teve a oportunidade de que as respostas antecipatórias fossem condicionadas aos dois ambientes do estudo. Desse modo, praticamente todos os seus sujeitos morreram de *overdose*. As diferenças obtidas em função das diferentes manipulações experimentais às quais cada grupo foi exposto evidenciam o papel do condicionamento pavloviano na descrição dos fenômenos da tolerância e da *overdose* contextual.

Principais conceitos apresentados neste capítulo

Conceito	Descrição	Exemplo: medo de dentista
Estímulo neutro (NS)	Estímulo que não elicia uma determinada resposta.	O som do motor da broca do dentista antes do tratamento.
Estímulo incondicionado (US)	Estímulo que elicia a resposta incondicionada. Sua função é independente de aprendizagem.	O atrito doloroso da broca com o dente.
Estímulo condicionado (CS)	Estímulo que elicia a resposta após uma história de condicionamento respondente.	O som do motor da broca após o tratamento doloroso.

Conceito	Descrição	Exemplo: medo de dentista
Resposta incondicionada (UR)	Resposta eliciada pelo US. Sua eliciação por esse estímulo não depende de uma história de aprendizagem.	Sensação produzida pelo atrito da broca com o dente, assim como as reações fisiológicas decorrentes desse atrito.
Resposta condicionada (CR)	Resposta similar à UR, entretanto é eliciada pelo CS.	Sensações similares àquelas produzidas pelo atrito da broca com o dente, mas agora eliciadas pelo CS.
Emparelhamento de estímulos	Apresentação sequencial ou simultânea de dois estímulos.	Apresentação do som dos aparelhos (NS) simultânea à estimulação dolorosa durante a obturação (US).
Condicionamento pavloviano, condicionamento clássico ou condicionamento respondente	Forma de aprendizagem na qual um estímulo previamente neutro, após o emparelhamento com um US, passa a eliciar uma CR.	Após o emparelhamento do som dos aparelhos utilizados pelo dentista com a dor produzida durante uma obturação, esse ruído pode passar a eliciar respostas de medo (suar frio, tremer, etc.).
Reflexo incondicionado	Relação funcional de eliciação entre o US e a UR.	O atrito da broca com o dente elicia as sensações dolorosas e respostas de medo.
Reflexo condicionado	Relação funcional de eliciação entre o CS e a CR.	O ruído do motor da broca elicia respostas de medo.
Extinção respondente	Diminuição gradual da força de um reflexo (processo) pela apresentação repetida do CS na ausência do US (procedimento).	Ouvir o som do motor da broca apenas em limpeza do dente (procedimento não doloroso) várias vezes e deixar de sentir medo na presença desse estímulo.
Generalização respondente	Fenômeno em que estímulos parecidos com um CS também eliciam a CR.	Ter medo ao ouvir barulhos parecidos com o som do motor da broca do dentista, como, por exemplo, o som de uma furadeira doméstica.
Contracondicionamento	Emparelhamento de estímulos que eliciam respostas contrárias.	O emparelhamento do som da broca do dentista com uma massagem.

Conceito	Descrição	Exemplo: medo de dentista
Dessensibilização sistemática	Divisão do procedimento de extinção em pequenos passos, isto é, apresentando-se variações do CS organizadas em uma hierarquia ordenada, iniciando-se pelos estímulos que eliciam resposta de menor magnitude e progredindo para os que eliciam as de maior magnitude.	Apresentações de variações quanto a tonalidade e volume de sons similares aos produzidos pelo motor da broca do dentista, sem a realização do tratamento doloroso.
Condicionamento de ordem superior	Condicionamento pelo emparelhamento de NS com um CS.	A resposta de medo pode ser eliciada ao ouvir o nome do dentista, caso o nome dele tenha sido emparelhado ao som do motor da broca.
Recuperação espontânea	Aumento na força de um reflexo após ter havido extinção sem novos emparelhamentos após a passagem de tempo desde que a extinção ocorreu.	Após a extinção da resposta de medo, voltar ao dentista meses depois e sentir medo ao ouvir o som do motor da broca.

Questões de Estudo

1. Um psicólogo de orientação analítico-comportamental recebe em seu consultório João, um engenheiro civil de aproximadamente 40 anos de idade. O cliente, que sempre trabalhou na construção de casas, foi designado recentemente para tocar a obra de um prédio de 20 andares que já está em sua fase final de construção. João relatou que, ao descer do elevador da obra no décimo andar, sentiu-se extremamente nervoso, suas mãos começaram a suar, teve taquicardia e não conseguiu ficar por mais que alguns segundos na laje do pavimento, retornando ao elevador para descer ao andar térreo. Após uma avaliação funcional do caso de João, o psicólogo chegou ao diagnóstico de fobia específica (medo de altura). Baseando-se nesse diagnóstico, o clínico optou por iniciar imediatamente o tratamento de João utilizando uma técnica bastante comum em casos como esse, a qual produz, gradativamente, a extinção dos aspectos respondentes do comportamento-alvo. Essa técnica é chamada de:
   a. habituação
   b. contracondicionamento
   c. dessensibilização sistemática
   d. reforço diferencial de aproximações sucessivas
   e. extinção respondente

2. Os reflexos podem ser inatos ou aprendidos por meio de condicionamento pavloviano. Os elementos envolvidos nesse condicionamento são, mesmo em textos em português, representados por siglas derivadas de seus nomes no idioma inglês. Em qual das frases a seguir essas siglas estão empregadas corretamente (todas elas)?

   a. Um US que antes era um CR e não eliciava nenhuma S torna-se um CS depois de repetidos emparelhamentos com o US, que elicia uma CR. Após o emparelhamento, o NS passa a ter a função de CS, eliciando uma CR.
   b. Um S que antes era um NS e não eliciava nenhuma R torna-se um CS depois de repetidos emparelhamentos com o US, que elicia uma UR. Após o emparelhamento, o NS passa a ter a função de CS, eliciando uma CR.
   c. Um CR que antes era um NS e não eliciava nenhuma R torna-se um US depois de repetidos emparelhamentos com o CS, que elicia uma CR. Após o emparelhamento, o US passa a ter a função de NS, eliciando uma R.
   d. Um S que antes era um NS e não eliciava nenhuma R torna-se um US depois de repetidos emparelhamentos com o CS, que elicia uma UR. Após o emparelhamento, o CS passa a ter a função de CR, eliciando uma R.
   e. Um NS que antes era um S e não eliciava nenhuma R torna-se um US depois de repetidos emparelhamentos com o CS, que elicia uma CR. Após o emparelhamento, o NS passa a ter a função de US, eliciando uma R.

3. No clássico experimento de Watson e Rayner (1920), um som estridente foi emparelhado a um rato. Na fase final desse estudo, após o condicionamento, o som estridente e o rato eram denominados, respectivamente, de

   a. estímulo incondicionado e estímulo condicionado
   b. estímulo incondicionado e estímulo neutro
   c. estímulo neutro e estímulo condicionado
   d. estímulo neutro e estímulo incondicionado
   e. estímulo condicionado e estímulo incondicionado

4. Apresentações de um estímulo condicionado sem a presença do estímulo incondicionado ao qual foi previamente emparelhado produzem:

   a. extinção respondente
   b. condicionamento respondente
   c. sensibilização
   d. condicionamento pavloviano
   e. habituação

5. No experimento de Watson e Rayner (1920) com o pequeno Albert, a resposta de medo também era eliciada na presença de outros objetos felpudos (fisicamente semelhantes ao rato branco), apesar de esses objetos não terem sido emparelhados a algum estímulo incondicionado ou condicionado. Esse fenômeno é chamado de:

a. extinção respondente
b. discriminação respondente
c. generalização respondente
d. recuperação espontânea
e. técnica de contracondicionamento

Gabarito: 1. c; 2. b; 3. a; 4. a; 5. c.

Bibliografia consultada, citada e sugestões de leitura

Catania, A. C. (1999). *Aprendizagem: comportamento, linguagem e cognição*. (4. ed.). Porto Alegre: Artmed.

Millenson, J. R. (1975). *Princípios de análise do comportamento*. Brasília: Coordenada. (Obra original publicada em 1967).

Rescorla, R. A. (1967). Pavlovian conditioning and its proper control procedures. *Psychological Review*, 74, 71-80.

Robert, A. & Nicholas, C. (1975). Behaviorally Conditioned immunosuppression. *Psychosomatic Medicine*, 37(4), 333-340.

Siegel, S, Hinson, R. E., Krank, M.D. & McCully, J. (1982). Heroin "overdose" death: contribution of drug-associated environmental cues. *Science*, 216(4544), 436-437.

Watson, J. B. & Rayner, R. (1920). Conditioned emotional reactions. *Journal of Experimental Psychology*, 3(1), 1-14.

3

Aprendizagem pelas consequências: o reforçamento

Objetivos do capítulo

Ao final deste capítulo, espera-se que o leitor seja capaz de:

1 Definir, identificar e prover exemplos de comportamento operante;
2 Definir, identificar e prover exemplos de estímulos reforçadores;
3 Definir, identificar e prover exemplos de extinção operante;
4 Descrever e aplicar o procedimento de modelagem operante;
5 Diferenciar modelagem de modelação;
6 Descrever, exemplificar e identificar os efeitos da extinção operante;
7 Descrever e identificar exemplos de relações de contingências de reforçamento;
8 Descrever e identificar exemplos de reforçamento diferencial;
9 Identificar e fornecer exemplos de estímulos reforçadores sociais;
10 Indicar problemas relacionados à distinção entre reforçadores naturais e arbitrários;
11 Definir e identificar classes de respostas;
12 Diferenciar os conceitos de comportamento e resposta.

Nos Capítulos 1 e 2, estudamos o comportamento respondente, isto é, vimos um tipo de relação entre o ambiente (estímulo) e o organismo (resposta), em que dizemos que um estímulo elicia uma resposta. Concluímos que nosso conhecimento sobre o comportamento respondente nos ajuda a compreender parte do comportamento e da aprendizagem, tanto em animais não humanos quanto em pessoas. A despeito da grande relevância do comportamento respondente para a análise, compreensão e modificação (intervenção) do comportamento humano, ele, sozinho, não consegue abarcar toda a complexidade do comportamento humano e dos organismos em geral.

Neste capítulo, conheceremos um segundo tipo de comportamento que engloba a maioria dos comportamentos dos organismos: o **comportamento operante**, termo cunhado por **B. F. Skinner**. Classificamos como operante o comportamento que produz consequências que se constituem em alterações no ambiente e cuja probabilidade de ocorrência futura é afetada por tais consequências. Entender o comportamento operante é fundamental para compreendermos como aprendemos a falar, ler, escrever, raciocinar, abstrair, etc., e, em um nível de análise mais amplo, até como aprendemos a ser quem somos, ou seja, como se constrói o repertório comportamental geralmente denominado de personalidade.

Vimos que a aprendizagem de comportamentos respondentes se dá pelo procedimento de condicionamento respondente. De agora em diante, conheceremos um outro tipo de aprendizagem, que se dá pelo procedimento chamado de **condicionamento operante**. Nesse segundo tipo, faremos referência aos comportamentos que são aprendidos em função de suas consequências, em função das modificações que produzem no ambiente. Agora, em vez de falarmos de contingências S → R, falaremos de contingências R → S (ou R → C), nas quais uma resposta do organismo produz uma alteração no ambiente, chamada de *consequência*.

O comportamento operante produz consequências no ambiente

A maior parte de nossos comportamentos produz consequências no ambiente. Essas consequências consistem em mudanças no cenário que nos cerca. Um comportamento simples, como apertar o botão de um interruptor de luz, produz a consequência do acendimento da lâmpada. A luz que estava apagada, agora, está acesa, o que se constitui em uma mudança no ambiente produzida pelo comportamento de apertar o botão. Dizemos que essa mudança é uma consequência do comportamento. Em vez de apertar o botão, é possível emitir outro comportamento que produzirá a mesma consequência: pedir a alguém que acenda a luz. No primeiro exemplo, o comportamento produziu diretamente a mudança na iluminação do ambiente; no segundo, o comportamento modificou diretamente o comportamento de outra pessoa, que também é ambiente, neste caso, e que, por sua vez, produziu a mudança na iluminação.

A Tabela 3.1 apresenta alguns exemplos de comportamentos bem simples e de possíveis consequências que são capazes de produzir. Lembre-se de que, quando usamos o termo "resposta", estamos falando sobre o comportamento do indivíduo, sobre o que ele faz, fala, sente, pensa, etc. Portanto, esse termo não é utilizado apenas para se falar do comportamento respondente, mas também para se referir ao comportamento operante. Em breve veremos uma distinção mais precisa entre os termos comportamento e resposta. Por enquanto, você pode tratá-los como se fossem sinônimos.

TABELA 3.1 Exemplos de comportamentos e suas possíveis consequências

Comportamento (resposta) →	Consequência
Dizer "Oi!" →	Outra pessoa responder "Olá!"
Apertar um botão →	Chegada do elevador ao andar
Abrir uma torneira →	Sair água da torneira
Fazer uma pergunta ao professor →	O professor responder
Fazer o dever de casa →	O professor elogiar
Fazer juras de amor →	Ganhar um beijo
Estudar →	Tirar boa nota na prova
Fazer uma ligação telefônica →	Outra pessoa atender ao telefone
Chorar →	Obter atenção das pessoas
Contar piadas →	Obter atenção das pessoas (risadas)
Cuidar da aparência →	Receber elogios
Executar um trabalho (consertar uma torneira) →	Produto do trabalho pronto (a torneira parar de pingar)
Executar um trabalho →	Receber o pagamento
Executar um trabalho →	Receber elogios
Tocar violão →	Produzir sons
Tocar violão →	Obter atenção das pessoas

O comportamento operante é influenciado (controlado) por suas consequências

As consequências que nossos comportamentos produziram no passado influenciam sua ocorrência futura. É nesse sentido, de forma geral, que dizemos que o comportamento é controlado, ou influenciado, por suas consequências. Dizer que as consequências dos comportamentos os controlam, de maneira geral, é o mesmo que dizer que elas determinarão se os comportamentos que as produziram ocorrerão com maior ou menor frequência no futuro.

Vejamos um exemplo bem simples. Imagine que você peça um saleiro para uma pessoa. Se ela lhe passa o saleiro, é provável que, no futuro, em uma situação parecida, você o peça a ela novamente. Agora, imagine que você peça o saleiro a outra pessoa, mas que ela não o passe, e que isso ocorra de forma repetida. O que acontece, então? É bastante provável que, em novas situações nas quais você precise do saleiro, você o peça cada vez menos a essa pessoa, até que, por fim, não lhe peça mais. Tente lembrar de comportamentos cotidianos seus, identificando exatamente o que você fez e o que aconteceu depois. Analise, em seguida, se o que aconteceu depois do comportamento, isto é, a sua consequência, influenciou de alguma forma o fato de você emiti-lo novamente em ocasiões similares.

As consequências produzidas pelos comportamentos ocorrem tão naturalmente no nosso dia a dia que, muitas vezes, nem nos damos conta de que elas estão presentes. Se refletirmos por alguns instantes, perceberemos que só continuamos fazendo uma série de coisas porque determinadas consequências ocorrem. Mais ainda, deixamos de fazer outras em função de suas consequências, ou, simplesmente, em função de que uma consequência produzida por determinado comportamento deixou de ocorrer. Por exemplo, se convidamos um amigo para sair, e ele geralmente aceita, continuamos a convidá-lo. Se esse amigo para de aceitar os convites, dando desculpas e mais desculpas, tenderemos a chamá-lo para sair cada vez menos.

As consequências não têm influência somente sobre a frequência de ocorrência dos comportamentos considerados adequados ou socialmente aceitos; elas também aumentam, mantêm ou reduzem a frequência de comportamentos considerados socialmente inadequados ou indesejados. A Tabela 3.2 traz alguns exemplos desses comportamentos e algumas de suas possíveis consequências.

Você já se questionou alguma vez, por exemplo, por que algumas crianças "são birrentas" e outras não? Para responder a essa pergunta, alguns podem argumentar sobre a "natureza ruim da criança", enquanto outros podem dizer simplesmente que ela é assim por ser chata. Na realidade, se olharmos com cuidado para as interações de crianças "birrentas" e "não birrentas" com seu ambiente, percebemos que aquelas que fazem birra frequentemente conseguem o que querem com isso. Já aquelas que, hoje, raramente fazem birra, muito provavelmente não receberam, no passado, aquilo que queriam agindo assim.

Se o comportamento é controlado por suas consequências, isso dá duas possibilidades extremamente úteis para os psicólogos: (a) podemos entender o que leva as pessoas a fazerem o que fazem, isto é, a função de seus comportamentos, a partir da análise das consequências de seus comportamentos; e (b) se os comportamentos das pessoas e também de animais não humanos são controlados por suas consequências, isso significa que podemos, quando e se necessário, modificá-los por meio da alteração de suas consequências. Essa é a essência da abordagem psicológica Análise do Comportamento, cujo determinismo do comportamento se baseia no modelo de seleção por consequências, conforme será visto em mais detalhes ao longo deste livro.

Exemplos simples de controle do comportamento por suas consequências

O rato mostrado na Figura 3.1A está em uma caixa de condicionamento operante, chamada também de Caixa de Skinner. No procedimento ilustrado nessa foto, cada vez que o animal pressiona uma barra, uma gota de água é disponibilizada. Esta consequência é valiosa

TABELA 3.2 Exemplos de comportamentos considerados inadequados em nossa cultura e suas possíveis consequências

Comportamento (resposta)	→	Consequência
Fazer "bagunça" em sala de aula	→	Obter atenção do professor
Fazer "bagunça" em sala de aula	→	Obter atenção dos colegas
Dizer que dirigiu em alta velocidade	→	Admiração dos amigos (de alguns)
"Matar" aula	→	Obter tempo livre para outras atividades
Agir de forma grosseira com funcionários	→	Funcionários fazerem o trabalho mais rapidamente
Fazer birra	→	Ganhar um brinquedo
Corromper o funcionário da secretaria da faculdade	→	Ter acesso à prova e aumentar a chance de tirar uma boa nota com menos estudo
Falar mal de alguém	→	Obter atenção de outra pessoa
Fazer cópia "pirata" de livros	→	Obter o livro sem ter que pagar
Dizer piadas machistas	→	Obter atenção ou aprovação de pessoas machistas
Dizer piadas homofóbicas	→	Obter atenção ou aprovação de pessoas homofóbicas
Fazer comentários racistas	→	Obter atenção ou aprovação de pessoas racistas
"Furar" a fila	→	Chegar mais rápido ao caixa
Postar comentários "sem noção" no Facebook	→	Obter curtidas ou aprovação de pessoas "sem noção"
Dirigir com velocidade acima da permitida	→	Chegar ao destino mais rápido

para o ratinho, já que ele se encontra privado de água. Enquanto tal situação se mantiver, ele continuará pressionando a barra, ou seja, enquanto esse comportamento produzir água, o animal continuará pressionando a barra. Nesse sentido, dizemos que o comportamento do ratinho é controlado por suas consequências, ou seja, o comportamento de pressionar a barra continua ocorrendo porque continua produzindo a apresentação da água. Dito de forma mais precisa, o pressionar da barra ocorre porque, no passado, essa mesma pressão produziu água. A explicação do comportamento, de acordo com o referencial teórico da Análise do Comportamento, está no passado, e não no futuro. São as consequências do

Figura 3.1
Exemplos de comportamentos que exemplificam o controle do comportamento pelas consequências.
Fonte: (B) www.shutterstock.com/DONOT6_STUDIO/Crying baby girl, studio shot

comportamento que ocorreram no passado que explicam por que ele ocorre no presente e poderá ocorrer no futuro.

Algumas crianças são extremamente hábeis em "controlar o comportamento de seus pais". Quando querem alguma coisa e seus pais não cedem, elas simplesmente "aprontam o maior berreiro". O que acontece, então? Muitos pais oferecem à criança o que ela quer no momento em que está fazendo birra. A Figura 3.1B, a título de ilustração, mostra uma criança agindo assim. Digamos que essa criança esteja no supermercado, veja um doce e o peça para seu pai. O pai, nesse momento, diz "não", e a criança começa a chorar. Ele, então, lhe dá o doce. Cada vez que o pai der o doce quando a criança estiver chorando, ele, possivelmente, torna mais provável que ela volte a chorar em situações semelhantes no futuro. Nesse sentido, em termos técnicos, dizemos que a consequência "receber um doce" controla o comportamento da criança, pois aumenta sua probabilidade de voltar a ocorrer. Da mesma forma, dizemos que a criança chorar, e parar de chorar após receber o doce, controla o comportamento do pai de dar o doce, pois aumenta sua probabilidade de voltar a ocorrer. Veja que controle do comportamento, nesse sentido, refere-se apenas aos efeitos das consequências sobre o comportamento, e não a concepções relativas a obrigar alguém a fazer algo.

No exemplo do parágrafo anterior, não é preciso ser psicólogo para imaginar como modificar o comportamento da criança, se necessário. Talvez os pais até consigam que ela seja mais educada e peça adequadamente o doce ou um brinquedo, conversando várias vezes com ela. Mas só talvez. Duas outras ações dos pais, que envolvem mudanças nas consequências para os comportamentos do filho, poderiam ser mais eficazes: (a) não atender o filho quando ele pedir algo de forma socialmente inadequada, isto é, fazendo birra; (b) na medida do possível, atendê-lo quando pedir educadamente. Percebemos, nesse caso, que algumas crianças são "birrentas" não porque têm uma "natureza ruim" ou porque são "chatas". Elas agem assim porque fazer birra tem funcionado, ou seja, as consequências **reforçam** esse comportamento. O mesmo raciocínio vale para uma infinidade de comportamentos de jovens, adultos, idosos (de qualquer ser humano) e também para comportamentos de animais não humanos.

Consequências reforçadoras

Vimos até agora que o comportamento produz consequências e é controlado por elas. Vimos também que algumas delas aumentam a probabilidade de o comportamento voltar a ocorrer. Classificamos essas consequências como **reforçadoras**. Portanto, **consequência reforçadora**, em termos gerais, é um tipo de consequência que aumenta a probabilidade de que volte a ocorrer o comportamento que a produziu. Novamente, temos uma relação entre o organismo e seu ambiente, na qual o organismo emite uma resposta (um comportamento); esta produz alterações no ambiente; e essas alterações modificam a probabilidade de tal comportamento voltar a ocorrer. É por isso que falamos de uma interação entre o organismo e seu ambiente quando nos referimos ao comportamento.

Essa interação entre o organismo e o ambiente é descrita, em termos técnicos, por uma **contingência de reforçamento**. A contingência de reforçamento é expressa na forma **se... então...** – se o comportamento X ocorrer, **então** a consequência Y ocorre. Por exemplo, **se** o rato pressiona a barra, **então** é disponibilizada uma gota d'água; **se** a criança faz birra, **então** ela ganha um doce. A contingência de reforçamento, nesse caso, é representada pelo diagrama **R → C**, no qual o R representa a resposta e o C representa a consequência.

No exemplo da criança que faz birra e é atendida por seus pais, podemos identificar a consequência reforçadora e os seus efeitos claramente. Cada vez que a criança faz birra e seus pais a atendem, aumenta a **probabilidade** (as chances) de que, na próxima vez em que estiver em situação similar, ela se comporte da mesma forma. Nesse caso, o aumento na probabilidade de ocorrência do comportamento é o efeito da consequência reforçadora. Também nesse caso, receber o que se está pedindo é a consequência reforçadora para o comportamento de fazer birra. Você consegue imaginar outros exemplos de consequências que mantêm alguns de seus comportamentos e os das pessoas com as quais convive? Que tal fazer esse exercício antes de continuar a leitura do livro?

Devemos nos lembrar que, quando nos referimos ao comportamento, falamos sobre relações entre o organismo e o ambiente, isto é, só faz sentido falar de comportamento em referência ao ambiente no qual ele ocorre. Você se lembra do comportamento respondente, descrito na relação S → R? Lembra-se de que lá dissemos que, para afirmarmos se um determinado estímulo é neutro, incondicionado ou condicionado, devemos sempre atentar para a relação, ou seja, para qual resposta ele é neutro, incondicionado ou condicionado? Pois bem, o mesmo tipo de raciocínio funcional vale para o **estímulo reforçador**. A fim de afirmar que determinado estímulo é um reforçador, devemos analisar o seu efeito sobre a probabilidade de ocorrência do comportamento que teve como consequência a apresentação desse estímulo. Os estímulos reforçadores são as alterações no ambiente – ou em partes dele – que constituem as consequências reforçadoras. Por exemplo, o rato pressiona a barra da caixa de condicionamento operante e uma gota d'água é disponibilizada. Nesse caso, a consequência reforçadora é a disponibilização da água, e o estímulo reforçador é a água propriamente dita.

As características físicas de um estímulo, ou suas propriedades, não podem, por si só, qualificá-lo como reforçador. Há um exemplo simples: se você está há dois dias sem comer, comida pode tornar-se um estímulo reforçador. Entretanto, se acabou de comer muito, o seu prato predileto poderá até mesmo ser aversivo. Outro exemplo pode ser útil para demonstrar essa relação. Para uma pessoa que acabou de correr 10 km, uma água de coco pode passar a exercer a função de estímulo reforçador. Isto é, comportamentos que no passado tiveram como consequência a obtenção de água de coco se tornarão mais prováveis. O elogio de um professor para o comentário de um aluno em sala de aula pode tornar mais provável que o estudante volte a fazer comentários. Nesse caso, o elogio pode ser considerado um estímulo reforçador. Em contrapartida, esse mesmo elogio, para outro aluno, ou para o mesmo estudante em um contexto diferente, pode não ter efeito algum sobre o comportamento de fazer comentários; talvez possa até levar o indivíduo a nunca mais fazer comentários na aula desse professor. Nesse caso, o elogio não poderia ser considerado um estímulo reforçador.

Com esses exemplos, queremos mostrar que, para determinarmos se um estímulo é reforçador, ou se uma consequência é reforçadora, devemos considerar, necessariamente, o seu efeito sobre o comportamento. Independentemente do estímulo, se o efeito de sua apresentação for o de aumentar a probabilidade de ocorrência do comportamento que o produz, então ele será considerado reforçador. O procedimento de apresentação desse estímulo e o seu efeito sobre o comportamento serão chamados de **reforçamento**.

Outros efeitos do reforçamento

Além de aumentar a frequência (ou probabilidade de ocorrência) de um comportamento, o reforçamento tem, pelo menos, dois outros efeitos sobre o comportamento dos organismos. Um deles é a **diminuição da frequência de outros comportamentos** diferentes do comportamento reforçado. Se, por exemplo, você está em um bar, olhando as pessoas que por lá passam, bebendo, comendo e falando sobre determinado assunto, e alguém começa a prestar muita atenção no que você está dizendo, é provável que você coma menos, beba menos, observe menos o movimento no bar e passe mais tempo conversando. Nesse caso, a atenção é o estímulo reforçador e falar é a resposta. A disponibilização de atenção por outras pessoas para o comportamento de falar resultando no aumento de sua frequência é o reforçamento, que também resultou na diminuição da frequência de outras respostas com certa probabilidade de ocorrência naquele momento.

Esse mesmo efeito pode ser observado no momento em que o comportamento de pressionar a barra emitido por um rato começa a ser reforçado com água. A Figura 3.2 apresenta uma ilustração com dados hipotéticos desse efeito. Na imagem vemos um gráfico de frequência da resposta (número de respostas por minuto): no eixo X estão os minutos, e, no eixo Y, o número de respostas. A resposta de pressionar a barra é representada pela linha contínua com círculos vazados; a resposta de farejar é representada pela linha contínua com triângulos preenchidos; e a resposta de limpar-se é representada pela linha pontilhada com quadrados vazados. Nessa hipotética sessão, o animal é colocado na caixa de Skinner e nenhuma consequência é programada para seus comportamentos até o final do terceiro minuto da sessão. A partir daí, as respostas de pressão à barra passam a ser consequenciadas com a apresentação de água para o animal.

Note, na Figura 3.2, que, após as respostas de pressionar a barra passarem a ser reforçadas, não só a frequência desse comportamento começa a aumentar, como também começam a diminuir as frequências dos comportamentos de limpar-se e de farejar. Também podemos ver esses princípios no exemplo da criança com birra. Quando ela emite o

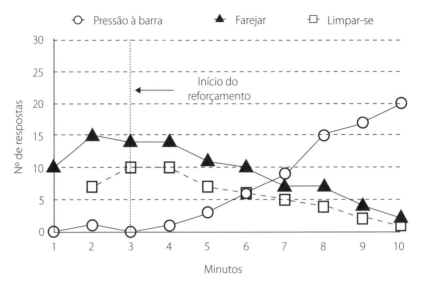

Figura 3.2
Ilustração do efeito momentâneo do reforçamento de um comportamento sobre a sua frequência e sobre a frequência de outros comportamentos (dados hipotéticos).

comportamento de birra com muita frequência, os pais podem diminuir a frequência desse comportamento simplesmente reforçando mais vezes comportamentos mais adequados na sua perspectiva. Ou seja, ao atender os pedidos da criança quando ela os faz de forma mais educada, a frequência do comportamento de fazer birras, com a mesma função, tende a diminuir. Em outro contexto, o professor pode diminuir a frequência das conversas paralelas em sala de aula apenas reforçando mais frequentemente comportamentos incompatíveis com tais conversas, como, por exemplo, os comportamentos de ler, fazer exercícios, fazer perguntas, etc.

Outro efeito do reforçamento é a **diminuição da variabilidade na topografia da resposta reforçada**. A topografia da resposta é um conceito relativo à forma de uma resposta, podendo envolver padrões sonoros de vocalizações ou de movimentos da pessoa, por exemplo. Quando alguém diz "saleiro" ou "pimenta do reino", estamos diante de duas topografias de respostas distintas, já que os padrões sonoros produzidos são diferentes. Os comportamentos de pular e de caminhar também apresentam topografias distintas, já que os movimentos que constituem esses dois comportamentos também são diferentes.

Geralmente, nas primeiras vezes em que um rato, em uma caixa de condicionamento operante, pressiona a barra, ele o faz de maneiras bem diferentes, por exemplo, o faz com a pata esquerda, com a direita, com as duas ou com o focinho. À medida que o comportamento de pressão à barra é continuamente reforçado, o mesmo passa a ocorrer de uma forma – com uma topografia – cada vez mais parecida, ou seja, passa a ocorrer quase todas as vezes com a mesma pata apoiada basicamente no mesmo ponto da barra, conforme ilustrado na Figura 3.3.

Esse efeito do reforçamento sobre o comportamento é muito evidente no nosso dia a dia. Por exemplo, você pode responder à pergunta "Onde fica a biblioteca?" de diversas

Figura 3.3
Pode não parecer, mas essas três fotografias foram tiradas em momentos diferentes. Cada uma mostra uma resposta de pressão à barra após esse comportamento ter sido reforçado mais de cem vezes. É possível notar, pelas imagens, a grande similaridade das topografias das respostas de pressão à barra emitidas pelo animal.

maneiras. Caso uma dessas formas seja bem-sucedida, na medida em que o interlocutor a compreenda, é provável que, da próxima vez que lhe fizerem essa mesma pergunta, você a responda de forma semelhante. Quanto mais vezes você responder à pergunta e for bem compreendido, mais a resposta dada será parecida com a anterior. A forma como você abre portas, fala, escreve, dirige, entre outros exemplos, é, provavelmente, quase sempre bem parecida, em função das repetidas exposições às contingências de reforçamento de tais comportamentos.

Extinção operante

Até aqui vimos que o comportamento produz consequências no ambiente e que estas podem afetar a probabilidade de ele voltar a ocorrer. Analisamos também que algumas consequências específicas aumentam ou mantêm a probabilidade de o comportamento que as produz voltar a ocorrer, as quais são denominadas de reforçadoras. É comum que algumas consequências produzidas por certos comportamentos deixem de ocorrer quando estes são emitidos. Quando isso acontece, observamos no comportamento que as produzia efeitos contrários aos produzidos pelo reforçamento. Quando suspendemos (encerramos) o reforçamento de um comportamento, verificamos que a frequência de sua ocorrência diminui, retornando ao seu **nível operante**, isto é, retornando à frequência com que ocorria antes de ter sido reforçado. Esse procedimento, que consiste na suspensão do reforçamento, e o processo dele decorrente são conhecidos como **extinção operante**. Portanto, a suspensão do reforçamento é um **procedimento de extinção operante**. Esse procedimento gera um processo comportamental também chamado de extinção operante, que consiste na diminuição gradual da frequência de ocorrência do comportamento até o seu retorno ao nível operante (que pode ou não ser igual a zero).

Se a suspensão do reforçamento produz uma diminuição na frequência de um comportamento, é possível concluir que os efeitos do reforçamento em relação à manutenção do comportamento são temporários. Para testarmos essa afirmação, basta realizarmos um experimento com três situações distintas: na primeira, observamos e registramos a frequência do comportamento de um organismo sem contingências de reforçamento programadas (nível operante); na segunda, reforçamos o comportamento, bem como observamos e registramos a sua frequência (reforçamento); na terceira, retiramos o reforçamento e novamente observamos e registramos a frequência do comportamento (extinção). Foi exatamente isso que os pesquisadores Hill M. Walker e Nancy K. Buckley fizeram e relataram em um artigo científico publicado em 1968.

Walker e Buckley (1968) conduziram uma intervenção, que também foi uma pesquisa, com uma criança que apresentava dificuldades de ficar concentrada durante tarefas na sala de aula. Os pesquisadores, inicialmente, registraram quantos intervalos de 10 minutos a criança permanecia realizando as tarefas adequadamente (nível operante) ao longo da aula. Em seguida, começaram a dar-lhe pontos toda vez que fazia a tarefa adequadamente a cada intervalo de 10 minutos. Por fim, Walker e Buckley pararam de dar os pontos, mesmo se ela passasse os 10 minutos de um dado intervalo engajada na tarefa escolar. Ao final da intervenção, a criança pôde trocar os pontos ganhos por brinquedos de sua preferência.

A Figura 3.4 apresenta os resultados da intervenção realizada por Walker e Buckley. No eixo X são apresentados os intervalos de 10 minutos, e, no eixo Y, o percentual de tempo que a criança passou engajada nos exercícios em cada um desses intervalos. Veja que, durante os seis primeiros intervalos, de nível operante, ela não ficou mais de 38% do tempo de cada intervalo fazendo os exercícios. A partir do sétimo, iniciou-se o reforçamento do comportamento de fazer exercícios (a criança passou a ganhar pontos por se engajar na tarefa). Note que, assim que a nova contingência de reforçamento foi iniciada, o percentual de tempo que a criança passava fazendo os exercícios começou a aumentar, chegando a

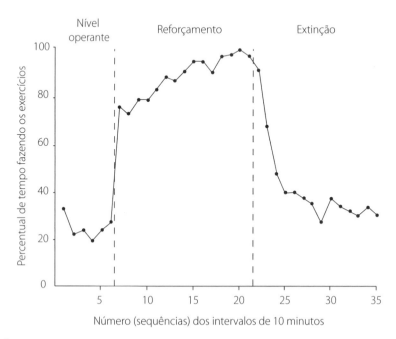

Figura 3.4
Percentual de tempo fazendo exercícios em sala de aula.
Fonte: Adaptada de Walker e Buckley (p. 247, 1968).

próximo de 100%. Por volta do 22º intervalo de 10 minutos, no qual houve a suspensão do reforçamento, o percentual de tempo fazendo as tarefas começou a diminuir, até que se estabilizou em percentuais próximos a 40%, os quais são muito parecidos com aqueles registrados durante o nível operante.

Esses resultados da pesquisa de Walker e Buckley são importantes nesta altura do livro por dois motivos principais. Em primeiro lugar, mostram claramente o efeito do reforçamento e da extinção sobre o comportamento: insere-se o reforçamento, a frequência do comportamento aumenta; retira-se o reforçamento, a frequência do comportamento diminui. Em segundo, resultados como esses são importantes para nos lembrar que precisamos planejar contingências que permaneçam em vigor mesmo na ausência do psicólogo, ou seja, na ausência de quem faz a intervenção comportamental. No caso da criança da pesquisa de Walker e Buckley, seria importante que ela continuasse fazendo os exercícios sem que esse comportamento fosse mantido apenas pelo ganho de pontos, mas, sim, por reforçadores disponíveis na sala de aula, como, por exemplo, atenção e reconhecimento de professores e colegas. Esses reforçadores, entre outros, geralmente mantêm os comportamentos acadêmicos daquelas pessoas que chamamos de estudiosas.

Outros efeitos da extinção

O principal efeito do procedimento de extinção, como vimos, é o retorno da frequência do comportamento aos seus níveis prévios, ou seja, ao nível operante. No entanto, além de diminuir a frequência da resposta até o nível operante, esse procedimento produz outros três efeitos importantes no início do processo de extinção operante. Veremos, a seguir, alguns deles.

Aumento na frequência da resposta no início do procedimento de extinção. Durante um procedimento de extinção, antes de a frequência da resposta começar a diminuir, ela pode aumentar abruptamente. Suponha que um rato tenha passado por cinco sessões de reforçamento e que, na sexta sessão, sete minutos após seu início, o comportamento de pressionar a barra tenha sido colocado em extinção. Um gráfico típico de extinção seria similar ao apresentado na Figura 3.5. Nela, há dois gráficos apresentando os dados dessa hipotética sessão de extinção: o da parte superior mostra a frequência simples de respostas (i.e., o número de respostas em cada minuto), e o da parte inferior mostra os mesmos dados em frequência acumulada (i.e., o somatório da frequência simples a cada minuto). Observe que, nos primeiros minutos (de 1 a 6 minutos), vigora o reforçamento (CRF, sigla para reforço contínuo) das respostas de pressão à barra. No sétimo minuto, entra em vigor o procedimento de extinção. Note que, do 7º ao 9º, há um aumento na frequência da resposta de pressão à barra em relação àquela registrada durante o reforçamento contínuo, chegando a 18 respostas por minuto. No gráfico de frequência acumulada, quanto maior a inclinação da curva, maior a frequência de respostas. Na parte inferior da Figura 3.5, é possível observar um aumento na inclinação da curva a partir do sétimo minuto. Do 10º minuto da sessão em diante, verificamos a diminuição gradual na frequência das respostas de pressão à barra, que é a principal característica do processo de extinção.

Um exemplo simples dessa característica do processo de extinção no comportamento cotidiano pode ser observado quando tocamos a campainha da casa de um amigo e não

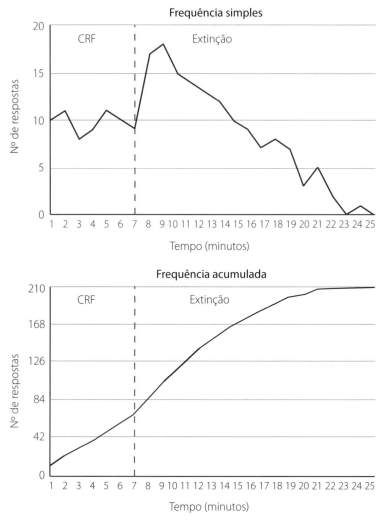

Figura 3.5
Processo de extinção operante (dados hipotéticos). No início do procedimento de extinção, antes de a frequência do comportamento começar a declinar, verifica-se o seu aumento abrupto. Na parte superior da figura, temos a frequência simples de respostas de pressão à barra; na parte inferior, a frequência acumulada do mesmo comportamento durante o procedimento de extinção.

somos atendidos. Provavelmente você já passou por uma situação assim. O que geralmente fazemos antes de virarmos as costas e ir embora? Começamos a pressionar o botão da campainha várias vezes antes de desistir. É importante lembrar que esse aumento inicial *pode ocorrer*, e não que *necessariamente ocorrerá* em todos os processos de extinção.

Aumento na variabilidade da topografia da resposta. Logo no início do processo de extinção, a forma como o comportamento estava ocorrendo começa a modificar-se. No exemplo da campainha, também podemos ver essa característica: além de pressionarmos várias vezes o botão, começamos a fazê-lo ou com mais força ou com a mão toda, bater na porta ou mesmo bater palmas. Se observarmos com cuidado um rato em uma caixa de condicionamento operante no início do procedimento de extinção da resposta de pressão à barra, também verificaremos que a forma com que ele emite o comportamento poderá variar (pressionar com a pata esquerda, com a direita, de lado, etc.).

Evocação de respostas emocionais. Tente se lembrar de algumas vezes em que algum comportamento seu foi colocado em extinção. Por exemplo, quando estudou muito para uma prova e tirou nota baixa, quando telefonou várias vezes para seu(ua) namorado(a) e ele(a) não atendeu. Como você se sentiu? É bem provável que algumas respostas emocionais, como, por exemplo, aquelas comumente vistas na raiva, na ansiedade, na irritação ou na frustração, tenham ocorrido. Não é raro, por exemplo, observarmos aparelhos de telefone celulares serem jogados no chão quando o seu dono não consegue fazer uma ligação importante ou volantes serem socados quando o carro não pega. No exemplo do rato que tem o seu comportamento de pressionar a barra submetido ao procedimento de extinção, é comum observarmos respostas emocionais como a de morder a barra.

Resistência à extinção

Vimos que, nas situações em que o reforçamento é suspenso, a frequência do comportamento diminui. Mas por quanto tempo um comportamento pode continuar ocorrendo após a suspensão do reforçamento? Quantas vezes o comportamento ocorre sem reforçamento antes de retornar ao nível operante? Uma pessoa troca mensagens por aplicativo de celular quase todos os dias com um amigo, por exemplo. O amigo responder funciona como a consequência reforçadora para o comportamento de enviar mensagens. Caso o amigo bloqueie essa pessoa, o comportamento de enviar mensagens não será mais reforçado, o que se constitui em um exemplo do procedimento de extinção operante. Quantas vezes ela enviará mensagens para o amigo antes de desistir? Em outro exemplo, quantas vezes o ex-namorado irá ligar para a ex-namorada tentando reatar o romance até que desista de uma vez por todas? Por quanto tempo um ratinho continuará pressionando a barra da caixa de Skinner, sem que esse comportamento seja reforçado pela apresentação de água ou comida, até passar a pressioná-la com a mesma frequência vista em nível operante?

Quando fazemos perguntas como as do parágrafo anterior, estamos indagando sobre **resistência à extinção**, que pode ser definida como o tempo ou o número de vezes que um determinado comportamento continua ocorrendo após a suspensão do reforçamento. Dizemos que, quanto mais tempo, ou quanto maior o número de vezes que o comportamento continua a ocorrer sem ser reforçado, maior é a sua resistência à extinção. Veja que dizer que um comportamento tem alta resistência à extinção não é a explicação de por que ele demora a ser extinto. Resistência à extinção é a própria demora, é o fenômeno propriamente dito, e não sua explicação. A explicação relaciona-se a outras variáveis, que veremos mais adiante.

De modo geral, cotidianamente, pessoas cujos comportamentos apresentam alta resistência à extinção são rotuladas como perseverantes, esforçadas, empenhadas, "cabeças-

-duras" ou teimosas. A pessoa que desiste facilmente, em termos técnicos, é aquela cujos comportamentos apresentam baixa resistência à extinção e, no dia a dia, pode ser vista como preguiçosa, "fogo de palha" ou desanimada.

Apenas rotular as pessoas como perseverantes ou teimosas não nos diz o que as leva a agir assim, apenas caracteriza como agem. Mas por que alguns indivíduos são mais perseverantes ou teimosos que outros? Por que algumas pessoas prestam vestibular para medicina oito ou nove vezes sem serem aprovadas, enquanto outras desistem já na primeira reprovação? Em que condições continuamos a emitir um comportamento não reforçado? Ou seja, que condições afetam a resistência à extinção? Vários fatores (ou, dito de outra forma, diversas variáveis) influenciam a resistência à extinção de um comportamento. A seguir, serão descritos alguns deles.

Número de exposições à contingência de reforçamento. Diz respeito ao número de vezes em que um determinado comportamento foi reforçado até a suspensão do reforçamento. Quanto mais vezes um comportamento for reforçado, mais resistente à extinção ele será. É mais fácil, por exemplo, diminuir a frequência do comportamento de fazer birras de uma criança logo nas primeiras vezes que ocorre. Uma criança que tem seus comportamentos de fazer birras reforçados de modo consistente por anos possivelmente demorará mais tempo até parar de emiti-los quando as birras não forem mais reforçadas. Da mesma forma, uma criança, cujos comportamentos de pedir educadamente tenham sido reforçados por muitos anos por seus pais, continuará a pedir educadamente por mais tempo caso os adultos à sua volta parem de reforçar esse comportamento. Portanto, seria recomendado, por exemplo, que os pais reforçassem com alta frequência os comportamentos de pedir educadamente de seus filhos para que se tornassem mais resistentes à extinção.

Cabe ressaltar, todavia, que, de forma similar ao número de emparelhamentos no condicionamento respondente, o número de reforçamentos não aumenta a resistência à extinção de forma indefinida. Após um certo número de reforçamentos, não serão observados mais aumentos na resistência à extinção.

Custo da resposta. Quanto mais esforço é necessário para emitir um comportamento, menor será a sua resistência à extinção; em outras palavras, "se for mais difícil, desisto mais rápido". Por exemplo, ao término de um namoro, quanto mais difícil for para o "namorado teimoso" falar com a namorada, mais rapidamente ele parará de insistir em retomar o relacionamento. Se um rato tem à sua disposição duas barras para pressionar, e ambas produzem água como consequência, mas uma delas é mais pesada que a outra, o animal tenderá a parar de pressionar mais cedo a barra mais pesada quando a pressão delas não mais produzir água.

Intermitência do reforçamento. Quando um comportamento às vezes é reforçado e às vezes não, ele se tornará mais resistente à extinção do que um comportamento reforçado todas as vezes que ocorre. É mais fácil, por exemplo, extinguir o comportamento de fazer birra que é reforçado todas as vezes em que ocorre do que extinguir aqueles que são reforçados apenas ocasionalmente. No Capítulo 7 discutiremos em detalhes os efeitos do reforçamento intermitente sobre o comportamento operante.

Eliminação de um comportamento de birra utilizando-se o procedimento de extinção

A extinção é um dos procedimentos mais simples para modificar comportamentos quando o objetivo é reduzir a sua frequência (embora a extinção, sozinha, nem sempre seja a melhor opção de intervenção na atuação profissional). Para ilustrar o uso do procedimento de extinção com um caso real, vamos analisar um estudo de caso relatado por Williams em 1958. O caso descreve um tratamento bem-sucedido de um comportamento de birra de uma criança de 2 anos de idade utilizando-se o procedimento de extinção, isto é, removendo-se a consequência reforçadora do comportamento de fazer birras.

De acordo com Williams (1958), a criança teve sérios problemas de saúde durante seus primeiros 18 meses de vida. À época do tratamento do comportamento de birra, esse problema de saúde já havia cessado há alguns meses, mas a criança continuava demandando a mesma atenção e cuidados especiais que seus pais lhe davam quando estava doente.

Os pais da criança e uma tia alternavam-se na tarefa de colocá-la para dormir e precisavam ficar no quarto com ela até que adormecesse. Caso saíssem antes que ela pegasse no sono, a criança iniciava uma "monumental" crise de choro e só parava quando um deles voltava. A crise de choro era iniciada até mesmo se a pessoa que estivesse com ela no quarto pegasse uma revista ou livro para ler, e só cessava se o livro/revista fosse deixado de lado. Conforme relatado por Williams, os pais e a tia ficavam de uma hora e meia a duas horas por noite no quarto da criança esperando que ela dormisse.

Após checado com o médico que a criança já estava em perfeitas condições de saúde, decidiu-se remover a consequência reforçadora do comportamento de chorar, que era mantido pela atenção/presença do cuidador (pais e tia) no quarto da criança enquanto ela pegava no sono. Após o início da intervenção comportamental, o cuidador colocava a criança na cama, executava os procedimentos normais de pais ao fazer isso (cobrir, beijar, desejar boa noite, etc.), saía do quarto e fechava a porta. Desse ponto em diante, porém, o cuidador não mais retornava ao quarto quando a criança começava a chorar. A Figura 3.6 mostra as curvas de extinção do comportamento de chorar, ou seja, a duração do choro medida em minutos durante 10 dias, nos quais o choro não produzia mais a presença/atenção dos cuidadores.

Veja que, na primeira noite da primeira extinção, representada na Figura 3.6 pela linha contínua, a criança ficou 45 minutos chorando após o cuidador deixar seu quarto. Na segunda, ela não chorou, segundo Williams, possivelmente por conta da fadiga produzida pelos 45 minutos de choro da noite anterior. Na terceira, ela chorou por 10 minutos, e a duração da birra foi diminuindo uma noite após a outra, até se extinguir por completo a partir da sétima noite. Conforme relatado por Williams, a partir da décima noite, o choro não só havia cessado, como a criança sorria enquanto seus pais deixavam o quarto. Esses resultados são impressionantes na medida em que um problema que atormentava os cuidadores e a própria criança por tanto tempo foi resolvido pela simples suspensão da consequência reforçadora, isto é, pelo procedimento de extinção.

E a segunda extinção, representada pela linha pontilhada da Figura 3.6? O que aconteceu? Segundo Williams, uma semana depois da décima noite, a tia foi colocar a criança para dormir, e esta começou a chorar. A duração do choro é mostrada no gráfico da primeira

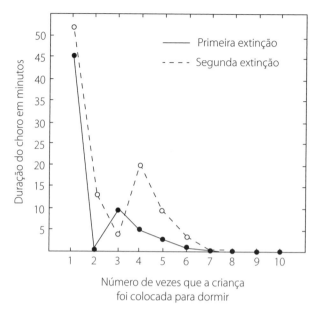

Figura 3.6
Curvas de extinção do comportamento de chorar da criança do estudo de Williams (1958).
Fonte: Adaptada de Williams (1958, Figura 1, p. 269).

extinção. A tia, diante da birra, retornou ao quarto da criança. Ao fazer isso, ela acidentalmente executou o chamado **procedimento de recondicionamento** do comportamento de chorar da criança. Esse procedimento nada mais é do que reintroduzir o reforçamento a um comportamento que estava em procedimento de extinção. Conforme ilustrado na Figura 3.6, um único reforçamento foi suficiente para restabelecer a duração de respostas aos mesmos níveis observados antes do procedimento de extinção ser iniciado. Dessa forma, uma nova sequência de 10 noites com o procedimento de extinção teve que ser realizada, e foi chamada de segunda extinção. Veja que também, na segunda extinção, a criança já não chorava mais a partir da sétima noite.

Um dado que chama atenção é o fato de a criança ter voltado a chorar na presença da tia, mesmo tendo deixado de fazê-lo na presença dos pais. Esse fenômeno é denominado de discriminação de estímulos operante, e será abordado em detalhes no Capítulo 6.

Embora a extinção seja um procedimento eficaz para se reduzir a frequência de um comportamento, ela não costuma ser utilizada isoladamente em contextos aplicados (prática profissional). Se, além da extinção de um comportamento-alvo, outros comportamentos considerados mais adequados socialmente, que tenham a mesma função, forem reforçados, os resultados serão mais rápidos, e o processo será menos aversivo. Por exemplo, não deve ter sido nada fácil para os pais deixar seu filho chorando por 45 minutos, ainda mais depois de uma história de doença grave como a da criança citada no estudo de Williams (1958). Além disso, é sempre importante construir repertório, e não apenas eliminar comportamentos considerados inadequados. Se eu choro e produzo atenção, e isso está gerando problema para mim e para os outros, devo não só parar de chorar com essa função, mas também aprender a chamar atenção de maneiras mais socialmente adequadas, como conversando, por exemplo.

Modelagem

Vimos até aqui como comportamentos já presentes no **repertório comportamental** dos indivíduos podem ter sua frequência modificada por suas consequências. A partir de agora, analisaremos como um novo comportamento passa a fazer parte do repertório comportamental de um organismo. O repertório comportamental é o conjunto de comportamentos de um indivíduo que se tornam prováveis dadas certas condições ambientais.

Conforme visto em outros capítulos, já nascemos com alguma preparação biológica para interagir com o ambiente. Mas não nascemos, por exemplo, falando a nossa língua materna. Você sabe também que não aprendemos a falar de um dia para o outro, ou que não dormimos um dia sem saber engatinhar e acordamos no outro correndo pela casa. Novos comportamentos não surgem do nada. Os comportamentos novos que aprendemos surgem a partir daqueles que já existem em nosso repertório comportamental. Tomemos como exemplo uma descrição de como podemos começar a aprender a falar.

A maioria dos bebês já nasce emitindo diversos sons diferentes ("gu", "dá", "bê", "ê", etc.). Muitos desses sons compõem palavras numa língua e são denominados de *fonemas* pela linguística. Um bebê, pouco tempo após nascer, pode emitir todos os fonemas encontrados em todas as línguas do mundo, passando considerável período de tempo emitindo-os aleatoriamente. Suponha que, em um desses momentos, a mãe do bebê esteja presente, ao lado do berço, repetindo para seu filho: "mamãe, mamãe...", e a criança, olhando para ela, "diz": "gu", "dá", "bê", "ê"...

Os minutos vão se passando, e, em um dado momento, o bebê emite um som parecido com "mã". Quando isso ocorre, a mãe, felicíssima, acaricia seu filho na barriga e sorri para ele. O que parece ter acontecido? Isso mesmo, você acertou: a mãe disponibilizou uma consequência potencialmente reforçadora para a vocalização da criança. O bebê emitiu a resposta "dizer 'mã'", e a consequência desse comportamento foi receber atenção e carinho da mãe, os quais, geralmente, são potentes estímulos reforçadores no controle do comportamento humano. Se essas consequências apresentadas pela mãe resultarem no aumento da probabilidade de que o bebê volte a dizer "mã" quando ela estiver próxima, podemos afirmar que o carinho e a atenção dela são estímulos reforçadores para os comportamentos daquela criança. Se nossa conclusão estiver correta, podemos dizer que o comportamento de dizer "mã" se tornará cada vez mais frequente. No entanto, o bebê ainda não fala "mamãe". Continuemos, então, o exemplo.

Depois de algum tempo, provavelmente a mãe deixará de dar tanta atenção e carinho quando seu filho disser apenas "mã". O fato de a mãe fazer isso consiste no procedimento de extinção. Vimos que, quando um comportamento é colocado em extinção, ocorre um aumento na variabilidade de sua topografia. Esse aumento na variabilidade topográfica poderá acontecer com o comportamento do bebê, de modo que ele provavelmente emitirá variações de "mã", como "mãb", "mád" e "mãg", por exemplo. É provável que a criança, em algum momento, repita o "mã" logo após emitir o primeiro "mã", formando, "mãmã". Provavelmente, a mãe passará a reforçar essa resposta verbal, uma vez que se assemelha mais a "mamãe" do que apenas "mã". Agora, emitir a topografia de resposta "mãmã" é fortalecido pelas consequências providas pela genitora – até que ela deixe de reforçar essa topografia, como fizera antes com "mã".

Essas contingências de reforçamento e essas extinções continuam ocorrendo até que o bebê, eventualmente, diga "mamãe". Denominamos o procedimento que a mãe, intuitivamente, utilizou para ensinar seu filho a dizer "mamãe" de **modelagem comportamental** ou apenas de **modelagem**. A modelagem é um procedimento de reforçamento diferencial de aproximações sucessivas de um comportamento-alvo. O resultado final desse procedimento é um novo comportamento construído a partir de combinações de topografias de respostas já presentes no repertório comportamental do organismo. O modo como essas combinações se dão é determinado pelas contingências de reforçamento e pelas extinções que sucessivamente resultam no comportamento-alvo. Ou seja, a modelagem é um dos modos pelos quais novos comportamentos passam a fazer parte do repertório comportamental dos indivíduos.

O **reforçamento diferencial** consiste em reforçar algumas respostas que obedecem a algum critério e em não reforçar aquelas que não atendem a tal critério. A Figura 3.7 ilustra o produto do reforçamento diferencial em cada um de seis momentos da modelagem da resposta de pressão à barra de um rato na caixa de Skinner. Na Fotografia 1, por exemplo, somente movimentos em direção à barra eram reforçados (critério). Antes de pressionar a barra (Fotografia 6 da Fig. 3.7), vários outros comportamentos que se aproximavam cada vez mais do comportamento-alvo (pressionar a barra) foram reforçados. Em seguida, foram colocados em extinção pela mudança do critério para o reforçamento. O critério de reforçamento, durante o procedimento de modelagem, vai sendo modificado de modo a exigir respostas cada vez próximas (similares topograficamente) ao comportamento-alvo. Chamamos tais etapas de aproximações sucessivas do comportamento-alvo.

Usamos, na modelagem, basicamente, o reforçamento diferencial (reforçar algumas respostas e extinguir outras similares) e as aproximações sucessivas (exigir gradualmente respostas mais próximas do comportamento-alvo) para ensinar um novo comportamento. Três aspectos principais devem ser levados em consideração quando se usa esse procedimento. O primeiro é a imediaticidade do reforço em relação à resposta: quanto mais tem-

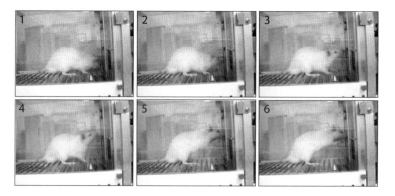

Figura 3.7
Modelagem: reforçamento diferencial de aproximações sucessivas do comportamento-alvo. Novos comportamentos são modelados a partir de comportamentos anteriores. As Fotografias de 1 a 6 mostram, da esquerda para a direita e de cima para baixo, como a resposta de pressionar uma barra foi gradativamente selecionada pelas consequências reforçadoras.

poralmente próximo da resposta o estímulo reforçador for apresentado, maior será o seu efeito sobre o comportamento. No exemplo do bebê aprendendo a falar, imagine se a mãe reforçasse o comportamento de dizer "mã" de seu bebê apenas alguns minutos após ele ter emitido esse som. Provavelmente a palavra "mamãe" demoraria bem mais para ser aprendida. O segundo aspecto principal é que não se deve reforçar demasiadamente respostas em cada passo intermediário. Como vimos, o reforçamento vai reduzindo a variabilidade da resposta. Assim, se reforçamos muito uma resposta intermediária, ela pode ficar muito fortalecida, dificultando o aparecimento de respostas mais próximas ao comportamento final quando colocarmos a resposta intermediária em extinção. O terceiro aspecto é que se deve ter passos intermediários graduais, reforçando pequenos avanços a cada passo. Caso a distância topográfica entre um passo e outro seja muito longa, muitas respostas ocorrerão sem serem reforçadas, o que pode resultar na deterioração do que já fora aprendido previamente. Isso atrasaria a modelagem, uma vez que as respostas outrora estabelecidas precisarão ser novamente ensinadas.

Modelagem *versus* modelação

Além da modelagem, outro procedimento é muito utilizado para propiciar a aprendizagem de um novo comportamento, chamado de **modelação**. Como os nomes são parecidos, é comum o estudante confundir os dois conceitos. Isso, no entanto, é um erro, já que ambos descrevem processos diferentes. Na modelagem, como vimos, os comportamentos são gradualmente selecionados por suas consequências. Já na modelação, ou **aprendizagem por observação de modelos**, o comportamento de um organismo tem a sua probabilidade alterada em decorrência da observação do comportamento de outro organismo e da consequência que este produz. Desse modo, na modelação, inicialmente, o organismo não precisa emitir determinado comportamento para alterar a probabilidade de que este ocorra. Bastaria que observasse outro organismo se comportando e produzindo consequências reforçadoras. Um exemplo de aprendizagem por modelação é o de uma criança que passa a fazer birra com mais frequência ao ver um colega conseguir mais sorvete de seus pais com esse comportamento. É importante ressaltar, entretanto, que a observação do reforçamento do comportamento de outro organismo somente aumenta a probabilidade de emissão de uma topografia de resposta similar pelo observador. A sua aprendizagem requer a apresentação de consequências reforçadoras contingentes à emissão da resposta.

Reforçadores sociais e não sociais

Estímulos reforçadores são aqueles cuja apresentação aumenta a probabilidade de ocorrência futura do comportamento que os produziu (veremos no próximo capítulo que certos estímulos produzem esse efeito por sua remoção do ambiente). Ao estudar sobre Análise do Comportamento, você encontrará referências aos conceitos de **estímulo reforçador social** e **estímulo reforçador não social**. Embora se possa encontrar divergência na literatura sobre quais são as diferenças entre esses dois tipos de estímulos reforçadores, utilizaremos neste livro uma distinção que parece ser a mais comum: nos estímulos reforçadores sociais, a mudança produzida pelo comportamento no ambiente é justamente seu efeito sobre o comportamento de outra pessoa. Quando o bebê do exemplo anterior dizia "mã", sua mãe sorria e lhe acariciava a barriga. O sorriso e a carícia da mãe, nesse caso, seriam exemplos de reforçadores sociais, uma vez que se constituíram no comportamento de outra pessoa (a mãe) e fortaleceram o comportamento do bebê de dizer "mã". É importante lembrar que nem todas as reações de outras pessoas serão consideradas reforçadoras. Só podemos concluir que o são a partir do efeito que geram sobre o comportamento que as produziu.

Para ilustrar como o nosso comportamento é sensível ao reforçamento social, vamos analisar o estudo de Greenspoon (1955). Greenspoon realizou um experimento com o qual demonstrou o quanto o comportamento humano é sensível ao comportamento de outras pessoas, mesmo aqueles comportamentos simples e, aparentemente, considerados sem importância. Em seu experimento, 75 estudantes universitários foram divididos em cinco grupos, com 15 participantes cada. Cada um dos sujeitos realizou uma única sessão experimental, individualmente, com duração de 50 minutos. Todos os participantes eram instruídos a dizer todas as palavras que lhes "viessem à cabeça", uma por uma, sem formular frases ou contar. Deveriam fazê-lo até o experimentador dizer-lhes que parassem. Para os indivíduos do Grupo I, cada palavra dita no plural era seguida pela vocalização "mmm-hmm" (análogo àquele som e balançar de cabeça que utilizamos no dia a dia para demonstrar que estamos prestando atenção, ou seja, que estamos interessados no que as pessoas ao nosso redor estão dizendo ou fazendo). Para os participantes do Grupo II, cada palavra dita no plural era seguida pela vocalização "huh-uh" – outro tipo de vocalização, que, para os norte-americanos, sinaliza certa reprimenda. Para os Grupos III e IV, as vocalizações supostamente reforçadoras e punitivas seguiam a emissão de palavras no singular, respectivamente. As vocalizações eram apresentadas durante os 25 primeiros minutos de sessão e omitidas nos 25 minutos finais. Um quinto grupo funcionou como controle, isto é, sem a emissão de vocalizações pelo experimentador durante os 50 minutos de sessão.

Greenspoon verificou um aumento estatisticamente significativo no número de palavras ditas no plural quando seguidas pela vocalização "mmm-hmm" e uma diminuição quando seguidas pela vocalização "huh-uh". Para as palavras no singular (Grupos III e IV), a apresentação das duas vocalizações tendeu a diminuir sua frequência de emissão. Ao final de cada sessão, o experimentador perguntava aos participantes sobre o que era o experimento e qual era a função das vocalizações. Apenas 10 dos 75 participantes foram capazes de descrever com precisão as contingências entre as vocalizações do experimentador e o seu próprio comportamento verbal.

Como apontado pelo pesquisador, diferentes vocalizações tiveram diferentes efeitos para diferentes conjuntos, ou classes, de respostas (dizer palavras no plural vs. no singular). Greenspoon demonstrou, com esse estudo, como as sutis consequências sociais do comportamento podem exercer controle sobre a sua probabilidade de ocorrência.

Já sabemos qual a definição de estímulo reforçador social. E qual seria a definição de estímulo reforçador não social? Se há apenas dois tipos de reforçadores com relação ao seu caráter social ou não, podemos definir os não sociais como aqueles cuja função fortalecedora independe dos efeitos de um comportamento sobre o comportamento de outra pessoa. Reforçadores não sociais, dessa forma, podem ser definidos como alterações no ambiente não social, isto é, no ambiente que não se refere ao comportamento alheio. Alguns exemplos seriam: *a luz acender* após apertar o interruptor; abrir uma torneira e *a água sair*; empurrar um móvel e *ele se mover*; ligar o ar-condicionado e a *temperatura baixar*, e assim por diante.

Um fator complicador da distinção apresentada anteriormente é que certas alterações no ambiente não social são mediadas por outras pessoas, isto é, também envolvem alterações no comportamento alheio. Por exemplo, se uma criança pede para um adulto pegar a lata de biscoitos em uma prateleira fora de seu alcance e o adulto atende ao seu pedido, podemos dizer que o comportamento da criança alterou o ambiente não social, já que resultou no acesso aos biscoitos. Porém, esse acesso ocorreu pelo intermédio do comportamento de outra pessoa. Nesse exemplo, o comportamento de pedir teve efeito tanto sobre o comportamento de outra pessoa (reforçamento social) como sobre a lata de biscoitos (reforçamento não social). Não há consenso na área com relação a como classificar exemplos como esse, e um debate mais aprofundado foge ao escopo deste livro.

Para fins didáticos, tentaremos manter aqui o uso do termo *reforçadores sociais* para aquelas alterações no comportamento alheio que resultam no aumento da frequência do comportamento que as produz, como um sorriso, um carinho, um olhar, a simples presença de alguém, certos gestos, certas vocalizações, etc. – um uso comum na literatura sobre Análise do Comportamento Aplicada. Como este livro é uma introdução aos conceitos básicos dessa ciência, a distinção aprofundada entre reforçadores sociais e não sociais não é tão importante no momento. O estudante deve se ater, nesse momento de sua formação, à possibilidade de alterações do ambiente muito diferentes entre si reforçarem os mais diversos comportamentos. Essas alterações extrapolam, em muito, os exemplos mais comuns em textos didáticos, como a apresentação da água como consequência ao comportamento de pressionar a barra. Para seres humanos, sorrisos, gestos, falas, carícias, atenção, expressões de aprovação e admiração podem ser poderosos estímulos reforçadores, independentemente de como sejam classificados.

Reforçadores naturais e arbitrários

Quais consequências deveriam manter o comportamento de estudar? Notas, elogios, ganhar pontos, ganhar brinquedos, resolver problemas práticos do dia a dia? Quais consequências mantêm o comportamento de tocar violão de um músico profissional? O som produzido pelo movimento das cordas do instrumento? O dinheiro recebido por cada apresentação? O aplauso do público? Os elogios dos críticos de música? Todas essas consequências juntas? Perguntas como essas estão relacionadas, de maneira geral, à distinção entre estímulos reforçadores naturais e arbitrários.

A distinção entre estímulos reforçadores naturais e arbitrários talvez seja ainda mais controvertida, na literatura da área, que aquela entre estímulos reforçadores sociais e não sociais. De maneira geral, essa distinção gira em torno de, entre outros fatores, a consequência reforçadora para um determinado comportamento ter sido, de alguma maneira, planejada ou não, ou de o estímulo reforçador ter sido ou não produzido diretamente pelo comportamento em questão. Alguns autores, por exemplo, diriam que, se o comportamento do músico de tocar violão é reforçado pelo som que sai do instrumento, o som produzido seria um estímulo reforçador natural. Esses mesmos autores diriam ainda que, se esse mesmo comportamento fosse reforçado pelo pagamento do cachê, talvez pudéssemos falar que o dinheiro seria um estímulo reforçador arbitrário. Nesse sentido, estímulos reforçadores naturais seriam aqueles produzidos diretamente pelo comportamento, ao passo que estímulos reforçadores arbitrários seriam aqueles mediados, de alguma forma, pelo comportamento de outra pessoa.

Não há consenso na literatura sobre quais seriam as diferenças relevantes para se classificar um estímulo reforçador como natural ou arbitrário, ou em que circunstâncias um mesmo estímulo reforçador seria considerado um ou outro. Detalhar essa literatura aqui fugiria um pouco ao escopo deste livro e o tornaria demasiadamente longo. Ao final deste capítulo, na seção "Bibliografia consultada, citada e sugestões de leitura", você encontrará referências de alguns textos que abordam essas distinções. Essas referências lhe darão um panorama mais apropriado da discussão sobre reforçadores naturais e arbitrários.

Para fins didáticos, que são o principal propósito deste livro, iremos abordar a discussão sobre reforçadores naturais *versus* arbitrários por outro ângulo, diferente de uma tentativa de distinção entre os dois. Para isso, iniciemos relembrando a pesquisa realizada por Walker e Buckley (1968). Podemos resumir esse estudo assim: 1) uma criança fazia poucos exercícios pedidos pela professora em sala de aula; 2) o comportamento de fazer exercícios passou a ser reforçado com pontos, que poderiam ser trocados por brinquedos; 3) após o início do reforçamento, o comportamento de fazer exercícios em sala de aula aumentou de frequência; 4) ao se retirar a nova contingência (se fazer exercício, então ganha pontos), o comportamento diminuiu de frequência, voltando aos níveis observados antes de ela ser colocada em vigor.

Seria difícil encontrar um professor, pai ou analista do comportamento que concordasse que se deve reforçar o comportamento de estudar (ou fazer exercícios) com brinquedos ou guloseimas o tempo todo. Em certo sentido, podemos dizer que o brinquedo é um reforçador arbitrário para o comportamento de estudar. Por que, então, Walker e Buckley utilizaram brinquedos como estímulos reforçadores para esse comportamento? Se eles utilizaram brinquedos, é porque outros potenciais reforçadores não estavam funcionando ou não estavam disponíveis para o comportamento de estudar da criança que participou da pesquisa.

Todos nós sabemos que há crianças que estudam sem que nenhum brinquedo ou presente seja apresentado contingentemente a esse comportamento. Mas o que, então, mantêm o comportamento de estudar dessas crianças? Bom, dizer que elas se conscientizaram da importância dos estudos não ajuda muito. Pontos, menções, medalhas, estrelinhas e elogios de professores, pais e colegas são alguns dos estímulos reforçadores mais comuns relacionados ao comportamento de estudar. São tão comuns que, às vezes, nem percebemos que esses estímulos funcionam como reforçadores para esse comportamento.

Embora se possa argumentar que pontos, menções, medalhas, estrelinhas e elogios também sejam reforçadores arbitrários para o comportamento de estudar, as pessoas, em geral, os aceitam muito mais facilmente como modo de controle desse comportamento que brinquedos ou guloseimas, por exemplo. No caso da pesquisa de Walker e Buckley, uma continuação interessante seria fazer a transição entre utilizar brinquedos como reforçadores para manutenção do comportamento e utilizar estímulos como pontos, menções, estrelinhas e elogios. Usar brinquedos ou prendas, em contextos como esses, pode ser interessante para que a criança comece a estudar ou estude mais. A partir do momento que ela começa a se dedicar, o comportamento pode passar a ser reforçado também por esses estímulos mais comumente utilizados em sala de aula. Se isso não acontece, o profissional que realiza a intervenção com o objetivo de fazer a criança estudar mais precisa, de alguma maneira, programar as contingências para que essa transição ocorra.

Da mesma forma, um analista do comportamento, ao realizar um atendimento psicoterápico, pode elogiar as falas de seu cliente mais compatíveis com o que chamamos de maior autoestima. No entanto, se essas falas forem reforçadas com elogios apenas pelo analista do comportamento dentro do consultório, elas terão baixa probabilidade de ocorrer no dia a dia do cliente, fora do consultório, já que dificilmente serão elogiadas pelas outras pessoas. Nesse caso, é preciso pensar e implementar estratégias para que essas falas passem a ser reforçadas também fora do consultório, no ambiente natural do cliente, por assim dizer.

É preciso reconhecer que boa parte dos comportamentos das pessoas, principalmente em contextos sociais, só ocorre se for arbitrariamente reforçada. Se, por exemplo, o comportamento de estudar de uma criança, em um primeiro momento, só aumenta de frequência utilizando-se brinquedos, então que sejam utilizados brinquedos, mas que seja elaborada também uma intervenção que vise estabelecer outras contingências de reforçamento para esses comportamentos. Se brinquedos, elogios, dinheiro, presentes, sorrisos, pontos, menções, "ganhar presença por estar em sala de aula", etc., são reforçadores apropriados para manter determinados comportamentos, isso dependerá de vários fatores, incluindo fatores culturais. Como regra, para o profissional que irá realizar intervenções manipulando contingências de reforçamento, talvez seja útil fazer sempre as seguintes perguntas: "Quando minha intervenção chegar ao fim, haverá reforçadores disponíveis para os comportamentos em questão sem a minha intervenção?" e "O comportamento em questão já tem frequência mínima para que esses novos reforçadores passem a controlá-lo?".

Comportamento, respostas e classes de respostas

Você deve ter notado que temos utilizado os termos *comportamento* e *resposta* como sinônimos (p. ex., comportamento de pressão à barra e resposta de pressão à barra). No entanto, isso não é, de todo, adequado. Temos feito isso até o momento para fins didáticos, pois somente agora, após termos discutido vários outros conceitos, é que estamos em condições de fazer uma distinção apropriada.

O termo *comportamento* refere-se, na verdade, a uma **classe de respostas**, e o termo *resposta* pode ser definido como uma **instância do comportamento**. Uma instância do comportamento, por sua vez, pode ser definida como uma ocorrência isolada desse comportamento. Quando, por exemplo, o rato pressiona a barra, dizemos que ocorreu uma resposta de pressão à barra. O conjunto de todas as respostas de pressão à barra, nesse caso, é chamado de comportamento de pressão à barra e também designado de classe de respostas de pressão à barra. É por isso que dizemos, por exemplo, que o rato emitiu 10 respostas de pressão à barra, e não 10 comportamentos de pressão à barra.

Quando falamos de conjuntos, ou classes, estamos nos referindo a agrupamentos de itens ou eventos segundo algum critério para realizar esse agrupamento. Um conjunto de números ímpares, por exemplo, reunirá apenas aqueles cuja divisão por dois não resulte em números inteiros. O mesmo raciocínio se aplica a classes de respostas: temos que utilizar algum critério para poder dizer que determinadas respostas constituem uma classe de respostas. Veja a seguir alguns desses critérios.

Agrupamento pela relação funcional. Vimos neste capítulo que as respostas de um organismo podem produzir certo tipo de consequência no ambiente que aumenta a probabilidade de ocorrerem respostas semelhantes. Chamamos esse tipo de consequência de consequência reforçadora. Quando determinadas respostas produzem sistematicamente determinada consequência reforçadora, dizemos que há uma relação funcional entre elas e a consequência. Nesse caso, quando determinadas respostas possuem a mesma função, podemos agrupá-las em uma **classe de respostas funcional**, ou seja, o critério utilizado para agrupá-las é a sua função. Mesmo respostas topograficamente diferentes podem fazer parte da mesma classe de respostas funcional. Por exemplo, uma criança pode gritar e obter atenção dos pais; se jogar no chão e obter atenção dos pais; pedir educadamente e obter atenção dos pais. Nesse caso, essas três respostas, mesmo que com topografias diferentes, podem constituir uma classe de respostas definida pela sua função: obter a atenção dos pais. Cada grito ou pedido é uma ocorrência, uma instância, uma resposta da classe de respostas "chamar atenção dos pais". Também falamos, neste último caso, do comportamento de "chamar atenção dos pais". Quando uma classe de respostas é definida pela sua função, podemos defini-la como uma **classe de respostas operante** e denominá-la **comportamento operante** ou, simplesmente, **operante**.

Agrupamento pela topografia da resposta. Podemos definir uma classe de respostas simplesmente por sua forma, isto é, por sua topografia. Por exemplo, dar tchau acenando com o braço para alguém. Dizemos que alguém está dando tchau acenando com base nos movimentos realizados pela pessoa (seu braço e sua mão). Nesse caso, cada aceno é uma resposta. O conjunto das respostas de dar tchau é uma classe de respostas que também pode ser denominada de comportamento de dar tchau.

Ainda sobre o conceito de comportamento, é importante ressaltar que há uma definição, bastante comum na literatura, que pode ser problemática e, até mesmo, considerada incorreta por alguns autores, como, por exemplo, Todorov e Henriques (2013). Essa definição diz que comportamento é interação entre organismo e ambiente. O uso dessa definição é problemático porque o comportamento é parte da interação na qual estamos interessados, e não a própria interação. Uma implicação desse uso incorreto é a identificação do comportamento operante com a própria contingência da qual ele é apenas um dos termos. Por exemplo, o rato pressiona a barra da caixa de condicionamento operante e essa resposta de pressão à barra é sistematicamente seguida pela apresentação de água para o animal. Essa relação pode ser descrita pela contingência "*se* pressionar a barra, *então* apresentação de água". Note que a interação é descrita pela contingência (R → C) e que o comportamento é apenas uma parte dela: a resposta de pressão à barra é uma instância de uma classe de respostas, isto é, de um comportamento. Essa classe de respostas, por sua vez, pode ser denominada de comportamento de pressão à barra, ou seja, um comportamento operante definido por sua função.

Principais conceitos apresentados neste capítulo

Conceito	Descrição	Exemplos
Comportamento operante (R→C)	Comportamento que modifica (que opera sobre) o ambiente e é afetado por suas consequências.	Quando falamos, podemos afetar o comportamento de outras pessoas.
Consequência reforçadora	É um tipo de consequência do comportamento que aumenta a probabilidade de esse comportamento voltar a ocorrer.	Quando pedimos o saleiro, sua entrega é a consequência reforçadora que mantém a frequência do comportamento de pedi-lo no futuro, quando precisarmos dele novamente.
Contingência de reforçamento	É relação de condicionalidade (se..., então...) funcional entre um comportamento e sua consequência.	Se pede o saleiro, então o recebe.
Procedimento de extinção operante	É a suspensão de uma consequência reforçadora anteriormente produzida por um comportamento.	Pedimos o saleiro a uma pessoa que sempre atendia nosso pedido, entretanto, por quaisquer razões, ela não nos passará mais o saleiro quando o pedirmos.
Processo de extinção operante	É a diminuição da frequência do comportamento até o seu nível operante após a suspensão da consequência reforçadora.	Deixaremos de pedir o saleiro para essa pessoa após repetidos pedidos não reforçados.
Modelagem	É um procedimento utilizado para se ensinar um comportamento novo por meio de reforço diferencial de aproximações sucessivas do comportamento-alvo.	Pais e parentes reforçam e extinguem sucessivamente o balbuciar dos bebês, exigindo sequências de sons cada vez mais parecidas com os sons das palavras da sua língua materna.

Questões de Estudo

1. Roberta ganhou sua primeira máquina fotográfica digital e começou a tirar várias fotos de seus parentes. Na primeira vez, ela tirou algumas fotos fora de foco e descentralizadas, mas sua família elogiou os seus esforços. Gradualmente, seus pais, tios e irmãos passaram a elogiar apenas aquelas fotos que mostravam maior qualidade (foco preciso, centralização, bom ângulo). Fotos de baixa qualidade eram ignoradas. O comportamento de Roberta de tirar fotos ficou cada vez mais aprimorado. De acordo com o referencial teórico da Análise do Comportamento, os parentes da menina, sem saber, utilizaram uma técnica comportamental chamada:

   a. instrução
   b. modelação
   c. dessensibilização sistemática
   d. contracondicionamento
   e. modelagem

2. Analise as proposições a seguir sobre a função reforçadora das consequências dos comportamentos:

   I. Nem todas as consequências dos comportamentos são reforçadoras.
   II. Uma consequência só é denominada de reforçadora se produzir um aumento ou manutenção da frequência do comportamento que a produz.
   III. Ganhar um chocolate é um exemplo de consequência que é reforçadora para todas as pessoas.

   Com base no referencial teórico da Análise do Comportamento, estão corretas as proposições:

   a. apenas I
   b. apenas II
   c. apenas III
   d. I e II
   e. I, II e III

3. De acordo com o referencial teórico da Análise do Comportamento, identificar as consequências de um comportamento é o mesmo que identificar a sua:

   a. topografia
   b. origem
   c. frequência
   d. probabilidade
   e. função

4. Analise as seguintes proposições relacionadas ao conceito de extinção operante:

I. Ao suspender a apresentação de um estímulo reforçador, verificamos que, inicialmente, a frequência do comportamento que era reforçado pode aumentar.

II. Ao suspender a apresentação de um estímulo reforçador, verificamos que a resposta colocada em extinção tende a ocorrer com uma topografia cada vez mais parecida.

III. Ao suspender a apresentação de um estímulo reforçador, verificamos que a resposta colocada em extinção tende a ocorrer junto com respostas emocionais.

De acordo com o referencial teórico da Análise do Comportamento, a sequência correta de proposições falsas e verdadeiras é:

a. V, F, V
b. V, V, V
c. F, V, F
d. V, V, F
e. F, F, V

5. Analise as proposições a seguir sobre o comportamento operante:

I. O comportamento operante é aquele que produz alterações no ambiente.

II. O comportamento operante é eliciado por um estímulo condicionado.

III. O comportamento operante é insensível às consequências que produz no ambiente.

De acordo com o paradigma operante, a sequência correta de proposições verdadeiras e falsas é:

a. V, V, V
b. F, F, F
c. F, V, V
d. V, F, F
e. F, F, V

Gabarito: 1. e; 2. d; 3. e; 4. a; 5. d.

Bibliografia consultada, citada e sugestões de leitura

Catania, A. C. (1999). *Aprendizagem: comportamento, linguagem e cognição.* (4. ed.). Porto Alegre: Artmed.

Dorigon, L. T., & Pie AbibAndery, M. (2015). Estímulos reforçadores automáticos, naturais e arbitrários: uma proposta de sistematização. *Acta Comportamentalia, 23*(3), 307-321.

Ferster, C. B. (1967). Arbitrary and natural reinforcement. *The Psychological Record, 17*(3), 341-347.

Ferster, C. B., Culbertson, S. & Perrot-Boren, M. C. (1982). *Princípios do comportamento.* São Paulo: Hucitec.

Greenspoon, J. (1955). The reinforcing effect of two spoken sounds on the frequency of two responses. *American Journal of Psycology, 68(3)*, 409-416.

Johnston, J. M., Pennypacker, H. S. & Green, G. (2008). Strategies and tactics of behavioral research (3th ed.). Hillsdale: Lawrence Erlbaum.

Millenson, J. R. (1967). *Princípios de análise do comportamento.* Brasília: Coordenada.

Todorov, J. C. & Henriques, M. B. (2013). O que não é e o que pode vir a ser comportamento. *Revista Brasileira de Análise do Comportamento, 9,* 74-78.

Walker, H. M., & Buckley, N. K. (1968). The use of positive reinforcement in conditioning attending behavior. *Journal of Applied Behavior Analysis, 1*(3), 245–250.

Williams, C.D. (1958). The elimination of tantrum behavior by extinction procedures. *Journal of Abnormal Social Psychology, 59,* 269.

4

Aprendizagem pelas consequências: o controle aversivo

Objetivos do capítulo

Ao final deste capítulo, espera-se que o leitor seja capaz de:
1. Definir, identificar e prover exemplos de contingências de reforçamento negativo, contingências de punição positiva e contingências de punição negativa;
2. Definir, identificar e prover exemplos de controle aversivo do comportamento;
3. Definir, identificar e prover exemplos de comportamentos de fuga, comportamentos de esquiva e contracontrole;
4. Descrever e exemplificar os principais efeitos comportamentais do uso do controle aversivo do comportamento;
5. Descrever e exemplificar as principais diferenças entre o uso dos procedimentos de punição, extinção e reforçamento diferencial.

Como já sabemos, o comportamento operante é aquele que produz modificações no ambiente e é afetado por elas. Chamamos tais modificações no ambiente de consequências do comportamento. Já vimos um tipo dessas consequências, as chamadas consequências reforçadoras. Os exemplos apresentados até então ilustram um subtipo de consequências reforçadoras, denominadas **consequências reforçadoras positivas**, cujo processo comportamental, assim como o procedimento do qual elas fazem parte, é denominado **reforçamento positivo**. O termo *reforçamento* é utilizado porque a apresentação dessa consequência resulta no aumento ou na manutenção da probabilidade de o comportamento reforçado voltar a ocorrer. Já o termo *positivo* especifica que a modificação produzida no ambiente é sempre a adição de um estímulo como consequência da resposta. Por exemplo, quando o rato pressiona a barra, uma gota de água é adicionada ao seu ambiente; quando a criança pede um doce, ela o recebe (ela não tinha o doce, agora tem). Ambos os comportamentos, pressionar a barra e pedir doce, terão sua probabilidade mantida ou aumentada em função da adição de um estímulo ao ambiente do rato e da criança, respectivamente. Da mesma forma, nos demais exemplos de reforçamento positivo vistos no Capítulo 3, o organismo comportava-se em função do seu comportamento ter produzido a adição de estímulos reforçadores em seu ambiente.

Neste capítulo, veremos que existem outros tipos de consequências do comportamento que também aumentam sua frequência (**consequências reforçadoras negativas**), bem como algumas que diminuem sua frequência (**consequências punitivas positivas e negativas**). Ao controle exercido sobre a probabilidade de ocorrência do comportamento por esses tipos de consequências damos o nome de **controle aversivo**.

Por que controle aversivo do comportamento?

Antes de mais nada, precisamos esclarecer o que significa, em linhas gerais, o termo *controle* para a Análise do Comportamento. Na linguagem cotidiana, essa palavra tem diversos significados que são diferentes do significado técnico que ela tem para a ciência da análise comportamental. No linguajar do analista do comportamento, o termo controle significa, de forma geral, que a probabilidade de ocorrência do comportamento depende das modificações que ele causa no ambiente. Se uma determinada consequência altera a probabilidade de ocorrência de um comportamento, dizemos que ela controla o comportamento que a produz.

Como já visto, consequências reforçadoras positivas aumentam ou mantêm a probabilidade de o comportamento ocorrer pela adição de um estímulo ao ambiente. Nesse sentido, dizemos que a consequência reforçadora positiva controla o comportamento. Por exemplo, quando uma adolescente convida uma amiga para ir ao cinema, e esta aceita, é muito provável que a jovem volte a convidá-la mais vezes no futuro. Nesse sentido, dizemos que o aceite do convite é uma consequência reforçadora positiva, ou seja, controla o comportamento de convidar, tornando-o mais provável de ocorrer novamente.

As consequências reforçadoras negativas e as consequências punitivas positivas e negativas também são consequências do comportamento que exercem controle sobre ele. Elas alteram a probabilidade de ocorrência do comportamento. Por esse motivo, dizemos que esses três tipos de consequência do comportamento também o controlam. Tradicionalmente, em Análise do Comportamento, o controle exercido por eles é denominado de controle aversivo do comportamento, ou, simplesmente, controle aversivo.

As contingências de controle aversivo são corriqueiras: frear o carro próximo a um radar, cuja consequência é evitar uma multa de trânsito; manter a frequência às aulas, cuja consequência é não ser reprovado por faltas; deixar de consumir bebidas alcoólicas em excesso após esse comportamento ter tido como consequência ressacas severas; parar de emprestar os jogos de *videogame* para os amigos que nunca devolveram os empréstimos anteriores, e assim por diante. Apresentando de forma resumida, o controle aversivo diz respeito ao aumento na frequência do comportamento por reforçamento negativo e à diminuição na sua frequência por punição positiva ou negativa.

Vimos no capítulo anterior que estímulos que resultam na manutenção ou no aumento na probabilidade de o comportamento ocorrer novamente são denominados estímulos reforçadores. Quando eles cumprem sua função por sua adição contingente à ocorrência de uma resposta, são denominados **estímulos reforçadores positivos**. Quando a manutenção ou o aumento na probabilidade de emissão de um comportamento resulta da remoção ou da evitação da apresentação de um estímulo ao ambiente, chamamos esse estímulo consequente de **estímulo reforçador negativo**. Quando a probabilidade de ocorrência de um comportamento é reduzida em função da adição de um estímulo ao ambiente como sua consequência, denominamos esse estímulo consequente de **estímulo punitivo positivo**. Por fim, quando a probabilidade de ocorrência de um comportamento é reduzida em função da retirada de um estímulo do ambiente, denominamos o estímulo consequente de **estímulo punitivo negativo**.

Os estímulos reforçadores negativos e os estímulos punitivos positivos também são chamados de **estímulos aversivos** (lembrando que estes, assim como os demais conceitos abordados até o momento, são definidos funcionalmente, isto é, a partir do efeito que produzem sobre o comportamento). Não existem estímulos eminentemente aversivos, ou seja, que serão aversivos para todos os organismos ou em todas as situações. Por exemplo, uma música sertaneja ou *funk* carioca podem ser estímulos extremamente aversivos para o comportamento de algumas pessoas, mas reforçadores poderosos para o comportamento de outras.

Contingências de reforçamento negativo

O reforçamento não se dá apenas pela apresentação de estímulos, como os aplausos para um solo de guitarra e a água para a resposta de pressão à barra, mas também por sua retirada. Por exemplo, se respostas de pressão à barra forem seguidas da remoção do choque elétrico no piso de uma caixa de Skinner, e a sua frequência for alta quando o choque ocorrer, podemos dizer que a suspensão do choque está reforçando o comportamento de pressionar a barra. Porém, o choque reforça esse comportamento por sua remoção, e não por sua apresentação, como ocorre no caso da adição de água. O mesmo raciocínio vale para o vizinho que frequentemente liga para o apartamento de cima pedindo para os moradores fazerem menos barulho. Se os vizinhos de cima param de fazer barulho após a ligação, dizemos que a retirada do barulho reforça o comportamento de ligar e pedir silêncio. Nesses exemplos, a contingência é classificada como de reforçamento, porque houve um aumento na frequência/probabilidade de um comportamento. Também é classificada como de reforçamento negativo, porque sua consequência foi a retirada de um estímulo do ambiente. O estímulo retirado do ambiente é chamado de reforçador negativo. No exemplo anterior, a retirada do barulho era a consequência reforçadora negativa, o que, por sua vez, nos permite classificar o barulho como um estímulo reforçador negativo (ou um estímulo aversivo). A seguir estão mais alguns exemplos de contingências de reforçamento negativo:

1. Colocar óculos de sol, cuja consequência é a diminuição da luminosidade na retina, é um exemplo de comportamento mantido por reforçamento negativo. A diminuição da luminosidade é a consequência reforçadora negativa, e a luminosidade, em si, é o estímulo reforçador negativo (estímulo aversivo). A relação entre a resposta de colocar os óculos e a retirada de luz da retina é chamada de contingência de reforçamento negativo.
2. Passar protetor solar e evitar queimaduras é um comportamento mantido por reforçamento negativo. As queimaduras se constituem no estímulo reforçador negativo evitado pela resposta de usar protetor solar. A contingência em vigor é a de reforçamento negativo, uma vez que a resposta em questão é reforçada por evitar a apresentação de um estímulo reforçador negativo.
3. Caso uma garota brigue com seu namorado quando ele fuma, é possível que ele passe a chupar um *drops* após fumar um cigarro. Com isso, ele evita a briga se sua namorada não perceber que ele fumou. Nesse caso, a briga é um estímulo reforçador negativo evitado pela resposta de chupar um *drops*. Novamente, temos uma contingência de reforçamento negativo, em que a resposta de chupar um *drops* é reforçada por evitar a apresentação da briga.

É importante notar que, em todos os exemplos, os comportamentos tiveram sua frequência aumentada ou mantida. O reforçamento negativo, assim como o positivo, é uma operação, um procedimento em que a consequência do comportamento aumenta a probabilidade de ele voltar a ocorrer. A diferença básica entre o reforçamento positivo e o negativo reside no modo de consequenciar o comportamento: no primeiro, um estímulo é acrescentado ao ambiente; no segundo, um estímulo é retirado ou deixa de ser apresentado no ambiente. Por exemplo, podemos aumentar a probabilidade de um rato pressionar uma barra utilizando reforçamento positivo ou reforçamento negativo. Veja o exemplo da Tabela 4.1.

O estudo do reforçamento negativo é de fundamental importância para a compreensão do comportamento humano. Essa importância se deve ao fato de que vários de nossos comportamentos cotidianos produzem a supressão, o adiamento ou o cancelamento de estímulos aversivos do ambiente, e não a apresentação de estímulos reforçadores positivos. Esses tipos de consequências interferem, por exemplo, no modo como dirigimos (mantemos a velocidade permitida na via, cuja consequência é evitar multas), na precisão de nossos relatos verbais (evitamos magoar alguma pessoa contando pequenas mentiras acerca do que pensamos dela), nas justificativas que damos às nossas ações (evitamos repreensões ao convencermos os outros acerca de por que agimos de determinada maneira), no modo que vivemos nossas relações amorosas (evitamos uma discussão da relação quando evitamos olhar para a pessoa atraente que passa ao lado), entre outros. Além disso, grupos sociais formalizam contingências de reforçamento negativo em leis, normas, estatutos, regulamentos, códigos de ética, entre outros, como forma de controlar o comportamento de seus membros.

TABELA 4.1 Reforçamento positivo *versus* reforçamento negativo

	Reforçamento positivo	Reforçamento negativo
Situação	Animal na caixa de Skinner privado de água	Animal na caixa de Skinner recebendo choque elétrico
Comportamento	Pressionar a barra	Pressionar a barra
Consequência	Apresentação de água	Retirada do choque
Modo de operação	Adicionar estímulo (água) ao ambiente	Retirar estímulo (choque elétrico) do ambiente
Classificação do estímulo	Estímulo reforçador positivo (S^{R+})	Estímulo reforçador negativo (S^{R-})
Efeito sobre o comportamento	**Aumenta a probabilidade de ocorrência**	**Aumenta a probabilidade de ocorrência**
Notação (representação da contingência)	$R \rightarrow S^{R+}$	$R \rightarrow S^{R-}$

Comportamento de fuga e comportamento de esquiva

Via de regra, dois tipos gerais de comportamento operante são mantidos por contingências de reforçamento negativo: **comportamento de fuga** e **comportamento de esquiva**. Consideramos que um comportamento é uma fuga no momento em que determinado estímulo aversivo está presente no ambiente e esse comportamento o retira do ambiente, como no caso de um adolescente usar um creme para secar uma acne que já está em seu rosto. Nesse caso, a resposta de usar o creme é uma fuga, mantida pela retirada da espinha, que é um estímulo aversivo já presente. Já a esquiva é um comportamento que evita ou atrasa o contato com um estímulo aversivo, isto é, ocorre quando um determinado estímulo aversivo **não está** presente no ambiente. Porém, a resposta de esquiva acontece diante de outros estímulos que sinalizam a apresentação eminente dos estímulos aversivos. Emitir o comportamento de esquiva evita ou atrasa a apresentação do estímulo aversivo. Por exemplo, o adolescente que costuma ter espinhas faz uma dieta menos calórica ou passa um creme que reduz a oleosidade da pele e, assim, evita que elas apareçam. Nesse caso, as espinhas ainda não estão presentes, e os comportamentos de fazer dieta ou passar o creme evitarão a apresentação do estímulo aversivo, constituindo-se em comportamentos de esquiva. A seguir estão mais alguns exemplos de comportamentos de fuga e de esquiva.

1. Arrumar o quarto:
    a. Fuga – Arrumar o quarto quando a mãe começa a brigar porque o quarto está bagunçado, tendo como consequência a mãe parar de brigar.
    b. Esquiva – Arrumar o quarto logo quando acorda, evitando as reclamações da mãe.

2. Mentir que o celular estava no silencioso:
   a. Fuga – Após passar uma noitada com as amigas e não ter atendido os telefonemas do namorado, uma jovem se encontra no meio de uma grande discussão com ele. Ela pode conseguir parar a briga dizendo que havia se esquecido de tirar o celular do silencioso após sua aula na faculdade, de modo que não ouviu as ligações.
   b. Esquiva – No futuro, em uma situação similar, ela já pode enviar antecipadamente uma mensagem para o namorado, avisando que não atendeu as suas ligações porque o seu celular estava no silencioso. Desse modo, pode conseguir evitar a discussão antes que comece.
3. Sair de perto de uma pessoa chata:
   a. Fuga – Alguém está lhe contando uma história muito chata e você diz: "Amigo, me desculpe, mas estou atrasado para um compromisso, tenho que ir...". Sair de perto do "chato" é um exemplo de fuga.
   b. Esquiva – Se você "desconversa" e sai de perto do sujeito antes de ele começar a contar histórias chatas, você está se esquivando.

Cotidianamente, esses dois tipos de comportamento são diferenciados da seguinte forma: a esquiva é tida como uma espécie de prevenção, e a fuga, como uma espécie de remediação. Ou seja, na esquiva, prevenimos a apresentação de um estímulo aversivo, enquanto na fuga remediamos a situação de forma que o estímulo aversivo já presente seja suprimido. É importante notar que os comportamentos de fuga e de esquiva só são estabelecidos e mantidos em contingências de reforçamento negativo. Logo, não observaremos fuga e esquiva em contingências de reforçamento positivo e de punição.

Certos estímulos, por terem precedido a apresentação de estímulos aversivos no passado, tornam a resposta de esquiva mais provável. Como o sol forte precedeu as queimaduras no passado, este se torna um estímulo que aumenta a probabilidade da emissão de um comportamento que as previne (no caso, a ocorrência da resposta de passar protetor solar). Todavia, é importante notar que o sol só adquiriu tal função comportamental por ter precedido queimaduras no passado. Ou seja, tivemos que fugir das queimaduras no passado para aprender a função aversiva do sol, e só assim somos conduzidos a emitir uma resposta que evite as queimaduras.

Para alguns autores, não existem comportamentos de esquiva, apenas de fuga, uma vez que a esquiva pode ser interpretada como uma fuga dos estímulos que sinalizam a apresentação de outros estímulos aversivos. No nosso exemplo, o sol sinaliza as queimaduras, que são os estímulos aversivos. Chamamos "sol forte", portanto, de estímulo pré-aversivo, pois sinaliza a probabilidade de apresentação de outro estímulo aversivo, as queimaduras.

Um experimento simples com um rato albino exemplifica bem a distinção entre o comportamento de fuga e o de esquiva. O animal está em uma caixa de condicionamento operante dividida em dois compartimentos, na qual a apresentação de um choque elétrico pode ser feita eletrificando-se o piso. Um *timer* (temporizador) controla a apresentação da corrente elétrica. A cada 30 segundos, ele ativa o choque, que só é retirado (desligado) se o rato mudar de um compartimento para o outro. Rapidamente o animal aprende o comportamento de fuga (Fig. 4.1), ou seja, assim que o choque é ativado, o rato muda de compartimento. Podemos, ainda, programar para que a mudança de um compartimento para o outro "zere" o contador; ou seja, se o animal mudar de compartimento antes que se passem os 30 segundos, o contador do *timer* é reiniciado, e começa um novo intervalo de 30 segundos até que o choque seja apresentado. Nesse caso (Fig. 4.2), se o rato mudar de lado um pouco antes da apresentação do choque, ele evita que o choque seja apresentado. Falamos, então, em um comportamento de esquiva.

Em resumo, denominamos comportamento de fuga aquele que ocorre no momento em que um estímulo aversivo está presente no ambiente e cuja consequência seja a retirada desse estímulo. Chamamos de comportamento de esquiva aquele que ocorre no momento em que um estímulo aversivo não está presente no ambiente e cuja consequência seja o adiamento ou o cancelamento do contato com tal estímulo. Para não esquecermos, tanto o reforçamento positivo como o negativo aumentam a probabilidade de o comportamento

Figura 4.1
Comportamento de fuga. Quando o piso do compartimento no qual o animal se encontra é eletrificado de acordo com o *timer* (1), o rato passa para o outro compartimento da caixa, no qual o piso não está eletrificado (2). O rabo levantado na Fotografia 1 indica que o piso da caixa está eletrificado.

Figura 4.2
Comportamento de esquiva. O rato aprendeu, depois de algumas fugas, que, se passar de um compartimento para o outro antes de 30 segundos, evita o choque.

voltar a ocorrer: a diferença está apenas no fato de a consequência ser a adição ou a retirada/evitação de um estímulo do ambiente:

- Reforçamento positivo: **aumenta** a probabilidade de o comportamento voltar a ocorrer pela **adição** de um estímulo reforçador ao ambiente.
- Reforçamento negativo: **aumenta** a probabilidade de o comportamento voltar a ocorrer pela **retirada** de um estímulo aversivo do ambiente.

Punição

Algumas consequências do comportamento tornam sua ocorrência menos provável. Essas consequências são chamadas de punição positiva e negativa. Punição, em outras palavras, é um tipo de consequência do comportamento que torna a sua ocorrência menos provável. A distinção entre punição positiva e negativa consiste na mesma distinção feita com relação ao reforçamento positivo e negativo: se um estímulo é acrescentado ou subtraído do ambiente. Tanto a punição positiva quanto a negativa diminuem a probabilidade de o comportamento que as produziu voltar a ocorrer.

O termo punição pode ser definido funcionalmente como a consequência que reduz a frequência do comportamento que a produz. Por exemplo, se ingerirmos diferentes bebidas alcoólicas e tivermos ressaca no dia seguinte, esse comportamento será menos provável no futuro. Dizemos, portanto, que tal comportamento foi punido pela ressaca do dia seguinte. Outra vez, o termo *punição* refere-se a uma relação de contingência entre um comportamento e uma consequência, só que, nesse caso, o efeito da consequência é a redução da frequência ou da probabilidade de ocorrência desse comportamento no futuro. O estímulo que for consequência dessa resposta é denominado de **estímulo punidor** ou **estímulo punitivo**, o qual, nesse exemplo, foi a "ressaca".

É fundamental chamar atenção para o fato de que a punição é definida funcionalmente; ou seja, para dizermos que houve uma punição, é necessário que se observe uma diminuição na frequência do comportamento. Por isso, não existe um estímulo que seja punitivo por natureza. Só podemos dizer que um estímulo é punitivo caso sua apresentação ou remoção reduza a frequência do comportamento ao qual é consequente. É possível pensar, por exemplo, que levar uma bronca da professora em sala de aula seja punitivo para comportamentos de fazer bagunça de todas as crianças. No entanto, pesquisas têm mostrado que a bronca da professora pode não ter efeito punitivo ou pode até mesmo funcionar como estímulo reforçador para o comportamento de fazer bagunça de algumas crianças em sala de aula.

Punição positiva e punição negativa

De forma similar às consequências reforçadoras, existem dois tipos de consequências punitivas: a positiva e a negativa. A punição positiva é uma consequência que consiste na apresentação de um estímulo que reduz a probabilidade de ocorrência futura do comportamento que a produziu. Por exemplo, uma pessoa alérgica a camarão passa mal ao comê-

-lo. A partir dessa reação, não come mais camarão. No caso, o comportamento de comer camarão produziu a apresentação de sintomas aversivos, como dificuldade para respirar, manchas vermelhas na pele, coceira, etc. Como houve uma diminuição na frequência desse comportamento, afirmamos que ele foi positivamente punido.

A punição negativa, por sua vez, é uma consequência que consiste na retirada (ou perda) de reforçadores de outros comportamentos. Essa consequência tornará o comportamento que a produziu menos provável no futuro. Por exemplo, uma pessoa que acessa *sites* não confiáveis na internet pode danificar seu computador, de forma que ele deixe de funcionar. Assim, ela deixa de acessar esses *sites*. Nesse caso, a consequência do comportamento de acessar *sites* não seguros foi a perda dos reforçadores disponibilizados pelo computador funcionando. Como houve uma diminuição na frequência do comportamento de acessar *sites* perigosos pela retirada dos reforçadores associados ao computador funcionando, concluímos que houve uma punição negativa. Alguns *videogames* bloqueiam certas funções do aparelho, como o acesso à internet pelo console, por exemplo, como consequência do uso de jogos piratas pelo usuário. Caso uma pessoa deixe de usar jogos piratas no seu *videogame* devido ao bloqueio que o seu aparelho sofreu, dizemos que a perda do acesso às funções bloqueadas foi uma punição negativa.

É importante enfatizar que a punição, seja positiva, seja negativa, resulta, por definição, na redução da frequência ou da probabilidade do comportamento. Os termos *positivo* e *negativo* indicam apenas apresentação ou retirada de estímulos, respectivamente. Em Análise do Comportamento, positivo não é bom e negativo não é ruim; simplesmente, positivo é apresentação, e negativo é retirada:

- Punição positiva: **diminui** a probabilidade de o comportamento ocorrer novamente pela consequente **adição** de um estímulo aversivo ao ambiente.
- Punição negativa: **diminui** a probabilidade de o comportamento ocorrer novamente pela consequente **retirada** de um estímulo reforçador (de outros comportamentos) do ambiente.

Exemplos de punição positiva

- Um rato que tem o comportamento de pressionar a barra mantido pela liberação de água passa a receber, além da água, um choque quando emite esse comportamento. Em decorrência do choque contingente ao comportamento de pressão à barra, este deixa de ocorrer.
- Levar uma surra ao jogar bola dentro de casa e, em decorrência disso, não jogar mais nesse local.
- Ultrapassar o sinal vermelho, ser multado e não infringir mais essa regra.
- Dizer palavras de baixo calão, receber uma bronca e diminuir bastante a frequência desse comportamento.

Exemplos de punição negativa

- Perder a mesada por fazer traquinagens e diminuir bastante a frequência desse comportamento.

- Cometer um assalto, ser preso (perder a liberdade) e não cometer mais crimes.
- Não receber beijos da namorada por fumar e diminuir bastante o número de cigarros consumidos por dia.
- Dirigir após ter consumido álcool, perder a carteira de motorista e não mais dirigir nessas condições quando recuperar a carteira.

Suspensão da contingência punitiva: recuperação da resposta

> A punição pode eliminar comportamentos inadequados, ameaçadores ou, por outro lado, indesejáveis de um dado repertório, com base no princípio de que quem é punido apresenta menor possibilidade de repetir seu comportamento. Infelizmente, o problema não é tão simples como parece. A recompensa (reforço) e a punição não diferem unicamente com relação aos efeitos que produzem. Uma criança castigada de modo severo por brincadeiras sexuais não ficará necessariamente desestimulada a continuar, da mesma forma que um homem preso por assalto violento não terá necessariamente diminuída sua tendência à violência. Comportamentos sujeitos a punições tendem a se repetir assim que as contingências punitivas forem removidas. (Skinner, 1983, p. 50)

Esse trecho, escrito por Skinner, aponta para alguns problemas relativos ao uso da punição como forma de controle do comportamento, os quais discutiremos a seguir. Um comportamento que vinha sendo punido pode deixar de ser punido na atualidade e talvez tenha sua frequência restabelecida. Por exemplo, uma jovem que namora um rapaz que implica com suas minissaias pode parar de usá-las. Assim, o comportamento de usar minissaia é positivamente punido pelas discussões com o namorado. Caso ela troque esse namorado por outro menos machista e ciumento, que não implique com suas roupas, seu comportamento de usar minissaia talvez volte a ocorrer. Nesse caso, terá havido uma suspensão da contingência de punição. Ou seja, o comportamento de usar minissaia produzia discussões e agora não produz mais. Consideramos que, nesse caso, ocorre uma **recuperação da resposta**.

Skinner (1938) tem um estudo clássico sobre a suspensão da contingência de punição, no qual dois grupos de ratos tiveram o comportamento de pressionar a barra modelado e mantido pela liberação de alimento. O grupo experimental passou a receber um choque toda vez que pressionava a barra. Esse procedimento fez os animais rapidamente cessarem tal comportamento. Já o grupo-controle, que não recebeu choques, continuou pressionando a barra, mantendo uma taxa constante de emissão dessa resposta. Então, o choque foi desligado para o grupo experimental (i.e., houve a suspensão da contingência de punição), e observou-se um aumento na frequência de respostas de pressão à barra. Desse modo, a quebra da contingência de punição produziu um restabelecimento na força do responder, o que conhecemos por processo de recuperação da resposta. A Figura 4.3, no quadro inferior, apresenta graficamente esse processo com dados hipotéticos. No quadro superior, é apresentado o processo análogo de reforçamento e extinção.

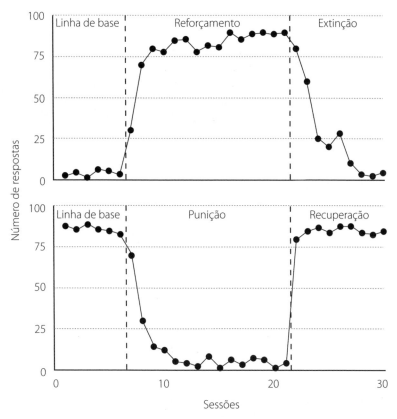

Figura 4.3

Suspensão da contingência. Quando há quebra da contingência, a frequência do comportamento retorna ao seu nível operante (frequência de respostas obtida na condição de linha de base).

Fonte: Adaptada de Catania (1999, Figura 6.1, p. 110).

Um ponto importante a ser considerado é: a fim de que o comportamento volte a ocorrer com a quebra da contingência de punição, o reforçamento deve ser mantido, e, obviamente, o organismo deve ser exposto outra vez à contingência. Em outras palavras, se as respostas de pressão à barra dos animais do grupo experimental no estudo de Skinner deixassem de produzir alimento e, além disso, não ocorressem pelo menos uma vez após a suspensão da punição, esse comportamento não teria a sua frequência restabelecida. Esse aspecto do comportamento é fundamental, por exemplo, para a prática clínica em psicologia.

Muitas vezes, o psicólogo clínico se depara com clientes que tiveram certos comportamentos punidos no passado, os quais não voltam a ser emitidos mesmo com a ausência da punição na atualidade. Dessa forma, as novas contingências de reforçamento em vigor não têm como operar sobre o seu comportamento outrora punido. Um dos objetivos terapêuticos é, portanto, criar condições para que o cliente se exponha novamente às contingências. Por exemplo, um rapaz que um dia fez uma apresentação oral no seu colégio e foi não só criticado por um professor rigoroso, mas também ridicularizado pelos colegas, pode evitar falar em público no futuro. Talvez, caso viesse a fazer uma nova apresentação oral em sua faculdade, diante de outros colegas e de outro professor, o seu comportamento de apresentar não seria punido. Entretanto, a probabilidade de ele se expor a essa situação novamente é baixa em função dos efeitos da punição em seu passado. Para que as novas contingências de reforçamento providas pelo novo professor e pelos novos colegas passem a vigorar sobre o seu comportamento de apresentar trabalhos, é fundamental que ele emita esse comportamento novamente.

Punição *versus* extinção

Um ponto que gera muita confusão entre estudantes de Análise do Comportamento é a distinção entre extinção e punição negativa. Os dois casos são similares porque, em ambos, não se tem acesso a reforçadores outrora disponíveis. Entretanto, na extinção, um comportamento produzia uma consequência reforçadora, e, por algum motivo, esta deixa de ocorrer – o que é diferente da punição negativa. Por exemplo, o comportamento de telefonar para a namorada era reforçado por sua voz do outro lado da linha quando ela o atendia. Caso o namoro acabe e a ex-namorada se recuse a atender aos telefonemas, o comportamento de telefonar estará em extinção. Ou seja, não produz mais a consequência reforçadora que produzia. Já na punição negativa, um comportamento passa a ter uma nova consequência, que é a perda de potenciais reforçadores de outros comportamentos. Porém, a contingência de reforçamento que mantém esse comportamento permanece intacta. Retomando nosso exemplo, digamos que esse namorado era infiel e que algumas de suas traições foram descobertas pela namorada, ocasionando o fim da relação. Se, em namoros futuros, esse rapaz deixar de trair, teremos um exemplo de punição negativa, pois o comportamento de ser infiel foi punido pela perda dos reforçadores associados ao namoro. Essa consequência reduziu a frequência do comportamento de ser infiel. Note que as consequências que mantinham o comportamento de ser infiel permaneceram intactas, como, por exemplo, o reforçamento social advindo de seus amigos quando ele relatava os casos de traição. Se o rapaz emitir novamente comportamentos de infidelidade, seus amigos ainda reforçarão o seu comportamento. Portanto, não podemos falar em extinção nesse exemplo. O que houve foi a apresentação de uma nova consequência: a retirada dos reforçadores contingentes a outros comportamentos relacionados ao namoro.

Outra diferença entre punição e extinção refere-se ao processo: a punição suprime rapidamente a resposta, enquanto a extinção produz uma diminuição gradual na frequência de ocorrência da resposta. Imagine um rato em um esquema de reforçamento contínuo (CRF). Nesse caso, o comportamento de pressionar a barra produz uma consequência reforçadora, a apresentação da água, toda vez que é emitido. Como já se sabe, se desligássemos o bebedouro, o comportamento de pressionar a barra não mais produziria a consequência reforçadora. Falamos, portanto, de extinção, ou seja, houve a suspensão da consequência reforçadora, a qual teria como efeito final no comportamento a redução de sua frequência de ocorrência.

Imagine, agora, que não temos condições de desligar o bebedouro, mas temos que fazer o rato parar de pressionar a barra. Como poderíamos conseguir isso? Você acertou, poderíamos usar a punição. É possível, nesse caso, "dar" um choque no rato toda vez que ele pressionar a barra. Se assim o fizéssemos, a frequência do comportamento de pressão à barra reduziria, mesmo com a contingência de reforçamento em vigor.

Note que, no segundo exemplo, não suspendemos a consequência reforçadora, ou seja, em momento algum a água deixou de ser apresentada quando o rato pressionava a barra. A punição, nesse exemplo, é a apresentação do choque. Ao aludirmos à punição, não nos referimos à suspensão da consequência que reforça o comportamento, mas, sim, a outra consequência que diminui a probabilidade de sua ocorrência (Fig. 4.4).

Imagine, agora, o seguinte exemplo: quando Joãozinho fala palavrões, seus colegas riem bastante com ele. A risada de seus amigos é uma consequência reforçadora para seu comportamento de falar palavrões. A mãe de Joãozinho quer que ele pare com isso; para tanto, ela retira sua "mesada", e, em função dessa consequência, ele para de falar palavrões. Nesse caso, a mãe de Joãozinho puniu o comportamento ou o colocou em extinção? Para responder a essa pergunta, devemos fazer a seguinte análise:

- A frequência do comportamento aumentou ou diminuiu?
  – Ela diminuiu. Portanto, a retirada da "mesada" não pode ser uma consequência reforçadora.
  – Se a frequência diminuiu, só pode ser o caso de uma extinção ou punição.
- A consequência reforçadora (risada dos colegas) foi retirada?
  – Não, por isso não se trata de extinção, já que não houve a suspensão da consequência reforçadora que mantinha o comportamento.
- Se a frequência do comportamento diminuiu e a consequência reforçadora não foi retirada, estamos falando em punição.
- A punição, nesse exemplo, foi a retirada ou a adição de um estímulo?
  – A consequência foi a perda da "mesada" (retirada de um estímulo). Portanto, trata-se de **punição negativa**.

No exemplo anterior, para que a frequência do comportamento de dizer palavrões diminuísse utilizando-se de extinção, o que deveria ser feito? Retirar ou suspender a consequência reforçadora, que, no caso, são as risadas dos amigos de Joãozinho, ou seja, a mãe de Joãozinho poderia falar com os amigos dele para não rirem mais quando

Figura 4.4
Na extinção, o reforçamento não é mais apresentado. Já na punição, o reforçamento continua sendo apresentado, mas junto a ele apresenta-se o estímulo punitivo ou aversivo.

seu filho dissesse palavras de baixo nível. Caso os amigos de Joãozinho cooperassem com a sua mãe e suspendessem as risadas diante dos palavrões, teríamos um exemplo de extinção.

Efeitos colaterais do controle aversivo

O controle aversivo, de acordo com o que vimos, é uma forma de aumentar ou de diminuir a probabilidade de ocorrência do comportamento. Punir comportamentos socialmente indesejáveis é muito mais fácil e tem efeitos mais imediatos do que reforçar positivamente comportamentos socialmente desejáveis. Entretanto, o controle aversivo apresenta uma série de efeitos colaterais que tornam seu uso desaconselhado por vários autores comportamentais, como, por exemplo, Sidman (1989/1995).

Eliciação de respostas emocionais. No momento em que os organismos entram em contato com estímulos aversivos, é possível que haja a eliciação de várias respostas emocionais, como tremores, taquicardia, palpitações, choro, etc. A eliciação de respostas emocionais pode representar um problema quando se utiliza um procedimento para alterar a probabilidade de ocorrência de um comportamento.

Um primeiro problema ocorre quando o administrador da punição observa as respostas emocionais do organismo cujo comportamento foi punido, as quais podem eliciar/evocar outras respostas emocionais no indivíduo que pune. Essas respostas emocionais (p. ex., chorar) costumam representar parte daquilo que chamamos cotidianamente de sentimentos de pena ou de culpa. Algumas delas podem exercer função de estímulo para outro comportamento do próprio organismo. Nesse caso, as respostas emocionais que comumente caracterizam aquilo que cotidianamente chamamos de sentimento de culpa ou de pena podem exercer função de estímulos aversivos para o indivíduo que pune. Este pode passar a liberar reforçadores positivos para o comportamento do indivíduo que teve o seu comportamento punido, o qual, provavelmente, deixará de chorar, por exemplo. Com a retirada do choro, as respostas emocionais aversivas deixarão de ocorrer, e isso reforçará negativamente o comportamento de liberar reforçadores positivos para o comportamento do indivíduo que recebeu a punição.

Um exemplo bem comum das relações de controle descritas no parágrafo anterior ocorre quando uma criança faz birra na rua para ganhar um pirulito. Seus pais podem lhe dar uma palmada, punindo o comportamento de fazer birra. Ao receber a palmada, a criança começa a chorar, e seu choro elicia/evoca respostas emocionais aversivas nos cuidadores, às quais costumamos chamar de pena ou culpa. Na presença do choro, os pais podem, por exemplo, dar o pirulito à criança ou pegá-la carinhosamente no colo. Ambas as ações podem fazer o choro cessar. A retirada do choro do ambiente pode funcionar como estímulo reforçador negativo para o comportamento dos pais, de modo que este se torne mais provável no futuro. Essa forma de interação pode ser problemática por duas razões principais: 1) os pais ensinam a relação entre o comportamento de chorar e ganhar o que se quer, aumentando a probabilidade de o choro ocorrer no futuro (de fato, o choro deixa de ser exclusivamente um comportamento respondente, sendo controlado principalmente por suas consequências, isto é, torna-se primordialmente um comportamento operante) e 2) a consequência punitiva – no caso, a palmada – precederá a apresentação da consequência reforçadora, ou seja, a obtenção do pirulito. Assim, os organismos (p. ex., as crianças) podem aprender a emitir respostas que levem à liberação de um estímulo punitivo (p. ex., uma palmada), pois tal consequência pode adquirir funções reforçadoras condicionadas. Em outras palavras, uma palmada pode deixar de exercer uma função punitiva e passar a ter uma função reforçadora ao preceder a apresentação de estímulos reforçadores.

Holz e Azrin (1961) realizaram um experimento que ilustra as relações complexas recém-discutidas. Em seu estudo, pombos tinham o comportamento de bicar um disco de respostas mantido por comida. Na condição seguinte, esse mesmo comportamento também passou a ser consequenciado com a liberação de um choque moderado, o que resultou em uma diminuição de cerca de 50% na taxa de respostas. Em uma terceira condição, foram alternados períodos em que bicadas no disco de respostas produziam choque moderado e outros em que elas não produziam. A comida somente era liberada nos períodos em que o choque também era apresentado como consequência do comportamento de bicar o disco de respostas. Os períodos de presença e ausência de choque não eram sinalizados por outros estímulos, como uma luz ou um som. A despeito disso, a taxa de respostas de bicadas nos períodos em que o choque estava presente foi muito maior do que na ausência dele, conforme ilustrado pela Figura 4.5. Os autores concluíram que o choque, ou um estímulo, presumivelmente punitivo, pode ter a função de sinalizar que uma dada resposta será reforçada, adquirindo, como será visto no próximo capítulo, funções discriminativas sobre o comportamento operante. Poderíamos pressupor que, se inseríssemos um segundo disco de respostas na caixa de condicionamento operante e tornássemos o início dos períodos de choque consequente às bicadas nesse disco, seria possível modelar o comportamento de bicá-lo. Em outras palavras, o choque teria funções reforçadoras sobre outro comportamento que o produzisse.

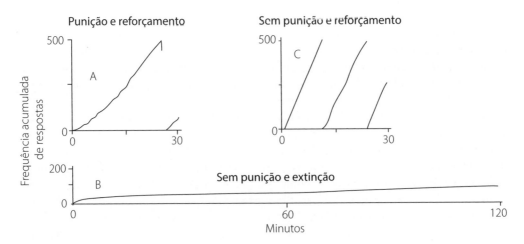

Figura 4.5
Frequência acumulada de respostas de bicar o disco de um dos pombos utilizados na pesquisa de Holz e Azrin (1961). Cada gráfico da figura – A, B e C – mostra os resultados de uma condição experimental.
Fonte: Adaptada de Holz e Azrin (1961, p. 226, Figura 1).

O estudo de Carvalho (1981) realizado com ratos investigou essa possibilidade. Em seu experimento, o comportamento de pressionar a barra era mantido pela liberação de água, a qual somente era produzida pelas respostas de pressão à barra na presença de um leve choque. Quando o choque não estava presente, as respostas de pressão à barra não eram reforçadas. Carvalho incluiu um trapézio na caixa de condicionamento operante, cuja pressão tinha como consequência a produção do choque. A apresentação do choque que sinalizava a disponibilidade da água para as respostas de pressão à barra foi utilizada como estímulo reforçador condicionado para modelar e manter o comportamento de pressionar o trapézio. Ou seja, o choque adquiriu funções reforçadoras condicionadas sobre o comportamento de pressionar o trapézio. Estímulos reforçadores condicionados são aqueles cuja função reforçadora é adquirida após uma história de aprendizagem.

Esses dois experimentos ilustram que estímulos aversivos, quando precedem reforçadores, podem tanto sinalizar a disponibilidade destes como consequências ao comportamento do organismo quanto fortalecer a ocorrência de outros comportamentos que produzam os estímulos previamente aversivos. Em outras palavras, estímulos aversivos podem adquirir funções reforçadoras condicionadas a depender do arranjo temporal das contingências de reforçamento e punição, o que exige muito cuidado de quem utiliza procedimentos punitivos como forma de intervenção sobre a frequência de um dado comportamento.

Existe, ainda, outro problema relacionado à eliciação de respostas emocionais decorrentes de controle aversivo: a possibilidade de ocorrência de um condicionamento respondente entre outros estímulos presentes no momento em que o estímulo aversivo é apresentado e o próprio estímulo aversivo. Por exemplo, quem pune ou reforça negativamente em excesso poderá adquirir a função de estímulo condicionado que eliciará respostas emocionais similares àquelas eliciadas pelos estímulos aversivos envolvidos. Trata-se do exemplo típico da criança que teme o pai severo. Seu filho o teme, uma vez que a sua presença eliciará respostas emocionais que exercem a função de estímulo aversivo. De forma similar, uma garota que controla o comportamento do namorado com chantagens emocionais, isto é, usa de reforçamento negativo e de punição, pode adquirir a função de estímulo aversivo condicionado. O namorado poderá passar a se sentir desconfortável na presença da moça, pois ela adquiriu a função de estímulo condicionado que elicia respostas emocionais similares às eliciadas por suas chantagens emocionais.

Outra implicação do uso do controle aversivo e da sua capacidade de eliciar respostas emocionais é o chamado paradoxo da aprendizagem por reforçamento negativo. Conforme apresentado, o reforçamento negativo aumenta a probabilidade do comportamento que o elimina ou adia. Entretanto, a apresentação do estímulo aversivo pode eliciar respostas reflexas que dificultam a emissão do comportamento operante que retiraria ou adiaria esse estímulo. Em outras palavras, o único comportamento que retiraria ou adiaria o estímulo aversivo torna-se menos provável devido às respostas reflexas eliciadas por ele, o que certamente representa um paradoxo. Tomemos como exemplo uma criança que apresenta gagueira. Caso ela fale corretamente, seu pai não faz comentários. Porém, quando ela gagueja, ouve a crítica do cuidador. Podemos dizer que falar corretamente é mantido por reforçamento negativo. Quando o pai critica a criança ao gaguejar, essas críticas podem eliciar respostas reflexas, por exemplo, tremores, que tornam menos provável a emissão do comportamento operante de falar corretamente. Nesse caso, gaguejar torna-se mais provável do que falar corretamente.

Supressão de outros comportamentos além do comportamento punido. O efeito da punição não se restringe ao comportamento que produziu a consequência punitiva. Outros comportamentos que estiverem ocorrendo temporalmente próximos ao momento da apresentação do estímulo punitivo ou que tenham semelhança com o comportamento punido podem ter a sua frequência reduzida. Por exemplo, imagine uma festa de crianças em que Joãozinho está correndo, pulando, conversando e dançando. Em sua empolgação, ele estoura um balão próximo a um adulto, que se assusta. O adulto imediatamente lhe dá uma forte palmada. É provável que Joãozinho pare de estourar balões, mas, além disso, os demais comportamentos que ele apresentava também poderão ter a sua frequência reduzida. Nesse sentido, o efeito da punição interferirá nos comportamentos aos quais ela não foi contingente. Mesmo que o correr, o brincar e o dançar não tenham produzido a apresentação do estímulo punitivo, por ocorrerem temporalmente próximos a ela, também poderão ter a sua frequência reduzida. Dizemos, nesse caso, que a relação entre esses comportamentos e a apresentação do estímulo punitivo foi de contiguidade, e não de contingência. Além disso, Joãozinho também pode vir a diminuir seu comportamento de estourar bombinhas, por exemplo, dada a semelhança dessa relação com o estourar balões e receber uma palmada.

A supressão de outros comportamentos, além do comportamento punido, pode ser particularmente prejudicial ao processo psicoterápico. Por exemplo, um cliente cooperou com o trabalho do terapeuta ao permitir que este investigasse diversos temas ao longo da sessão, respondendo às suas perguntas acerca de qualquer assunto. Em um momento da terapia, esse cliente relata que bateu novamente em seu filho adolescente, comportamento que já havia se comprometido a deixar de emitir. Ao ouvir esse relato, caso o terapeuta critique deliberadamente, dizendo que essa é uma atitude insensata e que acarretará graves consequências na relação pai e filho, a crítica pode ter três efeitos sobre os demais comportamentos do cliente durante a sessão. O primeiro poderia ser uma diminuição na frequência do comportamento de bater no filho. O segundo seria o cliente não mais contar para o terapeuta quando tiver batido no filho. O terceiro, que não é excludente aos demais, seria uma diminuição na frequência dos outros comportamentos que estavam ocorrendo temporalmente próximos ao momento no qual a crítica foi feita. Por exemplo, ele pode deixar de responder às perguntas do terapeuta acerca dos tópicos mais relevantes para o tratamento. Por essas razões, e algumas outras que serão discutidas ao longo do livro, não é recomendado o uso de controle aversivo como forma de intervenção em terapia e em outros contextos de aplicação da psicologia, como na escola, por exemplo.

Ocorrência de respostas incompatíveis com o comportamento punido. Após a punição de um comportamento, é possível que os organismos, em geral, passem a emitir uma segunda resposta que torne improvável a repetição do comportamento punido. Essa segunda resposta é chamada de *resposta incompatível com o comportamento*, uma vez que é uma forma de o organismo evitar novas punições. A resposta incompatível é negativamente reforçada por diminuir a probabilidade de emissão de um comportamento punido e, por conseguinte, de o organismo entrar em contato com a punição.

Um exemplo desse efeito colateral do controle aversivo pode ser o caso do rapaz que, às 3h da manhã, depois de ingerir muita cerveja, telefona para a ex-namorada fazendo juras de amor. Para infelicidade do jovem, quem atende o telefonema, com voz de sono, é o novo namorado da garota. Provavelmente, isso tem a função de uma punição positiva, a qual diminuirá a probabilidade de o rapaz telefonar outras vezes em situações similares. Entretanto, ao beber novamente de madrugada, ele pode "sentir-se tentado" a fazer o telefonema. O ex-namorado pode, então, entregar o celular a um amigo que o devolverá só no dia seguinte, evitando fazer a ligação para ex-namorada. Entregar o celular ao amigo é um exemplo de resposta incompatível ao comportamento de telefonar, uma vez que o torna menos provável.

Outro exemplo é o da jovem que investiu muito em um namoro em seu passado. Ou seja, ela fez planos futuros, fez vários programas com o namorado, sem necessariamente estar com vontade de fazê-los, conheceu os pais dele, o ajudou a comprar um carro, etc. – chamamos esses exemplos de comportamentos como constituintes da classe de respostas de investir em um relacionamento. Mesmo diante de todo esse investimento, seu namorado a trocou por outra pessoa. Essa jovem sofreu muito com o término. Comportamentos de investir em um relacionamento, no caso dela, tiveram a sua frequência diminuída. Daí, deduzimos que o término teve a função de estímulo punitivo para a classe de respostas de investir em um relacionamento. Nesse caso, essa jovem poderia vir a desenvolver o seguinte padrão comportamental: quando começasse a se envolver com alguém e percebesse que estava começando a gostar dessa pessoa, ela romperia o relacionamento antes de se estabelecer o namoro. A resposta de romper relacionamentos ainda no início pode ser considerada incompatível com a classe de respostas de investir em um relacionamento, a qual foi punida no passado.

O exemplo ilustra uma desvantagem da ocorrência de respostas incompatíveis com o comportamento: elas dificultam que o organismo se exponha novamente à contingência, a qual pode ter mudado ao longo do tempo. No caso da jovem do exemplo citado, ela pode ter perdido muitas oportunidades de ser feliz com alguém que não a abandonaria. Expressando essa situação de modo coloquial, isto é, sem utilizar a linguagem técnica, poderíamos dizer que, ao terminar uma relação antes de começá-la, ela não tem meios de perceber que, dessa vez, a situação poderia ser diferente.

As respostas incompatíveis ao comportamento punido são, na realidade, respostas de esquiva, uma vez que adiam a apresentação de um estímulo aversivo que ainda não está presente. A relevância de se descrevê-las aqui, em separado, é o fato de atuarem sobre a probabilidade de ocorrência de um comportamento do próprio organismo. Essa resposta de esquiva exemplificaria o que foi denominado por Skinner (1953) de resposta de autocontrole, isto é, respostas do indivíduo que modificam o ambiente, alterando a probabilidade de emissão de outro comportamento desse mesmo indivíduo. Nas palavras do próprio Skinner:

> O organismo pode tornar a resposta punida menos provável alterando as variáveis das quais é função. Qualquer comportamento que consiga fazer isso será automaticamente reforçado. Denominamos esses comportamentos de respostas de autocontrole. As consequências positivas e negativas geram duas respostas relacionadas uma à outra de modo especial: uma resposta, a controladora, afeta variáveis de maneira a mu-

dar a probabilidade da outra, a controlada. A resposta controladora pode manipular qualquer das variáveis das quais a resposta controlada é função; portanto, há muitas formas diferentes de autocontrole. (Skinner, 1953, pp. 230-231)

Respostas de contracontrole

As **respostas de contracontrole** talvez representem a maior limitação do uso do controle aversivo como forma de se alterar a probabilidade de um dado comportamento de um organismo. As **respostas de contracontrole** são aquelas mantidas por evitarem que outro comportamento do organismo seja controlado aversivamente. As respostas de contracontrole são, portanto, mantidas por reforçamento negativo.

Um exemplo de contracontrole ocorre quando um motorista freia o carro próximo a um radar medidor de velocidade, reduzindo a velocidade do automóvel para a permitida para aquela via. Ao fazê-lo, o motorista evita que o departamento de trânsito puna o seu comportamento de dirigir acima do limite de velocidade. Na realidade, a função punitiva da multa seria a de suprimir o comportamento dos motoristas de excederem a velocidade permitida. A resposta de frear na presença apenas do radar é negativamente reforçada, ou seja, evita a aplicação da multa e permite que o motorista trafegue acima da velocidade da via. A resposta de frear, portanto, é uma resposta de esquiva que exemplifica uma resposta de contracontrole. Esta é chamada de contracontrole justamente por impossibilitar que o agente punidor exerça controle sobre o comportamento que seria punido caso a resposta de contracontrole não ocorresse.

O procedimento baseado em punição positiva empregado por um professor de educação física para reduzir a frequência de conversas paralelas durante a sua aula pode gerar respostas de contracontrole, por exemplo. Quando os alunos fazem os exercícios determinados pelo professor em silêncio, este não tece nenhum comentário. Entretanto, se ele vê algum aluno conversando, dá-lhe uma bronca em frente aos colegas. Uma possibilidade de resposta de contracontrole é fazer os exercícios silenciosamente apenas no momento em que o professor está por perto e voltar a conversar quando ele se afasta. Ao fazer isso, os alunos conseguem conversar na aula e, ainda assim, evitam a repreensão.

Os dois exemplos citados envolvem contingências de punição positiva, ou seja, os comportamentos de dirigir acima da velocidade da via e de conversar na aula são punidos positivamente pela multa e pela repreensão, respectivamente. O exemplo a seguir ilustra a emissão de uma resposta de contracontrole decorrente de uma contingência de reforçamento negativo. Todo dia, às 19h, a mãe de Pedro começa a mandá-lo tomar banho. O garoto, geralmente entretido jogando em seu *tablet*, demora a atender ao pedido da mãe. Esta, por sua vez, continua a mandá-lo tomar banho, de modo cada vez mais vigoroso, até que ele o faça. Pedro pode entrar no banheiro, ligar o chuveiro e continuar jogando em seu *tablet* sem entrar de baixo d'água e, com isso, fazer sua mãe parar de mandá-lo tomar banho. Essa situação, tão comum entre crianças e adolescentes, virou até um verso da música *No mundo da lua*, do Biquíni Cavadão: "Não quero mais ouvir a minha mãe reclamar, quando eu entrar no banheiro, ligar o chuveiro e não me molhar". Diferentemente dos exemplos de dirigir acima da velocidade da via e de conversar na aula de educação física, no exemplo do banho, temos uma contingência de reforçamento negativo, conforme ilustrado na Figura 4.6.

Estímulo antecedente	Resposta	Estímulo consequente	Tipo da contingência
S^{A1} — Radar de velocidade e velocímetro marcando velocidade acima da via	R1 — Manter pedal de aceleração pressionado	S^{C1} — Recebe multa	Punição
S^{A2} — Radar	R2 — Reduzir a pressão sobre o pedal de aceleração e/ou frear	S^{C2} — Evita multa	Reforçamento negativo
S^{A3} — Mãe dizer: "Vá tomar banho"	R3 — Tomar banho	S^{C3} — Mãe para de reclamar	Reforçamento negativo
S^{A4} — Mãe dizer: "Vá tomar banho"	R4 — Ligar o chuveiro, mas sem tomar banho	S^{C4} — Mãe para de reclamar	Reforçamento negativo

Figura 4.6
Exemplos de respostas de contracontrole decorrentes de contingências de punição positiva e de reforçamento negativo.

O comportamento de mentir, muitas vezes, tem função de esquiva e, neste caso, pode ser considerado um exemplo de contracontrole. No famoso desenho animado *Os Simpsons* da Fox, podemos constatar um exemplo dessa relação. Um dos personagens, Bart Simpson, é um garoto de 9 anos que não é um aluno muito estudioso. Em um dos episódios, Bart diz para a Srta. Krabappel (sua professora) que o Ajudante de Papai Noel (seu cachorro) havia comido o seu dever de casa. Caso ele chegasse à escola sem o dever feito, sua professora apresentaria algum estímulo aversivo, como uma bronca ou uma advertência. No entanto, Bart inventa a história de que seu cachorro comeu o dever de casa, esquivando-se da bronca ou da advertência.

Respostas de contracontrole não se restringem a animais humanos. Um experimento de Azrin e Holtz (1966) ilustra essa questão. Trata-se de um experimento simples em que o comportamento de pressão à barra previamente modelado de um rato era mantido por comida. As mesmas respostas de pressão à barra passaram a ser seguidas de um choque elétrico pela grade metálica no piso da caixa. Essas respostas, portanto, eram seguidas da apresentação de comida e de choques elétricos. O ratou passou a deitar de costas na grade do piso da caixa enquanto pressionava a barra. O seu pelo funcionou como um isolante elétrico, de modo que o choque deixou de exercer controle sobre seu comportamento de pressão à barra, que se mantive na mesma frequência observada antes da introdução do choque em decorrência da resposta de contracontrole de deitar no piso da caixa.

É importante lembrarmos que contracontrole e esquiva (ou fuga) não são dois fenômenos diferentes. Note que, nos exemplos que demos de contracontrole, sempre nos referimos também a comportamentos de esquiva ou fuga. As funções comportamentais bem estabelecidas na literatura são as de fuga e esquiva. O termo *contracontrole* é utilizado na descrição dessas relações de controle mais no sentido de técnica sobre como evitar o controle de um agente punidor do que no de uma função comportamental propriamente dita.

Por que punimos tanto?

Ao observarmos todos esses efeitos colaterais (indesejáveis) do controle aversivo, uma questão permanece: por que esse é um método tão utilizado para controlar o comportamento em nossa cultura? A resposta a essa pergunta compreende, pelo menos, três pontos:

Imediaticidade da consequência. Quem aplica a punição como procedimento de controle tem o seu comportamento de punir negativamente reforçado de forma quase sempre imediata. Digamos que Homer, outro personagem do desenho animado *Os Simpsons*, esteja assistindo a um jogo de futebol americano na TV enquanto Lisa, a sua filha de 8 anos, pratica seu saxofone. O som do instrumento o incomoda, isto é, representa um estímulo aversivo, e cessá-lo reforçará negativamente seu comportamento. Homer prontamente pune o comportamento de Lisa, gritando: "Lisa, pare de tocar esse maldito saxofone!". A garota interrompe o seu treino de imediato, reforçando de modo negativo o comportamento do pai.

Eficácia independente da privação. Para modificar a probabilidade de um comportamento com o uso de reforçamento positivo, temos que identificar quais eventos serão reforçadores para diferentes comportamentos do indivíduo. Além disso, mesmo os reforçadores primários não são eficazes independentemente de outros fatores ambientais. Caso o organismo não esteja privado do estímulo reforçador em questão, este não será eficaz. Desse modo, a manipulação de reforçadores positivos como forma de intervenção dependerá do manejo direto de seu valor reforçador, o que pode ser muito custoso, demorado ou mesmo inacessível para quem lida com tais contingências. Esse fato também nos ajuda a entender o que torna o comportamento de punir tão provável. Por exemplo, uma palmada será aversiva independentemente de privação, ou seja, será eficaz para punir ou para reforçar de modo negativo o comportamento de uma criança, provavelmente, em qualquer situação.

É provável que pais tentem interferir de diferentes modos no ambiente de seus filhos para que façam o dever de casa, por exemplo. Eles podem reforçar positivamente o comportamento de fazer a lição disponibilizando doces contingentemente à sua ocorrência. Entretanto, se a criança não estiver privada de doces, estes não serão eficazes como estímulos reforçadores, ou seja, não aumentarão a probabilidade do comportamento de fazer o dever. Porém, se os pais derem-lhe uma palmada caso não faça o dever de casa, é provável que ela venha a fazê-lo, evitando as palmadas. Note que, para a palmada reforçar negativamente o comportamento de fazer o dever de casa, não foi necessário privar a criança de nenhum estímulo.

Facilidade no arranjo das contingências. Existem procedimentos alternativos ao controle aversivo, como discutiremos a seguir. Esses procedimentos são mais aconselháveis do que o controle aversivo devido aos efeitos colaterais deste último. Entretanto, sua aplicação é mais trabalhosa do que a dos procedimentos baseados em controle aversivo. No caso do exemplo do Homer e da Lisa, Homer poderia sentar-se perto da filha para ouvi-la quando tocasse o saxofone em outro horário que não o do jogo; elogiá-la nessas ocasiões; ou sair com ela para tomar um sorvete quando acabasse o ensaio. Esses procedimentos provavelmente fariam a pequena Lisa parar de tocar o instrumento na hora do jogo e evitariam os efeitos colaterais da punição. No entanto, Homer teria mais trabalho para diminuir a frequência do comportamento de Lisa de tocar o saxofone na hora jogo, dessa forma, ele teria que: 1) ouvir o som do instrumento, o que pode ser aversivo para ele; 2) levá-la para tomar sorvete, considerando a sua privação de sorvete; e 3) estar presente nos momentos em que Lisa estivesse tocando. Em comparação ao comportamento de "dar um berro", o controle do comportamento por reforçamento positivo envolve a emissão de mais respostas que, em geral, são mais custosas e levarão mais tempo para produzir seus efeitos.

A consequência final desse processo é que tendemos mais a punir ou a reforçar negativamente o comportamento do que controlá-lo por reforçamento positivo, a despeito de todas as desvantagens do controle aversivo. Porém, a divulgação e a comprovação empírica dos efeitos indesejáveis desse tipo de controle podem sensibilizar pais e educadores para que utilizem procedimentos baseados em reforçamento positivo a fim de controlar o comportamento de seus filhos e alunos, por exemplo.

Quais as alternativas ao controle aversivo?

Ao desaconselharmos o uso do controle aversivo, temos que sugerir alguns procedimentos alternativos. Felizmente eles existem. A seguir, apresentaremos alguns deles.

Reforçamento positivo em substituição ao reforçamento negativo. Caso queiramos aumentar a probabilidade de emissão de um comportamento, podemos fazê-lo por reforçamento positivo ao invés de negativo. Um professor de boxe pode elogiar os golpes corretos de seus alunos em vez de criticar os incorretos, por exemplo. Uma garota pode ser mais carinhosa com seu namorado quando ele consegue combinar o sapato com o cinto, em vez de ficar emburrada toda vez que ele usa pochete na cintura.

Extinção em substituição à punição. Um procedimento alternativo comum é o uso da extinção para diminuir a frequência do comportamento, em vez de punição. Esse procedimento é menos aversivo que a punição, o que não quer dizer que deixe de eliciar certas respostas emocionais. O experimento de Azrin, Hutchinson e Hake (1966) com pombos ilustra esse ponto. A Figura 4.7 mostra uma típica caixa de condicionamento operante para esses animais. Um pombo, cujo comportamento de bicar um disco de respostas é reforçado pela apresentação de alimento, foi subsequentemente submetido ao procedimento de extinção – ou seja, as respostas de bicar o disco deixaram de serem seguidas por alimento. Além disso, a caixa de condicionamento operante desse estudo era modificada. Dentro dela, havia um compartimento que continha outro pombo, o qual tinha os seus movimentos restringidos por um aparato. O animal, cujo comportamento de bicar estava em extinção, passou a atacar o pombo que estava preso no compartimento. Azrin e colaboradores interpretaram os resultados de seu estudo afirmando que a transição da contingência de reforçamento para a extinção foi um evento aversivo que produziu as respostas agressivas no animal. Um exemplo cotidiano dos efeitos emocionais decorrentes do procedimento de extinção ocorre quando uma criança joga seu carrinho de bombeiros na parede quando ele deixa de funcionar.

Outra desvantagem do procedimento de extinção é que nem sempre podemos suprimir o reforçador que mantém o comportamento indesejado. A maconha, por exemplo,

Figura 4.7
Caixa de condicionamento operante para pombos. Pombos são muito utilizados em pesquisas em Análise do Comportamento. Nos três discos (em frente ao pássaro), cores e figuras são projetadas. Bicar um disco específico aciona o comedouro (dando sementes ao animal privado de comida).

não deixará de produzir seus efeitos químicos quando inalada. Caso sejam tais efeitos os responsáveis pela manutenção do comportamento de consumi-la, não poderemos utilizar extinção, já que não podemos retirar o estímulo reforçador. Por fim, a extinção apenas diminui a frequência do comportamento, em vez de estabelecer e manter outros comportamentos diferentes daqueles cuja frequência se quer diminuir.

A ausência de reforçamento também pode agravar um quadro depressivo, por exemplo. Entre outras alterações comportamentais, um quadro depressivo pode envolver alta incidência de relatos queixosos, isto é, narrativas acerca dos problemas que a pessoa com esse diagnóstico enfrenta, geralmente, sem sucesso. Fora isso, normalmente o ambiente da pessoa deprimida pode ser caracterizado por uma escassez de reforçadores. A pessoa cujos padrões comportamentais são característicos de um quadro depressivo frequentemente não obtém sucesso nos seus empreendimentos em diferentes aspectos de sua vida, como no trabalho, nas relações conjugais e familiares. Ou seja, seus comportamentos raramente são reforçados.

Desse modo, ao receber um cliente cujos padrões comportamentais são característicos de um quadro depressivo, o terapeuta pode aplicar o procedimento de extinção para diminuir a frequência dos relatos queixosos. Assim, quando o indivíduo começar a se queixar dos filhos, da esposa, dos amigos, etc., o profissional pode colocar esse comportamento em extinção, deixando de dar atenção a esse tipo de relato. O cliente pode parar de falar sobre isso; entretanto, não estará aprendendo novas formas de obter a atenção das pessoas. Outra consequência possível seria o abandono do tratamento, uma vez que o comportamento de frequentar a terapia não está sendo reforçado, de tal modo que o tratamento se constituiria em mais um ambiente no qual os reforçadores são escassos.

A despeito de a extinção, como um procedimento destinado a diminuir a frequência de um dado comportamento, apresentar limitações, ou mesmo partilhar de alguns efeitos colaterais com o procedimento de punição, uma questão fundamental a torna preferível à punição. Nas situações do dia a dia, os comportamentos suprimidos por procedimentos punitivos continuam a produzir os reforçadores que os mantinham. Se um pai bate no filho mais velho por ter tomado o controle remoto da televisão da mão do irmão mais novo e sintonizado a televisão no canal que quer assistir, é provável que o comportamento de tomar o controle do caçula diminua de frequência, por exemplo. A despeito disso, ao fazê-lo, o filho mais velho ainda terá acesso ao canal que quer assistir. Em outras palavras, os reforçadores que mantêm o comportamento de tomar o controle remoto continuam disponíveis, mesmo que o pai o puna positivamente. É provável que, na ausência do pai, isto é, na ausência do estímulo que sinaliza a punição, esse comportamento volte a ocorrer. Em decorrência disso, a punição somente tem efeito enquanto está em vigor, ao passo que a extinção tem efeitos duradouros, uma vez que os reforçadores que mantinham um comportamento com certa frequência deixam de estar disponíveis.

Em resumo, a extinção é preferível à punição como forma de diminuir a frequência de um comportamento considerado socialmente indesejável pela durabilidade de seus efeitos. Porém, a extinção como única alternativa ao uso da punição também tem as suas limitações, o que a torna menos eficaz que outras opções, como é o caso do reforçamento diferencial, que será descrito a seguir.

Reforçamento diferencial. Mais uma vez iremos nos referir ao reforçamento diferencial. Sem dúvida, esse é um procedimento de fundamental importância para explicação, predição e controle do comportamento. Vamos começar relembrando o que vimos no Capítulo 3: o reforçamento diferencial envolve sempre reforçamento e extinção. Como alternativa à punição, poderíamos extinguir a resposta socialmente indesejada e reforçar comportamentos alternativos. Nesse caso, as respostas emocionais produzidas pelo procedimento de extinção teriam sua força diminuída, uma vez que o organismo continuaria a entrar em contato com os reforçadores contingentes a outros comportamentos. Além disso, o reforçamento diferencial poderia resultar no aumento da probabilidade de emissão de comportamentos socialmente desejáveis. No exemplo do cliente cujos comportamentos são característicos de um quadro depressivo, descrito anteriormente, o terapeuta poderia colocar em extinção os relatos queixosos e, ao mesmo tempo, reforçar relatos acerca de outros temas que não os problemas de relacionamento do indivíduo. Assim, o cliente aprenderia a emitir outros comportamentos socialmente mais desejáveis mantidos pelos mesmos reforçadores outrora produzidos pelos relatos queixosos.

Aumento da frequência de reforçamento para respostas alternativas. O reforçamento diferencial também envolve o procedimento de extinção e, em decorrência disso, padece, em menor medida, dos mesmos efeitos colaterais indesejáveis da extinção. Uma alternativa ao uso de reforçamento diferencial seria, portanto, aumentar a frequência de reforçamento para os comportamentos socialmente desejáveis, em vez de extinguir os indesejáveis. Nesse procedimento, os reforçadores aos comportamentos alternativos seriam mais frequentes que aqueles apresentados ao comportamento que se objetiva enfraquecer. Essa disparidade entre as frequências de reforçamento resultaria em um enfraquecimento do comportamento cuja frequência deva ser diminuída, bem como em aumento na frequência dos comportamentos alternativos.

No caso do exemplo do cliente deprimido, o procedimento seria continuar dando atenção, em alguma medida, aos seus relatos queixosos e, ao mesmo tempo, aumentar a frequência de reforçamento para outros tipos de relato verbal. Dessa forma, o indivíduo aprenderia novos comportamentos socialmente mais desejáveis e que obteriam a atenção das outras pessoas. Com isso, é provável que a frequência dos comportamentos queixosos diminua, sem que, necessariamente, sejam colocados em extinção.

Esse procedimento também é útil para intervir em comportamentos que não podem ser colocados em extinção pela impossibilidade de se eliminar a apresentação da consequência reforçadora. Por exemplo, o comportamento de fumar maconha produz reforçadores advindos do efeito químico de seu consumo. Uma vez que não podemos retirar os reforçadores dos efeitos da droga, poderíamos reforçar com maior frequência outros comportamentos não relacionados ao seu consumo. Dessa forma, é provável que o consumo da substância diminua à medida que a frequência de outros comportamentos é aumentada, por questão de disponibilidade de tempo, por exemplo. Essa intervenção provavelmente é mais lenta que as demais. Em contrapartida, é a menos aversiva para o organismo que emite o comportamento, trazendo menos efeitos colaterais indesejados. Além disso, propicia condições para que o repertório comportamental do organismo seja ampliado.

Algumas conclusões importantes

Com base no que vimos neste capítulo, fica claro, para analistas do comportamento, que o controle aversivo, como procedimento destinado a alterar a probabilidade de emissão de um comportamento, deve ser aplicado apenas em último caso – o que não significa que devamos parar de estudar esse tipo de controle tão frequente em nosso dia a dia. Além disso, o controle aversivo não é somente social. Caso coloquemos o dedo na tomada, o choque é uma punição positiva que provavelmente diminuirá a probabilidade de recorrência desse comportamento no futuro. Assim, por mais que o evitemos, o controle aversivo é parte constituinte da nossa vida cotidiana e continuará existindo em nossa interação com o mundo inanimado e com os demais organismos.

Por fim, não podemos confundir a recomendação de evitar o controle aversivo com a noção de que tudo é permitido. Por exemplo, muitos pais, nas décadas de 1970, 1980 e 1990, confundiram o conselho de "não punir" com o de "deixe seu filho fazer tudo o que quiser". Sem dúvida, uma educação sem limites é quase tão prejudicial quanto uma educação fortemente baseada em procedimentos aversivos. Alguns comportamentos precisam ter sua a frequência reduzida; entretanto, se tivermos alternativas à punição, estas devem sempre ser as escolhidas.

Principais conceitos apresentados neste capítulo

Conceito	Descrição	Exemplo
Controle aversivo	Controle do comportamento por contingências de reforçamento negativo e punição (positiva e negativa).	———
Reforçamento negativo	Aumento da frequência de um comportamento que tem como consequência o adiamento da apresentação ou a retirada de um estímulo do ambiente.	O comportamento de mentir sobre ter feito o dever de casa pode ser fortalecido quando evita a apresentação de uma bronca.
Estímulo aversivo	Estímulo que aumenta a frequência do comportamento que o retirou ou cuja adição reduz a frequência do comportamento que o produziu.	Uma multa de trânsito pode ser um estímulo aversivo ao aumentar a probabilidade de frear o carro perto de um radar registrador de velocidade, bem como na medida em que pode diminuir a probabilidade do comportamento de dirigir acima da velocidade.
Comportamento de fuga	Comportamento mantido por reforçamento negativo que ocorre quando o estímulo aversivo já está presente no ambiente. A consequência reforçadora é a retirada do estímulo aversivo do ambiente.	Um cliente está em uma sessão de terapia e o psicólogo faz perguntas que eliciam fortes respostas de ansiedade. O cliente foge ao ir embora da sessão, produzindo a retirada das perguntas ansiogênicas.
Comportamento de esquiva	Comportamento mantido por reforçamento negativo que ocorre antes da apresentação do estímulo aversivo. A emissão da resposta evita a apresentação do estímulo aversivo.	O cliente do exemplo anterior pode relatar eventos ao longo da sua semana de forma detalhada e, assim, não dar espaço para que o terapeuta faça as perguntas ansiogênicas. Nesse caso, o comportamento de relatar será uma resposta de esquiva.
Punição positiva	Consequência do comportamento que reduz sua frequência pela adição de um estímulo aversivo ao ambiente.	Um adolescente volta para casa embriagado, *toma uma bela surra* de seu pai por ter bebido e não mais chega embriagado.
Punição negativa	Consequência do comportamento que reduz sua frequência pela retirada de um estímulo reforçador (de outros comportamentos) do ambiente.	O adolescente do exemplo anterior volta para casa embriagado, perde a mesada por ter bebido e deixa de chegar embriagado.

Conceito	Descrição	Exemplo
Respostas incompatíveis	Comportamento que reduz a probabilidade de emissão de um comportamento que foi punido no passado.	O adolescente que apanhou do pai por chegar embriagado pode deixar o dinheiro e o cartão de crédito em casa, de modo que não tenha como comprar e ingerir bebidas alcoólicas quando sair com os amigos.
Contracontrole	Comportamento que evita o controle aversivo administrado por um agente controlador.	O adolescente do exemplo anterior, quando fica embriagado, inventa uma desculpa e dorme na casa dos amigos. Desse modo, evita a surra do pai.

Questões de Estudo

1. Joãozinho quebrou uma janela de sua casa enquanto jogava bola e levou uma grande bronca. Depois disso, parou de jogar bola perto de casa. Com relação ao comportamento de jogar bola perto de casa, levar uma bronca funcionou como:

   a. punição positiva
   b. reforçamento negativo
   c. reforçamento positivo
   d. punição negativa
   e. extinção

2. Marina conversou demais ao telefone e a conta veio astronômica. Seu pai a proibiu de sair de casa por uma semana. A menina passou a usar bem menos o telefone. Com relação ao comportamento de falar ao telefone, não poder sair de casa funcionou como:

   a. punição positiva
   b. reforçamento positivo
   c. reforçamento negativo
   d. punição negativa
   e. reforçamento punitivo

3. Joãozinho quebrou um vaso de plantas. Quando sua mãe chegou em casa, perguntou-lhe quem havia quebrado o vaso. O garoto mentiu, dizendo que não sabia e, assim, evitou que sua mãe lhe desse uma surra. Joãozinho passou a mentir muito desde então. Com relação ao comportamento de mentir, não levar uma surra funcionou como:

   a. reforçamento negativo
   b. extinção operante
   c. reforçamento positivo
   d. punição negativa
   e. punição positiva

4. Joãozinho costumava chamar Juquinha (seu amigo) para jogar bola, e este sempre aceitava. Porém, Juquinha se mudou e, quando Joãozinho o chamava, ele não mais atendia. Com o tempo, Joãozinho parou de chamá-lo. Com relação ao comportamento de chamar Juquinha, a falta de aceite funcionou como:

   a. punição negativa
   b. punição positiva
   c. extinção operante
   d. reforçamento negativo
   e. reforçamento positivo

5. Marivaldo foi jogar pôquer uma vez e ganhou. Passou a ir jogar com muita frequência, quase sempre ganhando. Com relação ao comportamento de jogar pôquer, ganhar funcionou como:

   a. reforçamento negativo
   b. extinção operante
   c. punição negativa
   d. reforçamento positivo
   e. punição negativa

6. De acordo com o referencial teórico da Análise do Comportamento, no comportamento de _____, dizemos que o estímulo aversivo está presente no ambiente no momento em que o comportamento que o elimina é emitido.

   a. fuga
   b. abstrair
   c. atentar
   d. esquiva
   e. punir

7. Sobre o uso da punição como forma de controle do comportamento, é correto afirmar que:

   a. Sempre que possível, a punição positiva deve ser utilizada no lugar do reforço negativo, pois isso evita respostas de contracontrole, como a mentira, por exemplo.
   b. O uso da punição é bastante comum em nossa sociedade porque, ao contrário de contingências de reforço negativo, não se observam efeitos colaterais no comportamento de quem é punido.
   c. Embora a punição seja eficaz na diminuição da frequência de determinado comportamento, seu uso cotidiano é dificultado pela necessidade de privação específica de determinado estímulo para que funcione.
   d. Sempre que possível, a punição positiva deve ser utilizada em detrimento da negativa, já que a primeira não produz efeitos colaterais como, por exemplo, a eliciação de respostas emocionais.
   e. Uma das razões pelas quais o uso da punição é tão comum em nossa sociedade talvez seja o fato de que o comportamento de punir é imediatamente reforçado.

8. Sobre o uso da punição como forma de controle do comportamento, analise as seguintes proposições:

   I. Geralmente está associado à eliciação de respostas emocionais.
   II. Seu uso é preferível ao de extinção ou reforço de comportamentos incompatíveis com os comportamentos punidos.
   III. É bastante utilizada porque, ao contrário do reforço negativo, não gera respostas de contracontrole.

   A sequência correta de proposições verdadeiras e falsas é:

   a. V, V, F
   b. V, F, F
   c. V, F, V
   d. F, F, V
   e. F, F, F

9. Uma mãe chega ao consultório de um psicólogo de orientação analítico-comportamental e faz o seguinte relato: "Meu filho, de 5 anos, é muito 'levado'. Ele vive aprontando, fazendo bagunça e sendo mal-educado comigo. Quando ele faz essas coisas, eu lhe dou umas belas dumas palmadas. Funciona por um tempo – ele fica 'pianinho', mas depois ele volta a 'tocar o terror', principalmente quando não estou por perto. O que eu faço com esse menino, doutor?".

Com base na situação descrita pela mãe e no referencial teórico da Análise do Comportamento, analise as proposições a seguir:

I. A mãe está fornecendo consequências reforçadoras negativas para os comportamentos inadequados de seu filho.

II. Em termos técnicos, o procedimento utilizado pela mãe para tentar diminuir a frequência dos comportamentos inadequados de seu filho é a punição.

III. "Tocar o terror" apenas quando a mãe está ausente pode ser considerado um exemplo de contracontrole.

Estão corretas as proposições:

a. apenas I
b. apenas II
c. apenas III
d. I e II
e. II e III

Gabarito: 1. a; 2. d; 3. a; 4. c; 5. d; 6. a; 7. e; 8. b; 9. e.

Bibliografia consultada, citada e sugestões de leitura

Azrin, N. N.& Holz, W. C. (1966). Punishment. In W. K. Honig (Org.), *Operant behavior: Areas of research and application* (pp.380-447). Englewood Cliffs: Prentice-Hall.

Azrin, N. H., Hutchinson, R. R., & Hake, D. F. (1966). Extinction-induced aggression. *Journal of the Experimental Analysis of Behavior*, 9 (3), 191-204.

Carvalho, S. M. (1981). Propriedades discriminativas e reforçadoras do choque elétrico. *Psicologia: Ciência e Profissão*, 1(2), 87-100.

Catania, A. C. (1999). *Aprendizagem: comportamento, linguagem e cognição*. (4. ed.). Porto Alegre: Artmed.

Holz, W. C. &Azrin, N. H. (1961). Discrimininative properties of punishment. *Journal of the Experimental Analysis of Behavior*, 4(3), 225-232. Recuperado de https://www.ncbi.nlm.nih.gov/pmc/articles/PMC1404077/pdf/jeabehav00196-0042.pdf

Millenson, J. R. (1975). *Princípios de análise do comportamento*. Brasília: Coordenada.(Obra original publicada em 1967).

Sidman, M. (1989). *Coerção e suas implicações*. Campinas: EditoralPsy.

Skinner, B. F. (1938). *The behavior of organisms*. New York: Appleton-Century-Crofts.

Skinner, B. F. (1953). *Science and human behavior*. New York: Pearson.

Skinner, B. F. (1983). *O mito da liberdade*. São Paulo: Summus.

5

Primeira revisão do conteúdo

Neste capítulo, revisaremos o que foi visto até agora. Como se trata de uma revisão, os conceitos serão apresentados de forma sucinta. Em caso de dúvidas, retorne ao capítulo correspondente para rever com mais detalhes determinado assunto. Ao final do capítulo, será dada ênfase à distinção e à interação entre os comportamentos operante e respondente.

O reflexo inato (Cap. 1)

Ao estudar reflexos incondicionados, você aprendeu que as espécies, durante a sua evolução, passaram por mudanças que as tornaram o que são hoje quanto às suas características anatômicas, fisiológicas e comportamentais. Essas mudanças tornaram os indivíduos das espécies mais adaptados ao mundo em que vivem, ou seja, aumentaram suas chances de sobreviver e de se reproduzir. Além disso, elas ocorreram tanto no aspecto anatômico, modificando a estrutura desses organismos, quanto no aspecto fisiológico, alterando seu funcionamento. Ademais, também foram selecionados aspectos comportamentais, modificando a forma como os indivíduos de determinada espécie interagem com o mundo que os cerca.

De certa forma, podemos dizer, então, que foram selecionadas pelo ambiente, ao longo de muitas gerações, novas maneiras de interagir com o mundo. Todos os organismos nascem, em maior ou menor grau, preparados para interagir com o ambiente que os cerca, ou seja, nascem dotados de um **repertório comportamental inato**. Boa parte desses comportamentos inatos dos organismos constitui o que chamamos de comportamentos **reflexos incondicionados**.

Esses reflexos incondicionados são de grande importância para a sobrevivência das espécies. Em termos técnicos, de acordo com a Análise do Comportamento, definimos um reflexo como uma relação entre um **estímulo** e uma **resposta**. Um estímulo pode ser definido como uma mudança no **ambiente**, enquanto uma resposta seria uma alteração no **organismo**. Um reflexo pode ser representado pelo seguinte diagrama: **S → R**, no qual a letra S representa o estímulo, a letra R representa a resposta, e a seta significa que o estímulo **elicia** a resposta, isto é, que ele a produz. Percebemos a existência e a importância dos reflexos incondicionados, por exemplo, quando encostamos o braço em um fio eletrificado e tomamos um choque (estímulo), o que faz a musculatura se contrair (resposta). Desse modo, a rápida retirada do braço evita maiores danos ao nosso corpo. Nesse exemplo, a **intensidade do estímulo**, isto é, o grau de modificação no ambiente, pode ser medida em volts, e a **magnitude da resposta**, isto é, o grau de modificação no organismo, pode ser medida em newtons, que é uma unidade de medida de força para a Física.

Vimos que os reflexos incondicionados têm algumas propriedades, também chamadas de leis do reflexo. Uma delas é a chamada **lei do limiar**, a qual estabelece que o estímulo, para eliciar uma resposta, deve ocorrer com uma intensidade acima de um valor mínimo, chamado de **limiar**. Assim, estímulos com intensidade acima do limiar eliciam respostas, enquanto aqueles com intensidade abaixo do limiar, não.

Outra lei do reflexo é a **lei da intensidade-magnitude**. Esta estabelece que, quanto maior a intensidade do estímulo, maior será a magnitude da resposta; ou seja, a intensidade do estímulo é diretamente proporcional à magnitude da resposta. Por exemplo, quanto mais intenso for um choque elétrico, maior será a magnitude da contração da musculatura.

Uma terceira lei do reflexo descreve uma relação entre a intensidade do estímulo e a **latência da resposta**. Latência da resposta é o tempo decorrido desde a apresentação do estímulo até a ocorrência da resposta. Segundo a lei da latência, quanto maior a intensidade do estímulo, menor será a latência da resposta. Portanto, a intensidade do estímulo e a latência da resposta são medidas inversamente proporcionais. No exemplo do choque, quanto maior a intensidade da corrente elétrica, mais rapidamente ocorrerá a contração do braço.

Outras propriedades dos reflexos são verificadas quando um determinado estímulo é apresentado sucessivamente em curtos intervalos de tempo, ou seja, quando há eliciações sucessivas de uma resposta. Em alguns reflexos, eliciações sucessivas da resposta podem fazer sua magnitude diminuir. Esse fenômeno é chamado de **habituação da resposta**. Já em outros reflexos (ou nos mesmos reflexos em circunstâncias diferentes) ocorre o contrário, ou seja, eliciações sucessivas aumentam a magnitude da resposta. Esse fenômeno é chamado de **sensibilização da resposta**.

O comportamento reflexo, ou **comportamento respondente**, está intimamente ligado à parte do que denominamos cotidianamente de emoções. Muitos dos termos relativos às emoções na linguagem cotidiana, como medo, raiva e excitação sexual, por exemplo, descrevem relações reflexas. Algumas dessas relações, como, por exemplo, excitação sexual quando os órgãos genitais são manipulados, constituem reflexos inatos (ou **reflexos incondicionados**), no sentido de que não dependem de uma história de aprendizagem para ocorrer. Entretanto, novas relações reflexas podem ser aprendidas, como, por exemplo, ficar sexualmente excitado na presença da fragrância de determinado perfume. Esse tipo de relação reflexa, que depende de aprendizagem, é chamado de reflexo condicionado (aprendido).

O reflexo aprendido: condicionamento pavloviano (Cap. 2)

Outra característica dos organismos selecionada ao longo da evolução das espécies foi a possibilidade da **aprendizagem** de novos reflexos. Os reflexos incondicionados são uma preparação mínima para o organismo interagir com seu ambiente. Este, no entanto, não é estático. Portanto, aprender novas formas de se relacionar com o ambiente provou ser de grande valor para a sobrevivência. Chamamos esses reflexos aprendidos no decorrer da vida de **reflexos condicionados**.

Um dos primeiros cientistas a estudar sistematicamente a aprendizagem de novos reflexos foi Ivan Petrovich Pavlov. A aprendizagem de novos reflexos é um fenômeno que ficou conhecido como **condicionamento pavloviano**, **condicionamento clássico** ou **condicionamento respondente**. O procedimento que Pavlov utilizou para condicionar novos reflexos consiste, basicamente, no **emparelhamento** de um **estímulo neutro** (o qual não elicia uma determinada resposta) a um **estímulo incondicionado** (que é capaz de eliciar uma determinada resposta sem a necessidade de uma história de aprendizagem).

Pavlov, em seu clássico experimento com um cão, utilizou, como estímulo neutro, o som de uma sineta e, como estímulo incondicionado, o alimento. A resposta reflexa que o pesquisador estudava era a salivação do animal. Inicialmente, Pavlov verificou que o som da sineta não eliciava no cão a resposta de salivação antes do condicionamento. Após diversos emparelhamentos do som da sineta ao alimento, o ruído passou a eliciar a referida resposta.

O som da sineta, que antes do condicionamento era um estímulo neutro, passou a ser um **estímulo condicionado** para a **resposta condicionada** de salivação. Pavlov chamou esse novo reflexo (som → salivação) de **reflexo condicionado**, para diferenciá-lo do reflexo incondicionado que o originou (alimento → salivação). Um **reflexo incondicionado** é uma relação entre um estímulo incondicionado (**US**) e uma resposta incondicionada (**UR**). Já um reflexo condicionado é uma relação entre um estímulo condicionado (**CS**) e uma resposta condicionada (**CR**).

Um reflexo condicionado é, portanto, estabelecido a partir do emparelhamento entre um NS e um US. Após o condicionamento, o NS adquire a função de CS. Quando um NS é emparelhado a um US, temos um **condicionamento de primeira ordem**; quando é emparelhado a um CS, temos um **condicionamento de ordem superior**.

Da mesma forma como os organismos podem **aprender** novos reflexos, também podem "desaprendê-los". O "desaprendê-los" da frase anterior está entre aspas porque, na verdade, a forma mais apropriada de descrever esse processo é simplesmente dizer que o CS não elicia mais a CR. Uma forma de isso acontecer é propiciar diversas apresentações do CS sem novos emparelhamentos com o US. Esse procedimento é chamado de **extinção respondente**. Portanto, quando o CS não mais elicia uma CR, dizemos que o reflexo condicionado foi extinto. É possível que um reflexo condicionado, uma vez extinto, volte a ocorrer sem que tenham havido novos emparelhamentos entre o CS e o US, desde que o CS deixe de ser apresentado por algum tempo. Esse fenômeno é chamado de **recuperação espontânea**.

Muitas vezes, em contextos clínicos, por exemplo, faz-se necessário que o processo de extinção respondente ocorra de forma gradual. Para isso, utilizamos uma técnica chamada de **dessensibilização sistemática**, a qual consiste em dividir em pequenos passos o processo de extinção respondente. É possível, ainda, utilizar, em conjunto com a dessensibilização sistemática ou isoladamente, outra técnica, que consiste em emparelhar o CS a outro estímulo que elicie uma resposta reflexa contrária. Tal técnica é chamada **contracondicionamento**.

O condicionamento pavloviano é de grande importância para o estudo e para a compreensão de parte do comportamento emocional. Estímulos que anteriormente não eliciavam certas respostas emocionais em um indivíduo podem passar a eliciá-las após o condicionamento respondente. O psicólogo norte-americano **John Watson** demonstrou experimentalmente que respostas emocionais podem ser condicionadas. Em seu experimento clássico, Watson condicionou em um bebê uma resposta de medo. Para tanto, o pesquisador emparelhou um som estridente (estímulo incondicionado para a resposta de medo) a um rato albino, que havia sido verificado como um estímulo neutro para a resposta em questão. Após alguns emparelhamentos, Watson observou que o animal passou a eliciar uma resposta condicionada de medo no bebê. O rato, portanto, adquiriu a função de CS para a CR de medo. Após o condicionamento, o pesquisador verificou que estímulos fisicamente semelhantes ao rato, como um coelho branco ou uma barba branca, também eliciavam a resposta condicionada de medo. Esse fenômeno exemplifica o que chamamos de **generalização respondente**. A Figura 5.1 contém uma representação esquemática dos principais conceitos relativos ao paradigma respondente.

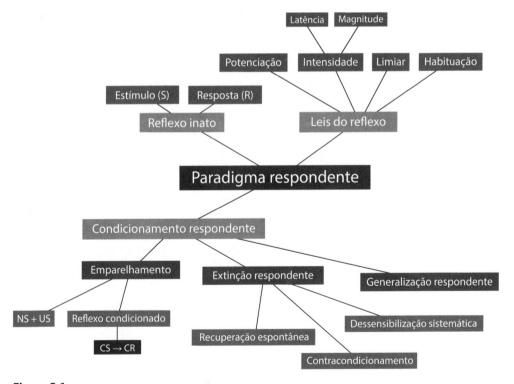

Figura 5.1
Representação esquemática do paradigma respondente.

Aprendizagem pelas consequências: o reforçamento (Cap. 3)

As descobertas de Pavlov e Watson, entre outros cientistas, deram origem ao que ficou conhecido como o **paradigma respondente**, que é um modelo para se estudar o comportamento. O paradigma respondente descreve parte importante do comportamento, no entanto não é suficiente para descrever todas as relações de controle entre o comportamento e o ambiente. Em diversos estudos empíricos, **B. F. Skinner** demonstrou que parte significativa dos comportamentos dos organismos era controlada pelos estímulos consequentes que lhes eram apresentados contingentemente. Com base nesses estudos, Skinner propôs um novo paradigma para descrever o comportamento dos organismos: o **paradigma operante**, que complementa as descrições das relações de controle entre o comportamento e o ambiente.

O comportamento que tem a sua probabilidade de ocorrência alterada em função de suas consequências é chamado de **comportamento operante**. Algumas consequências, quando contingentes à emissão do comportamento operante, aumentam a sua probabilidade de ocorrência. Essas consequências são chamadas de **consequências reforçadoras**. Se a consequência reforçadora é constituída pela adição de um estímulo ao ambiente, o procedimento em questão é chamado de **reforçamento positivo**, e esse estímulo é denominado de **estímulo reforçador positivo**. O efeito do reforçamento na probabilidade de ocorrência do comportamento está intimamente ligado à aprendizagem. No laboratório, esse processo é facilmente demonstrado. É possível observar um rato em seu primeiro contato com a caixa de condicionamento operante e registrar o número de ocorrências da resposta de pressão à barra. Após tornarmos a liberação de gotas d'água contingente à emissão dessa resposta, verificaremos um aumento em sua frequência. Diante dessa observação, diremos que o animal **aprendeu** a pressionar a barra.

Chamamos de **contingências de reforçamento** a relação entre o comportamento e uma consequência que aumente a sua probabilidade de ocorrência, como aquela observada no experimento com o rato. Uma contingência é uma relação de dependência entre eventos. No caso da contingência de reforçamento, temos uma relação de dependência entre um comportamento e a sua consequência. A contingência de reforçamento, nesse caso, é representada pelo diagrama R → S, onde R é a resposta e S é o estímulo reforçador.

O controle de uma consequência reforçadora sobre a probabilidade de ocorrência de um comportamento torna-se ainda mais evidente quando essa consequência deixa de ser apresentada contingentemente ao comportamento. Nesse caso, falamos do procedimento de **extinção operante**. O resultado final de um procedimento de extinção é o retorno da frequência do comportamento ao seu **nível operante**, isto é, à mesma frequência de quando esse comportamento não era sistematicamente reforçado. Quando um determinado comportamento é colocado em extinção, sua frequência não retorna imediatamente ao nível operante. Ela diminui de forma gradual enquanto um certo número de respostas é emitido e não reforçado. O número de respostas ou o tempo desde o início do procedimento de extinção até o retorno da frequência do comportamento ao nível operante é chamado de **resistência à extinção**. A resistência à extinção será maior ou menor em função de algumas variáveis, como número de reforçamentos anteriores, custo da resposta e o esquema de reforçamento em que a resposta era mantida. É comum chamarmos pessoas que apresentam comportamentos com alta resistência à extinção de perseverantes, bem como atribuir pouca força de vontade àquelas que apresentam comportamentos com baixa resistência à extinção.

Nem sempre é possível simplesmente reforçar um determinado comportamento para que ele aumente de frequência. Muitas vezes, é necessário ensinar esse novo comportamento a partir de outros, já existentes. Nesse caso, reforçamos variações do comportamento existente que se aproximam daquele que queremos ensinar e, ao mesmo tempo, extinguimos variações que se distanciam dele. Em termos técnicos, denominamos esse procedimento de **modelagem comportamental** ou de **reforçamento diferencial de aproximações sucessivas de um comportamento-alvo**.

O comportamento operante, como vimos, é controlado pelas suas consequências. Esse processo também é chamado de seleção pelas consequências, o qual ilustra o modelo explicativo da Análise do Comportamento. A Figura 5.2 mostra um diagrama com os principais conceitos relacionados ao paradigma operante. Para ficar mais clara a distinção entre os paradigmas respondente e operante, veja a Tabela 5.1.

Aprendizagem pelas consequências: o controle aversivo (Cap. 4)

Ao longo de nossa vida aprendemos uma grande variedade de comportamentos que têm como consequência a adição de estímulos ao ambiente, os quais tornam mais provável que os comportamentos em questão voltem a ser emitidos. Denominamos esse tipo de consequência de consequência reforçadora positiva. Apesar da relevância do reforçamento

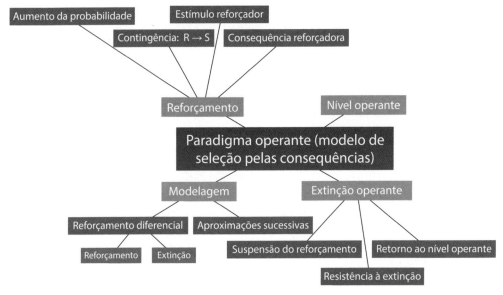

Figura 5.2
Representação esquemática do paradigma operante.

TABELA 5.1 Distinções entre os comportamentos respondente e operante

	Comportamento respondente	Comportamento operante
Definição	Relação entre um estímulo e uma resposta na qual o estímulo elicia a resposta	Comportamento que produz alterações no ambiente e é afetado por elas
Tipo de contingência	S → R	R → S
Tipo de relação funcional	Comportamento **eliciado**	Comportamento **selecionado**
Procedimento de aprendizagem	Emparelhamento estímulo-estímulo	Seleção pelas consequências
Extinção	Apresentação do estímulo condicionado na ausência do incondicionado	Suspensão da contingência (o comportamento deixa de produzir a consequência que produzia)
Principais autores relacionados	Ivan P. Pavlov; John B. Watson	B. F. Skinner
Exemplo	Reflexo pupilar: o aumento na luminosidade elicia a contração da pupila	Pedir um saleiro e recebê-lo

positivo para a aprendizagem dos organismos, ele descreve apenas um tipo de relação operante entre organismo e ambiente. Há outras relações de controle do comportamento que se enquadram no que denominamos **controle aversivo: reforçamento negativo, punição positiva** e **punição negativa**.

O reforçamento negativo, assim como o positivo, torna mais provável que determinado comportamento ocorra. A diferença entre reforçamento positivo e negativo, em termos de procedimento, reside no fato de que, no primeiro, um estímulo reforçador positivo é adicionado ao ambiente e, no segundo, um estímulo aversivo ou estímulo reforçador negativo é retirado do ambiente (ou tem sua apresentação adiada).

É possível classificar os comportamentos que são reforçados negativamente em dois tipos: **comportamentos de fuga** e **comportamentos de esquiva**. A fuga refere-se aos comportamentos que retiram estímulos do ambiente; ou seja, quando um determinado estímulo aversivo está presente, o organismo emite uma resposta que o retira do ambiente. A esquiva refere-se aos comportamentos que cancelam ou adiam a apresentação do estímulo aversivo.

Outra relação funcional classificada como controle aversivo do comportamento é a **punição**. Esse procedimento resulta na diminuição da probabilidade de ocorrência de determinado comportamento. Assim como no reforçamento, a punição pode ser classificada como positiva ou negativa. A punição positiva é caracterizada pela apresentação de um estímulo aversivo contingente à ocorrência de um comportamento. Já a negativa é caracterizada pela remoção de um estímulo reforçador positivo (para outro comportamento) contingente à ocorrência de um comportamento. Tanto o procedimento de punição como o de extinção resultam na diminuição da probabilidade de um comportamento ocorrer.

Na extinção, uma consequência reforçadora deixa de ser produzida pelo comportamento que anteriormente a produzia (i. e., há a suspensão da contingência). Já na punição, a consequência reforçadora continua a ser produzida pelo comportamento. No entanto, outra consequência, que reduz a probabilidade de o comportamento ocorrer, passa a ser produzida por ele. Outra diferença entre punição e extinção refere-se ao processo comportamental: o procedimento de punição resulta na rápida diminuição na frequência da resposta punida, enquanto o procedimento de extinção resulta em uma diminuição gradual na frequência da resposta extinta. A Figura 5.3 mostra uma representação esquemática dos principais conceitos relacionados ao controle aversivo do comportamento.

Interação entre comportamento operante e comportamento respondente

Para compreender o comportamento como um todo, é preciso, muitas vezes, entender como se dá a interação entre o comportamento respondente e o comportamento operante, uma vez que a distinção ou a análise de ambos em separado é, muitas vezes, didática. Consideremos, a título de ilustração, o exemplo de uma pessoa que sofreu um acidente de carro.

Figura 5.3
Representação esquemática dos conceitos relacionados ao controle aversivo do comportamento.

Após um acidente automobilístico, o indivíduo pode passar a ter medo de dirigir. O próprio carro, para essa pessoa, era um estímulo neutro para a resposta de medo antes do acidente. O medo, nesse caso, pode ser definido como um conjunto de alterações comportamentais como, por exemplo, taquicardia, sudorese e palpitações. O acidente pode ser considerado um estímulo incondicionado que elicia as respostas incondicionadas de taquicardia, sudorese, palpitações, etc. Após o acidente, o carro, ou os carros em geral, passam a ter a função de estímulo condicionado, eliciando respostas similares àquelas que ocorreram no momento do acidente.

O comportamento operante de dirigir, após o acidente ter ocorrido, pode ter a sua probabilidade de ocorrência diminuída. As respostas emocionais eliciadas pelos carros podem ter função reforçadora negativa sobre qualquer comportamento que resulte na ausência de contato com eles. Falamos, nesse caso, de um comportamento de esquiva. É importante ressaltar que ocorreu uma interação operante-respondente nesse exemplo.

Ao vermos uma pessoa evitar dirigir, podemos dizer que ela está com medo. Estamos observando, nesse caso, um comportamento operante (comportamento de esquiva). Esse exemplo ilustra, portanto, que o comportamento emocional não se restringe a alterações comportamentais respondentes. Na realidade, uma abordagem mais abrangente do comportamento emocional envolveria a descrição das interações entre comportamentos operantes e respondentes.

Outro medo muito comum na maioria das pessoas é o de falar em público (falar em público → medo). Se esse reflexo fosse inato, seria praticamente impossível alguém perdê-lo. Muito provavelmente, a maioria das pessoas que sofre desse medo passou por situações aversivas ao falar em público em algum momento de sua vida. Como as respostas reflexas que constituem o conjunto de respostas que chamamos de medo podem ter a função de estímulo aversivo para o comportamento de falar em público, é possível que as situações que envolvem esse comportamento sejam evitadas. A situação de falar em público é um estímulo condicionado que elicia a resposta condicionada de medo. Se a pessoa evita falar em público, o estímulo condicionado não será apresentado. Logo, não é possível que a extinção respondente ocorra. Isso pode fazer a pessoa ficar com medo de falar em público para o resto da vida, visto que, ao não se expor a essas situações, acaba por não entrar em contato com os estímulos antecedentes e consequentes. Assim, processos como extinção, contracondicionamento ou reforçamento não podem operar.

É fundamental sabermos distinguir o comportamento operante do respondente, assim como compreender como se dão as suas interações. Ilustramos aqui apenas uma possibilidade de interação operante-respondente. Sem dúvida existem diversas outras que são muito importantes para a previsão e para o controle do comportamento. No entanto, tratar desse tema em maior profundidade foge ao escopo deste livro.

Principais conceitos revisados neste capítulo

Reflexos inatos (incondicionados) – Capítulo 1
Repertório comportamental. Reflexo. Estímulo. Resposta. Organismo. Ambiente. Intensidade do estímulo. Magnitude da resposta. Eliciação. Limiar. Latência. Habituação. Sensibilização.

Reflexos condicionados: condicionamento pavloviano – Capítulo 2
História filogenética. Condicionamento pavloviano. Emparelhamento. Reflexo condicionado. Reflexo incondicionado. Estímulo incondicionado (US). Estímulo condicionado (CS). Estímulo neutro (NS). Resposta incondicionada (UR). Resposta condicionada (CR). Comportamento respondente. Extinção respondente. Recuperação espontânea da resposta. Respostas emocionais. Respostas emocionais condicionadas. Generalização respondente. Contracondicionamento. Dessensibilização sistemática. Recuperação espontânea.

Aprendizagem pelas consequências: o reforçamento – Capítulo 3
Comportamento Operante. Consequência. Reforço. Reforçamento. Reforço contínuo (CRF). Estímulo reforçador. Reforçar. Contingência de reforçamento. Frequência e probabilidade. Topografia da resposta. Extinção operante. Manipulação de variáveis. Resistência à extinção. Custo da resposta. Aproximações sucessivas. Reforçamento diferencial. Modelagem comportamental.

Aprendizagem pelas consequências: o controle aversivo – Capítulo 4
Controle aversivo. Punição. Punição positiva. Punição negativa. Estímulo punitivo. Estímulo aversivo. Estímulo punidor positivo. Estímulo punidor negativo. Reforçamento positivo. Reforçamento negativo. Estímulo reforçador positivo. Estímulo reforçador negativo. Comportamento de fuga. Comportamento de esquiva.

Questões de Estudo

1. Analise as proposições a seguir sobre o comportamento reflexo inato:

I. O aumento na temperatura de um quarto, por exemplo, é chamado de estímulo. Esse evento, aumento na temperatura, leva alguém à transpiração (suor), que é chamada de resposta.

II. Ao falarmos sobre os comportamentos reflexos inatos, dizemos, por exemplo, que o aumento na luminosidade de um ambiente elicia a contração da pupila do olho. Com isso queremos dizer que o aumento na luminosidade produz a referida contração.

III. Se você recebe um choque elétrico, seu coração começa a bater mais rapidamente. Chamamos esse tipo de relação entre ambiente (o choque) e organismo (a taquicardia) de lei da magnitude.

IV. O paradigma do comportamento reflexo, isto é, sua descrição geral, afirma que um estímulo elicia uma resposta.

A sequência correta de proposições verdadeiras e falsas é:

a. V, V, V, V
b. F, V, V, F
c. V, V, F, V
d. F, F, V, V
e. F, V, V, V

2. Analise as seguintes proposições sobre os comportamentos reflexos inatos:

    I. Intensidade do estímulo e magnitude da resposta são duas grandezas diretamente proporcionais.
    II. Estímulos com intensidade acima do limiar não eliciam respostas.
    III. Intensidade do estímulo refere-se à força de um determinado estímulo.

    A sequência correta de alternativas verdadeiras e falsas é:

    a. V, F, V
    b. F, F, V
    c. V, F, F
    d. V, V, V
    e. F, F, F

3. Leia a história a seguir:

    João é um jogador profissional de futebol de um grande time. Em uma determinada partida, ao fazer uma "dividida de bola" com um adversário, ele sofreu uma dolorosa lesão no joelho. Relatou que logo após a lesão, além de muita dor, sentia que seu coração batia bastante acelerado (taquicardia), que "suava frio" e que teve uma sensação de medo muito grande, embora não pudesse especificar de quê. Após alguns meses de fisioterapia, João finalmente voltou aos gramados. No entanto, já no primeiro treino o treinador do time percebeu que João hesitava quando tinha que fazer "divididas de bola" mais duras com os jogadores do time adversário. O técnico, então, o chamou para uma conversa reservada, pedindo-lhe uma explicação para seu desempenho abaixo da média. João relatou que, quando se aproximava de uma "dividida", começava a sentir um forte medo, muito parecido com o que sentiu no dia em que sofrera a lesão. Embora os médicos do time garantissem ao jogador que ele estava completamente recuperado (e ele próprio já sentisse seu joelho recuperado e fortalecido), João não conseguia superar o medo em situações de "dividida de bola", sendo necessário encaminhá-lo para o psicólogo da equipe.

    Com base no texto e nos referenciais teóricos da Análise do Comportamento, analise as proposições seguintes:

    I. O medo sentido por João em situações de "dividida de bola" após sua lesão é um típico exemplo de contracondicionamento.
    II. Antes da "dividida de bola" que gerou a lesão, situações de "dividida de bola", para João, eram, tecnicamente falando, estímulos incondicionados.

III. Após a "dividida de bola" que gerou a lesão, situações de "dividida de bola", para João, adquiriram a função de estímulo condicionado para a resposta de medo.

IV. A lesão, na situação de "dividida de bola", e que gerou as respostas de taquicardia e "suar frio" (medo), foi emparelhada à situação de "dividida de bola". Nesse caso, a lesão pode ser entendida com um estímulo incondicionado para a respostas anteriormente citadas.

Estão corretas as proposições:

a. I e II
b. III e IV
c. I, II e III
d. II, III e IV
e. I, II, III e IV

4. Quando João era criança, sua professora lhe pediu que lesse sua redação em público para seus colegas de classe. Ele já havia feito outras apresentações em público nas quais os colegas sempre foram muito respeitosos e se sentia bastante tranquilo nessas apresentações. No entanto, sua nova turma era muito indisciplinada e, enquanto João lia sua redação, os colegas ficavam rindo e fazendo piadas sobre ele. João ficou muito envergonhado, sentiu suas mãos suando e seu coração batendo mais rápido, e não conseguia nem mesmo continuar lendo corretamente seu trabalho. Enfim, foi uma situação que lhe causou bastante ansiedade. Hoje, João já está cursando faculdade, mas, toda vez que tem que se apresentar em público, é possível observar severas respostas de ansiedade nele.

Com base nesse exemplo e nos referenciais teóricos da Análise do Comportamento, analise as proposições a seguir:

I. Trata-se de um exemplo de condicionamento respondente.
II. A situação "falar em público" tornou-se, após o incidente de João quando criança, um estímulo incondicionado para respostas de ansiedade.
III. Antes do incidente na infância, a situação "falar em público" era, para João, um estímulo neutro para respostas de ansiedade.

Estão corretas as proposições:

a. apenas I
b. apenas II
c. I e II
d. I e III
e. II e III

5. O paradigma operante estabelece que determinadas consequências de um comportamento podem alterar sua probabilidade de ocorrência futura. Tecnicamente, o termo *consequência* significa mudanças no ambiente produzidas por um comportamento. Veja o seguinte exemplo: João chegou a um restaurante novo e assobiou para chamar o garçom, mas não foi atendido por ninguém. Ele, então, levantou a mão enquanto olhava para um garçom, que o atendeu prontamente. Depois disso, sempre que João queria ser atendido nesse novo restaurante, ele levantava sua mão olhando em direção ao garçom.

Com base nesse exemplo e no referencial teórico da Análise do Comportamento, analise as proposições a seguir:

I. O comportamento de assobiar não produziu uma consequência reforçadora.

II. O comportamento de levantar a mão olhando para o garçom foi colocado em extinção.

III. O garçom ter atendido João quando ele levantou seu braço mantendo contato visual pode ser considerado uma mudança no ambiente de João.

Estão corretas as proposições:

a. apenas I
b. apenas II
c. apenas III
d. I e II
e. I e III

6. Analise as seguintes proposições sobre o comportamento operante:

I. O comportamento operante é aquele que produz alterações no ambiente.

II. O comportamento operante é eliciado por um estímulo condicionado.

III. O comportamento operante é insensível às consequências que produz no ambiente.

De acordo com o paradigma operante, a sequência correta de proposições verdadeiras e falsa é:

a. V, V, V
b. F, F, F
c. F, V, V
d. V, F, F
e. F, F, V

7. De acordo com o referencial teórico da Análise do Comportamento, agir de forma grosseira e ter seus pedidos atendidos (voltando a agir assim novamente) é um exemplo de contingência de

a. reforçamento positivo
b. reforçamento negativo
c. extinção operante
d. punição positiva
e. punição negativa

Controle de estímulos: o papel do contexto

Objetivos do capítulo

Ao final deste capítulo, espera-se que o leitor seja capaz de:
1. Definir controle de estímulos;
2. Descrever, de forma geral, a relevância do estudo do controle de estímulos para a compreensão do comportamento humano;
3. Apresentar exemplos da relevância do estudo do controle de estímulos para a compreensão do comportamento humano;
4. Definir, identificar e prover exemplos de estímulos discriminativos;
5. Definir, identificar e prover exemplos de estímulos delta;
6. Definir, identificar e prover exemplos de discriminação de estímulos;
7. Definir, identificar e prover exemplos de operante discriminado;
8. Definir, identificar e prover exemplos de contingência tríplice;
9. Definir, planejar e prover exemplos de treino discriminativo;
10. Definir, identificar e prover exemplos de generalização de estímulos;
11. Definir, identificar e prover exemplos de gradiente de generalização de estímulos;
12. Definir, planejar e prover exemplos de teste de generalização de estímulos;
13. Definir, identificar e prover exemplos de classes de estímulos;
14. Definir, identificar e prover exemplos de classes funcionais de estímulos;
15. Definir, identificar e prover exemplos do conceito de atenção;
16. Definir, identificar e prover exemplos do conceito de abstração;

> 17 Definir, identificar e prover exemplos de estímulo reforçador condicionado;
> 18 Definir, identificar e prover exemplos de estímulo reforçador condicionado simples;
> 19 Definir, identificar e prover exemplos de estímulo reforçador condicionado generalizado;
> 20 Definir, identificar e prover exemplos de encadeamento de respostas.

"Qual o seu nome?". Provavelmente você não fica dizendo seu nome o tempo todo. Em certos momentos, você emite o comportamento de dizer o seu nome e, em outros, não. Há certos assuntos que só conversa com seus amigos; outros, somente com seus pais; e, ainda, existem temas que aborda apenas com colegas de trabalho. Possivelmente, em determinadas ocasiões, você é mais extrovertido e, em outras, mais introvertido. Ou seja, na presença de algumas pessoas você pode ser de um jeito e, na presença de outras, ser de outro. Por que nos comportamos, às vezes, de formas tão distintas em situações diferentes? Essa pergunta norteia, de maneira geral, este capítulo.

Vimos até agora como o que acontece após o comportamento (i.e., a consequência) exerce controle sobre a sua ocorrência futura, ou seja, altera a probabilidade de ocorrência do comportamento. Neste capítulo, você verá como o que acontece antes do comportamento operante, isto é, o contexto no qual ocorre, também passa a exercer controle sobre ele.

O termo **controle de estímulos** refere-se à influência dos **estímulos antecedentes** sobre o comportamento operante. Em outras palavras, refere-se ao efeito que o contexto tem sobre a probabilidade de ocorrência do comportamento. Os estímulos antecedentes são aquelas modificações no ambiente ou em parte do ambiente que precedem temporalmente o comportamento e que alteram a probabilidade de ocorrência do comportamento. Quando nos referimos ao contexto no qual o comportamento ocorre, na realidade estamos nos referindo a um conjunto de estímulos antecedentes, os quais podem ter diferentes funções. Algumas dessas funções serão tratadas em detalhe ao longo deste capítulo.

Embora o comportamento operante seja definido pelas alterações que produz no ambiente, isto é, por suas consequências, ele não ocorre no vácuo. Os comportamentos operantes acontecem na presença de uma infinidade de estímulos antecedentes, os quais interferem na probabilidade de sua ocorrência. O controle que esses estímulos exercem sobre o comportamento operante é estabelecido por sua relação com as consequências do responder. Quando apresentados, os estímulos antecedentes que no passado foram correlacionados a consequências reforçadoras aumentam a probabilidade de o comportamento ocorrer. Em contrapartida, a apresentação de estímulos antecedentes que no passado foram correlacionados à extinção ou à punição de um dado comportamento diminui a probabilidade de este acontecer. Diz-se, nesse caso, que um evento está **correlacionado** a outro quando a ocorrência de um deles geralmente é acompanhada pela do outro. Por exemplo, um telefone celular com sinal forte aparecendo na tela geralmente precede ligações completadas. Desse modo, podemos dizer que o indicativo de sinal forte é correlacionado com ligações completadas.

O estudo do controle de estímulos é fundamental para a psicologia, uma vez que uma infinidade de problemas do dia a dia com os quais o psicólogo precisa lidar envolve, em algum grau, questões relacionadas ao controle do comportamento por estímulos antecedentes. Talvez o exemplo mais característico seja o desenvolvimento da linguagem. Aprender a ler e a escrever envolve, em grande parte, treinos discriminativos, como veremos mais adiante. Boa parte dos problemas que caracterizam o atraso no desenvolvimento de crianças diagnosticadas com autismo, por exemplo, pode ser minimizada com a utilização de procedimentos baseados nos conhecimentos acerca do controle de estímulos que serão abordados neste capítulo.

Operante discriminado e discriminação operante

Definimos anteriormente comportamento operante como aquele que produz mudanças no ambiente e cuja probabilidade de ocorrência é por elas alterada. Não discutimos, até o momento, o papel do contexto nesse comportamento. Quando a ocorrência de um comportamento operante está sob o controle de estímulos antecedentes, temos o chamado comportamento **operante discriminado**. Ao definirmos operante discriminado, fazemos referência, portanto, ao controle do comportamento por eventos antecedentes a ele.

A **discriminação operante** é um processo comportamental básico que descreve a ocorrência de respostas específicas na presença de estímulos específicos. Por exemplo, abrimos uma garrafa de refrigerante com tampa de rosca girando-a, enquanto abrimos uma lata puxando o anel. Caso tentemos abrir a garrafa puxando a tampa de rosca, esse comportamento não será reforçado pela garrafa aberta. Em contrapartida, girar o anel também não produz a lata aberta. Em outras palavras, nesse exemplo, cada um dos estímulos controla a ocorrência de uma resposta específica. Esses comportamentos ilustram a discriminação operante, uma vez que respostas específicas são controladas por estímulos específicos.

Estímulo discriminativo (S^D) e estímulo delta (S^Δ)

Os estímulos consequentes cuja apresentação aumenta a probabilidade de ocorrência de um comportamento foram definidos anteriormente como reforçadores. Os estímulos antecedentes que são correlacionados com a apresentação de estímulos reforçadores após a emissão de um determinado comportamento são denominados **estímulos discriminativos**, cuja sigla é S^D. Outra forma de defini-los, ainda que menos precisa, é dizer que os estímulos discriminativos são aqueles que sinalizam que uma dada resposta provavelmente será reforçada. Considerando que assistir ao Jornal Nacional da Rede Globo seja um estímulo reforçador, por exemplo, então o relógio marcando 20h30min seria um S^D para o comportamento de ligar o aparelho de televisão. Caso o comportamento de ligar a televisão seja emitido em outros horários, ele não será reforçado com o acesso ao Jornal Nacional. Uma loja da lanchonete McDonald's com as luzes acesas também é um S^D para a resposta de entrar e pedir um lanche, por exemplo. Caso as luzes não estejam acesas, o comportamento de entrar na loja do McDonald's não será reforçado com o acesso à refeição. Dizemos que o relógio marcando 20h30min e que as luzes acesas da loja têm a função de S^D porque os comportamentos de ligar a televisão e de entrar para pedir um lanche tendem a ocorrer apenas na presença desses estímulos. Eles adquiriram essa função por terem sido correlacionados com o reforçamento dessas respostas.

Já os estímulos correlacionados com o não reforçamento de uma dada resposta são chamados de **estímulos delta**, cuja sigla é S^Δ. Os S^Δ também são definidos como aqueles que sinalizam que uma resposta não será reforçada, isto é, sinalizam a indisponibilidade do reforço (i.e., extinção). Voltando aos exemplos anteriores, o relógio marcando outro horário se constitui em S^Δ para a resposta de ligar a TV e, consequentemente, assistir o Jornal Nacional; de forma similar, o McDonald's com a luz apagada também sinaliza que o lanche não estará disponível.

Dizemos que um controle discriminativo foi estabelecido quando uma determinada resposta ocorre na presença de um S^D específico, mas não na presença dos S^Δ (ou ocorre com maior frequência na presença do S^D do que na presença dos S^Δ). Note que o S^D para uma resposta pode ser o S^Δ para outra e vice-versa. Por exemplo, suponha que você é amigo de João. A presença dele é S^D para você emitir a resposta verbal "Oi, João". Ao cumprimentá-lo, é provável que ele retribua o cumprimento, como já fez no passado. Entretanto, a presença de João é S^Δ para a resposta verbal "Oi, Marcelo", por exemplo. Se você também for amigo de Marcelo, a presença deste será um S^D para a resposta verbal "Oi, Marcelo", que, como João, provavelmente retribuirá seu cumprimento.

Ao estudar mais sobre controle de estímulos em outros livros e artigos científicos, você encontrará dois outros nomes comumente utilizados para se falar de S^D e S^Δ. Estímulos na presença dos quais uma determinada resposta é reforçada também são chamados de estímulos positivos (S^+). Estímulos na presença dos quais uma determinada resposta não é reforçada também são chamados de estímulos negativos (S^-).

Contingência tríplice (contingência de três termos)

Até os capítulos anteriores, descrevíamos o comportamento operante utilizando a contingência de dois termos: $R \rightarrow S^C$, onde R representa a resposta, a seta indica que R produz S^C e S^C representa o estímulo consequente. A partir de agora, passamos a considerar o papel do contexto sobre o comportamento operante. Desse modo, precisamos inserir um novo termo à contingência, o estímulo antecedente. A contingência que descreve o comportamento operante discriminado é composta por três termos: $S^A - R \rightarrow S^C$, onde S^A representa o estímulo antecedente; o traço indica que S^A controla a ocorrência de R; R representa a resposta; a seta indica que R produz S^C e S^C representa o estímulo consequente. Essa contingência é chamada de **contingência de três termos, contingência tríplice** ou **tríplice contingência** e se constitui como unidade básica de investigação em Análise do Comportamento. A maior parte dos comportamentos dos organismos só pode ser compreendida se fizermos referência ao contexto no qual o comportamento ocorre, ao comportamento propriamente dito e à sua consequência. Por isso, dizemos que a contingência de três termos é a unidade básica de análise de comportamentos operantes.

Além da forma citada, a contingência tríplice é representada de diferentes maneiras na literatura analítico-comportamental. No entanto, independentemente da forma de representação, estão sempre presentes três eventos (termos ou elementos): o estímulo antecedente, o comportamento e o estímulo consequente. A seguir, são apresentadas quatro outras formas de se representar a contingência tríplice:

- $S^A : R \rightarrow S^C$, onde S^A representa o estímulo antecedente; os dois-pontos indicam que S^A controla a ocorrência de R; R representa a resposta; a seta indica que R produz S^C; e S^C representa o estímulo consequente.
- $S^D : R \rightarrow S^R$, onde S^D representa o estímulo discriminativo; os dois-pontos indicam que o S^D torna mais provável a ocorrência de R; R representa a resposta; a seta indica que R produz S^R; e S^R representa o estímulo reforçador.
- O – R → C, onde O representa a ocasião; o traço indica que O controla a ocorrência de R; R representa a resposta; a seta indica que R produz C; e C representa a consequência.
- A : B → C, onde A representa o antecedente; os dois-pontos indicam que A controla a ocorrência de B; B (do inglês, *behavior*) representa a resposta; a seta indica que B produz C; e C representa a consequência.

Com a inclusão dos estímulos antecedentes no paradigma operante, completamos a unidade de análise do comportamento operante. Todos os comportamentos operantes, dos mais simples (p. ex., abrir uma lata de Coca-Cola) aos mais complexos (p. ex., escrever um poema), serão analisados de acordo com a contingência tríplice, ou seja, considerando-se um estímulo antecedente, uma resposta e um estímulo consequente. Analisar funcionalmente um comportamento significa, portanto, descrever a contingência de três termos da qual ele faz parte. Em outras palavras, analisar funcionalmente um comportamento consiste em verificar em quais circunstâncias o comportamento ocorre e quais são suas consequências mantenedoras.

A análise funcional é o primeiro passo de qualquer intervenção feita por analistas do comportamento, seja na clínica, na escola, na organização, no hospital ou nas demais áreas de atuação do psicólogo. Essa análise é primordial porque os analistas do comportamento partem do pressuposto de que cada indivíduo passou por uma história de aprendizagem singular e, portanto, interage de forma igualmente singular com o seu ambiente. Além disso, o comportamento de qualquer indivíduo está sob o controle de estímulos antecedentes e consequentes; por isso, falamos de princípios básicos do comportamento. No entanto, só se pode identificar quais estímulos exercerão controle sobre o comportamento, e como eles farão isso, analisando-se os casos individuais. As intervenções que visam alterar a probabilidade de um comportamento e negligenciam as relações de contingência para o caso em questão provavelmente fracassarão, já que não se identificou o que produziu e o que mantém tal comportamento.

Em decorrência da importância dada pela Análise do Comportamento às análises funcionais individuais, podemos afirmar que se trata de uma abordagem comprometida com a subjetividade. Note que, para a Análise do Comportamento, a subjetividade não é uma instância que cause o comportamento ou que explique as diferenças individuais. Ela é, na verdade, uma característica essencial do comportamento: pessoas diferentes comportam-se de formas diferentes, mesmo sob o controle dos mesmos antecedentes e consequentes, porque esses estímulos adquiriram diferentes funções ao longo de suas histórias de vida (histórias de aprendizagem).

É preciso ressaltar que há contingências com mais de três termos. Estas geralmente descrevem discriminações condicionais e têm mais de um estímulo antecedente com diferentes funções. Esse assunto, entretanto, não será abordado neste livro. Consulte, por favor, as referências ao final deste capítulo para encontrar sugestões de livros e artigos científicos que abordam o conceito de discriminação condicional.

Treino discriminativo e controle de estímulos

Dizemos que o controle discriminativo de estímulos foi estabelecido quando um determinado comportamento tem alta probabilidade de ocorrer na presença do S^D e baixa na presença do S^Δ. Um experimento muito comum nas aulas práticas de Análise do Comportamento ilustra como o controle discriminativo pode ser estabelecido: um rato que já passou pelos procedimentos de modelagem do comportamento de pressão à barra e por sessões de reforçamento contínuo desse comportamento é submetido a uma nova condição experimental, na qual as respostas de pressão à barra serão reforçadas com água apenas quando uma lâmpada dentro da caixa de Skinner estiver acesa. Quando essa mesma luz estiver apagada, as respostas de pressão à barra não produzirão água. Nesse procedimento, a lâmpada permanece acesa e apagada alternadamente por períodos de 30 segundos (em média). Algumas das etapas envolvidas são ilustradas na Figura 6.1. Esse procedimento é chamado de **treino discriminativo**, o qual estabelece, nesse caso, a função de S^D para a lâmpada acesa e a função de S^Δ para a lâmpada apagada. O resultado é a ocorrência das respostas de pressão à barra predominantemente na presença da lâmpada acesa, ou seja, o estabelecimento de uma discriminação de estímulos operante (Fig. 6.2).

A Figura 6.2 mostra o resultado de um experimento similar ao descrito anteriormente. O eixo X representa a ordem de apresentação da luz acesa e apagada, e o eixo Y mostra a frequência acumulada das respostas de pressão à barra por minuto. A linha de cima representa a frequência de respostas na presença do S^D, e a de baixo, a frequência na presença do S^Δ (conforme indicado pelas setas no gráfico). É possível observar, com base na figura, que as respostas de pressão à barra na presença da luz apagada diminuem de frequência ao longo da sessão. Nos gráficos de frequência acumulada, quando ficam paralelas ao eixo X, as linhas indicam que a frequência de resposta é igual a zero. Ao mesmo tempo, a fre-

(1) Luz apagada   (2) Luz acesa   (3) Reforçamento

Figura 6.1
No primeiro quadro da figura, a lâmpada está apagada e o animal não está pressionando a barra. No segundo, é possível observar o rato pressionando a barra na presença da luz acesa. No terceiro, o animal está consumindo a água, que é o estímulo reforçador produzido pela resposta de pressão à barra. A luz acesa é chamada de estímulo discriminativo (S^D); a apagada, de estímulo delta (S^Δ).

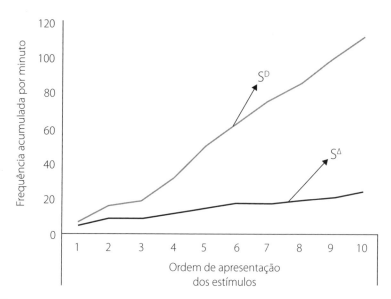

Figura 6.2
Resultados obtidos em um treino discriminativo com um rato. A luz acesa foi utilizada como S^D; a luz apagada, como S^Δ; e a água, como estímulo reforçador. Os resultados referem-se à quarta sessão de um treino discriminativo.

quência das respostas de pressão à barra na presença da luz acesa se mantém. Nos gráficos de frequência acumulada, quando as linhas ficam inclinadas em relação ao eixo X, o comportamento está ocorrendo. Quanto maior a inclinação, maior a velocidade do responder. A velocidade do responder é chamada de **taxa de respostas**, que é o número de respostas ocorridas por unidade de tempo. Quanto maior essa taxa, maior a velocidade do responder.

Uma discriminação que aprendemos desde cedo refere-se ao comportamento de pedir algo ao pai ou à mãe, por exemplo (Fig. 6.3). Precocemente aprendemos a discriminar as expressões faciais de nossos pais. Aprendemos que "cara feia" é um S^Δ para pedir algo, e que uma "cara boa" é um S^D para esse mesmo comportamento.

Quando o pai está de "cara boa" e lhe pedimos algo, ele geralmente atende ao pedido (estímulo reforçador). Em contrapartida, quando está de "cara feia", os pedidos costumam ser negados (extinção). Depois de alguns pedidos reforçados na presença da "cara boa" e outros negados na presença da "cara feia", passamos a fazê-los quase sempre na presença da primeira e raramente na da segunda. A partir daí, dizemos que se estabeleceu um controle de estímulos, pois o estímulo "cara boa" passa a exercer a função de S^D ao tornar o comportamento de pedir algo mais provável em sua presença. Além disso, foi estabelecida a função de S^Δ para a "cara feia", cuja presença torna o comportamento de fazer pedidos menos provável.

Constantemente estamos passando por treinos discriminativos. Todas as palavras que você lê e usa corretamente, os nomes das pessoas, dos objetos, das cores, etc. – ou seja, praticamente toda a aquisição do comportamento verbal –, dependem de treinos discriminativos. Comportar-se de uma determinada maneira na sala de aula e de outra em bares, de uma maneira em casa com os pais e de outra com os amigos, usar corretamente aparelhos

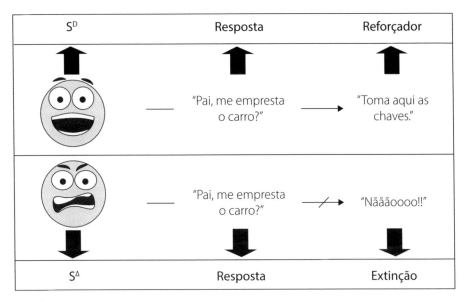

Figura 6.3
Exemplo de treino discriminativo em uma situação cotidiana.

eletrônicos, guiar o carro seguindo os sinais de trânsito, entre outros incontáveis exemplos, depende da ocorrência de treinos discriminativos em nosso dia a dia.

As diferentes funções dos estímulos antecedentes

Vimos no primeiro capítulo que, de acordo com o paradigma respondente, um estímulo elicia uma resposta, e que chamamos essa relação de *reflexo*. O estímulo discriminativo também antecede a ocorrência de um comportamento, porém seu efeito sobre o comportamento é diferente daquele observado na relação reflexa: o efeito produzido pelo estímulo antecedente no paradigma respondente não depende da sua relação com a consequência da emissão do comportamento. Porém, de acordo com o paradigma operante, a função discriminativa dos estímulos antecedentes de aumentar a probabilidade de ocorrência de um dado comportamento operante depende da sua relação com as consequências desse comportamento (Fig. 6.4). Uma resposta no paradigma operante somente terá a sua probabilidade aumentada com a apresentação de um estímulo discriminativo caso tenha sido reforçada no passado na presença desse mesmo estímulo. Portanto, o estímulo discriminativo não elicia uma resposta operante.

Quando falamos do comportamento operante discriminado, o estímulo discriminativo é apenas uma das variáveis que afetam a probabilidade de sua ocorrência. A ocorrência do comportamento operante depende de outras variáveis além da apresentação desse estímulo, como a privação de água no caso do experimento com o rato, por exemplo. Caso essa condição não seja satisfeita, mesmo diante do estímulo discriminativo, o comportamento tem baixa probabilidade de ocorrer. Um cisco no olho é um estímulo incondicionado que elicia a resposta incondicionada de lacrimejar, por exemplo. Porém, ao ver um cisco, você

Figura 6.4
Paradigma operante e paradigma respondente. Note a diferença da relação entre o estímulo e a resposta em cada um dos paradigmas. A seta (→) indica a produção da resposta no respondente e a produção do estímulo reforçador no operante; o traço (—) indica apenas contexto para a resposta ocorrer.

pode dizer "isto é um cisco", assim como pode não dizer nada. Nesse exemplo, o cisco exerce a função de estímulo discriminativo sobre a resposta verbal "isto é um cisco". Note que o mesmo estímulo, ou seja, o cisco, pode exercer duas funções diferentes sobre o comportamento. No caso do lacrimejar, ele tem a função de um estímulo eliciador. No caso da resposta verbal "isto é um cisco", ele tem a função de um estímulo discriminativo. Novamente, não dizemos que o cisco com função discriminativa elicia a resposta verbal "isto é um cisco". O uso do termo *eliciar* é reservado para relações reflexas. No paradigma operante, ao nos referirmos ao efeito do estímulo discriminativo sobre o comportamento, no lugar de "eliciar", dizemos que o estímulo discriminativo "serve de ocasião para", "fornece contexto para", "sinaliza a disponibilidade do reforço caso a resposta seja emitida", entre outros.

A Tabela 6.1 fornece alguns exemplos de comportamentos operantes discriminados e de comportamentos respondentes. Algumas células da tabela estão em branco. Complete-as, dizendo se, no exemplo, o estímulo elicia uma resposta ou se apenas fornece contexto para que ela ocorra. Depois da Tabela 6.1 inserimos o gabarito para você conferir as suas respostas. É importante lembrar que a tabela apresenta apenas exemplos de relações mais comuns entre determinados estímulos e determinadas respostas. A rigor, qualquer resposta pode ser operante ou respondente, a depender de como tenha sido aprendida e de como é mantida.

Generalização de estímulos operante

Você, provavelmente, já cumprimentou um estranho parecido com algum amigo seu. Na linguagem cotidiana, diríamos que você confundiu uma pessoa com a outra. Em termos técnicos, nesse caso, dizemos que ocorreu uma generalização de estímulos operante. Utilizamos o termo **generalização de estímulos operante** nas circunstâncias em que uma resposta é emitida na presença de novos estímulos que partilhem alguma semelhança física com o estímulo discriminativo, na presença do qual a resposta fora reforçada no passado. Em outras palavras, um organismo está generalizando quando emite uma mesma resposta na presença de estímulos que se parecem com um estímulo discriminativo previamente treinado. Por exemplo, se temos um novo aparelho de celular bem diferente dos nossos anteriores e precisarmos usar um aplicativo de mensagens instantâneas, tentaremos fazê-lo do mesmo modo que foi reforçado no passado. Ou seja, as respostas que foram reforçadas na presença dos aparelhos com os quais já nos deparamos se tornam prováveis quando lidamos com dispositivos parecidos. Tal processo se configura em uma generalização de estímulos operante.

TABELA 6.1 Função discriminativa *versus* eliciadora dos estímulos antecedentes

	Estímulo	Resposta	Tipo da relação
1	Cisco no olho	Lacrimejar	Elicia
2	Alguém pergunta as horas	Responder "10h40min"	Fornece contexto
3	Bater um martelo no joelho	A perna flexiona	
4	Barulho alto	Sobressalto	Elicia
5	Estar em um lugar alto	Taquicardia	
6	Estar em um lugar alto	Apoiar-se num corrimão	Fornece contexto
7	Dor de cabeça	Tomar um analgésico	
8	Alguém diz "Bom dia!"	Responder "Bom dia!"	
9	Alfinetada no braço	Contração do braço	Elicia
10	Alfinetada no braço	Dizer "Isso dói!"	
11	Sinal vermelho	Frear o carro	
12	Ser xingado	Xingar de volta	Fornece contexto
13	Ser xingado	Ficar vermelho com raiva	
14	Ouvir uma música	Desligar o rádio	
15	Ouvir o barulho dos aparelhos do dentista	Taquicardia e sudorese	
16	Ouvir o barulho dos aparelhos do dentista	Dizer: "Vai com calma, doutor!"	

Gabarito: 3. Elicia; 5. Elicia; 7. Fornece contexto; 8. Fornece contexto; 10. Fornece contexto; 11. Fornece contexto; 13. Elicia; 14. Fornece contexto; 15. Elicia; 16. Fornece contexto.

Uma resposta terá maior probabilidade de ocorrer na presença de um novo estímulo quanto maior for a similaridade entre este e o estímulo discriminativo previamente treinado (é o mesmo raciocínio discutido no Capítulo 2 com a generalização de estímulos respondentes). Por exemplo, se o comportamento de dizer "bola" de uma criança foi modelado na presença de uma bola de futebol, é mais provável que essa resposta verbal ocorra na presença de uma bola de vôlei do que na de uma bola de futebol americano (Fig. 6.5A). Portanto, o grau de similaridade física dos estímulos é a variável mais importante na ocorrência de generalização. Quanto maior for a similaridade física entre os estímulos, maior será a probabilidade de a generalização ocorrer. A Figura 6.5B mostra outro exemplo do efeito da similaridade de novos estímulos com o estímulo discriminativo na presença

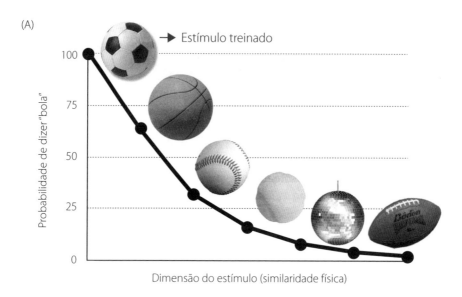

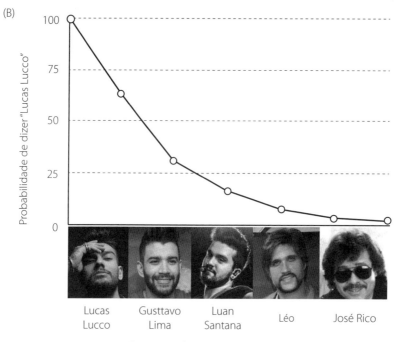

Figura 6.5
Gradiente de generalização. (A) Quanto mais diferente for um novo estímulo do estímulo discriminativo treinado, menores serão as chances de a resposta aprendida ocorrer. (B) Outro exemplo de generalização utilizando-se fotos de cantores sertanejos como estímulos.

do qual a resposta foi reforçada. Nessa figura é possível observar a probabilidade de dizer "Lucas Lucco" na presença de uma foto do cantor, presumindo-se que essa resposta tenha sido modelada na presença dessa imagem. A Figura 6.5B também mostra a probabilidade de ocorrência dessa mesma resposta na presença de fotos de outros cantores sertanejos. Note que, quanto mais parecido com o próprio Lucas Lucco for o cantor, maior a probabilidade de ocorrer a resposta verbal "Lucas Lucco".

A generalização é um processo comportamental muito importante para nossa aprendizagem. Imagine se cada um de nossos comportamentos operantes discriminados tivesse de ser aprendido na presença de cada novo estímulo que surgisse – teríamos, por exemplo, que treinar a emissão da resposta verbal "ser humano" na presença de cada nova pessoa que conhecêssemos. A generalização é um processo importante porque as respostas tornam-se prováveis sem a necessidade de um procedimento específico de treino discriminativo delas na presença de cada novo estímulo apresentado. Vários operantes discriminados são treinados, por exemplo, quando aprendemos a dirigir um carro de autoescola. Dificilmente dirigiremos o mesmo carro utilizado para o nosso treinamento após obtermos a carteira de habilitação. Porém, é provável que emitiremos os comportamentos treinados no veículo da autoescola na presença de novos carros. Se não houvesse a generalização, o treinamento desses comportamentos deveria ocorrer com cada novo carro, o que, certamente, resultaria num grande tempo de adaptação aos diversos modelos que dirigiríamos ao longo de nossas vidas.

Muitas vezes, a ocorrência da resposta na presença de novos estímulos similares ao estímulo discriminativo treinado não é reforçada. Uma generalização muito comum observada em crianças pequenas ocorre quando elas passam a chamar qualquer homem adulto de "papai". Nesse exemplo, a resposta verbal "papai" na presença de seu pai (S^D) foi treinada. Entretanto, outros adultos do sexo masculino podem se parecer com ele, o que torna provável a resposta de dizer "papai" na presença desses novos estímulos. É improvável que essa resposta verbal seja reforçada nesses casos. Em decorrência desse procedimento, chamado de treino discriminativo, como vimos anteriormente, é provável que a resposta verbal "papai" passe a ocorrer apenas na presença do genitor da criança, ou seja, não mais haverá generalização.

Fonte: www.shutterstock.com/Media Guru/Truck interior - inside view of car, dashboard; Juris Sturainis/Vector car dashboard and interior; Alexey Ryazanov/Car inside driver place; Alexey Ryazanov/Car interior luxury.

Gradiente de generalização

O **gradiente de generalização de estímulos** é a variação da probabilidade de ocorrência de uma resposta na presença de novos estímulos em função da variação de alguma propriedade[1] desses estímulos. Essa variação decorre, entre outros fatores, da similaridade dos novos estímulos com o S^D treinado. Antes de examinarmos em mais detalhes o conceito de gradiente de generalização de estímulos, vamos analisar o conceito de gradiente.

Um gradiente, de maneira geral, pode ser definido como a representação da variação de alguma propriedade de algum objeto ou fenômeno. Você pode ver um exemplo disso na Figura 6.6, a qual mostra um gradiente da cor cinza, isto é, variações na cor cinza que vão do quase branco ao quase preto. Note que, na parte superior da figura, a tonalidade está mais clara, e, à medida que olhamos mais para baixo, o tom de cinza vai escurecendo. Essa variação na tonalidade é o gradiente.

Figura 6.6
Gradiente. Exemplo de gradiente com variações na tonalidade da cor cinza.

O gradiente de generalização, portanto, é uma medida comportamental como outras já apresentadas neste livro. Ele é representado por uma curva em um gráfico que traz, em um dos seus eixos, as variações de um estímulo discriminativo previamente treinado. No eixo Y é apresentada a frequência ou a probabilidade de respostas na presença de cada uma dessas variações. Como em diferentes funções matemáticas, os valores desse eixo acompanham as mudanças nos valores do eixo X. As imagens da Figura 6.5 ilustram dois gradientes de generalização. Dependendo do formato da curva no gráfico, saberemos o grau de generalização de um dado operante discriminado (Fig. 6.7). Podemos interpretar os gradientes de generalização de estímulos da Figura 6.7 da seguinte forma:

---

[1] Os estímulos têm propriedades, dimensões, elementos ou características, como forma, cor, tamanho, posição, textura, etc. Algumas dessas propriedades são correlacionadas com o reforçamento, e outras, não. No exemplo da criança que confunde o pai com outros homens adultos, esse comportamento pode ficar sob o controle discriminativo da presença de barba, por exemplo. A barba, por mais que seja um dos elementos do seu pai como estímulo, não se constitui num elemento relevante, uma vez que não é necessariamente correlacionado com o reforçamento. Dizer "papai" na presença de outros homens barbados não é reforçado. Ao mesmo tempo, se a criança disser "papai" na presença de seu pai, mesmo quando ele tiver se barbeado, o seu comportamento será reforçado. A fisionomia do pai provavelmente é o elemento relevante do estímulo que controlaria a resposta "papai" da criança, pois seria correlacionada com o reforçamento independentemente da roupa, da barba, do corte do cabelo e demais elementos irrelevantes.

- Gráfico 1: Gradiente plano ou achatado. Isso significa que a probabilidade de emissão de uma dada resposta na presença do estímulo treinado é a mesma para todas as variações do estímulo discriminativo treinado. Há, portanto, ausência de discriminação. Seria o caso, por exemplo, de uma criança que aprendesse a dizer "pai" na presença do seu genitor e, depois, chamasse assim todo homem adulto.
- Gráfico 2: Gradiente relativamente plano. Isso significa que há uma maior probabilidade de emissão de uma dada resposta na presença do estímulo treinado, mas em praticamente todas as variações do estímulo discriminativo apresentadas essa probabilidade também é alta.
- Gráfico 3: Gradiente de platô. Observa-se a ocorrência de alta probabilidade de resposta na presença de alguns estímulos mais parecidos com o estímulo discriminativo e uma queda abrupta na presença daqueles menos parecidos.
- Gráfico 4: Gradiente típico de generalização de estímulos. A probabilidade de ocorrência de uma determinada resposta na presença dos estímulos de teste vai diminuindo gradualmente em relação àquela observada na presença do estímulo de treino (a probabilidade de resposta, ou número de respostas, na presença do estímulo de treino está representada pela parte mais elevada da curva).
- Gráfico 5: Este é um gradiente de generalização que mostra o efeito típico de um treino discriminativo, no qual a probabilidade de respostas é baixa na presença dos estímulos de teste e alta na do estímulo discriminativo treinado.
- Gráfico 6: Trata-se de um gradiente de generalização que mostra a ausência de generalização, pois a resposta ocorre praticamente só na presença do estímulo de treino. Seria o caso da criança que aprendesse a dizer "pai" na presença de seu genitor, mas não o dissesse na presença de mais ninguém.

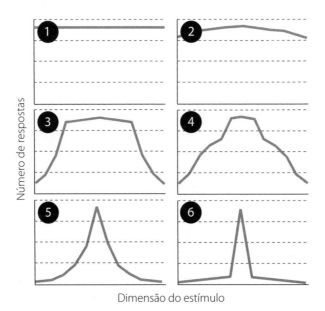

Figura 6.7
Exemplos de gradientes de generalização. Diferentes formatos dos gradientes de generalização.

Teste de generalização de estímulos

Após o procedimento típico de treino discriminativo descrito anteriormente (Fig. 6.1), no qual a luz acesa adquiriu a função de estímulo discriminativo, e a luz apagada, a de estímulo delta, podemos proceder a um **teste de generalização de estímulos**. Com base nesse teste, obteremos o gradiente de generalização. Caso o estímulo discriminativo seja a luz acesa em sua intensidade máxima (i.e., 100%), podemos apresentar outras intensidades e medir quantas vezes o animal pressiona a barra na presença de cada uma delas. Por exemplo, podemos apresentar as luzes com as seguintes intensidades: 100, 75, 50, 25 e 0%. Cada uma delas deve ser apresentada o mesmo número de vezes (p. ex., cinco vezes cada uma), e sua ordem de apresentação deve ser randômica (aleatória). Cada apresentação pode durar um minuto, por exemplo. O teste de generalização deve ser feito em extinção, já que se trata de um teste, e não de um treino. Caso reforcemos a resposta de pressão à barra na presença de alguma intensidade específica (p. ex., 75%), enviesaremos os resultados, pois a frequência de respostas na presença da luz na intensidade cuja resposta for reforçada aumentará – nosso gradiente indicaria uma generalização diferente do que ocorreria. Em contrapartida, se reforçássemos as respostas de pressão à barra na presença de todas as intensidades, observaríamos uma generalização muito maior, conforme o Gráfico 1 da Figura 6.7. Por ser feito em extinção, o teste de generalização não pode envolver muitas apresentações dos estímulos, do contrário a frequência de respostas em todas as intensidades chegaria a zero (ou a valores baixos – nível operante).

O gradiente de generalização da Figura 6.8 apresenta os resultados hipotéticos de um teste de generalização conforme descrito anteriormente. Podemos ver, nessa figura, que o rato 1 pressionou a barra 37 vezes na luz com a intensidade 100%; o rato 2 pressionou cerca de 35 vezes; e o rato 3, cerca de 43 vezes. No gráfico, observamos que as maiores frequências de respostas (por minuto) para os três animais foram registradas na presença da luz de intensidade 100%, o que era esperado, já que essa foi a intensidade utilizada como estímulo discriminativo no treino discriminativo. O rato 1 pressionou a barra cerca de 26 vezes na presença da luz de intensidade 75%; o rato 2, cerca de 33 vezes; e o rato 3, 12 vezes. Note que, para os três animais, a frequência de respostas nessa intensidade foi menor que a observada na presença da intensidade 100%. Não foram observadas respostas dos três animais quando a intensidade de luz era igual a 0%. É importante ressaltar que o rato 3 também não emitiu respostas na presença das intensidades 50 e 25%.

Com base no formato das curvas dos três ratos na Figura 6.8, é possível concluir que, como exposto, a frequência de respostas diminui à medida que os estímulos ficam menos similares ao estímulo previamente treinado. Os três ratos, no entanto, apresentam curvas de generalização de formatos diferentes, os quais indicam o grau de generalização de cada um deles quanto à resposta de pressão à barra. O rato 2 apresentou uma maior generalização, já que a sua curva teve um formato mais largo (maior área sob a curva), indicando uma frequência maior de resposta na presença das variações do estímulo de treino. Já o rato 1 apresentou uma generalização em níveis intermediários se comparado aos outros animais do estudo, uma vez que foram observadas respostas, ainda que em frequência menor à do rato 2, na presença das intensidades mais distantes de 100%. Por fim, o rato 3 foi o animal que apresentou o menor grau de generalização. Para ele, a generalização ocorreu apenas para a intensidade de luz de 75%, isto é, a mais similar ao estímulo treinado.

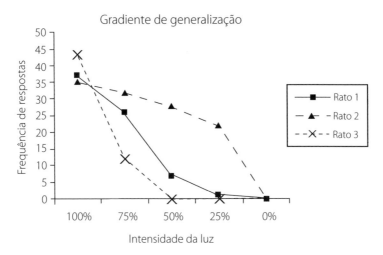

Figura 6.8
Teste de generalização. Gradientes de generalização obtidos após um treino discriminativo das respostas de pressão à barra na presença e na ausência da luz. É possível observar que, apesar de cada gradiente de cada rato possuir um formato diferente, os três apresentam a mesma tendência, que é a redução na frequência de respostas à medida que se diminui a intensidade da luz (dados hipotéticos).

Efeito do reforçamento diferencial sobre o gradiente de generalização

O reforçamento diferencial produz um gradiente de generalização mais estreito, ou seja, diminui o grau de generalização, conforme exemplificado pelos Gráficos 5 e 6 da Figura 6.7. No experimento anterior, faríamos um reforçamento diferencial se reforçássemos as respostas de pressão à barra na presença da luz de intensidade 100%, por exemplo, e as extinguíssemos na presença das outras intensidades. Com a repetição desse procedimento, observaríamos respostas quase exclusivamente na presença da intensidade 100%, mas não na das demais.

O reforçamento diferencial é recorrente em nosso dia a dia. No exemplo da criança que chamava todos os homens adultos de papai, se o seu comportamento de emitir essa resposta verbal for reforçado na presença apenas de seu genitor, e não na presença dos demais homens adultos, ela passará a dizer "papai" apenas na presença dele. Em outras palavras, o grau de generalização de estímulo para a resposta dizer "papai" será diminuído, assemelhando-se ao gradiente de generalização ilustrado pelo Gráfico 6 da Figura 6.7.

Efeitos do reforçamento adicional sobre o gradiente de generalização

O reforçamento adicional consiste em reforçar a resposta na presença das demais variações de um estímulo discriminativo. No nosso experimento com o rato, seria reforçar as respostas de pressão à barra na presença de todas ou de algumas intensidades de luz. Esse procedimento produziria um responder frequente diante de todas as intensidades na presença das quais a resposta foi reforçada. Caso o comportamento fosse reforçado na presença de todas as intensidades, provavelmente obteríamos um gradiente similar ao demonstrado nos Gráficos 1 e 2 da Figura 6.7. Porém, se reforçássemos o responder apenas na presença das intensidades 100, 75 e 50%, provavelmente, obteríamos um gradiente em formato de platô, conforme ilustrado no Gráfico 3 da Figura 6.7.

O reforçamento adicional também faz parte do nosso cotidiano. Por exemplo, o comportamento de dizer "avião" pode ser modelado na presença de uma aeronave de caça. Caso a mesma resposta ocorra na presença de outros aviões parecidos, provavelmente será reforçada. O reforçamento adicional resultará, portanto, em um aumento da generalização da resposta de dizer "avião".

Um exemplo clínico de generalização

Um grande desafio para a psicologia clínica é favorecer a ocorrência de comportamentos estabelecidos no contexto terapêutico (p. ex., no consultório) em novas situações de estímulos presentes no cotidiano do cliente. Um padrão verbal muito comum é o da pessoa que raramente consegue fazer pedidos. Esse indivíduo pode, por exemplo, dizer que está muito quente em vez de pedir para alguém ligar o aparelho de ar-condicionado. Esse tipo de padrão verbal é comum no repertório comportamental de pessoas consideradas cotidianamente como inseguras ou tímidas. O terapeuta pode modelar o comportamento do cliente de fazer pedidos diretamente em vez de dar indícios do que deseja. Esse procedimento de modelagem deve ser feito de tal modo que propicie a generalização desse novo padrão de interações sociais para outras pessoas além do terapeuta. A generalização é importante porque seria de pouca utilidade um tratamento que resultasse em mudanças comportamentais apenas na presença do clínico.

Classes de estímulos

Como exposto anteriormente, diversos estímulos distintos, desde que compartilhem alguma propriedade, podem servir de ocasião para uma mesma classe de respostas. Dizemos que o conjunto de estímulos que serve de ocasião para uma mesma classe de respostas forma uma classe de estímulos.

Os estímulos podem se constituir em uma classe caso sirvam de ocasião para uma mesma classe de respostas por partilharem propriedades formais. Assim, vários sapatos, por exemplo, constituem uma classe de estímulos por terem similaridade física; consequentemente, a resposta verbal "isto é um sapato" será provável na presença de qualquer um de seus membros. A Figura 6.9 mostra três exemplos de classes de estímulo que partilham propriedades formais.

Estímulos similares podem se constituir em uma classe de estímulos; porém, um requisito fundamental para que um novo estímulo faça parte da classe é o reforçamento das respostas comuns à classe na sua presença. A classe de estímulos "cachorro", por exemplo, pode ilustrar essa questão. O comportamento de dizer "cachorro" na presença de diversas raças que têm propriedades formais em comum representa uma classe. Com base apenas na similaridade formal, a ocorrência da resposta verbal "cachorro" seria provável na presença de lobos e de raposas, por exemplo. Entretanto, essa resposta não seria reforçada na presença desses animais. Portanto, esses estímulos, mesmo partilhando propriedades formais com os demais estímulos da classe, não fariam parte dela, uma vez que a resposta verbal "cachorro" não seria reforçada na sua presença. É importante ressaltar que, a despeito de um rusky siberiano ter mais similaridades formais com um lobo do que com um chihuahua, por exemplo, o lobo não pertencerá à classe dos cachorros, ao contrário do rusky siberiano e do chihuahua.

Essas classes, em contrapartida, também podem ser compostas por estímulos que não partilham similaridades formais. Os estímulos, nas chamadas **classes funcionais**, formam

Figura 6.9

Classes por similaridade física. Exemplos de três classes de estímulos cujos membros, os estímulos, partilham propriedades formais. Cada uma das frutas na parte superior da figura é um estímulo que pertence à classe de estímulo "banana" caso tornem provável uma classe de resposta comum, a de dizer "banana", por exemplo. O mesmo raciocínio pode ser aplicado às demais classes da figura.

uma classe apenas por servirem de ocasião para uma mesma resposta, mesmo que não se assemelhem formalmente.

Por exemplo, a palavra escrita "bolo", a figura de um bolo e a palavra "*cake*" são estímulos formalmente diferentes. Entretanto, a resposta de dizer "bolo" na presença de qualquer um desses estímulos será reforçada, o que os unirá em uma classe funcional. A classe é funcional porque seus estímulos componentes possuem a mesma função, ou seja, a de estímulo discriminativo para uma mesma classe de respostas.

Outro exemplo simples de classe de estímulos funcionais é a de instrumentos musicais. Os três instrumentos da Figura 6.10, apesar de formalmente diferentes, evocam uma mesma resposta, isto é, possuem a mesma função, de servir de ocasião para a resposta verbal "instrumento musical", por exemplo. Porém, as classes funcionais não se restringem às respostas verbais. No segundo exemplo da Figura 6.10, a classe de resposta "brincar" será provável na presença do carrinho, do urso de pelúcia e da bola.

Figura 6.10

Classes funcionais. A figura traz três exemplos de classes funcionais de estímulos. Os personagens C3PO, Darth Vader e Chewbacca não são parecidos; entretanto, servem de ocasião para uma mesma resposta, dizer "Personagem da saga Star Wars", por exemplo, a qual será reforçada na presença desses três estímulos formalmente diferentes. O mesmo raciocínio se aplica aos exemplos das classes de instrumentos musicais e de brinquedos.

Fonte das fotos: https://www.shutterstock.com/Anton_Ivanov/BERLIN, GERMANY - OCT 1, 2017: R2-D2, Star Wars area, Madame Tussauds Berlin wax museum; Stefano Buttafoco/SAN BENEDETTO DEL TRONTO, ITALY. MAY 16, 2015. Portrait of Darth Vader costume replica with grab hand . Darth Vader is a fictional character of Star Wars saga. Blue grazing light; Kathy Hutchins/LOS ANGELES - NOV 28: Chewbacca at the Book Signing for "The Princess Diarist" at Barnes & Noble on November 28, 2016 in Los Angeles, CA

Atenção e controle discriminativo por propriedades específicas dos estímulos

A Análise do Comportamento define termos utilizados para descrever processos psicológicos, como a atenção, por exemplo, de forma diferenciada de outras abordagens psicológicas. Analistas do comportamento não recorrem a processos mentais para explicar o comportamento. No caso da atenção, esta não seria concebida como uma espécie de filtro ou seletor de canais responsável pela decisão de quais informações serão selecionadas e, a partir daí, processadas pelo nosso aparato cognitivo. Obviamente, muitos processos eletroquímicos ocorrem em nosso corpo, especificamente no nosso cérebro. A investigação desses processos é objeto de estudo de outras ciências, como a medicina, por exemplo. Para a Análise do Comportamento, interessa as relações entre o ambiente e o comportamento do organismo. Skinner (1953/2003) esclarece o papel dos determinantes neurológicos do comportamento para a nossa ciência na seguinte passagem:

> Uma ciência do sistema nervoso baseada na observação direta, e não na inferência, finalmente descreverá os estados e os eventos neurais que precedem formas de comportamento. Conheceremos as exatas condições neurológicas que precedem, por exemplo, a resposta "Não, obrigado". Verificar-se-á que esses eventos são precedidos por outros eventos neurológicos, e estes, por sua vez, por outros. Essa sequência levar-nos-á de volta a eventos fora do sistema nervoso e, finalmente, para fora do organismo. (Skinner, 1953/2003, p. 30)

O que Skinner está sugerindo nesse trecho é que, para a Análise do Comportamento, por mais que sejam investigados os processos neurais implicados no comportamento, em última instância a sua explicação somente estará completa ao descrevermos as relações entre o organismo e o ambiente externo. Para a nossa ciência, o termo *atenção* descreve comportamentos, e não as suas causas. Portanto, para a Análise do Comportamento, não é a atenção que determina o estímulo ou parte do estímulo sob cujo controle o comportamento ficará: são as consequências do comportamento.

Por exemplo, em uma aula expositiva, o professor fala sobre vários assuntos e projeta vários *slides*. Ao final da classe, dois alunos que conversam sobre ela podem chegar à conclusão de que um deles lembra mais do que o professor disse, enquanto o outro lembra mais dos *slides*. Na linguagem cotidiana, diríamos que cada estudante prestou atenção em diferentes aspectos da aula, e esta seria a explicação de por que eles lembram melhor de aspectos diferentes. No entanto, dizer isso não tem grande valor explicativo. Afinal, apenas com essa explicação, não temos como prever ou interferir sobre a qual aspecto da aula o aluno atentará no futuro.

Para o analista do comportamento, a pergunta mais apropriada em termos da explicação do comportamento é: "Quais fatores levaram os alunos do exemplo anterior a atentar para aspectos diferentes da mesma aula?". Provavelmente encontraríamos a resposta para essa questão ao investigarmos as histórias de condicionamento operante de cada um dos indivíduos. Por exemplo, é possível que, no passado, um deles tenha tirado boas notas em provas quando seu comportamento ficou sob o controle do que os professores disseram. Já o outro talvez tenha tirado boas notas no passado quando seu comportamento ficou sob o controle dos *slides* projetados. Explicar o comportamento em termos das variáveis das quais ele é função nos coloca em uma posição mais vantajosa se desejamos prever ou interferir sobre ele. Nesse exemplo, poderíamos, se fosse o caso, dispor consequências reforçadoras para os comportamentos dos dois alunos, de modo que o comportamento de ambos ficasse sob o controle tanto da fala quanto dos *slides* apresentados pelo professor.

Deparamo-nos com estímulos em nosso dia a dia, e o nosso comportamento ficará sob o controle de algumas de suas propriedades dependendo de nossa história de reforçamento e punição. Estímulos que estiveram correlacionados a certas consequências no passado têm uma probabilidade maior de exercer controle sobre o nosso comportamento. Por exemplo, quando estamos dirigindo, esse comportamento está sob o controle de diversos estímulos presentes no trânsito (placas, outros carros, pedestres, ciclistas, etc.). No entanto, nem todos os estímulos presentes no trânsito exercem controle sobre o comportamento de dirigir de todos os motoristas do mesmo modo. É provável que, para os condutores que ultrapassam a velocidade permitida, os postes com radar exerçam controle discriminativo sobre o comportamento de dirigir. Em contrapartida, esse mesmo controle talvez não seja verificado nos motoristas que dirigem na velocidade da via. Esse controle discriminativo provavelmente foi estabelecido pelas multas contingentes ao comportamento de dirigir acima da velocidade permitida. Quando o comportamento passou a ficar sob o controle discriminativo dos postes, os motoristas conseguiram evitar as multas freando na presença dos radares.

Um pesquisador chamado Reynolds conduziu um estudo, hoje considerado clássico, que tem sido citado por inúmeros outros trabalhos relacionados ao estudo do controle de estímulos e atenção. Reynolds (1961) apresentou alternadamente, para pombos, um triângulo sobre um fundo vermelho (ΔR) como estímulo discriminativo e um círculo sobre um fundo verde (OG) como estímulo delta (Fig. 6.11). Esses dois estímulos são tratados na literatura como **estímulos compostos**, uma vez que têm mais de uma propriedade ou dimensão. No caso, as propriedades dos estímulos compostos no estudo de Reynolds foram a forma (círculo e triângulo) e a cor de fundo (vermelho e verde, representadas aqui pelas letras R e G, respectivamente). No experimento, um triângulo sobre fundo vermelho e um círculo sobre fundo verde eram projetados alternadamente em um disco de respostas. Durante o treino discriminativo, as bicadas dos pombos no disco de respostas com o triângulo sobre o fundo vermelho (ΔR) eram reforçadas com comida, ao contrário das bicadas na presença do círculo sobre o fundo verde (OG) (ou seja, essas respostas eram colocadas em extinção). O fato de esses estímulos compostos serem apresentados de forma alternada durante o treino discriminativo estabelece o denominado **treino discriminativo sucessivo**.

Ao final do treino discriminativo, ambos os pombos estavam bicando sistematicamente o disco de respostas com o triângulo sobre fundo vermelho e raramente emitiam essa resposta na presença do círculo sobre fundo verde (Fig. 6.12), o que se constitui em um controle discriminativo. Após o treino, Reynolds fez um teste em extinção, no qual apresentou as quatro propriedades dos estímulos compostos isoladamente (ver Fig. 6.11). No teste, foram projetados no disco de respostas, isoladamente, o triângulo, o círculo, o fundo vermelho e o fundo verde. As respostas de bicar não foram reforçadas na presença de nenhum desses estímulos. Conforme mostra a Figura 6.12, o pombo 105 emitiu pratica-

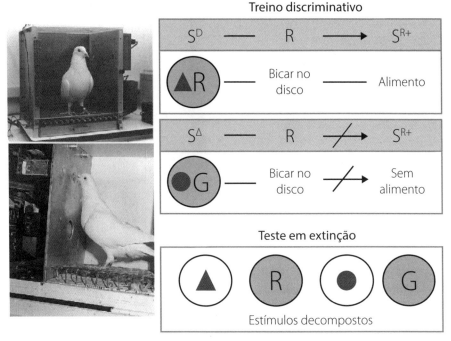

Figura 6.11
Os procedimentos do experimento de Reynolds. Reforçou-se o comportamento dos pombos de bicar na presença no triângulo sobre fundo vermelho e extinguiu-se o comportamento de bicar na presença do círculo sobre fundo verde. Em seguida, os estímulos foram decompostos, e as suas propriedades (triângulo, vermelho, círculo e verde, isoladamente) foram apresentadas de modo isolado em extinção.

mente todas as suas bicadas na presença do triângulo. Já o pombo 107 emitiu praticamente todas as suas respostas na presença do fundo vermelho. Verificou-se, para ambos os pombos, uma frequência baixa de respostas na presença do círculo e do fundo verde, ou seja, na presença das propriedades do estímulo delta.

Na fase de treino discriminativo do estudo de Reynolds, os dois pássaros bicaram muito mais na presença do triângulo sobre o fundo vermelho do que na do círculo sobre o fundo verde, ou seja, eles discriminaram corretamente qual estímulo composto estava correlacionado com o reforçamento. Na fase de teste, percebemos que, apesar de ambos os pássaros terem sido treinados a bicar no triângulo sobre o fundo vermelho, quando as duas propriedades do estímulo discriminativo foram apresentadas em separado, um deles (105) continuou a bicar na presença do triângulo, e o outro (107) bicou mais na presença do fundo vermelho.

O experimento mostra que o comportamento operante discriminado de cada um dos pássaros estava sob o controle de propriedades diferentes de um mesmo estímulo, ou seja, a cor e a forma. Poderíamos dizer, em uma linguagem cotidiana, que cada um dos pombos estava prestando atenção a partes diferentes do estímulo. Reynolds não sugeriu o que pode ter produzido tal controle diferenciado, simplesmente demonstrou que ele ocorre. Diversos outros estudos foram conduzidos para responder a essa questão, tendo sido demonstra-

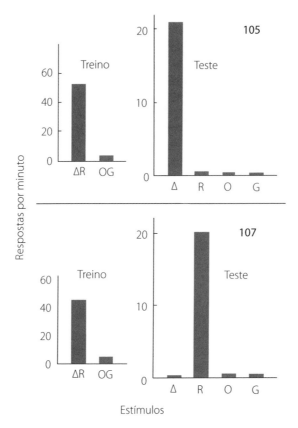

Figura 6.12
Os resultados do experimento de Reynolds. O comportamento de bicar do pássaro 105 ficou sob o controle da propriedade triângulo, enquanto o do pássaro 107, sob o controle da propriedade fundo vermelho.
Fonte: Adaptada de Reynolds (1961, p. 204).

do que as histórias experimentais com as diferentes propriedades dos estímulos foram os principais determinantes de qual propriedade passa a exercer controle sobre o operante discriminado.

Muitas crianças, especialmente aquelas diagnosticadas com desenvolvimento atípico (p. ex., autismo), quando estão aprendendo novas palavras, passam a emitir uma resposta sob o controle de dimensões irrelevantes dos estímulos compostos (esse fenômeno tem sido tratado na literatura como controle restrito ou superseletividade). Por exemplo, uma criança pode ser ensinada a emitir a resposta verbal "ela é uma mulher" na presença de uma mulher de cabelo comprido. Quando se depara com mulheres de cabelo curto, ela pode não emitir essa resposta – mas pode fazê-lo diante de homens de cabelo comprido. Nesse caso, diremos que o comportamento operante discriminado dessa criança ficou sob o controle de uma propriedade específica do estímulo, no caso, o comprimento do cabelo, e não sob o controle das diversas propriedades na presença das quais a resposta verbal "ela é uma mulher" é reforçada.

Outro exemplo comum é o de crianças que trocam ou confundem as letras "b" e "p". Esses dois estímulos partilham duas propriedades: ambos são constituídos de um círculo e de traço vertical, diferindo apenas na posição do traço em relação ao círculo. Nesses casos, é possível dizer que o comportamento de dizer/ler "bê" ou "pê" esteja sob o controle de características específicas do estímulo como a presença de um círculo e de um traço, e não da posição relativa entre essas propriedades desses estímulos.

Uma maneira muito comum de se estabelecer um controle apropriado de estímulos é usar a técnica chamada de **esvanecimento** ou *fading*, que consiste em manipular gradativamente uma propriedade do estímulo para facilitar a sua discriminação. No caso da confusão entre as letras "p" e "b", se poderia apresentar a letra "p" grafada em preto e a letra "b" grafada em cinza claro (Fig. 6.13). A resposta verbal "pê" pode ser reforçada na presença da letra "p" grafada em preto, mas não na da letra "b" grafada em cinza claro. Quando o controle discriminativo for estabelecido, as respostas na presença da letra "p" podem ficar sob o controle do formato da letra e da tonalidade da cor com a qual é grafada. É importante notar que a tonalidade das grafias é uma propriedade de mais fácil discriminação do que os formatos das duas letras. Em seguida, a tonalidade de cinza da letra "b" pode ser escurecida, sendo repetido o treino até o estabelecimento do controle discriminativo. Esse procedimento será refeito até que a criança emita a resposta "pê" apenas na presença da letra "p", sendo as duas letras grafadas na mesma cor, isto é, em preto. Ao longo da técnica de esvanecimento, é esperado que a emissão da resposta "pê", inicialmente sob o controle discriminativo da tonalidade e da forma, passe a ocorrer apenas em função da forma, à medida que as tonalidades se aproximem gradativamente até ficarem iguais. Quando as tonalidades ficam iguais, elas deixam de ser uma propriedade relevante para a discriminação entre os estímulos "p" e "b".

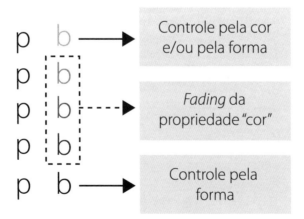

Figura 6.13
Controle de estímulos e esvanecimento. A técnica do esvanecimento consiste em modificar gradualmente uma dimensão do estímulo, facilitando sua discriminação.

Abstração

Skinner utiliza o termo **abstração** em substituição ao termo **formação de conceitos**, que foi tradicionalmente utilizado em psicologia. Segundo o autor, o termo *formação de conceitos* foi associado a certas concepções de psicologia distintas da Análise do Comportamento. Abstrair, de acordo com ele, é emitir um comportamento sob controle de uma (ou algumas) propriedade(s) do estímulo que é(são) comum(ns) a mais de um estímulo. Ao mesmo tempo, para dizermos que há abstração, esse mesmo comportamento não deve ocorrer na presença de outras propriedades desse estímulo. Portanto, a abstração é uma discriminação sob controle em uma propriedade ou de um conjunto de propriedades singular de um estímulo.

Se quiséssemos, por exemplo, que os pombos do experimento de Reynolds respondessem apenas ao triângulo e não à cor do fundo (i.e., que as respostas de bicar ficassem apenas sob o controle da propriedade forma), teríamos de fazer um treino específico para isso. Por exemplo, deveríamos reforçar as bicadas apenas na presença do triângulo, variando a cor de fundo do estímulo discriminativo (conforme exemplificado na Fig. 6.14, Painel A). Ao reforçarmos as bicadas apenas na presença do triângulo, independentemente da cor do

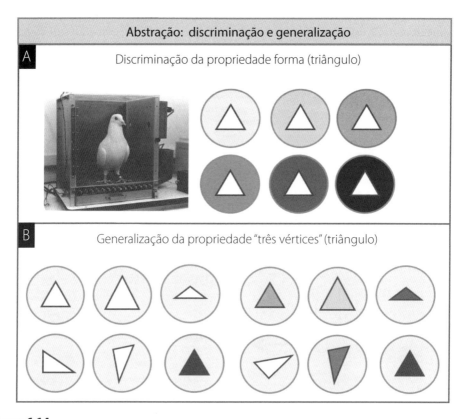

Figura 6.14

Treino de abstração. Estímulos que poderiam ser utilizados para a abstração do conceito de triângulo. Reforçamento diferencial no Painel A e reforçamento adicional no Painel B.

fundo, estaríamos extinguindo as respostas de bicar sob o controle da propriedade cor e mantendo o controle pela propriedade forma. Assim, estaríamos treinando uma abstração, na medida em que o pombo passaria a responder apenas na presença da forma (i.e., a propriedade relevante do estímulo), e não de acordo com a cor do fundo (i.e., a propriedade irrelevante).

Com esse treino, entretanto, não poderíamos supor que as respostas de bicar ocorressem na presença de triângulos totalmente novos, como, por exemplo, de diferentes tamanhos, ângulos internos ou comprimento dos lados. Porém, é possível treinar as respostas de bicar de um pombo na presença de um triângulo qualquer. Para tanto, deveríamos fazer um treino extenso, reforçando as respostas de bicar na presença de uma figura geométrica de três lados e, ao mesmo tempo, variar diversas de suas propriedades irrelevantes, como cor, tamanho, posição, rotação, tamanho dos ângulos e dos lados (conforme a Fig. 6.14, exemplificado no Painel B). Essas mesmas propriedades deveriam compor outras figuras geométricas, como quadrados, losangos e paralelogramos, na presença das quais a resposta de bicar não seria reforçada. Após esse treino, se apresentássemos um triângulo novo qualquer, provavelmente os animais bicariam. Em outras palavras, teríamos treinado o comportamento de abstrair a propriedade "triângulo" em pombos ou, como também é utilizado na literatura, estaríamos ensinando o conceito de triângulo aos animais.

Em um experimento clássico que demonstrou a formação de conceitos, Herrnstein, Loveland e Cable (1976) projetaram na caixa de condicionamento operante para pombos vários *slides* com fotografias que continham pessoas como estímulo discriminativo e vários *slides* com fotografias sem pessoas como estímulo delta (Fig. 6.15). Os experimentadores

Figura 6.15
Alguns exemplos dos *slides* utilizados por Herrnstein, Loveland e Cable (1976) em seu experimento. Os pombos aprenderam o conceito de "ser humano".
Fonte: Herrnstein, Loveland, & Cable (1976, p.298).

variaram muitas propriedades irrelevantes para a aprendizagem do conceito de "ser humano", como o número de pessoas, a idade, o sexo, o que estavam fazendo, onde estavam, o cenário, etc. Ao final desse procedimento de treino, foram apresentados novos *slides*, com e sem pessoas, e os pombos bicaram apenas naqueles que tinham humanos. Podemos dizer, com base nos resultados de Herrnstein e colaboradores, que os animais aprenderam o conceito de "ser humano".

No caso de humanos, a abstração é muito importante no âmbito da linguagem. Por exemplo, ao dizermos "isso é uma mesa" na presença de diversas mesas diferentes, o nosso comportamento está sob o controle de algumas propriedades dos estímulos "mesa", como conter um plano horizontal sustentado por alguma estrutura (p. ex., pés), plano este que é utilizado para apoiar outros objetos. Ao mesmo tempo, a emissão dessa resposta não é controlada por outras propriedades, como o tamanho, o número ou o formato dos pés, o formato do tampo, a altura, a cor, o material de que é feita, etc. Para ser considerada um exemplo de abstração, a resposta verbal "isto é uma mesa" não deve ocorrer na presença de outros estímulos que, muitas vezes, partilham certas propriedades com as mesas, como bancos e cadeiras, por exemplo.

A Figura 6.16 ilustra esse exemplo. No Painel A, temos o estímulo discriminativo na presença do qual a resposta verbal "isto é uma mesa" foi treinada com uma criança hipotética, por exemplo. No Painel B, temos estímulos na presença dos quais essa resposta será mais provável sem que haja novo treino. Conforme descemos para os Painéis C e D, a resposta verbal se torna menos provável, porque esses estímulos apresentam menos propriedades formais em comum com o estímulo do Painel A. Até esse ponto, temos um processo de generalização, já que o controle do comportamento se dá com base em similaridade formal. À medida que a resposta verbal "isto é uma mesa" ocorrer na presença dos estímulos dos Painéis B, C, D e E com maior ou menor probabilidade e apenas aquelas emitidas na presença dos estímulos do Painel B forem reforçadas, teremos um treino informal de abstração. Caso novas mesas sejam apresentadas, a resposta verbal "isto é uma mesa" será provável, ao passo que, na presença de outros estímulos, como bancos, macas e sofás, sua ocorrência terá menor probabilidade.

No caso da linguagem, os limites de conceitos cotidianos são determinados de forma não sistemática pelos membros de um grupo cultural específico. Por exemplo, quais são os limites dos conceitos "música popular brasileira" e "música sertaneja"? Para certos grupos de pessoas, uma canção de Sérgio Reis, por exemplo, seria considerada exemplar de música popular brasileira. Para outros, entretanto, seria tratada como exemplo de uma música sertaneja. Algumas pessoas poderiam classificar as composições do cantor Luan Santana como músicas sertanejas, enquanto outras pessoas poderiam classificá-las como músicas românticas ou música popular brasileira.

Reforçamento diferencial e adicional na abstração

Uma abstração também pode ser definida como uma generalização dentro de uma mesma classe e uma discriminação entre classes diferentes. Por exemplo, uma pessoa abstrai quando chama de ventilador diferentes tipos de ventiladores, ou seja, generaliza dentro da classe dos diferentes ventiladores. Ao mesmo tempo, essa pessoa deve discriminar entre ventila-

Figura 6.16
Exemplo de abstração. O Painel A mostra o estímulo discriminativo treinado, e os demais apresentam estímulos com diferentes probabilidades de evocar a resposta verbal "isto é uma mesa".

dores e outros estímulos, como exaustores, hélices de aviões, ventoinhas de carros, etc. Para alguém aprender isso, é necessário que ocorra reforçamento adicional, a fim de que sejam incluídos novos ventiladores à classe, e reforçamento diferencial para extinguir a resposta verbal "isto é um ventilador" na presença de outros estímulos. Portanto, o reforçamento adicional garante a generalização dentro de uma mesma classe, e o reforçamento diferencial estabelece a discriminação entre classes diferentes.

Encadeamento de respostas e reforçadores condicionados

Vimos que o comportamento produz consequências e que elas alteram a probabilidade de ele voltar a ocorrer. Chamamos de consequências reforçadoras aquelas que aumentam a probabilidade de um comportamento ocorrer. Algumas consequências do comportamento são filogeneticamente reforçadoras (não dependem de aprendizagem), como, por exemplo, a apresentação de água a um rato que está há 48 horas privado de hidratação. Discutimos até agora como aumentar a frequência do comportamento de pressão à barra de um rato privado de água, programando como consequência a apresentação do líquido. Dizemos que a água é um **estímulo reforçador incondicionado** para o comportamento do animal. O termo *incondicionado* especifica que não foi necessária uma história de aprendizagem para estabelecer a função reforçadora do estímulo. No entanto, a maioria dos comportamentos operantes que ocorrem no ambiente cotidiano não tem como consequência direta a produção de um estímulo reforçador incondicionado.

Por exemplo, um jovem que mora sozinho vai até a sua cozinha, abre a porta do armário, pega uma panela pequena e a enche até a metade com água. Então, acende o fogão e coloca a água para ferver. Depois, pega um pacote de macarrão instantâneo, abre-o e coloca-o na água. Espera cozinhar por sete minutos, escorre o macarrão e o tempera com o pó do sachê. Somente depois de emitir todos esses comportamentos em sequência o jovem tem acesso ao macarrão pronto para comer.

Poderíamos falar que a resposta de colocar o pó com o tempero foi reforçada com o macarrão pronto para comer. No entanto, uma série de comportamentos ocorreu antes que o indivíduo pudesse comer o macarrão. Cada um dos comportamentos que o jovem emitiu antes de colocar o pó de tempero produziu uma consequência. Por exemplo, abrir a porta do armário produziu como consequência o acesso à panela. Para que os comportamentos continuem ocorrendo, é necessário que sejam reforçados. Ao analisarmos os eventos que compuseram a preparação do macarrão, veremos que vários comportamentos ocorreram e produziram consequências. Estas, como veremos, foram necessárias para a emissão do comportamento seguinte, até que o último deles (i.e., colocar o pó de tempero) pudesse ser emitido e reforçado com a refeição pronta.

Voltando ao laboratório, vamos analisar o seguinte exemplo. Em um experimento para que o bebedouro de uma caixa de condicionamento operante possa ser acionado, o rato tem que pressionar a barra da direita, o que tem como consequência o acendimento de uma luz acima da barra. Estando a luz acesa, o rato deve pressionar a barra da esquerda, o que tem como consequência a apresentação de água. Para estabelecer esses comportamentos, a forma mais prática e eficaz é modelar o comportamento do rato privado de água por 48 horas de pressionar primeiro a barra da esquerda, utilizando-se a água como estímulo reforçador. Após o rato aprender a pressionar a barra da esquerda, faz-se um treino discriminativo para que ele a pressione somente quando uma luz estiver acesa. Em seguida, é possível modelar o comportamento de pressionar a barra da direita utilizando como reforço o acendimento da luz (Fig. 6.17).

Nesse experimento hipotético, se começássemos o treino no sentido oposto, teríamos a seguinte situação: se o rato pressionar a barra da direita, então a luz se acende. Entretanto, até esse ponto, o comportamento de pressionar a barra da esquerda com a consequência de apresentação da água ainda não havia sido estabelecido. Para um rato privado de água, a consequência "acender a luz" não teria função reforçadora. No entanto, se ensinamos, em um primeiro momento, que pressionar a barra da esquerda somente será reforçado com água na presença da luz, o seu acendimento passa a exercer uma função reforçadora sobre os comportamentos que a produzem. Como a luz passou a reforçar o comportamento de pressionar a barra da direita em decorrência de uma história de aprendizagem (i.e., o treino que estabeleceu a sua função discriminativa sobre a resposta de pressionar a barra da esquerda), dizemos que ela é um **estímulo reforçador condicionado** para essa resposta. Estímulos reforçadores condicionados, portanto, são aqueles que adquiriram a sua função reforçadora em decorrência de uma história de aprendizagem.

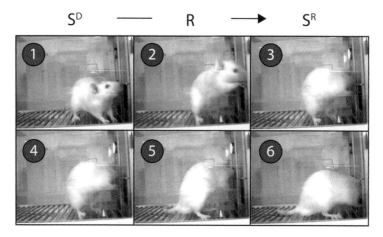

Figura 6.17

Encadeamento de respostas. Em uma cadeia comportamental, o elo entre as contingências é o reforço condicionado (Fotografias 3 e 4). Note que o estímulo reforçador condicionado e o S^D são o mesmo estímulo, isto é, a luz acesa.

A Figura 6.18 é um diagrama que representa as contingências envolvidas no exemplo desse experimento hipotético. Ela representa uma **cadeia comportamental**, também chamada de **encadeamento de respostas** ou **cadeia de respostas**, ou seja, uma sequência de comportamentos que produz uma determinada consequência final somente se diversos outros comportamentos forem emitidos. Cada comportamento produz consequências que servem de ocasião para a emissão do próximo comportamento da cadeia, até que o último deles produza o estímulo reforçador final. Para que o rato possa pressionar a barra da esquerda na presença da luz, produzindo água, ele precisa antes pressionar a da direita, que acende a lâmpada. Portanto, o acender da luz torna-se um estímulo reforçador condicionado para o comportamento de pressionar a barra da direita. Note que a consequência da Contingência 1 (S^R_1) é também o estímulo discriminativo para a Contingência 2 (S^D_2). O estímulo reforçador condicionado, assim, possui duas funções: (1) consequência reforçadora para o comportamento que a produz; e (2) estímulo discriminativo para a ocorrência do próximo comportamento da cadeia.

Estímulos reforçadores condicionados generalizados e estímulos reforçadores condicionados simples

Alguns estímulos reforçadores condicionados podem servir de estímulo discriminativo para muitas respostas diferentes. Denominamos tais estímulos reforçadores de **estímulos reforçadores condicionados generalizados**. São reforçadores porque aumentam a probabilidade de ocorrência de um comportamento, e são condicionados porque dependem de uma história de aprendizagem. Portanto, têm dupla função: estímulo discriminativo para o comportamento que sucede; e estímulo reforçador para o que o antecede. Por fim, são generalizados porque servem de estímulo discriminativo para várias respostas diferentes.

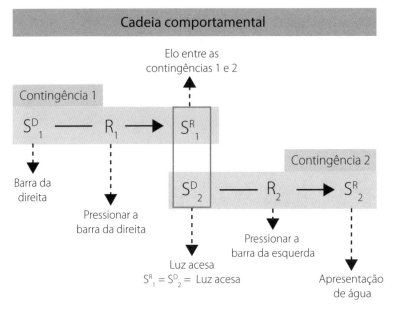

Figura 6.18
Em uma cadeia de respostas, o S^D é o elo entre as contingências. O mesmo estímulo que tem função de reforço condicionado para a Contingência 1 funciona como S^D para a Contingência 2.

Um bom exemplo de estímulo reforçador condicionado generalizado é o dinheiro. Dinheiro em mãos funciona como estímulo discriminativo para uma infinidade de comportamentos. Por exemplo, comer em restaurante, matricular-se em uma faculdade, pegar um táxi, comprar um livro, assistir a um filme no cinema, etc. Uma característica do estímulo reforçador condicionado generalizado é que a sua efetividade não depende de uma privação específica. No entanto, há outros estímulos reforçadores condicionados que dependem de uma privação específica e funcionam como estímulo discriminativo para uma classe de respostas específica. Estes são chamados de **estímulos reforçadores condicionados simples**. No exemplo do experimento hipotético anterior, a consequência do comportamento do rato de pressionar a barra da direita era o acendimento da luz, que é um estímulo reforçador condicionado simples. Nesse caso, para que o aparecimento da luz tenha efeito reforçador, é necessária uma privação específica: o animal deve estar privado de água. Além disso, a luz acesa só tem função discriminativa para o comportamento de pressionar a barra da direita.

Outro importante estímulo reforçador condicionado generalizado é a atenção. Por exemplo, para que um pedido de alguém seja atendido, é necessário que a outra pessoa atente à solicitação, ou seja, fique sob o controle discriminativo do pedido propriamente dito. A atenção dada pelos pais às crianças é um excelente exemplo de estímulo reforçador condicionado generalizado porque, ao atentarem aos comportamentos de seus filhos, os pais podem disponibilizar uma grande variedade de outros reforçadores aos seus mais diversos pedidos. Sem a atenção, provavelmente, os pedidos não serão reforçados, já que o comportamento dos pais não estará sob o controle discriminativo dos pedidos dos filhos.

Desse modo, a atenção possui uma forte função reforçadora condicionada, sendo capaz de estabelecer e manter diversos comportamentos, como os de fazer birra, gritar, tirar a roupa no meio da rua, pedir algo, contar o que aprendeu na escola, entre outros. A Figura 6.19 ilustra a função de estímulo discriminativo e o reforçador condicionado da atenção.

Quando falamos de adultos, a atenção também exerce forte função reforçadora junto com a admiração, o pertencimento, o *status*, o respeito e o poder. Esses termos, a despeito de não pertencerem ao vocabulário da Análise do Comportamento, são frequentemente utilizados na linguagem cotidiana para resumir estímulos reforçadores condicionados generalizados. Em decorrência de sua grande eficácia reforçadora, esses tipos de estímulos reforçadores condicionados generalizados são os principais determinantes de diversos comportamentos humanos, como estudar, trabalhar, comprar, fazer amizades, praticar esportes, namorar, entre diversos outros. É preciso lembrar, é claro, que o controle que esse tipo de reforçador exercerá sobre o comportamento irá variar de pessoa para pessoa a depender da história de reforçamento de cada uma.

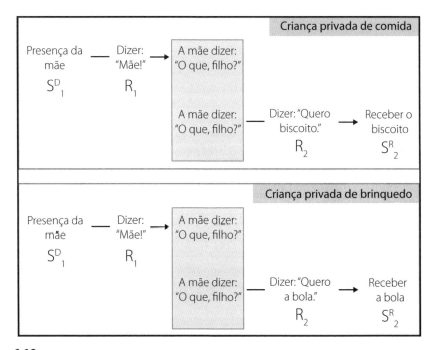

Figura 6.19
A atenção como estímulo reforçador condicionado generalizado. A atenção pode funcionar como um estímulo reforçador condicionado generalizado porque reforça diversas classes de respostas, independentemente de privações específicas, sendo também um estímulo discriminativo para a ocorrência de diversas outras classes de respostas.

Principais conceitos apresentados neste capítulo

Conceito	Descrição	Exemplo
Controle de estímulos	Controle exercido sobre o comportamento operante pelos estímulos que o antecedem: o contexto em que o comportamento ocorre.	Contar piadas de baixo calão na frente dos amigos, mas não na presença dos pais ou professores.
Estímulo discriminativo (S^D)	Estímulos correlacionados com o reforçamento, ou seja, na sua presença, a resposta é provavelmente reforçada.	Um caixa de supermercado aberto é um estímulo discriminativo para passar as compras.
Estímulo delta (S^Δ)	Estímulos correlacionados com a extinção, ou seja, na sua presença, a resposta provavelmente não será reforçada.	Um caixa de supermercado fechado é um estímulo delta para a resposta de passar as compras.
Comportamento operante discriminado	Comportamento operante que está sob o controle de estímulos antecedentes e consequentes, ou seja, tem a sua probabilidade de ocorrência afetada pela presença ou pela ausência de estímulos discriminativos.	Responder uma pergunta apenas quando ela é feita.
Treino discriminativo	Procedimento utilizado para estabelecer o controle de estímulos: consiste em reforçar o comportamento na presença do S^D e extingui-lo na presença do S^Δ.	Tentar abrir uma fechadura e conseguir fazê-lo com a chave correta e tentar abrir uma fechadura com a chave errada e não ter êxito.
Classes de estímulos	Conjunto de estímulos que fornecem contexto (ocasião) para uma mesma resposta.	Conjunto de diferentes ventiladores que servem de ocasião para a resposta verbal "isto é um ventilador".
Classes funcionais	Classe de estímulos baseada na função de cada estímulo.	Dizer "isto é um instrumento musical" na presença de qualquer instrumento musical.
Abstração (abstrair)	Responder sob o controle de determinadas propriedades de um estímulo, mas não sob o controle de outras.	Dizer "isto é uma mesa" na presença de qualquer mesa, independentemente de cor, tamanho, textura, etc., mas não fazê-lo na presença de um banco, de um sofá, de uma cadeira, etc.

Conceito	Descrição	Exemplo
Cadeia de respostas	Sequência de comportamentos que resulta na produção de um reforçador final.	Ver um garçom; garçom olhar de volta; chamá-lo; garçom vir; pedir uma cerveja na presença dele; receber a bebida.
Reforçador condicionado	Estímulo que adquire propriedade reforçadora por aprendizagem (após tornar-se um S^D). Pode ser simples ou generalizado.	A presença do garçom junto à mesa do bar reforça o comportamento de chamá-lo por funcionar como estímulo discriminativo para o comportamento de pedir uma cerveja.

Questões de Estudo

1. Analise as proposições a seguir sobre controle de estímulos.

I. Para um cidadão respeitador das leis de trânsito, o sinal vermelho em um cruzamento é um S^Δ para o comportamento de prosseguir.

II. Para um cidadão respeitador das leis de trânsito, uma placa de "PARE" em um cruzamento é um S^D para o comportamento de prosseguir.

III. No geral, a "cara feia" do chefe é S^Δ para o comportamento do funcionário de pedir para sair mais cedo do trabalho em um determinado dia.

De acordo com o referencial teórico da Análise do Comportamento, a sequência correta de proposições verdadeiras e falsas é:

a. V, F, V
b. F, F, V
c. V, F, F
d. V, V, F
e. F, V, V

2. De acordo com o referencial teórico da Análise do Comportamento, podemos dizer que o estímulo discriminativo:

I. Sinaliza a ocorrência de extinção caso uma resposta seja emitida.

II. Fornece contexto para a emissão de uma resposta.

III. Sinaliza que uma resposta será colocada em extinção caso ocorra.

A sequência correta de proposições verdadeiras e falsas é:

a. F, F, V
b. V, V, F
c. F, V, V
d. V, F, F
e. F, V, F

3. De acordo com o referencial teórico da Análise do Comportamento, a unidade básica de análise do comportamento operante discriminado é

a. a consequência do comportamento
b. a resposta
c. a contingência tríplice
d. o ambiente
e. o comportamento propriamente dito

4. Analise as proposições seguintes sobre controle de estímulos:

I. Dizer "gato" na presença de um gato, mas não na presença de um cachorro, é um exemplo de discriminação de estímulos.
II. Chamar seu tio pelo nome de um outro tio muito parecido com o primeiro pode ser um exemplo de discriminação de estímulos.
III. A entrada de um gato em uma sala é um S^Δ para o comportamento de alguém que está na sala dizer "Olhe! Um gato!".

De acordo com o referencial teórico da Análise do Comportamento, a sequência correta de proposições verdadeiras e falsas é:

a. F, V, F
b. V, V, F
c. F, F, V
d. V, F, F
e. V, F, V

5. De acordo com o referencial teórico da Análise do Comportamento, o S^Δ é o estímulo correlacionado com:

a. a punição de uma resposta
b. a extinção de uma resposta
c. o reforçamento de uma resposta
d. a generalização de um estímulo
e. o condicionamento de um estímulo

6. De acordo com o referencial teórico da Análise do Comportamento, um mesmo estímulo, em uma cadeia comportamental, pode ter duas funções distintas, a saber:
   a. estímulo reforçador condicionado e estímulo discriminativo
   b. estímulo neutro e estímulo condicionado
   c. estímulo reforçador incondicionado e estímulo delta
   d. estímulo punitivo condicionado e estímulo incondicionado
   e. estímulo discriminativo e estímulo delta

7. De acordo com o referencial teórico da Análise do Comportamento, estímulos reforçadores condicionados generalizados (como o dinheiro, por exemplo) se caracterizam por:
   a. dependerem de operações de privação específicas
   b. serem estímulos cujo valor reforçador é inato para uma determinada espécie animal
   c. não dependerem de operações de privação específicas
   d. serem pouco relevantes para a compreensão do comportamento humano
   e. serem estímulos que não dependem de uma história de aprendizagem específica para ter valor reforçador

8. De acordo com o referencial teórico da Análise do Comportamento, uma sequência de comportamentos que produz um reforçador final pode ser chamada de:
   a. comportamento respondente
   b. dessensibilização sistemática
   c. cadeia comportamental
   d. gradiente de generalização de estímulos
   e. modelagem comportamental

9. Marque qual das sentenças a seguir é um exemplo de generalização de estímulos operante:
   a. Chamar um tigre de "tigre" e um gato de "gato".
   b. A eliciação da resposta de palpitação na presença de diferentes seringas.
   c. Emitir a resposta verbal "isto é um bolo" na presença de um bolo de cenoura, de um bolo de chocolate e de um bolo de baunilha.
   d. Responder "presente" quando ouvir seu nome durante a chamada.
   e. Usar um batom claro para um evento de dia e um batom escuro para um evento de noite.

10. Quanto ao comportamento de abstrair, marque a sentença incorreta:

a. Abstrair é formar um conceito mental que permitirá discriminar e generalizar.

b. A abstração envolve o controle por uma ou algumas propriedades de diferentes estímulos.

c. A discriminação e a generalização ocorrem na abstração.

d. Uma forma de definir a abstração é a ocorrência de uma generalização dentro da mesma classe de estímulos e discriminação entre classes diferentes.

e. O outro nome dado à abstração é formação de conceitos.

Gabarito: 1. a; 2. e; 3. c; 4. d; 5. b; 6. a; 7. c; 8. c; 9. c; 10. a.

Bibliografia consultada, citada e sugestões de leitura

Catania, A. C. (1999). *Aprendizagem: comportamento, linguagem e cognição*. (4. ed.) Porto Alegre: Artmed.

Herrnstein, R. J., Loveland, D. H., & Cable, C. (1976). Natural concepts in pigeons.*Journal of Experimental Psychology: Animal Behavior Processes, Vol 2*(4), 285-302.

Millenson, J. R. (1975). *Princípios de análise do comportamento*. Brasília: Coordenada. (Obra original publicada em 1967).

Reynolds, G. S. (1961). Attention in the pigeon. *Journal of the Experimental Analysis of Behavior*, 4(3), 203–208. Recuperado de https://www.ncbi.nlm.nih.gov/pmc/articles/PMC1404062/pdf/jeabehav00196-0021.pdf.

Skinner, B. F. (2003). *Ciência e comportamento humano*. São Paulo: Martins Fontes. (Obra original publicada em 1953).

7

Esquemas de reforçamento

Objetivos do capítulo

Ao final deste capítulo, espera-se que o leitor seja capaz de:
1. Diferenciar esquemas de reforçamento contínuo de esquemas de reforçamento intermitente;
2. Definir esquemas de reforçamento intermitente;
3. Definir e dar exemplos de esquemas de reforçamento de intervalo fixo;
4. Definir e dar exemplos de esquemas de reforçamento de intervalo variável;
5. Definir e dar exemplos de esquemas de reforçamento de razão fixa;
6. Definir e dar exemplos de esquemas de reforçamento de razão variável;
7. Descrever os padrões comportamentais gerados por esquemas de intervalo fixo e variável e de razão fixa e variável;
8. Definir e dar exemplos de resistência à extinção;
9. Especificar o efeito de diferentes esquemas de reforçamento sobre a resistência à extinção;
10. Definir e dar exemplos de esquemas de reforçamento não contingente;
11. Relacionar esquemas de reforçamento não contingente a comportamentos supersticiosos;
12. Definir e dar exemplos dos esquemas DRL, DRH e DRO;
13. Definir e dar exemplos dos esquemas múltiplos, mistos, encadeados e concorrentes;
14. Aplicar os conceitos dos diferentes esquemas de reforçamento à análise de comportamentos cotidianos.

Nem todas as respostas são reforçadas quando ocorrem: nem sempre ganhamos uma aposta e nem sempre que jogamos somos vencedores; nem todas as vezes que vamos a um bar é divertido; não é sempre que encontramos o pão de queijo há pouco saído do forno na cantina; nem sempre tiramos uma nota boa quando estudamos; e nem todos os nossos pedidos são atendidos. Isso quer dizer que muitos dos nossos comportamentos são apenas intermitentemente reforçados. Portanto, um comportamento não precisa ser reforçado todas as vezes para continuar a ocorrer. O conceito de **esquema de reforçamento** diz respeito, justamente, a quais critérios uma resposta ou conjunto de respostas deve atingir para que ocorra o reforçamento. Em outras palavras, descreve como se dá a contingência de reforço, ou seja, a quais condições as respostas devem obedecer para que o estímulo reforçador seja liberado. Existem dois tipos principais de esquemas de reforçamento: contínuo e intermitente.

Esquema de reforçamento contínuo e esquemas de reforçamento intermitente

No **esquema de reforçamento contínuo**, toda resposta é seguida da apresentação de um estímulo reforçador. Esse esquema é chamado de esquema de reforçamento contínuo, designado pela sigla **CRF**, que deriva do termo em inglês *continuous reinforcement*. Exemplos de reforçamento contínuo são comuns, como no caso de quem compra um carro novo com bateria nova e tanque cheio: toda vez que se gira a chave, o motor começa a funcionar. É o caso também daquele namorado amoroso que aceita todos os convites de sua namorada. Nesses exemplos, dizemos que as respostas (girar a chave e convidar para sair) sempre são seguidas de seus reforçadores, ou seja, são continuamente reforçadas. Já no esquema de reforçamento intermitente, que será visto em detalhes mais adiante, algumas respostas são reforçadas e outras não. Veja a diferença entre o CRF e um esquema intermitente na Figura 7.1. Note que, no CRF, todas as vezes em que o comportamento ocorre – no exemplo, pressionar a barra –, ele é reforçado com a apresentação de água, o que não acontece no esquema de reforçamento intermitente.

No dia a dia nem todos os comportamentos que emitimos são reforçados. Falamos, nesses casos, de **esquemas de reforçamento intermitente**. A característica definidora desses esquemas é o fato de que nem todas as respostas são seguidas de consequências reforçadoras, isto é, apenas algumas respostas são reforçadas. Um exemplo comum diz respeito a checar as notificações de sua rede social, tendo como consequência novas curtidas em uma fotografia que você postou recentemente. Nem sempre serão encontrados novos *likes*. Provavelmente, algumas vezes você encontrará, outras não. O comportamento de checar as notificações de sua rede social, nesse caso, é mantido por um esquema de reforçamento intermitente.

Os principais esquemas de reforçamento intermitente

Existem quatro tipos principais de esquemas de reforçamento intermitente: **razão fixa**, **razão variável**, **intervalo fixo** e **intervalo variável**. Nos esquemas de razão, isto é, razão fixa e razão variável, o requisito para a liberação da consequência reforçadora é o número de

PRINCÍPIOS BÁSICOS DE ANÁLISE DO COMPORTAMENTO   **157**

Figura 7.1
Reforçamento contínuo e reforçamento intermitente. Na coluna da esquerda, todas as respostas de pressão à barra produzem a apresentação da água como consequência reforçadora, o que ilustra um esquema de reforçamento contínuo. Já na coluna da direita, apenas algumas respostas resultam na produção da água, o que ilustra um esquema de reforçamento intermitente.

respostas emitidas. Já nos esquemas de intervalo, isto é, intervalo fixo e intervalo variável, o principal requisito é a passagem de certo período de tempo desde o reforçamento da última resposta. O esquema de razão fixa é representado pela sigla **FR**, do inglês *fixed ratio*. Já o esquema de razão variável é representado pela sigla **VR**, do inglês *variable ratio*. O esquema de intervalo fixo, por sua vez, é representado pela sigla **FI**, do inglês *fixed interval*. O esquema de intervalo variável, por fim, é representado pela sigla **VI**, do inglês *variable interval*.

Esquemas de reforçamento intermitente de razão

Os esquemas de razão caracterizam-se por exigirem certo número de respostas para a apresentação de cada estímulo reforçador. Ou seja, para que o reforçador seja apresentado, é necessário que o organismo emita mais de uma resposta. Conforme mencionado anteriormente, existem dois tipos principais de esquemas de razão: razão fixa e razão variável.

Razão fixa. Nesse esquema, o número de respostas exigido para a apresentação de cada estímulo reforçador é sempre o mesmo. Em outras palavras, o organismo deve emitir um número sempre igual de respostas para que o seu comportamento seja reforçado. Por exemplo, Joãozinho está na aula de educação física. Para poder ser liberado para beber água, ele deve dar 10 voltas correndo ao redor da quadra de basquete. Assim, toda vez que completa as 10 voltas, o professor o autoriza a ir ao bebedouro. Outro exemplo comum de reforçamento em esquema de razão fixa é aquele adotado em fábricas que pagam seus funcionários por número de peças produzidas. Digamos, por exemplo, que são pagos R$ 10,00 a cada cinco pares de sapatos produzidos pelo artesão. Nesse caso, dizemos que o comportamento de produzir os sapatos está em um esquema de reforçamento de razão fixa 5 ou, utilizando a sigla, FR 5. Esse termo resume a contingência de que são necessárias cinco respostas para a apresentação de cada estímulo reforçador.

Fonte: www.shutterstock.com/Iakov Filimonov/Joyful mature workman repairing pair of shoes at workshop

Um exemplo de aplicação do uso de razão fixa com seres humanos pode ser visto no estudo de Cohen, Chelland, Ball e LeMura (2002). Esses autores realizaram um experimento no qual três universitárias tiveram seus comportamentos de pedalar uma bicicleta estacionária (ergométrica) reforçados em esquemas de razão fixa: FR 20, FR 40 e FR 80. Uma resposta de pedalar era definida pela ocorrência de uma volta completa no pedal da bicicleta. Na condição de FR 20, por exemplo, a cada 20 voltas completas era apresentado o estímulo reforçador – no caso, dinheiro e exibição de videoclipes. O uso de esquemas de reforçamento de FR aumentou o tempo de exercício das estudantes. Os autores concluíram, portanto, que o uso de esquemas de FR pode ser uma estratégia eficaz para iniciar e manter a aderência ao exercício físico.

Razão variável. Nesse esquema de reforçamento intermitente, o número de respostas necessárias para a apresentação do estímulo reforçador se modifica a cada nova apresentação. Um típico exemplo de comportamento mantido em esquema de reforçamento de razão variável é jogar em máquinas caça-níqueis. Por exemplo, a pessoa puxa a alavanca da máquina 117 vezes e ganha algumas moedas. Depois disso, ela talvez acione a alavanca outras 62 vezes até ganhar novamente, e assim por diante. Note que o número de respostas de puxar a alavanca da máquina variou entre a apresentação dos reforçadores.

Podemos supor também que alguns *videogames* de tiro apresentam contingências de reforçamento de razão variável. Em um jogo de tiros, o número de disparos necessários para matar diferentes inimigos nem sempre é o mesmo. Assim, tomando-se a morte dos personagens inimigos como consequência reforçadora, o número de disparos varia para cada morte, o que se configura em um esquema de razão variável.

Quando dizemos que um comportamento está sendo reforçado em um esquema de razão variável 30 (VR 30), estamos afirmando que, em média, a cada 30 respostas, uma é reforçada. Examinemos o seguinte exemplo no qual as respostas de pressão à barra de um

rato são reforçadas em VR 30 com a apresentação de água. Ao longo de uma sessão, os reforçadores foram apresentados 20 vezes. A Tabela 7.1 indica quantas das respostas emitidas resultaram na liberação de cada um dos 20 reforçadores. Note, por exemplo, que o primeiro estímulo reforçador foi apresentado após a ocorrência de 16 respostas; já o segundo, após 40 respostas. Se somarmos o total de respostas ocorridas apresentado na tabela, temos 600 respostas para um total de 20 reforçadores. Dividindo um valor pelo outro, teremos 30, o que significa que, em média, foram necessárias 30 respostas para cada reforçador. Por esse motivo, denominamos esse esquema de VR 30.

Um exemplo de aplicação do esquema de razão variável no controle do comportamento humano pode ser visto no estudo de De Luca e Holborn (1992). Esses autores realizaram um experimento com o objetivo de avaliar o efeito de esquemas de VR sobre o comportamento de pedalar (bicicletas estacionárias) em criança obesas e não obesas. Seis meninos de 12 anos, sendo três obesos e três não obesos, participaram de sessões diárias de até 30 minutos por um total de 12 semanas. No início de cada sessão, era dada a seguinte instrução ao participante: "pedale pelo tempo que você quiser". A sessão acabava após 30 minutos ou quando o participante descia da bicicleta. Na condição de linha de base (LB), registrava-se o tempo de exercício e o número médio de pedaladas por minuto. Com base no número médio de pedaladas por minuto apresentado na LB, era estabelecido o valor do primeiro VR, que era estipulado aumentando-se em 15% o número médio de pedaladas. Gradualmente, o valor da razão do esquema de VR foi elevado mais duas vezes, aumentando sempre 15% em relação ao número médio de pedaladas por minuto apresentado na condição anterior. A condição de LB foi novamente apresentada, sendo seguida do maior valor de VR apresentado. Por exemplo, para um dos participantes obesos, a sequência das condições experimentais foi LB, VR 70, VR 95, VR 100, LB, VR 100. Nas sessões de VR havia uma luz vermelha e uma campainha conectadas à bicicleta estacionária. Quando o número de pedaladas atingia o critério estabelecido por cada esquema, a luz acendia e a campainha soava, sinalizando ao participante que ele havia ganhado um ponto. Ao final da pesquisa, os participantes poderiam trocar os seus pontos por itens de uma lojinha, como, por exemplo, *videogames* portáteis, lanternas, carros em miniatura, pipas e gibis.

TABELA 7.1 Exemplo de esquema de razão variável	
Reforçador	Número de respostas
1º	16
2º	40
3º	12
4º	35
5º	30
6º	13
7º	15
8º	25
9º	50
10º	30
11º	30
12º	10
13º	35
14º	45
15º	47
16º	30
17º	29
18º	48
19º	20
20º	40
Média	30

De Luca e Holborn encontraram, em seu estudo, que a média de pedaladas por minuto nas condições de razão variável foi superior à apresentada nas duas condições de LB, tanto para as crianças obesas quanto para as não obesas (Fig. 7.2). Além disso, é possível observar, com base na Figura 7.2, que, quanto maior a razão do esquema, maior o número médio

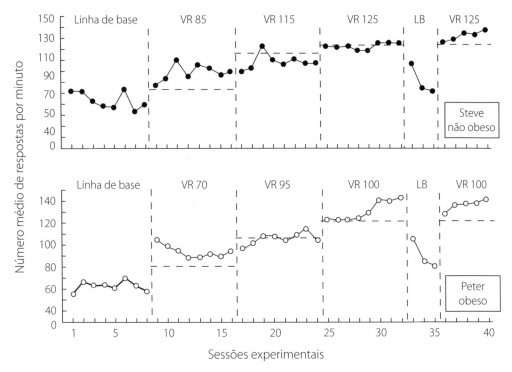

Figura 7.2
Número médio de pedaladas por minuto por sessão para dois participantes do estudo de De Lucca e Holborn (1992) em função das condições experimentais. Foram selecionados os dados desses dois participantes por representarem satisfatoriamente os resultados dos demais sujeitos.
Fonte: Adaptada de De Lucca & Holborn (1992, Figura 1, p. 674).

de pedaladas por minuto. Os autores concluíram, portanto, que os esquemas de razão variável foram eficazes no estabelecimento e na manutenção da prática de atividade física em crianças obesas e não obesas.

Esquemas de reforçamento intermitente de intervalo

Nos esquemas de reforçamento de intervalo, o número de respostas emitidas não é relevante, bastando a ocorrência de uma única para que o estímulo reforçador seja apresentado. No entanto, essa resposta somente será reforçada de tempos em tempos. Nos esquemas de intervalo, portanto, o tempo decorrido desde a apresentação do último estímulo reforçador é o principal critério para que uma determinada resposta seja reforçada. De forma similar aos esquemas de razão, os esquemas de intervalo podem ser fixos ou variáveis.

Intervalo fixo. Nesse esquema, a primeira resposta emitida após a passagem de um período específico de tempo é reforçada. O intervalo entre a apresentação do último reforçador e a disponibilidade do próximo é sempre o mesmo para todos os reforçamentos. Daí o nome intervalo fixo, ou seja, os reforçadores estarão disponíveis depois de transcorridos intervalos fixos.

Um exemplo cotidiano de um comportamento reforçado em esquema de intervalo fixo é o de um adolescente que tem seus pedidos de dinheiro atendidos pelos pais somente após cinco dias desde a última solicitação atendida. Se ele recebeu dinheiro em um sábado, por exemplo, o dinheiro estará disponível, caso um novo pedido seja feito, a partir da quinta-feira, isto é, após cinco dias. Durante esse ínterim, respostas de pedir dinheiro não serão reforçadas. Podemos dizer, assim, que o comportamento de pedir dinheiro desse adolescente é reforçado em um FI 5 dias.

Analisemos agora um exemplo com um rato em uma caixa de condicionamento operante. Caso as suas respostas de pressão à barra sejam reforçadas em FI 60 segundos, essas respostas só serão reforçadas quando tiver passado um minuto desde o último reforçamento. Quando a resposta de pressão à barra é reforçada, um cronômetro é disparado, contando o tempo até 60 segundos. Transcorrido esse intervalo, a primeira resposta emitida será reforçada. O cronômetro é zerado, sendo disparado outra vez até atingir 60 segundos, quando a próxima resposta será reforçada. O processo se repetirá para todos os reforçadores.

É importante ressaltar que, em ambos os exemplos, o estímulo reforçador somente será apresentado caso o organismo se comporte. Ou seja, se o adolescente não pedir o dinheiro e se o rato não pressionar a barra, não haverá reforçamento em intervalo fixo. Portanto, além da passagem do tempo como critério para o reforçamento, é necessário que pelo menos uma resposta ocorra.

Intervalo variável. O esquema de reforçamento intermitente de intervalo variável é similar ao de intervalo fixo, com a diferença de que os intervalos entre a apresentação do último estímulo reforçador e a do seguinte não são os mesmos, ou seja, são variáveis. Exemplos desse esquema são mais comuns que os de intervalo fixo. O comportamento de trocar de estação do rádio do carro até encontrar uma música de que você goste pode ser considerado um

Fonte: www.shutterstock.com/Iakov Filimonov/Smiling middle aged dad giving petty cash to teenage son

Fonte: www.shutterstock.com/GaudiLab/Skilled experienced afro american female executive manager having online conversation with employee making remote job being in business trip using laptop and wifi sitting on copy space for advertising.

exemplo de um comportamento reforçado em esquema de intervalo variável. Às vezes a resposta de trocar de estação somente é reforçada após se terem passado cinco minutos desde a última música que agradou, às vezes após 13 minutos, e assim por diante.

O comportamento de procurar anúncios de vagas de estágio em psicologia também pode ser reforçado em esquemas de reforçamento de intervalo variável. De tempos em tempos, essa resposta é reforçada pela presença de algum anúncio novo, mas o tempo varia de reforçamento para reforçamento. Não há uma regularidade temporal como no caso do intervalo fixo: você pode encontrar um anúncio após dois dias de procura, e só encontrar o seguinte cinco dias depois, e o próximo, três dias após o último. Dessa forma, temos um esquema de intervalo variável de três dias, ou VI 3 dias, pois a cada três dias, em média, o comportamento de procurar anúncios é reforçado (10 dias divididos por três reforçamentos).

Padrões comportamentais gerados por esquemas de reforçamento intermitente

Cada um dos quatro esquemas vistos até agora produz um padrão comportamental característico em estado estável. Nos experimentos com esquemas de reforçamento, existem dois tipos de dados principais:

1. Dados de transição – são aqueles observados quando o comportamento do organismo acabou de ser submetido a um novo esquema de reforçamento. Nesse caso, o padrão comportamental terá características da contingência anterior e da nova contingência. Dizemos, portanto, que o seu comportamento ainda não está adaptado ao novo esquema de reforçamento, mantendo características do padrão comportamental do esquema anterior. Os dados de transição são úteis para estudar os efeitos de história de reforçamento.

2. Dados em estado estável – são aqueles observados quando há pouca diferença entre os padrões comportamentais das sessões experimentais nas quais o mesmo esquema é utilizado. Para se obter dados em estado estável é necessário que o comportamento do organismo seja submetido a várias sessões com o mesmo esquema de reforçamento. Os padrões comportamentais apresentados a seguir são observados em estado estável.

Razão fixa. O padrão comportamental gerado por esquemas de razão fixa é caracterizado por pequenas pausas pós-reforçamento e alta taxa de respostas (Fig. 7.3). A **pausa pós-reforçamento** consiste no tempo decorrido entre a apresentação do estímulo reforçador e o reinício do responder. Uma possível explicação para a ocorrência desse fenômeno é a ausência de reforçamento logo após a apresentação do último estímulo reforçador. A apresentação do reforçador, portanto, poderia exercer a função de estímulo delta para o comportamento mantido em esquema de razão fixa. Após a pausa, o responder se inicia com uma alta taxa que permanece relativamente constante até o próximo reforçamento. A **taxa de respostas** é uma importante medida do comportamento operante. Ela é calculada dividindo-se o número de respostas ocorridas pelo intervalo de tempo no qual ocorreram. Quanto mais respostas ocorrerem em um dado período, maior será essa taxa. Quando dizemos que o padrão comportamental de FR é caracterizado por altas taxas de resposta, estamos dizendo que muitas respostas ocorrem em um curto intervalo de tempo. Os termos "muito" e "alta" são utilizados em comparação às taxas de respostas produzidas por outros esquemas, como veremos mais adiante. Da mesma forma, quando dizemos que os esquemas de razão fixa geram curtas pausas pós-reforçamento, estamos utilizando o termo "curtas" em comparação às pausas pós-reforçamento observadas em outros esquemas de reforçamento.

No canto superior esquerdo da Figura 7.3, vemos um gráfico estilizado de frequência acumulada de respostas mantidas em um esquema de razão fixa. Note que a curva dessa frequência apresenta uma grande inclinação em relação ao eixo X. Em gráficos de frequência acumulada, quanto maior a inclinação da curva, maior é a taxa de respostas. Na curva de frequência acumulada do gráfico de FR é possível observar segmentos que são paralelos ao eixo X, o qual representa a passagem do tempo. Esses segmentos indicam que, naquele momento, nenhuma resposta estava ocorrendo. Como essas pausas no responder ocorrem após o reforçamento, elas são chamadas de pausa pós-reforçamento.

Considerando as características do padrão comportamental gerado por esquemas de FR, podemos fazer duas análises com relação às situações cotidianas. Primeiramente, temos uma ferramenta útil para entendermos por que certos comportamentos ocorrem em altas taxas de respostas, bem como a razão para a ocorrência de pausas após a apresentação do reforço, mesmo que estas resultem em menos reforçadores em longo prazo. Em segundo lugar, temos um referencial teórico e empírico para arranjarmos condições visando que um comportamento ocorra em alta frequência quando isso, por algum motivo, for importante. Tomemos como exemplo o ato de fazer exercícios físicos. Em muitos casos, é importante que as pessoas façam exercícios físicos com certa frequência. Esquemas de FR podem ser eficazes nesse sentido, conforme demonstrado pelo estudo de Cohen e colaboradores (2002), no qual a frequência do comportamento de pedalar uma bicicleta ergométrica foi aumentada manipulando-se o tamanho da razão de esquemas de FR (FR 20, FR 40 e FR 80).

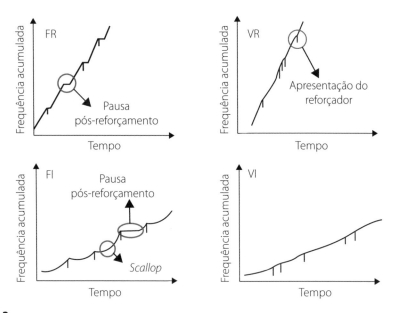

Figura 7.3
Padrões comportamentais produzidos por cada esquema – registros cumulativos estilizados para destacar as características de cada padrão comportamental.

Pela sua eficácia em produzir altas taxas de respostas, os esquemas de FR têm sido utilizados na indústria, dada a importância da alta produtividade para maximizar os lucros. São comuns casos em que uma certa quantia é paga após a execução de um número específico de peças, como no exemplo dos calçados visto anteriormente. Em um primeiro momento, pode parecer que o uso de esquemas de FR seja a solução ideal para comportamentos relacionados à indústria e ao trabalho. De um lado, o empregador terá empregados mais produtivos, e, de outro, os empregados podem ganhar mais caso trabalhem mais rápido. No entanto, existem questões éticas que precisam ser consideradas, uma vez que a pesquisa científica sugere que esquemas de razão podem ter propriedades aversivas, as quais têm o potencial de gerar os subprodutos do controle aversivo discutidos no Capítulo 4.

Razão variável. O padrão comportamental gerado por esquemas de razão variável é caracterizado por altas taxas de respostas e pausas pós-reforçamento praticamente ausentes e/ou irregulares. No canto superior direito da Figura 7.3, temos um gráfico de frequência acumulada de um comportamento mantido em esquema de razão variável. A curva de frequência acumulada nesse gráfico também apresenta uma grande inclinação, indicando uma alta taxa de respostas.

Ao contrário da curva de um comportamento mantido em FR, não há segmentos horizontais na curva obtida quando um comportamento é mantido em razão variável (ver Fig. 7.3), isto é, não há pausas pós-reforçamento. Em um esquema de razão variável, o reforçamento pode ocorrer após a emissão de uma ou várias respostas. Dessa forma, a apresentação do estímulo reforçador dificilmente adquirirá a função de estímulo delta para o responder. Essa é uma possível explicação para a ausência de pausas pós-reforçamento ou para a ocorrência de pausas irregulares nos esquemas de razão variável.

As mesmas possibilidades de aplicação discutidas quanto ao esquema de FR, em termos de altas taxas de respostas, também são válidas para o esquema de razão variável. Entretanto, arranjar condições de reforçamento características dos esquemas de razão variável em situações cotidianas pode ser consideravelmente mais difícil. Por exemplo, em uma indústria com um sistema de pagamento no qual o empregado recebe por unidades produzidas, seria uma situação estranha o empregador não especificar quantos pares de sapato o empregado deve produzir para receber o pagamento. Em contrapartida, há situações cotidianas não programadas nas quais uma análise das contingências de reforçamento revelará o arranjo de condições de reforçamento similares aos esquemas de razão variável (VR) e nos ajudará a entender por que certos comportamentos ocorrem em altas taxas.

Considere o exemplo de um garoto que insiste em continuar telefonando para a sua ex-namorada e o faz com alta taxa de respostas. Ocasionalmente, ela atende após cinco ligações, em outro momento, após 12 ligações, num terceiro, após duas ligações apenas, e assim por diante. De maneira não planejada, a ex-namorada está arranjando condições de reforçamento equivalentes a um VR. Ao fazê-lo, ela mantém o comportamento de telefonar do ex-namorado em alta taxa – presumindo-se que o simples fato de ela atender o telefone, independentemente do que fale, tenha a função reforçadora para esse comportamento.

Intervalo fixo. O padrão comportamental gerado pelo esquema de reforçamento de intervalo fixo é caracterizado por baixas taxas de respostas e por longas e consistentes pausas pós-reforçamento. Além disso, após a pausa, a taxa de respostas aumenta rapidamente e, então, se mantém estável até a apresentação do estímulo reforçador. Esse aumento na taxa de resposta é chamado de *scallop*. No canto inferior esquerdo da Figura 7.3 temos um gráfico de frequência acumulada de um comportamento mantido em esquema de intervalo fixo (FI). A inclinação da curva é menor que as observadas nos esquemas de razão, o que mostra uma menor taxa de respostas. Também é possível notar vários segmentos longos na curva que são paralelos ao eixo X. Esses segmentos, como já exposto, indicam a ausência de ocorrência de respostas, ou seja, as longas e consistentes pausas pós-reforçamento características dos comportamentos mantidos em esquema de reforçamento intermitente de intervalo fixo. Quando a curva volta a ter inclinação, nota-se um aumento rápido na inclinação da curva. Essa mudança rápida é o *scallop* propriamente dito.

O FI é o esquema que produz as menores taxas de respostas. Possivelmente, isso acontece por duas razões: 1) é exigida apenas uma resposta ao final do intervalo, que é sempre o mesmo, para que o estímulo reforçador seja apresentado. Ou seja, respostas ao longo do intervalo nunca são reforçadas (extinção), o que as torna improváveis; 2) é o esquema que produz as maiores pausas pós-reforçamento, uma vez que a discriminação temporal entre o reforçamento e o não reforçamento é facilitada pela regularidade das durações dos intervalos entre os reforçamentos. É importante notar que os padrões foram obtidos em pesquisas com animais que não tinham relógio nem calendário. Não começamos a ligar a TV no sábado e ficamos ligando-a com uma frequência cada vez mais alta quando se aproxima da hora do Fantástico no domingo à noite, por exemplo.

No entanto, pesquisas com seres humanos nas quais o comportamento foi mantido em FI têm sugerido que humanos replicam, pelo menos parcialmente, o padrão comportamental característico desse esquema. Porém, é preciso ressaltar que há, na literatura, estudos mostrando dados divergentes quanto aos padrões característicos de cada esquema de reforçamento com seres humanos, tanto para os de FI quanto para os demais (p. ex., Lowe, Beasty, & Bentall, 1983). Questões metodológicas, o papel do comportamento verbal e variáveis históricas dos participantes são particularmente relevantes para se compreender essas divergências.

Intervalo variável. O padrão comportamental gerado pelo esquema de reforçamento de intervalo variável é caracterizado por taxas moderadas e constantes de respostas e ausência de pausas pós-reforçamento. No canto inferior direito da Figura 7.3, temos uma curva gerada por um comportamento mantido em esquema de intervalo variável (VI). A inclinação da curva é menor que a dos esquemas de razão, mas maior que aquela do esquema de FI. Ao longo da curva, como no esquema de razão variável (VR), não são observados segmentos paralelos ao eixo X, o que sinaliza a ausência de pausas pós-reforçamento. Uma possível explicação para essa ausência está no fato de que, às vezes, respostas ocorridas imediatamente após a apresentação do estímulo reforçador são novamente reforçadas, mas, em outras, só serão reforçadas após longos intervalos. Como o número de respostas não é um dos requisitos para o reforçamento, a taxa de respostas é moderada em relação aos esquemas de razão.

Comparação entre esquemas de reforçamento intermitente e contínuo

Os esquemas de reforçamento contínuo (CRFs) e intermitente (p. ex., FR, VR, FI, VI) não diferem apenas quanto ao arranjo de condições para o reforçamento, mas também em relação aos seus efeitos sobre o comportamento mantido por eles. Veremos a seguir algumas comparações entre os efeitos desses dois tipos de esquemas sobre a resposta.

Modelagem e manutenção de um novo comportamento. O CRF é mais eficaz para a modelagem de um novo comportamento do que os esquemas intermitentes. Por exemplo, se, no procedimento de modelagem da resposta de pressão à barra, a água fosse apresentada após 10 pressões, dificilmente esse comportamento seria aprendido. É provável que o animal parasse de pressionar a barra antes de emitir a décima resposta que produziria o reforçamento, isto é, observaríamos o processo de extinção.

Tanto em pesquisa quanto em aplicação, novos comportamentos costumam ser modelados e mantidos, inicialmente, por CRFs. Quando é necessário que o comportamento seja mantido por esquemas intermitentes, a transição de um esquema para o outro é feita gradualmente. Por exemplo, para se passar de CRF para FR 20, vários FRs intermediários são utilizados (p. ex., FR 5, FR 10, FR 15). Os FRs intermediários evitam que o comportamento entre em processo de extinção antes que o reforçador seja apresentado.

Esse tipo de estratégia é bastante comum em intervenções comportamentais com crianças diagnosticadas com autismo, por exemplo. A literatura científica tem mostrado que a aprendizagem dessas crianças é acelerada quando as condições de ensino são adequadamente planejadas e estruturadas em pequenos passos. Em termos comportamentais, isso envolveria arranjar contingências de modo que, no momento da modelagem de novos comportamentos, as suas emissões fossem continuamente reforçadas. Para essas crianças, alterações nas contingências de reforçamento, ainda que pequenas, podem resultar no enfraquecimento do responder previamente ensinado. Dessa forma, quanto menores as alterações nas contingências, maior a probabilidade de os comportamentos previamente ensinados continuarem a ocorrer. No dia a dia, tanto para crianças diagnosticadas com autismo quanto para aquelas com desenvolvimento típico, é praticamente impossível que pais e cuidadores reforcem seus comportamentos de maneira contínua. Por essa razão, intervenções comportamentais devem ser implementadas de modo que haja a transição de esquema contínuo para esquemas intermitentes. Essa transição, como vimos, deve ser feita gradualmente.

Resistência à extinção. Os esquemas de reforçamento intermitente, principalmente os variáveis, são ideais para a manutenção do comportamento, ou seja, aumentam a sua resistência à extinção. O termo **resistência à extinção**, como visto anteriormente, descreve o número de respostas emitidas sem reforçamento até que o comportamento volte ao seu nível operante (ou o tempo necessário para isso ocorrer). Em termos cotidianos, refere-se ao quanto insistimos em fazer algo que não dá mais certo. Se uma mãe que, por exemplo, reforçava as birras de seu filho intermitentemente (às vezes sim, às vezes não) decidir não mais atender à criança quando faz birras, isto é, decidir colocar o comportamento de fazer birra em extinção, seu filho demorará mais tempo para parar de fazer birras em comparação a uma criança cuja mãe reforçava esse comportamento continuamente (todas as vezes).

Outro exemplo cotidiano de resistência à extinção de um comportamento mantido em esquema de reforçamento intermitente seria o de um controle remoto de alarme de carro com defeito, de modo que não abrisse o carro todas as vezes em que o botão fosse apertado. Caso o dispositivo pare de funcionar definitivamente, o comportamento de apertar o botão tenderá a se repetir várias vezes antes de deixar de ocorrer. Isso acontece porque, quando ainda funcionava, o botão precisava ser apertado algumas vezes antes de o carro abrir (ou seja, reforçamento intermitente). Em contrapartida, se o controle remoto estivesse funcionando adequadamente, de modo que o carro abrisse todas as vezes que se pressionasse o botão (ou seja, reforçamento contínuo), e parasse de funcionar definitivamente, menos respostas de pressionar o botão ocorreriam até a sua frequência chegar a zero.

Contenção limitada (*limited hold*)

No dia a dia, estímulos reforçadores que são liberados em esquemas de reforçamento intermitente às vezes não ficam disponíveis por tempo indeterminado. É comum que sua disponibilidade tenha duração limitada. Esse tempo é chamado de **contenção limitada** ou, em inglês, *limited hold* (**LH**). Por exemplo, se o estímulo reforçador em questão é um dado programa de televisão que passa apenas uma vez por semana e tem duração de 30 minutos, estamos falando de um esquema de reforçamento intermitente de FI de uma semana com uma contenção limitada de 30 minutos.

Um exemplo de laboratório análogo é o caso do rato cujas respostas de pressão à barra estão sendo reforçadas em esquema de FI de um minuto com tempo de disponibilidade de 10 segundos. Nesse exemplo, caso o animal não responda (não pressione a barra) dentro de um limite de tempo desde o início da disponibilidade do reforço, este deixa de estar disponível, sendo reiniciada a contagem do intervalo para a próxima disponibilidade. Portanto, se a resposta de pressão à barra estiver em FI:1', com contenção limitada de 10", o reforço estará disponível após 60 segundos desde o último reforçador. Entretanto, essa disponibilidade durará apenas 10 segundos. Caso o rato não pressione a barra nesse intervalo, o reforço deixará de estar disponível, sendo contados mais 60 segundos até a disponibilidade seguinte. A contenção limitada geralmente produz aumento na taxa de respostas, seja em um esquema de intervalo fixo ou variável.

Esquemas não contingentes e o comportamento supersticioso

Esquemas de intervalo, fixo e variável, e de razão, fixa e variável, são esquemas de reforçamento contingente. Ou seja, neles, mesmo nos de intervalo, o estímulo reforçador é sempre apresentado contingente à ocorrência de pelo menos uma resposta. Há dois tipos principais de esquemas em que não há a relação de contingência entre resposta e apresentação do estímulo *potencialmente* reforçador. Nesse caso, qualificamos os estímulos reforçadores de *potenciais* porque, na realidade, não é correto denominar um estímulo de reforçador na ausência de uma relação de contingência. São reforçadores potenciais na medida em que, se fossem tornados contingentes a uma resposta qualquer, provavelmente aumentariam a probabilidade de sua ocorrência. A água, por exemplo, é um estímulo potencialmente reforçador na medida em que provavelmente fortalecerá qualquer comportamento de um organismo privado e que a produza como consequência. Entretanto, a apresentação de água, por si só, sem o requisito da emissão de uma resposta, não pode ser considerada um estímulo reforçador. Esses esquemas são chamados de esquemas **não contingentes**. Neles, o estímulo reforçador é apresentado independentemente da ocorrência de uma resposta específica. Nos esquemas intermitentes não contingentes o reforçador é apresentado de tempos em tempos, sem a necessidade de ocorrência de uma resposta. Os dois principais esquemas de reforçamento não contingente são o de **tempo fixo** e o de **tempo variável**.

Tempo fixo (FT, do inglês *fixed time*). Este esquema é caracterizado pela apresentação dos reforçadores em intervalos de tempo regulares, mesmo que nenhuma resposta ocorra. Por exemplo, se um adolescente recebe uma "mesada" semanal de seus pais, sempre aos sábados e independentemente de qualquer comportamento que emita, diríamos que a "mesada" é apresentada em esquema não contingente de intervalo fixo (FT 1 semana).

Em um experimento de laboratório, poderíamos dar água manualmente para o animal de 10 em 10 segundos, independentemente do que ele fizesse. Nesse caso, estaríamos executando um FT 10" (tempo fixo 10 segundos). Note que não há uma relação de contingência como no esquema de FI. Neste, o reforçador está disponível em intervalos fixos caso ocorra uma resposta. No caso do FT, o reforço não é produzido por uma resposta, e, sim, apresentado regularmente, mesmo que o organismo fique parado.

Tempo variável (VT, do inglês *variable time*). Quando os reforçadores são apresentados em intervalos irregulares de tempo, independentemente da ocorrência de uma resposta específica, temos um esquema de tempo variável (VT). Esse esquema assemelha-se ao de intervalo variável (VI), porém sem a necessidade da ocorrência de uma resposta para que o reforçador seja apresentado. Quando dizemos que a liberação de água para o rato está em VT 15", isso significa que o reforçador será apresentado, em média, a cada 15 segundos, independentemente da ocorrência de qualquer resposta.

Comportamento supersticioso. Exemplos cotidianos de esquemas intermitentes não contingentes de FT e VT estão geralmente relacionados ao que chamamos, em Análise do Comportamento, de comportamento supersticioso. Embora não seja necessária a ocorrência de uma resposta em esquemas não contingentes, o reforçador ocasionalmente é apresentado temporalmente próximo à ocorrência de alguma resposta. Chamamos essa relação temporal entre resposta e reforçador de **contiguidade**.

Conforme demonstrado em dezenas de experimentos, a contiguidade entre resposta e reforçador pode ser suficiente para fortalecer um determinado comportamento. Por exemplo, se você está torcendo para seu time durante um jogo e, enquanto torce, ele faz um gol, essa relação de contiguidade pode reforçar o seu comportamento de torcer. Se uma pessoa evita passar debaixo de escadas e, ao mesmo tempo, nada de ruim lhe acontece, essa relação de contiguidade pode reforçar seu comportamento de evitar passar debaixo de escadas. Esse processo é chamado de **reforçamento acidental**, em que não há uma relação de contingência entre uma resposta e uma consequência, mas, sim, uma relação de contiguidade temporal, ou seja, a resposta e a apresentação do estímulo reforçador estão próximas no tempo.

Tanto o torcer para o time fazer um gol quanto o evitar passar debaixo de escadas são chamados de comportamentos supersticiosos porque a relação entre o comportamento e sua consequência é apenas de contiguidade, e não de produção (de contingência). Em outras palavras, torcer para o time fazer um gol e ele fazê-lo é apenas uma coincidência. Seguindo esse raciocínio, poderíamos facilmente encontrar dezenas de outros exemplos cotidianos de comportamentos supersticiosos, mantidos por relações de contiguidade temporal entre a ocorrência do comportamento e a do estímulo reforçador: dançar para fazer chover; desejar que algo bom aconteça; evitar quebrar espelhos; usar sempre a mesma cueca antes de um jogo de futebol importante; "empurrar com a mão" a bola de boliche já lançada quando esta se aproxima da canaleta, etc. É importante lembrar, todavia, que o conceito de comportamento supersticioso não se destina a descrever e, muito menos, explicar a superstição ou os ritos religiosos. Mesmo que a origem de algumas superstições ou de alguns ritos religiosos tenha relação com o reforçamento acidental, a sua disseminação entre múltiplas gerações compreende outros processos comportamentais que não serão abordados neste livro, como a aprendizagem por observação de modelos e o comportamento governado por regras.

Esquemas reguladores da velocidade do responder (taxa de respostas)

Existem esquemas de reforçamento desenvolvidos para controlar quão rápidas devem ser as respostas do organismo. Nesses esquemas, não se trata de uma resposta específica que é selecionada, mas da velocidade (taxa de respostas) com que ela é emitida. Ou seja, neles, o responder rápido ou lento é que é reforçado. Em outras palavras, neles são selecionados (reforçados) **intervalos entre respostas** (IRT, do inglês *interresponse time*). O intervalo entre respostas é o tempo decorrido entre a ocorrência de uma resposta e a ocorrência da seguinte.

Reforçamento diferencial de altas taxas de respostas (DRH, *differential reinforcement of high rates*). O reforçamento diferencial de altas taxas de respostas, cuja sigla derivada do termo em inglês é DRH, é um esquema desenvolvido para produzir um responder rápido. Em outras palavras, somente taxas altas de respostas serão reforçadas. Seu funcionamento é parecido com um esquema de razão, ou seja, um número de respostas deve ser emitido para a liberação do reforço. Entretanto, o DRH possui um requisito extra: esse número de respostas deve ocorrer dentro de um tempo predeterminado para que o reforço seja apresentado. Em termos cotidianos, podemos dizer que o DRH é um esquema que impõe um prazo para a ocorrência de um número específico de respostas.

Se colocássemos as respostas de pressão à barra de um rato em um esquema DRH 20 em 30", o animal teria que emitir 20 respostas em 30 segundos para que o reforçador fosse apresentado. Caso o tempo se esgotasse, seriam zerados o cronômetro e o contador de respostas. O rato teria de emitir mais 20 respostas para que o reforçador fosse apresentado dentro do prazo de 30 segundos. Fica evidente que não podemos começar com um DRH muito exigente (muitas respostas em pouco tempo). Antes da imposição do prazo do DRH, devemos estabelecer o responder no FR correspondente. No caso do experimento com o rato, poderíamos estabelecer o responder em FR 20, inicialmente. Assim, começaríamos a impor um DRH que permitisse um tempo maior para a emissão das 20 respostas, para só então, gradativamente, ir diminuindo esse intervalo até os 30 segundos. Caso coloquemos o comportamento do animal em um DRH alto logo de início, é provável que ele pare de responder por não reforçamento (extinção) antes que consiga fazê-lo na taxa exigida na contingência.

Um bom exemplo cotidiano do esquema de reforçamento de DRH é a prova de digitação (ou datilografia, para os mais antigos). Nesse teste, um certo número de toques deveria ser dado por minuto para que o candidato não fosse eliminado do concurso, o que produzia um responder muito rápido. O DRH pode ser utilizado, por exemplo, quando se deseja que um funcionário produza mais peças por hora em uma fábrica ou quando precisamos fazer uma criança diagnosticada com atraso no desenvolvimento realizar mais exercícios físicos em um menor intervalo de tempo (p. ex., 15 pedaladas por minuto em uma bicicleta).

Outra maneira de se implementar um esquema de reforçamento de DRH é reforçar respostas que ocorram com intervalo entre respostas menor que X segundos desde a última resposta. Por exemplo, considere que uma criança diagnosticada com autismo leva comida à boca durante as refeições com intervalos muito longos (p. ex., uma colher a cada 5 minutos em média). Nesse caso, pode-se reforçar a resposta de levar a colher à boca apenas se ela ocorrer menos de 5 minutos depois da última; posteriormente, apenas se ocorrer com no máximo 4 minutos, e assim por diante, até que se chegue ao intervalo entre respostas (IRT) desejado.

Reforçamento diferencial de baixas taxas de respostas (DRL, do inglês *differential reinforcement of low rates*). Em um DRL, as respostas serão reforçadas apenas se forem espaçadas por um tempo mínimo. Em outras palavras, o estímulo reforçador somente será apresentado se um houver um tempo mínimo entre uma resposta e outra. No DRL, caso o organismo responda antes do final desse intervalo, o cronômetro é zerado e o intervalo é reiniciado. Ou seja, caso não haja um espaçamento temporal entre as respostas igual ou maior que o estabelecido pelo esquema, não há reforçamento para a resposta ocorrida antes do prazo estabelecido, e a apresentação do estímulo reforçador é adiada pelo mesmo prazo.

Submeter as respostas de pressão à barra de um rato a um DRL 1' significa que elas só serão reforçadas caso ocorram com, no mínimo, um minuto de intervalo entre uma e outra. Caso a resposta ocorra antes disso, o cronômetro é zerado e um novo intervalo de um minuto é iniciado. O padrão comportamental de DRL é caracterizado por um responder pouco frequente, podendo ser utilizado, por exemplo, quando uma criança diagnosticada com autismo costuma levar à boca pedaços de comida tão rapidamente que a abarrota ou se engasga. Nesses casos, é possível utilizar o DRL para que a criança leve comida à boca em intervalos de tempo suficientes para mastigar cada pedaço.

Reforçamento diferencial de outro comportamento

O **reforçamento diferencial de outro comportamento (DRO, do inglês *differential reinforcement of other behavior*)** é uma alternativa comportamental, em termos de esquemas de reforçamento, bastante usada para reduzir a frequência de um comportamento sem a utilização de punição ou de extinção somente. O DRO consiste em reforçar a não ocorrência de um determinado comportamento em um certo período de tempo. O DRO é preferível como forma de reduzir a frequência do comportamento em relação à punição e à extinção isoladamente, pois produz menos efeitos colaterais, como respostas emocionais e contracontrole. Esse tipo de esquema de reforçamento é bastante utilizado para, por exemplo, reduzir a frequência de comportamentos autolesivos (bater a cabeça contra a parede, arrancar cabelos, morder-se, etc.) de crianças diagnosticadas com autismo e de comportamentos inadequados, como birras, em crianças com e sem algum diagnóstico psiquiátrico.

Se uma criança, por exemplo, está emitindo comportamentos agressivos em alta frequência, o DRO pode ser utilizado para reduzir sua frequência. Se ela emite comportamentos agressivos em média a cada cinco minutos, pode-se utilizar o DRO apresentando um estímulo reforçador caso ela fique esse período de tempo sem emiti-los. Após a criança ficar consistentemente cinco minutos sem emitir comportamentos agressivos, pode-se aumentar esse tempo para sete minutos, depois para 10, 15, e assim por diante.

Uma variação do DRO é o **reforçamento diferencial de comportamentos alternativos (DRA, do inglês *differencial reinforcement of alternative behaviors*)**. Nesse esquema, a apresentação do estímulo reforçador é contingente à emissão de comportamentos de classes diferentes de um comportamento-alvo cujo objetivo de intervenção seja a redução da frequência. Novamente, trata-se de um procedimento destinado a reduzir a frequência de um dado comportamento como alternativa ao uso da punição ou da extinção de forma isolada. Em um exemplo de laboratório, caso o experimentador desejasse enfraquecer as respostas de pressão à barra, ele poderia reforçar com a apresentação de água outros comportamentos, como farejar, erguer as patas dianteiras e coçar o focinho. Caso as respostas de pressão à barra fossem emitidas, a água não seria apresentada. Em um experimento como esse, é esperado que rapidamente o animal deixe de pressionar a barra, mas o faça apresentando uma frequência menor de respostas emocionais comuns no procedimento de extinção, como defecar, urinar, morder e sacudir a barra.

Esse procedimento é muito comum na prática clínica no tratamento de pacientes diagnosticados com esquizofrenia. O estudo de Britto, Rodrigues, Santos e Ribeiro (2006), por exemplo, ilustra a aplicação do DRA nas falas psicóticas de um paciente diagnosticado com esquizofrenia. Falas consideradas psicóticas são ignoradas pelo terapeuta, enquanto as demais são seguidas de atenção e aprovação. A utilização desse esquema de reforçamento no estudo de Britto, Rodrigues, Santos e Ribeiro levou a uma drástica redução da frequência de falas psicóticas do participante da pesquisa.

Esquemas compostos

Existem esquemas de reforçamento que envolvem a combinação de mais de um esquema de reforçamento. São os chamados **esquemas de reforçamento compostos**, como os esquemas múltiplos, mistos, concorrentes, encadeados, tandem e de segunda ordem. Esses esquemas foram desenvolvidos para replicar, em situação controlada, com maior precisão, as situações complexas do nosso cotidiano. A complexidade das situações enfrentadas no dia a dia não é facilmente replicada em laboratório pelos esquemas simples de reforçamento já discutidos neste capítulo. Portanto, os esquemas compostos (ou complexos) tentam simular de forma mais fidedigna as diversas contingências das quais o comportamento faz parte. Examinemos alguns deles.

Esquema múltiplo e esquema misto. Nesses esquemas compostos ocorre a alternância de mais de um esquema simples de reforçamento. Cada um deles permanece em vigor por um período de tempo, por um número de respostas ocorridas ou por um número de reforçadores apresentados. No esquema múltiplo, cada um dos esquemas simples que o compõem, chamados de componentes do esquema múltiplo, é sinalizado por um estímulo discriminativo diferente. Nos experimentos que utilizam o esquema múltiplo, a resposta requerida em cada componente do esquema em geral é a mesma.

Os **esquemas múltiplos** são utilizados principalmente para estudar o controle de estímulos antecedentes sobre o comportamento operante em situações que envolvem discriminações sucessivas. Como vimos, cada esquema de reforçamento simples produz um padrão comportamental diferente. Portanto, é esperado que, em estado estável, os padrões comportamentais característicos de cada esquema simples ocorram após a troca do estímulo que sinaliza o início de outro componente do esquema múltiplo.

O estudo de Hayes, Brownstein, Haas e Greenway (1986) é um bom exemplo do emprego do esquema múltiplo. Nesse experimento, no qual participaram estudantes universitários, os autores utilizaram um esquema múltiplo FR 18 DRL 6" para investigar o efeito de instruções mínimas, congruentes e incongruentes sobre o comportamento de pressionar as teclas "seta para direita" e "seta para baixo" de um teclado de computador. A tarefa experimental consistia em mover um "X" em uma matriz quadriculada na tela do computador, levando-o do canto superior esquerdo ao canto inferior direito. As pressões na tecla "seta para baixo" moviam o "X" para a linha de baixo, e na "seta para direita", para a coluna à direita. Quando um retângulo amarelo aparecia na tela, as pressões nas teclas eram reforçadas em DRL 6", ou seja, o responder lento era reforçado. Quando um retângulo azul era exibido, eram necessárias 18 pressões na tecla para que o "X" se movesse, ou seja, o responder rápido era reforçado. Os autores observaram que a maioria dos participantes que receberam instruções incongruentes ("responda rápido" ou "responda devagar") não respondeu de acordo com cada componente em vigor. Metade dos indivíduos expostos às instruções mínimas respondeu de acordo com o esquema em vigor. Já aqueles expostos às instruções congruentes ("responda devagar quando o retângulo amarelo aparecer e rápido quando o retângulo azul aparecer") responderam de acordo com cada componente do esquema múltiplo, com exceção de um participante.

Um exemplo de esquema múltiplo na vida cotidiana pode ser observado na relação de uma criança com seus pais divorciados. Por exemplo, pedidos por doces e brinquedos raramente são atendidos pela mãe, que passa toda a semana com a criança por ser a detentora de sua guarda. Porém, os mesmos pedidos são continuamente atendidos por seu pai, que vê a criança apenas nos fins de semana. A presença da mãe é um estímulo discriminativo que sinaliza um esquema de intervalo variável, isto é, na sua presença, em intervalos variáveis, os pedidos serão atendidos. Já a presença do pai é um estímulo discriminativo que sinaliza um esquema de reforçamento contínuo, uma vez que, na sua presença, os pedidos da criança são sempre reforçados. O esquema sinalizado pela mãe dura cinco dias, e o sinalizado pelo pai, dois. É provável que a criança faça pedidos para o pai com uma frequência maior do que os faz para mãe, apresentando comportamento compatível com o componente do esquema múltiplo em vigor.

Já os **esquemas mistos** seguem o mesmo raciocínio dos múltiplos: cada esquema componente está em vigor em um momento isoladamente, e, em todos os componentes, a resposta e o reforço são os mesmos. No entanto, ao contrário do que ocorre no múltiplo, no esquema misto não há estímulos discriminativos que sinalizam qual esquema está em vigor. O organismo deve discriminar o esquema em vigor pelo próprio contato com a contingência do componente do esquema em atividade.

Esquemas encadeados e tandem. Os esquemas encadeados foram desenvolvidos para estudar cadeias comportamentais. Ilustram situações discriminativas como as que vimos no Capítulo 6, nas quais cada resposta intermediária da cadeia é reforçada por produzir condições de estímulos para a resposta (ou requisito de resposta) posterior. A maioria de nossos comportamentos compõe longas cadeias de respostas. O ponto crucial nessas cadeias é que o reforçador de um comportamento é o estímulo que serve de ocasião para o comportamento da contingência seguinte. Nos **esquemas encadeados**, os quais envolvem cadeias de respostas, a ocorrência de um reforçador sinaliza a passagem para o próximo esquema, ou seja, se constitui em um estímulo discriminativo.

Nos esquemas múltiplos, cada componente está em vigor em um dado momento, e um não depende do outro. Já nos esquemas encadeados, apesar de cada esquema (i.e., cada elo) também estar em vigor em um dado momento, eles ocorrem sempre na mesma ordem. O início de um elo no esquema encadeado depende de serem completados os requisitos da contingência do elo anterior. Um exemplo desse esquema com um rato privado de água pode ser o de FR 10 na barra da esquerda e FI 20" na barra da direita. Desse modo, 10 pressões à barra na barra da direita acendem uma luz (elo inicial). Estando a luz acesa, após se passarem 20 segundos, a primeira pressão à barra da esquerda é reforçada com água (elo terminal). Pressões à barra da esquerda com a luz apagada não produzem água (S^Δ), e pressões à barra da direita em FR 10 resultam na apresentação da luz (S^D), sinalizando o início do elo terminal do esquema encadeado. Ao ser completado o elo terminal (FI 20"), o reforçador primário "água" é liberado.

Como no caso dos esquemas múltiplos, os esquemas encadeados podem ser realizados sem a utilização de estímulos discriminativos associados a cada elo. São os chamados **esquemas tandem**.

Esquemas concorrentes e lei da igualação. Os **esquemas concorrentes** consistem em duas ou mais fontes de reforçamento disponíveis ao mesmo tempo (dois ou mais esquemas de reforçamento disponíveis simultaneamente). Como exemplos cotidianos desse esquema, podemos citar abrir o Facebook ou o WhatsApp e encontrar novas postagens. Abrir esses aplicativos pode ser um comportamento reforçado por encontrar novas postagens em esquemas de intervalo variável. Teríamos, então, dois esquemas concorrentes de intervalo variável em vigor (para quem passa o dia alternando acessos a esses dois aplicativos). Em experimentos com ratos, por exemplo, o animal pode pressionar a barra da esquerda que produz água em esquema VI 10" e a da direita que produz água em esquema VI 20" (Fig. 7.4). Nesse caso, os dois esquemas estão em vigor ao mesmo tempo. Tudo o que o rato tem que fazer é responder em uma das barras, ou seja, a apresentação do estímulo reforçador em um esquema não depende do outro. Em situações nas quais estejam em vigor esquemas concorrentes de intervalos variáveis, o organismo tende a distribuir suas respostas proporcionalmente à magnitude e à frequência dos estímulos reforçadores, conforme veremos adiante.

Os esquemas concorrentes são utilizados para investigar o comportamento de escolha. Estudá-los nos ajuda a compreender como os fatores ambientais interferem nas escolhas dos organismos. O comportamento de escolha é medido de dois modos: pela distribuição do

Figura 7.4
Esquemas concorrentes. A fotografia mostra uma situação típica em experimentos sobre esquemas concorrentes. Pressionar a barra da esquerda é reforçado em VI 10", e pressionar a da direita, em VI 20".

número de respostas em cada uma das alternativas de reforçamento e pela distribuição do tempo que o organismo permanece respondendo em uma dessas alternativas em relação às demais. Tanto a distribuição do número de respostas quanto a do tempo em cada alternativa podem ser descritas em termos de razão (p. ex., quando o número de respostas em uma alternativa é dividido pelo número de respostas em outra) e, principalmente, em termos que proporção (p. ex., quando o número de respostas em uma das alternativas é dividido pelo total de respostas em todas as alternativas de reforço).

Herrstein (1961) realizou um estudo com três pombos privados de alimento utilizando esquemas concorrentes. As sessões eram realizadas em caixas de condicionamento operante para esses animais. As caixas continham dois discos transiluminados de respostas em uma das paredes, na mesma altura e separados um do outro por 4,5 cm. Abaixo dos discos havia um comedouro onde era liberado o reforçador – no caso, o alimento. O disco da esquerda era iluminado na cor vermelha, e o da direita, com uma luz de cor branca. Bicadas nos discos de respostas eram reforçadas por alimento. Cada disco representava uma alternativa de reforçamento, de modo que bicadas em cada um deles era mantida em intervalo variável. Diversos intervalos foram relacionados aos dois discos: VI 3' e VI 3'; VI 1,8' e VI 9'; VI 2,25' e VI 4,5'; e VI 1,5' e extinção. Os dois esquemas de VI operavam simultaneamente, de modo que o reforçador poderia ser apresentado após uma resposta em qualquer um dos discos, em apenas um deles ou em nenhum. Herrstein também introduziu um procedimento chamado COD (do inglês *change-over delay*, ou atraso de reforçamento para respostas de mudança), de acordo com o qual a troca de um disco para outro antes da passagem do intervalo de 1,5 segundo resultava no reinício do intervalo no novo disco.

Herrstein encontrou que a proporção da distribuição de respostas nas duas alternativas de reforçamento acompanhava a distribuição de reforçadores obtidos nelas, principalmente quando o procedimento de COD estava em vigor. O autor propôs a lei da igualação para prever o comportamento de escolha em esquemas concorrentes temporais, como o VI e o FI. A **lei da igualação** prevê que a distribuição de respostas entre duas ou mais alternativas de reforços tende a igualar a distribuição de reforçadores das alternativas. O referido estudo de Herrstein utilizou a frequência de reforçamento como parâmetro do estímulo reforçador, mas a lei da igualação foi aplicada com outros parâmetros, como o atraso (i.e., o tempo decorrido desde a emissão da resposta até a liberação do reforçador) e a magnitude do estímulo reforçador (i.e., a quantidade do estímulo reforçador liberada por resposta).

A lei da igualação tem sido utilizada no contexto aplicado. Alferink, Critchfield, Hitt e Higgins (2009), por exemplo, analisaram a distribuição de arremessos de dois e de três pontos em jogos de basquete entre atletas profissionais e jogadores universitários titulares e reservas. Os autores observaram que a lei previu a distribuição de arremessos dos participantes, de modo que as distribuições mais próximas à predita pela lei da igualação foram correlacionadas positivamente com o desempenho dos atletas. Em outras palavras, os jogadores mais bem-sucedidos tenderam a igualar a distribuição de arremessos ao número de pontos obtidos em cada tipo de arremesso.

Esquemas concorrentes encadeados e o autocontrole. A complexidade dos arranjos de contingências do dia a dia exige esquemas igualmente complexos. A área de pesquisa em comportamento de escolha tem utilizado uma combinação de esquemas concorrentes com encadeados. Os chamados **esquemas concorrentes encadeados** envolvem a apresentação de duas ou mais alternativas de reforçamento que se constituem em cadeias de respostas. Ao contrário do exemplo do estudo de Herrstein (1961), no qual as respostas em cada alternativa resultavam na apresentação do reforçador primário, nos esquemas concorrentes encadeados as respostas em uma das alternativas, quando reforçadas, resultam na entrada no elo seguinte na cadeia de respostas, até chegar-se ao reforçamento final.

Os esquemas concorrentes encadeados têm sido utilizados para estudar experimentalmente respostas de autocontrole e impulsividade. Rachlin e Green (1972) definem autocontrole não como uma determinação interna do próprio indivíduo, mas, sim, como uma frequência maior de respostas em alternativas de reforçamento cujas consequências são de maior magnitude, ainda que atrasadas, em detrimento daquelas cujas consequências apresentam menor magnitude, porém imediatas. Em seu estudo, cinco pombos em caixas de condicionamento operante conforme as descritas foram submetidos a esquemas concorrentes encadeados. No elo inicial, as duas chaves de respostas eram transiluminadas com a cor branca (Fig. 7.5). Após 25 bicadas consecutivas em cada uma delas (FR 25), as luzes se apagavam e era iniciado um atraso geral "T" (em segundos), o qual variou em diferentes condições experimentais. Após esse atraso, se o pombo tivesse emitido as 25 bicadas na chave da direita, era iniciado o elo terminal, com duas alternativas de respostas. Um dos discos de respostas ficava transiluminado em verde, e o outro, em vermelho. Bicadas no disco vermelho (alternativa de impulsividade) eram seguidas imediatamente do acesso ao alimento por dois segundos (pequena magnitude) e, em seguida, o disco se apagava, permanecendo assim por seis segundos até o recomeço do elo inicial. Já as bicadas no disco verde (alternativa de autocontrole) apagavam a luz do disco de respostas por quatro segundos e, em seguida, o reforçador era liberado por quatro segundos (magnitude maior). Após o reforçamento, o elo inicial com as chaves iluminadas em branco era reiniciado. Caso, no elo inicial, as 25 bicadas ocorressem na chave da esquerda (alternativa de compromisso),

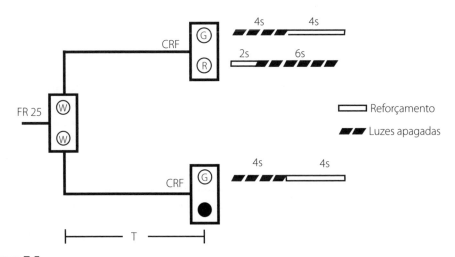

Figura 7.5
Diagrama ilustrativo do esquema concorrente encadeado utilizado no experimento de Rachlin e Green (1972). A letra "W" indica disco transiluminado em branco; "G", em verde; e "R" em vermelho.
Fonte: Adaptada de Rachlin & Green (1972, p.16).

após o atraso geral T apenas o disco verde era iluminado, de modo que apenas a alternativa de autocontrole tornava-se disponível.

Rachlin e Green observaram que a tendência dos pombos com o T menor que quatro segundos era bicar o disco da direita e, uma vez no elo terminal, bicar na alternativa nomeada de impulsividade. Em contrapartida, com o T maior que quatro segundos, os animais passaram a bicar no disco da esquerda no elo inicial (alternativa de compromisso). Os autores concluíram que os comportamentos compatíveis com o autocontrole são determinados por aspectos do ambiente; mais precisamente, são determinados, pelo menos em parte, pelos parâmetros dos estímulos reforçadores envolvidos nas contingências conflitantes (esquemas concorrentes). As respostas na alternativa de compromisso foram consideradas respostas de autocontrole, já que impediam a emissão de respostas impulsivas, como consumir o reforçador de menor magnitude e imediato.

Um exemplo do cotidiano de situação de escolha como essa seria o de uma pessoa que tem dificuldade em guardar dinheiro; ela pode fazer aportes (depósitos) em um plano de previdência privada. Caso o dinheiro esteja disponível na conta, ela poderá gastá-lo com reforçadores imediatos de menores magnitudes, como a aquisição frequente de roupas caras e numerosos jantares e festas, em vez de guardá-lo para uma aposentadoria financeiramente confortável, por exemplo. Ao fazer o aporte em previdência privada, o dinheiro fica indisponível ou difícil de acessar, de modo que apenas a alternativa de dispor dele em maior quantidade no futuro será possível. Nesse exemplo, fazer o aporte no plano de aposentadoria privada seria equivalente a bicar no disco da esquerda, ou seja, na alternativa de compromisso.

O controle pela imediaticidade e pela magnitude também pode envolver contingências aversivas. Nestas, a impulsividade ainda estaria relacionada ao controle pela imediaticidade em detrimento da magnitude, porém resultaria em escolhas opostas àquelas observadas em contingências de reforçamento positivo. Nas contingências aversivas, o autocontrole representaria alocar prioritariamente as respostas na alternativa imediata, porém de menor magnitude; já a impulsividade representaria adiar o contato com os estímulos aversivos, ainda que de maior magnitude. Um exemplo clássico é o da periodicidade de idas ao dentista. Cada consulta representa a exposição a estímulos aversivos, como o desconforto dos procedimentos. Caso essas consultas sejam anuais, medidas profiláticas poderão impedir o desenvolvimento de problemas dentários mais graves, cujo tratamento demorará mais e envolverá procedimentos mais incômodos. O autocontrole, nesse caso, consiste em ir ao dentista anualmente mesmo sem sintomas (alternativa imediata com estímulos aversivos de menor magnitude), e a impulsividade em deixar para consultar somente na presença de sintomas (alternativa atrasada com estímulos aversivos de maior magnitude).

Mesmo que seja difícil aplicar os modelos matemáticos em situações clínicas, a compreensão do autocontrole em termos de imediaticidade e magnitude das consequências é fundamental para a clínica psicológica. Aqueles comportamentos que são foco de intervenção no contexto clínico (i.e., comportamentos-alvo) frequentemente compõem contingências conflitantes, com consequências de maior ou menor magnitude, atrasadas ou imediatas. Por exemplo, uma jovem de 22 anos pode ceder aos pedidos que as amigas lhe fazem, como o empréstimo de roupas, livros e dinheiro (os quais nunca são devolvidos) e a ajuda nos trabalhos de faculdade. Em curto prazo, ao atendê-los, a jovem não entra em contato com a expressão de descontentamento de suas amigas que surgiria caso os negasse (consequências imediatas). Além disso, negar poderia implicar o risco de perder as amizades e, consequentemente, ficar sozinha. Em contrapartida, no longo prazo, diante do fato de que as amigas não fazem o mesmo por ela, a jovem se afasta delas e, assim, evita seus pedidos abusivos. Portanto, em longo prazo, a jovem fica sozinha de qualquer modo e ainda perde seu dinheiro, seus livros, suas roupas e seu tempo fazendo os trabalhos das amigas. Podemos, nesse exemplo, classificar o comportamento de ceder às solicitações como alternativa impulsiva, já que produz consequências aversivas imediatas de menor magnitude. Negar, por sua vez, pode ser considerado a alternativa de autocontrole, porque produz consequências aversivas imediatas de menor magnitude e evita as atrasadas de maior magnitude.

Principais conceitos apresentados neste capítulo

Conceito	Descrição	Exemplo
Esquemas de reforçamento	Critérios que definem quais respostas serão reforçadas.	Precisamos clicar o botão do *mouse* duas vezes sobre um ícone para abrir o aplicativo do computador. Dois cliques é o critério para a disponibilização do reforçador "aplicativo aberto".
Esquema de reforçamento contínuo	Toda resposta emitida é seguida da apresentação do estímulo reforçador.	Todas as vezes que giramos a chave do carro abastecido, ele pega. Girar a chave é reforçado pelo carro ligado.
Esquemas de reforçamento intermitente	São aqueles esquemas que estabelecem que apenas parte das respostas emitidas serão reforçadas.	Ligar para uma operadora de celular e conseguir resolver o problema. Nem sempre que emitimos o comportamento de telefonar para a operadora teremos o nosso comportamento reforçado com a resolução do problema.
Esquemas de razão	Esquemas nos quais o reforçamento depende da ocorrência de certo número de respostas. Podem ser de razão fixa ou variável.	Executar 30 repetições de um exercício de abdominais para terminar a série determinada pelo *personal trainer* (FR 30) e ouvir um elogio dele.
Esquemas de intervalo	Esquemas nos quais o reforçamento depende da passagem de um período de tempo e da emissão de pelo menos uma resposta. Podem ser de intervalo fixo ou variável.	Abrir a caixa de *e-mails* e encontrar novas mensagens (VI).

Conceito	Descrição	Exemplo
Esquemas de tempo	Esquemas em que a apresentação de estímulos potencialmente reforçadores depende exclusivamente do tempo entre as apresentações dos estímulos, e não da emissão de uma resposta específica.	A vitória do time de futebol para o qual a pessoa torce. O time vencer ou perder ocorre de tempos em tempos variáveis (VT) e não depende de nenhuma resposta do torcedor. Porém, comportamentos que estiverem ocorrendo no momento da vitória podem ser acidentalmente fortalecidos.
Padrão de respostas	Forma característica como o organismo emite um determinado conjunto de resposta sob o controle de um esquema de reforçamento em estado estável.	A interrupção do responder logo após a liberação do estímulo reforçador em um esquema de intervalo fixo (FI).
Resistência à extinção	Tempo ou número de ocorrências de uma resposta necessários para que esta deixe de ocorrer em um procedimento de extinção.	Telefonar para uma ex-namorada 49 vezes sem que ela atenda até parar de telefonar.
DRL e DRH	Esquemas reguladores de taxa (velocidade) da resposta. DRL: baixas taxas; DRH: altas taxas.	Digitar duas letras por segundo e passar na prova de digitação (DRH).
DRO e DRA	Reforço diferencial de outros comportamentos (DRO) ou de comportamentos alternativos (DRA). DRO – apresentação do estímulo reforçador caso a resposta-alvo não seja emitida dentro de um intervalo estipulado. DRA – todos os comportamentos, exceto o alvo, são reforçados.	Reforçar qualquer verbalização, menos aquelas que se configurarem como "contar vantagem" (DRA).
Esquemas compostos	Esquemas nos quais dois ou mais esquemas simples estão presentes.	Em um restaurante japonês, pedir o *buffet* a um preço fixo mais alto, mas que permite comer o quanto quiser, ou pedir *a la carte*, a um valor menor, mas ter acesso a menos quantidade de comida (esquema concorrente).

Questões de Estudo

1. Diferentes esquemas de reforçamento intermitente produzem diferentes taxas de respostas. Qual das alternativas a seguir apresenta esses esquemas em ordem crescente (da taxa mais baixa para a mais alta) em relação à taxa de resposta que produzem?

    a. intervalo fixo, intervalo variável, razão fixa e razão variável
    b. intervalo variável, razão fixa, razão variável e intervalo fixo
    c. razão fixa, intervalo fixo, razão variável e intervalo variável
    d. razão variável, intervalo variável, intervalo fixo e razão fixa
    e. intervalo variável, intervalo fixo, razão variável e razão fixa

2. Esquema de reforçamento ideal para o estabelecimento do comportamento e que deixa o comportamento menos resistente à extinção:

    a. razão fixa
    b. CRF
    c. intervalo variável
    d. tandem
    e. tempo fixo

3. O padrão de respostas característico do intervalo fixo é:

    a. responder rápido e sem pausas após o reforçamento
    b. pausas curtas após o reforçamento e responder rápido até o reforçamento
    c. responder constante com taxa moderada
    d. longas pausas após o reforçamento e aumento positivamente acelerado na taxa de respostas no final do intervalo
    e. responder rápido após o reforçamento, pausa no meio do intervalo e responder rápido no final do intervalo

4. Modelo matemático desenvolvido para descrever o comportamento de escolha em esquemas concorrentes:

    a. lei da intensidade e magnitude
    b. lei da igualação
    c. lei do reforço
    d. lei da latência
    e. lei do reflexo

5. Esquemas utilizados para produzir altas taxas, baixas taxas e enfraquecer comportamentos-alvo, respectivamente:

a. VR, FR e punição
b. DRH, FI e extinção
c. DRH, DRL e DRO
d. DRL, DRO e DRH
e. DRO, DRH e DRL

Gabarito: 1. a; 2. b; 3. d; 4. b; 5. c.

Bibliografia consultada, citada e sugestões de leitura

Alferink, L. A., Critchfield, T. S., Hitt, J., & Higgins, W. J. (2009). Generality of the matching law as a descriptor of shot selection in basketball. *Journal of Applied Behavior Analysis, 42*, 595–608.

Baum, W. M. (1974). On two types of deviation from the matching law: bias and undermatching. *Journal of the Experimental Analysis of Behavior, 22*(1), 231–242.

Britto, I. A., Rodrigues, C. A., Santos, D. C. O., & Ribeiro, M. A. (2006). Reforçamento diferencial de comportamentos verbais alternativos de um esquizofrênico. *Revista Brasileira de Terapia Comportamental e Cognitiva, 8*(1), 73-84.

Catania, A. C. (1999). *Aprendizagem: comportamento, linguagem e cognição.* (4. ed.). Porto Alegre: Artmed.

Cohen, S. L. Chelland, S. Ball, K. T. & LeMura, L. M. (2002). Effects of fixed ratio schedules of reinforcement on exercise by college students. *Perceptual and Motor Skills, 94*, 1177-1186.

De Luca, R. V., & Holborn, S. W. (1992). Effects of a variable-ratio reinforcement schedule with changing criteria on exercise in obese and nonobese boys. *Journal of Applied Behavior Analysis, 25*(3), 671–679. Recuperado de https://www.ncbi.nlm.nih.gov/pmc/articles/PMC1279749/.

Hayes, S. C., Brownstein, A. J., Haas, J. R., & Greenway, D. E. (1986). Instructions, multiple schedules, and extinction: Distinguishing rule-governed from schedule-controlled behavior. *Journal of the Experimental Analysis of Behavior, 46*(2), 137–147.

Herrnstein, R. J. (1961). Relative and absolute strength of response as a function of frequency of reinforcement. *Journal of the Experimental Analysis of Behavior, 4*, 267-272.

Lowe, C. F., Beasty, A., & Bentall, R. P. (1983). The role of verbal behavior in human learning: Infant performance on fixed-interval schedules. *Journal of the Experimental Analysis of Behavior, 39*(1), 157-164.

Millenson, J. R. (1967/1975). *Princípios de análise do comportamento.* Brasília: Coordenada.

Rachlin, H., & Green, L. (1972). Commitment, choice and self-control. *Journal of the Experimental Analysis of Behavior, 17*(1), 15-22. Recuperado de: https://www.ncbi.nlm.nih.gov/pmc/articles/PMC1333886/.

Todorov, J. C., & Hanna, H. S. (2005). Quantificação de escolha e preferências. In: J. Abreu-Rodrigues e M. R. Ribeiro (Orgs.), *Análise do Comportamento: pesquisa, teoria e aplicação.* (pp. 159-174). Porto Alegre: Artmed.

8

Segunda revisão do conteúdo

No Capítulo 6, analisamos como os eventos antecedentes ao comportamento podem passar a controlá-lo. Assim, para compreender o comportamento, temos que entender não só suas consequências, mas também o contexto em que ele ocorre. No Capítulo 7, analisamos que, dependendo da forma como o estímulo reforçador é apresentado, o padrão comportamental do organismo muda. Analisamos também diversos critérios que podem ser estabelecidos para que o comportamento seja reforçado. Chamamos esses critérios de esquemas de reforçamento. Neste capítulo, faremos uma breve revisão dos Capítulos 6 e 7.

Controle de estímulos: o papel do contexto (Cap. 6)

Os organismos também aprendem em quais circunstâncias seus comportamentos serão reforçados. Chamamos de **operantes discriminados** os comportamentos que estão sob o controle de estímulos antecedentes e consequentes, isto é, aqueles cuja ocorrência é determinada tanto pelo contexto em que ocorrem quanto pelas consequências que produzem. A maior parte do comportamento dos organismos não "ocorre no vácuo", mas em situações específicas, ou seja, na presença de determinados estímulos e na ausência de outros. Chamamos de **estímulos discriminativos** (S^D) os estímulos na presença dos quais uma determinada resposta será reforçada e se tornará mais provável de ocorrer. Chamamos de **estímulos delta** (S^Δ) aqueles em cuja presença a resposta não será reforçada e será menos provável. O controle que os estímulos que antecedem o comportamento exercem sobre ele está diretamente ligado à aprendizagem de comportamentos operantes simples e complexos, sobretudo aqueles relacionados à leitura, à escrita e ao que chamamos cotidianamente de compreensão, por exemplo. A Tabela 8.1 traz uma série de exemplos de comportamentos operantes discriminados.

A **discriminação de estímulos**, ou seja, o responder de forma diferente a estímulos distintos, é estabelecida por meio do **treino discriminativo**, que consiste em reforçar um determinado comportamento na presença do S^D e não reforçá-lo na presença do S^Δ. Após o estabelecimento do controle do comportamento por um determinado estímulo, estímulos fisicamente semelhantes ao utilizado no treino podem passar a controlar o comportamento

TABELA 8.1 Exemplos de comportamentos operantes discriminados

Possível estímulo discriminativo	Resposta	Provável reforço
Telefone tocando	Atender ao telefone	Poder falar com quem ligou
E-mail endereçado a você	Abrir o *e-mail*	Acesso ao conteúdo da mensagem
Um tijolo caindo sobre um pedreiro	Gritar: "Cuidado!"	O pedreiro agradecer o aviso
O garçom pergunta: "Já escolheu?"	"Um sanduíche de queijo *brie* com geleia de uva, por favor."	Sanduíche entregue pelo garçom
Presença da mãe	"Mãe, me dá um chocolate!"	Chocolate entregue pela mãe
Botão com o número 6 em um painel de botões de um elevador	Apertar o "botão com o número 6"	Acesso ao sexto andar
O pai segura uma bola e diz: "Isso é uma bola. Repita comigo: bola"	O filho diz: "bola"	O pai diz: "Muito bem! Isso mesmo! Bola."
O *timer* do micro-ondas apita	Abrir o micro-ondas	Acesso à pipoca pronta
A presença de um conhecido chamado João	Dizer "Oi, João!"	João dizer "Oi!"
Semáforo aceso na luz verde	Apertar o pedal do acelerador	Carro inicia o movimento
Batidas na porta	Abrir a porta	A entrega do boleto do condomínio pelo porteiro
Pedestre em um bairro que o motorista não conhece	Perguntar onde fica um endereço específico	Indicações de como chegar ao endereço

do organismo sem que novos treinos discriminativos sejam realizados. Esse fenômeno é conhecido como **generalização de estímulos operante**. Na generalização, quanto mais o estímulo apresentado for formalmente parecido com o S^D presente no treino discriminativo, maior será a probabilidade de a resposta ocorrer na sua presença. A frequência de respostas na presença de variações de estímulos similares, medida empiricamente em testes em extinção, forma uma curva plotada em um gráfico denominada de **gradiente de generalização**.

O gradiente de generalização, portanto, é uma medida do nível de generalização, a qual é feita a partir do formato da curva plotada que compõe o gráfico. O estabelecimento do controle discriminativo para pessoas com desenvolvimento atípico ou entre estímulos que exigem discriminações sutis pode ser facilitado utilizando-se um procedimento chamado **esvanecimento** (*fading*). O esvanecimento consiste na variação gradativa de características irrelevantes do S^D em diferentes tentativas. Nas tentativas iniciais de treino, características irrelevantes dos estímulos são manipuladas de modo a aumentar a diferença formal entre o S^D e o S^Δ (ou entre o estímulo positivo, S+, e o negativo, S-). Com esse procedimento inicial, aumenta-se a probabilidade de um responder diferente para cada estímulo, tornando o reforçamento mais provável. Essa diferença com base nas características irrelevantes é diminuída gradativamente, até que os estímulos difiram apenas em termos da dimensão relevante.

Quando falamos sobre operantes discriminados, fazemos referência a **classes de respostas** e a **classes de estímulos**. Quando dizemos que um comportamento foi reforçado, na realidade estamos dizendo que uma **classe de respostas** – um **conjunto de respostas** que produz uma mesma consequência – foi reforçada. Da mesma forma, afirmar que um comportamento está sob o controle de um estímulo equivale a dizer que ele está sob o controle de uma **classe de estímulos**. Essas classes podem ser definidas por características formais dos estímulos, bem como por sua função.

Ao inserirmos o S^D como variável importante na previsão e no controle do comportamento, a unidade de análise do comportamento operante passa a ser a **contingência tríplice** ou **contingência de três termos** ($S^\Delta - R \rightarrow S^C$), que expressa relações regulares entre o organismo e seu ambiente (estímulo antecedente, resposta e estímulo consequente).

Os conceitos de atenção e de abstração da linguagem cotidiana e da psicologia de modo geral são tratados, em Análise do Comportamento, como termos que descrevem comportamentos sob o controle de estímulos. A **atenção**, ou o atentar, diz respeito ao controle do comportamento operante por estímulos ou por suas propriedades específicas, como cor, tamanho, textura ou posição, por exemplo, em detrimento de outras. A história de reforçamento diferencial quanto a determinada propriedade do estímulo estabelece controle sobre a qual propriedade do estímulo o organismo responderá, ou seja, a qual propriedade ele atentará. Muitas dificuldades de aprendizagem que algumas crianças enfrentam na escola podem ser descritas como um controle por propriedades irrelevantes dos estímulos, isto é, por aquelas que não são correlacionadas com o reforçamento. Outra dificuldade comum, principalmente em crianças com desenvolvimento atípico, diz respeito ao controle por apenas parte das dimensões relevantes do estímulo, o que dificultará a discriminação quando o controle por todas as dimensões relevantes for requerido. Já a **abstração** envolve o responder sob o controle de uma ou algumas propriedades comuns a diferentes estímulos, de modo que, para falarmos de abstração, precisaremos observar tanto generalização (entre estímulos de uma mesma classe que possuem determinada propriedade) quanto discriminação (entre estímulos que, a despeito de possuírem certas propriedades comuns aos estímulos da classe, não apresentam a propriedade correlacionada com o reforçamento).

Nem sempre os comportamentos produzem diretamente a consequência reforçadora incondicionada. Um indivíduo, por exemplo, privado de alimento, emite uma série de comportamentos (p. ex., sair de sua casa, dirigir-se até o restaurante, sentar-se à mesa, fazer o pedido), os quais consistem de passos intermediários e são reforçados sequencialmente por produzirem as condições discriminativas para a emissão da resposta posterior até estar sentado em um restaurante saboreando um suculento filé ou uma deliciosa lasanha de berinjela com tofu. Nesse caso, o conjunto de comportamentos que culminam na apresentação de um reforçador final é tratado pelos termos **encadeamento de respostas** ou

cadeia comportamental. Uma cadeia de respostas consiste em uma sequência (cadeia) de respostas cujo elo final é o evento reforçador geralmente incondicionado. Em outras palavras, consiste em uma sequência de contingências de reforçamento na qual o contato com a contingência seguinte depende da emissão do comportamento de acordo com a contingência anterior.

A aprendizagem de uma cadeia comportamental pode se dar nos dois sentidos, ou seja, de trás para a frente ou de frente para trás. Entretanto, o modo mais comum e provavelmente mais eficaz de estabelecê-la é de trás para a frente, ou seja, partindo-se da resposta seguida pelo último reforçador da cadeia (i.e., reforçador final) até a primeira resposta emitida. A razão disso está no duplo papel adquirido pelos estímulos discriminativos componentes da cadeia comportamental. Quando é estabelecida a função discriminativa de um estímulo cuja presença sinaliza o reforçamento de certas respostas, também se estabelece sua função reforçadora condicionada. Estímulos desse tipo serão chamados de **reforçadores condicionados** e manterão as respostas da contingência (elo) anterior da cadeia de respostas. Estímulos reforçadores condicionados têm a sua função estabelecida por uma história de aprendizagem e são muito importantes para a compreensão dos processos de aprendizagem. De fato, boa parte dos comportamentos dos organismos é mantida por **reforçadores condicionados**, sobretudo **estímulos reforçadores condicionados generalizados** (como dinheiro e atenção), que não dependem de privações específicas para ter efeito reforçador sobre o comportamento por servirem de ocasião e reforçarem diversas classes de respostas.

Esquemas de reforçamento (Cap. 7)

Outro aspecto importante sobre os processos básicos de aprendizagem apresentados neste livro diz respeito não à consequência em si do comportamento, mas ao que deve ocorrer para ela ser apresentada. Os **esquemas de reforçamento** referem-se às condições que uma resposta, ou um conjunto de respostas, deve atender para que o reforçamento ocorra. Existem cinco tipos principais de esquemas de reforçamento, um contínuo (CRF) e quatro intermitentes (razão fixa, razão variável, intervalo fixo e intervalo variável). Cada tipo de esquema de reforçamento produz efeitos característicos sobre o comportamento. É preciso lembrar que a extinção pode ser concebida como um esquema de reforçamento no qual nenhuma resposta é reforçada.

O **esquema de reforçamento contínuo (CRF)** é o mais apropriado para o estabelecimento de comportamentos operantes, ao passo que os esquemas de reforçamento intermitente são ideais para sua manutenção. Durante a aquisição, o comportamento operante precisa ser continuamente reforçado, pelo fato de que a relação entre o comportamento e a consequência ainda não foi devidamente estabelecida, o que o torna mais suscetível aos efeitos do não reforçamento. Uma vez estabelecido, o não reforçamento de algumas respostas não é suficiente para que o comportamento deixe de ocorrer, podendo o comportamento ser submetido a um esquema de reforçamento intermitente. Quando isso acontece, podemos torná-lo mais resistente à extinção, uma vez que respostas não reforçadas serão comuns, dificultando a discriminação de que o comportamento não será mais reforçado.

Os esquemas de reforçamento intermitente podem ser divididos em quatro tipos principais:

1. **razão fixa** — é exigido um número regular de respostas para a apresentação de cada estímulo reforçador;
2. **razão variável** — também é exigido um número de respostas para a apresentação do estímulo reforçador, porém, esse número não é constante, sendo modificado a cada vez que o reforçador é apresentado;
3. **intervalo fixo** — as respostas somente serão reforçadas após a passagem de um período regular entre reforçadores, mas não ao longo desse intervalo;
4. **intervalo variável** — o reforçamento das respostas também depende do tempo, porém os intervalos entre a disponibilidade do estímulo reforçador mudam cada vez que ele é apresentado.

Os esquemas de reforçamento intermitente são responsáveis, entre outras coisas, pela aquisição e pela manutenção de classes de respostas com características que admiramos (p.ex.,perseverança,resignação,disciplina,persistência,etc.)eoutrasquerepreendemos(p.ex., insistência, teimosia, apatia, preguiça, procrastinação, etc.). Entre outros aspectos, nosso trabalho é reforçado mensalmente com o salário; ligamos diversas vezes para a namorada que terminou conosco até que ela atenda; e telefonamos várias vezes para uma operadora de TV a cabo para conseguir resolver um problema técnico, por exemplo. Com base na valoração social de certos comportamentos resistentes à extinção, as pessoas podem ser consideradas perseverantes ou teimosas, por exemplo. A **alta resistência à extinção**, ou seja, a persistência da emissão de várias respostas não reforçadas por um longo período, pode ser vista cotidianamente como perseverança (p. ex., estudar para concursos públicos mesmo com várias tentativas malsucedidas) ou teimosia (p. ex., insistir em reatar a relação com a ex-namorada mesmo ela tendo rejeitado todas as investidas).

Alguns esquemas preveem a apresentação de estímulos potencialmente reforçadores de forma não contingente à ocorrência de uma resposta. Eles são o **tempo fixo (FT)** e o **tempo variável (VT)**. Nesses esquemas, o estímulo reforçador é liberado independentemente de uma resposta específica, ou melhor, a resposta não produz a consequência. O FT e o VT são dois esquemas estritamente temporais, ou seja, o estímulo reforçador é apresentado de tempos em tempos, sem a necessidade da ocorrência de uma resposta. Tais esquemas podem estabelecer comportamentos supersticiosos, à medida que aquelas respostas que estiverem ocorrendo temporalmente próximas à apresentação do estímulo reforçador podem ser acidentalmente reforçadas e, como consequência, fortalecidas. Elas são consideradas supersticiosas porque o reforçamento ocorre independentemente de sua emissão.

Alguns esquemas foram desenvolvidos para controlar a velocidade com a qual as respostas devem ser emitidas. Esses esquemas utilizam o reforçamento diferencial para selecionar a velocidade do responder mais do que selecionar respostas específicas. No **reforçamento diferencial de altas taxas (DRH)**, apenas o responder rápido (em referência aos **intervalos entre respostas, IRT**) é reforçado, porque um número específico de comportamentos deve ocorrer dentro de um prazo para a liberação do estímulo reforçador. Caso as respostas não ocorram dentro do prazo, o reforçador não é apresentado, e as respostas precisam ser emitidas todas novamente, dentro do prazo. Já no **reforçamento diferencial de baixas taxas de respostas (DRL)**, as respostas devem ser espaçadas por um tempo mínimo para que haja o reforçamento. Caso ocorram antes do tempo estipulado, o reforçamento não ocorre e um novo intervalo começa a correr, de modo que apenas o responder lento ou espaçado é reforçado.

Outro esquema estudado no Capítulo 7 foi o **reforçamento diferencial de outros comportamentos (DRO)**. Esse é um esquema utilizado para reduzir a frequência de comportamentos difíceis de enfraquecer sem usar o procedimento de punição. No DRO, um estímulo reforçador será apresentado caso um determinado comportamento-alvo não ocorra por um período de tempo predeterminado. O **reforçamento diferencial de comportamentos alternativos (DRA)** também visa enfraquecer certos comportamentos-alvo, os quais não são reforçados; entretanto, nesse esquema, outros comportamentos predeterminados são reforçados quando ocorrem.

Por fim, foram abordados no Capítulo 7 os **esquemas de reforçamento compostos** ou **combinados**. No **esquema múltiplo**, ocorre a alternância de mais de um esquema de reforçamento (componente). Cada um permanece em vigor por um período de tempo, por um número de respostas ou por um número de reforçadores apresentados. Além disso, cada um dos esquemas é sinalizado por um estímulo discriminativo diferente. Os esquemas múltiplos são utilizados principalmente para estudar o controle de estímulos antecedentes sobre o comportamento operante. Esquemas de reforçamento semelhantes aos múltiplos, mas sem S^D específicos para cada esquema componente, são chamados de **esquemas mistos**. Já os **esquemas encadeados** foram desenvolvidos para estudar as cadeias comportamentais vistas no Capítulo 6. A maioria dos nossos comportamentos compõe elos em longas e complexas cadeias de respostas. O ponto crucial dessas cadeias é que o estímulo reforçador do comportamento em um elo é o S^D para o comportamento do elo seguinte.

Os **esquemas concorrentes**, elaborados para estudar o comportamento de escolha, são os mais presentes no dia a dia. Eles estão em vigor quando existem duas ou mais fontes (alternativas) de reforçamento disponíveis ao mesmo tempo. A **lei da igualação** é um modelo matemático proposto para prever a distribuição de respostas em esquemas concorrentes nos quais as alternativas consistem em esquemas temporais de reforçamento (FI, VI, FT e VT) com reforçadores qualitativamente semelhantes. Seu pressuposto básico é o de que há uma relação de igualação entre a distribuição do comportamento e a dos vários parâmetros do estímulo reforçador, como a frequência, a magnitude e o atraso entre as alternativas de reforçamento.

O **esquema concorrente encadeado** foi o tipo de esquema composto mais complexo apresentado no Capítulo 7. Esse esquema consiste em um esquema concorrente no qual as alternativas de escolha não levam aos reforçadores primários, mas, sim, constituem-se em cadeias de respostas. Esses esquemas são utilizados para investigar comportamentos autocontrolados e impulsivos em situações de escolha que envolvem conflito entre consequências, como, por exemplo, aquelas em que uma alternativa leva a um reforçador maior, mas mais atrasado (alternativa de autocontrole), e a outra leva a um reforçador menor, mas mais imediato (alternativa de impulsividade).

Psicologia e aprendizagem

Não há consenso entre os psicólogos sobre o que venha a ser **aprendizagem**. No entanto, poderíamos definir genericamente **aprender** como comportar-se de novas formas em relação ao mundo que nos cerca. Mais especificamente, poderíamos definir aprendizagem como a modificação do comportamento a partir da interação do organismo com o ambiente.

Definindo-a assim, talvez consigamos ter uma noção da importância da aprendizagem na compreensão do indivíduo em interação com seu ambiente. De fato, considerando tudo o que vimos até o momento neste livro, é legítimo afirmar que os indivíduos aprendem a andar, falar, ler, escrever, nomear, pensar, sentir, emocionar-se, persistir, relacionar-se, agir de modo preguiçoso ou obstinado, entre uma infinidade de outros verbos, adjetivos e advérbios. Não resta dúvida de que nascemos com alguma preparação biológica para nos relacionarmos com o mundo à nossa volta, mas é ao longo de nossa vida que aprendemos a ser quem somos. Aprendemos tanto comportamentos adequados (i.e., socialmente aceitos) como inadequados (i.e., socialmente condenados); aprendemos comportamentos que facilitam nossa interação com o mundo, bem como aqueles que a dificultam. Nesse sentido, torna-se crucial ao psicólogo – não só aquele que atuará na área da educação, mas ao de qualquer área – entender como os indivíduos aprendem e, sobretudo, dominar os modos mais efetivos de intervenção que possam interferir na aprendizagem, ajudando as pessoas que o procuram a aprender ou reaprender a lidar de forma mais bem-sucedida com o mundo que as cerca.

Vimos até agora como os indivíduos aprendem. Porém, como o próprio nome do livro estabelece, foram abordados apenas os princípios básicos de aprendizagem. Esses processos são a base para a compreensão de formas mais complexas de aprendizagem que você conhecerá oportunamente em sua formação profissional. Entretanto, não se deixe enganar pelo termo **princípios básicos**. Os tópicos vistos até aqui já lhe tornam capaz de analisar ou mesmo intervir em alguns aspectos da aprendizagem dos indivíduos, promovendo mudanças em seus comportamentos, se necessário.

Principais conceitos revisados neste capítulo

Controle de estímulos: o papel do contexto – Capítulo 6
Operante discriminado. Controle de estímulos. Estímulo discriminativo (S^D). Estímulo delta (S$^\Delta$). Discriminação de estímulos. Treino discriminativo. Generalização de estímulos. Gradiente de generalização. Classe de respostas. Classe de estímulos. Contingência tríplice. Encadeamento. Reforço condicionado. Estímulo reforçador condicionado. Estímulo reforçador condicionado simples. Estímulo reforçador condicionado generalizado. Cadeia de respostas. Cadeia comportamental.

Esquemas de reforçamento – Capítulo 7
Esquemas de reforçamento. Esquema de reforçamento contínuo (CRF). Esquema de reforçamento intermitente. Esquema de razão. Esquema de intervalo. Razão fixa (FR). Razão variável (VR). Intervalo fixo (FI). Intervalo variável (VI). Tempo fixo (FT). Tempo variável (VT). Reforçamento diferencial de baixas taxas de respostas (DRL). Reforçamento diferencial de altas taxas de respostas (DRH). Reforçamento diferencial de outros comportamentos (DRO). Reforçamento diferencial de comportamentos alternativos (DRA). Esquemas compostos. Esquemas múltiplos. Esquemas encadeados. Esquemas concorrentes. Lei da igualação. Esquemas concorrentes encadeados. Comportamentos autocontrolados. Comportamentos impulsivos.

Questões de Estudo

1. _____ é o estímulo que sinaliza a indisponibilidade do reforço.

   Marque a alternativa correta que completa a sentença:

   a. Estímulo discriminativo
   b. Estímulo incondicionado
   c. Estímulo delta
   d. Estímulo punitivo
   e. Estímulo reforçador

2. Falar "calçado" na presença de uma sandália, de um tamanco, de um sapato e de uma bota é um exemplo de _____.

   Marque a alternativa correta que completa a sentença:

   a. generalização de estímulos
   b. discriminação de estímulos
   c. cadeia comportamental
   d. extinção
   e. reforçador generalizado

3. Considere os seguintes itens sobre controle de estímulos:

   I. Quanto mais largo o gradiente de generalização, maior a discriminação.
   II. O treino discriminativo é feito por meio do reforçamento diferencial, que consiste em reforçar respostas na presença de uma classe de estímulos, mas não na daqueles que estão fora dessa classe.
   III. Boa parte do que consideramos leitura envolve operantes discriminados, na medida em que o leitor se comporta sob o controle discriminativo de letras, palavras e sentenças quando lê.
   IV. A generalização é um processo comportamental pouco útil à adaptação do organismo ao ambiente, já que este passa a emitir respostas na presença de novos estímulos, o que nem sempre leva ao reforçamento.

   a. Os itens I e II são verdadeiros.
   b. Apenas o item I é falso.
   c. Todos os itens são verdadeiros.
   d. Apenas o item III é verdadeiro.
   e. Os itens II e III são verdadeiros.

4. Quanto aos reforçadores condicionados e às cadeias de respostas, considere os seguintes itens:

I. Os estímulos discriminativos assumem a função de reforçadores condicionados para o comportamento que os produz em uma cadeia de respostas.

II. As cadeias de respostas sempre vão resultar em reforçadores positivos.

III. Para se treinar uma cadeia de respostas, obrigatoriamente deve-se partir de seu início cronológico.

IV. Os reforçadores condicionados generalizados são eficazes independentemente de privação porque servem de ocasião para diversos comportamentos.

a. Apenas o item II é falso.
b. Todos os itens são verdadeiros.
c. Todos os itens são falsos.
d. Os itens I e II são falsos.
e. Apenas os itens I e IV são verdadeiros.

5. A abstração envolve uma _____ dentro da mesma classe de estímulos e uma _____ entre classes diferentes.

Marque o item que contém os termos que completam a sentença na ordem em que aparecem:

a. discriminação; generalização
b. atenção; discriminação
c. generalização; discriminação
d. punição; extinção
e. extinção; punição

6. O esquema de reforçamento _____ é o ideal para a aquisição de um determinado comportamento operante. O esquema de reforçamento _____ é o ideal para a manutenção desse mesmo comportamento.

Marque o item que contém os termos que completam a sentença na ordem em que aparecem:

a. contínuo; intermitente
b. intermitente; contínuo
c. contínuo; contínuo
d. intermitente; intermitente
e. compassado; contínuo

7. Sobre o comportamento supersticioso e os esquemas não contingentes, considere os seguintes itens:

I. Para a liberação do estímulo reforçador nos esquemas de tempo fixo e variável, deve ocorrer a emissão da resposta após a passagem do tempo.

II. No esquema de tempo variável, o estímulo reforçador é apresentado após a passagem de um intervalo regular, mesmo que uma resposta não seja emitida.

III. Para a Análise do Comportamento, o comportamento supersticioso é produzido pelo reforçamento acidental.

IV. O reforçamento acidental ocorre quando uma resposta é emitida pouco tempo antes da apresentação do estímulo reforçador, de modo que se torne mais provável no futuro mesmo que não produza essa apresentação.

a. Os itens III e IV são verdadeiros.
b. Apenas o item I é falso.
c. Todos os itens são falsos.
d. Todos os itens são verdadeiros.
e. Apenas o item II é verdadeiro.

8. O esquema de reforçamento _____ contém dois ou mais esquemas de reforçamento simultaneamente disponíveis, sendo utilizado para estudar o comportamento de escolha. Já o esquema de reforçamento _____ é utilizado para estudar cadeias de respostas, sendo o reforçamento em um esquema a entrada no próximo. O esquema de reforçamento _____ contém esquemas de reforçamento simples independentes, sinalizados por estímulos específicos, e é utilizado para investigar o controle por estímulos antecedentes.

Marque o item que contém os termos que completam a sentença na ordem que aparecem:

a. múltiplo; concorrente; encadeado
b. encadeado; múltiplo; concorrente
c. múltiplo; encadeado; concorrente
d. concorrente; encadeado; múltiplo
e. concorrente; misto; múltiplo

Gabarito: 1. c; 2. a; 3. e; 4. e; 5. c; 6. a; 7. a; 8. d.

9

A análise funcional: aplicação dos conceitos

Objetivos do capítulo

Ao final deste capítulo, espera-se que o leitor seja capaz de:

1. Definir análise funcional;
2. Justificar a importância das análises funcionais para a predição e o controle do comportamento;
3. Listar, descrever e exemplificar os três níveis de seleção;
4. Realizar análises funcionais em contextos controlados de experimentação, utilizando os paradigmas operante e/ou respondente quando for o caso;
5. Realizar análises funcionais de comportamentos em contexto aplicado utilizando os paradigmas operante e/ou respondente quando for o caso.

Se quisermos entender a conduta de qualquer pessoa, mesmo a nossa própria, a primeira pergunta a fazer é: "O que ela fez?". O que significa dizer identificar o comportamento. A segunda pergunta é: "O que aconteceu então?". O que significa dizer identificar as consequências do comportamento. Certamente, mais do que consequências determinam nossa conduta, mas essas primeiras perguntas frequentemente hão de nos dar uma explicação prática. Se quisermos mudar o comportamento, mudar a contingência de reforçamento – a relação entre o ato e a consequência – pode ser a chave.

Frequentemente gostaríamos de ver algumas pessoas em particular mudar para melhor, mas nem sempre temos controle sobre as consequências que são responsáveis por sua conduta. Se o temos, podemos mudar as consequências e ver se a conduta também muda. Também podemos prover as mesmas consequências para a conduta desejável e ver se a nova substitui a antiga.

> Esta é a essência da análise de contingências: identificar o comportamento e as consequências; alterar as consequências; ver se o comportamento muda. Análise de contingências é um procedimento ativo, não uma especulação intelectual. É um tipo de experimentação que acontece não apenas no laboratório, mas, também, no mundo cotidiano. Analistas do comportamento eficientes estão sempre experimentando, sempre analisando contingências, transformando-as e testando suas análises, observando se o comportamento crítico mudou... Se a análise for correta, mudanças nas contingências mudarão a conduta; se for incorreta, a ausência de mudança comportamental demandará uma abordagem diferente. (Sidman, 1995, pp. 104-105)

O trecho citado expressa a principal missão de uma análise científica do comportamento, que é identificar relações funcionais entre os comportamentos dos indivíduos e seus determinantes ambientais. Chamamos esse tipo de identificação de relações de **análise funcional** ou **análise de contingências**.

Apresentamos e discutimos uma grande quantidade de conceitos neste livro para descrever o comportamento e seus determinantes, mas, caso não demonstremos seu papel na compreensão do comportamento em um contexto cotidiano/aplicado, esses conceitos serão de pouca valia para o exercício profissional. Uma reclamação muito comum dos alunos de Análise do Comportamento é: "Muito bonito, mas para que isso serve?". Sem dúvida, acreditamos que nosso conteúdo é a forma mais útil de se descrever o comportamento – caso contrário, não teríamos escrito este livro. Portanto, este é o momento de apresentar a aplicabilidade dos princípios da Análise do Comportamento para lidar com situações práticas.

Análise funcional do comportamento

Os eixos fundamentais de uma análise funcional são os paradigmas respondente e, principalmente, operante. A análise funcional nada mais é do que a busca dos determinantes da ocorrência do comportamento. Sob uma perspectiva behaviorista radical, esses determinantes estão na interação do organismo com o meio. Skinner defende a existência de três níveis de causalidade do comportamento que, em maior ou menor medida, estarão sempre atuando em confluência na ocorrência ou não de um comportamento. São eles: nível filogenético, nível ontogenético e nível cultural.

Nível filogenético. O ambiente atua sobre o nosso comportamento selecionando características da nossa espécie. Nossas características fisiológicas e comportamentais (os comportamentos reflexos inatos e a capacidade de aprender por emparelhamento de estímulos e pelas consequências) são determinadas pela filogênese. Nesse sentido, certos comportamentos podem ser aprendidos por humanos, outros não (como respirar embaixo d'água, por exemplo). Além disso, determinantes filogenéticos podem se dar no nível do indivíduo, e não apenas no da espécie, a partir da combinação dos genes dos seus pais. Pessoas altas podem aprender certos comportamentos que pessoas baixas provavelmente não aprenderiam (p. ex., enterrar uma bola de basquete na cesta), e vice-versa (p. ex., dificilmente alguém de 1,95 m conseguiria aprender o salto duplo mortal carpado da ginasta Daiane dos Santos).

Nível ontogenético. Esse nível de análise aborda a modificação do comportamento pela interação direta com o meio durante a vida do organismo. Em outras palavras, trata-se da aprendizagem por interações individuais com o meio. Ao observarmos os campos de atuação dos psicólogos, veremos que eles estão constantemente manipulando os determinantes ontogenéticos do comportamento. Na ontogênese, o comportamento é modificado pelas suas consequências; ou seja, dependendo da consequência de uma resposta, esta tende, ou não, a se repetir. A ontogênese também diz respeito à aprendizagem de novos reflexos por meio do condicionamento respondente.

Nível cultural. Por fim, o nosso comportamento será determinado por variáveis culturais, isto é, aquelas advindas dos comportamentos de outras pessoas, como modismos, movimentos artísticos, preconceitos, ideologia, preceitos éticos e legais e questões econômicas. Nosso contato com a cultura estabelecerá as funções reforçadoras ou aversivas condicionadas da maioria dos estímulos. Além disso, podemos aprender pela observação de modelos ou por instruções, o que compreende a aprendizagem social responsável pela emissão de grande parte dos comportamentos humanos.

Segundo Skinner, se realmente insistirmos em utilizar a palavra "causa" em psicologia, devemos levar em consideração os três níveis de análise do comportamento. Contudo, deve ficar claro que, de acordo com o Behaviorismo Radical, a determinação do comportamento resulta da relação de troca histórica e atual do organismo com o ambiente. Skinner negou com veemência a atribuição de causa do comportamento aos eventos mentais hipotéticos, como traços de personalidade, emoções, vontade, desejo, impulso, etc. Esses termos psicológicos são, para ele, categorias descritivas de comportamentos em diferentes níveis de análise, de modo que comportamentos sob os rótulos de personalidade, emoções, vontade, desejo e impulso precisam ser analisados funcionalmente, como qualquer outro. Explicar o comportamento por eventos mentais hipotéticos não nos ajuda a prevê-lo e controlá-lo. Essas explicações, denominadas por Skinner de *mentalistas*, cessam a investigação, o que impede a identificação das variáveis realmente relevantes na determinação do comportamento. Portanto, se quisermos predizer e controlar o comportamento, precisamos analisá-lo funcionalmente, buscando, no ambiente externo, os seus determinantes.

Analisar o comportamento funcionalmente se refere a uma busca da função do comportamento, e não de sua topografia (i.e., estrutura ou forma). Comportamentos de mesma topografia podem ter funções distintas. Por exemplo, uma namorada dizer "eu te amo" pode ser determinado por diferentes variáveis no início e no final do namoro. Em geral, no início do namoro, essa resposta verbal está sob o controle discriminativo de seus estados internos eliciados pela presença do namorado e de como essa presença é reforçadora. Em contrapartida, com o desgaste da relação, a presença do namorado pode não ser mais tão reforçadora assim, nem ser acompanhada dos mesmos estados internos. Entretanto, caso ela pare de dizer "eu te amo", o namorado poderá começar a iniciar uma discussão da relação (a famosa DR), cobrando demonstrações de afeto (p. ex., "você mudou", "parece que nem me ama mais", "o que está acontecendo com a gente?", "quem é você e o que fez com a minha namorada?", etc.).

As discussões e cobranças geralmente têm funções aversivas. A resposta verbal "eu te amo" seria emitida com função de esquiva sob o controle das consequências aversivas com as quais a moça entrou em contato quando não disse o que seu namorado gostaria de ouvir, em vez de ser controlada pelos estímulos antecedentes. Ainda que a topografia seja a mesma, a função da resposta verbal "eu te amo" foi modificada. Em resumo: a emissão de uma mesma topografia de resposta pode ter funções distintas.

Ainda temos os casos das respostas que possuem topografias distintas, mas funções semelhantes. O mesmo rapaz do exemplo anterior, diante do fracasso das cobranças em produzir demonstrações de afeto mais frequentes e de maior magnitude da namorada, pode romper o relacionamento dizendo "Nosso namoro não está mais dando certo. Não estou feliz. Melhor terminarmos". No passado, quando ele rompeu o relacionamento de modo similar, sua namorada insistiu para que permanecessem juntos e tornou-se mais carinhosa e atenciosa por algumas semanas. Assim, o reforçador que controla o comportamento de romper é a mudança do comportamento da namorada. Outras verbalizações com diferentes topografias poderiam ter a mesma função: "Eu te amo, e não vou desistir de você. Mas eu quero que você seja mais atenciosa e carinhosa comigo". Essas respostas, em topografia, são bem diferentes. Uma parece demonstrar que o namorado não gosta mais de sua namorada, enquanto a segunda expressa justamente o contrário. Entretanto, tais respostas podem ter a mesma função: ambas são mantidas pela mudança no comportamento da namorada. É comum observarmos namorados ou namoradas que, ao estarem em uma relação insatisfatória, rompem o relacionamento diante do não reforçamento de outras respostas que outrora foram eficazes em melhorar o relacionamento. Nesse caso, emitem a resposta verbal "não quero mais namorar você", a qual será reforçada pela mudança no comportamento da(o) namorada(o), e não pelo término do namoro, conforme especificado pela topografia de sua resposta.

Os términos com essa função podem ser reforçados por melhoras momentâneas da relação. Ou seja, o rompimento do namoro pode ter funções aversivas que reforçarão negativamente a mudança do comportamento da namorada. Com o tempo, entretanto, com a retirada da ameaça de término (i.e., estímulo aversivo condicionado), é provável que os padrões comportamentais que incomodam o namorado retornem (nesses exemplos, é óbvio que as análises feitas para o rapaz valem também para a moça). Com a sucessão em longo prazo das ameaças de rompimento, é provável que elas deixem de ser reforçadas, o que poderia resultar no término definitivo da relação. Em terapia analítico-comportamental, os namorados que emitem a topografia de resposta "Eu te amo e não vou desistir de você. Mas quero que você seja mais atenciosa e carinhosa comigo", em vez de romper o namoro com a mesma função, são considerados assertivos. Ou seja, se o reforçador é a mudança, o ideal é o namorado emitir uma resposta que especifique a mudança como reforçador. Em outras palavras, o ideal é que haja uma maior correspondência entre a topografia da resposta verbal e a sua variável de controle (para mais informações sobre a correspondência entre o comportamento verbal e as suas variáveis de controle, sugerimos a leitura de Beckert [2005], LIoyd [2002] e Medeiros [2013a; 2013b]).

Com esses exemplos, tentamos ilustrar que uma análise do comportamento deve ser funcional, e não topográfica. Não encontraremos os determinantes do comportamento apenas ao analisar a sua estrutura ou forma, mas ao examinar sua função. É exatamente isso o que fazemos em uma análise funcional: buscar relações funcionais entre o comportamento e o ambiente.

A interação funcional do comportamento com o seu ambiente será descrita em conformidade com os paradigmas respondente e operante. São eles:

Paradigma respondente		
S	→	R
Um estímulo	elicia	uma resposta
Cisco no olho	elicia	o lacrimejar

onde S simboliza o estímulo, R, a resposta e a seta significa a relação de eliciação. Na imagem, esse paradigma é exemplificado com a seguinte relação entre eventos: o cisco no olho é o estímulo S que elicia a resposta R de lacrimejar.

Estudar a relação entre um cisco no olho e o lacrimejar talvez não seja muito de seu interesse, mas, provavelmente, estudar os aspectos emocionais do comportamento humano seja. Compreender os comportamentos respondentes, e saber identificá-los, é fundamental para o psicólogo entender como funciona grande parte das alterações comportamentais que denominamos emoções e sentimentos. Para relembrar como reflexos ou comportamentos respondentes estão relacionados às emoções, releia os Capítulos 1 e 2.

O segundo paradigma comportamental é o paradigma operante, cujo foco reside no papel que as consequências desempenham na aquisição e na manutenção do comportamento.

Paradigma operante				
S^A	—	R	→	S^C
Ocasião	para emissão	de uma resposta	que produz	uma consequência
Vitória do Flamengo	ocasião para	pedir o carro emprestado	que produz	empréstimo do carro

onde o S^A (estímulo antecedente) simboliza a ocasião em que a resposta R ocorre, S^C simboliza o estímulo consequente à resposta, o travessão (–) significa "serve de ocasião" e a seta (→) significa "produz". Essa relação de contingência pode ser formulada por extenso da seguinte forma: uma resposta R provavelmente produzirá um determinado estímulo consequente (S^C) na presença do estímulo antecedente S^A. Por exemplo, a resposta de pedir o carro emprestado para o pai flamenguista provavelmente será reforçada com o empréstimo diante da vitória do Flamengo.

É importante notar que, no comportamento respondente, o principal determinante é o estímulo antecedente, isto é, aquele que vem antes da resposta, enquanto, no comportamento operante, o principal é o estímulo consequente, ou seja, aquele que sucede a resposta. A função do estímulo antecedente no comportamento operante advém da sua relação com a consequência, uma vez que a resposta foi seguida de determinada consequência na presença desse estímulo no passado.

A tarefa, em uma análise funcional, consiste basicamente em "encaixar" o comportamento em um dos paradigmas e encontrar os seus determinantes. Uma vez que encontremos os determinantes do comportamento, podemos **predizê-lo** (prever a sua ocorrência) e **controlá-lo** (aumentar ou diminuir deliberadamente a sua probabilidade de ocorrência). Esse é o objetivo da psicologia encarada como ciência do comportamento, ou seja, essa é a meta da Análise do Comportamento.

Controlar o comportamento quer dizer, em termos gerais, tornar a sua ocorrência mais ou menos provável. Não significa, em termos técnicos, obrigar alguém a fazer algo contra a sua vontade. Quando você faz uma pergunta a alguém, está controlando um comportamento; quando para diante de um cruzamento, o seu comportamento está sendo controlado. O tempo todo estamos controlando o comportamento dos outros e os outros estão controlando o nosso. A Análise do Comportamento busca, simplesmente, entender melhor como funcionam essas relações de controle (relações funcionais).

A análise funcional é fundamental para a predição e o controle do comportamento. Fazer análises funcionais do comportamento exige o domínio de outros princípios comportamentais discutidos neste livro, como privação, saciação, esquemas de reforçamento, generalização, abstração, controle aversivo, etc., bem como de conceitos que não serão abordados aqui, como regras, relações de equivalência, operações estabelecedoras, aprendizagem por observação de modelos, comportamento verbal, entre outros. Cabe ressaltar, ainda, que a apresentação separada dos paradigmas operante e respondente é apenas didática. Precisamos descrever como se dá a interação entre os comportamentos operantes e respondentes se quisermos lidar com o comportamento de uma forma mais abrangente.

Por fim, uma discussão que não pode ficar de fora de uma análise funcional é aquela que gira em torno da relevância de se incluir ou não a história de reforçamento na análise. Alguns autores defendem a irrelevância de se abordar a história de reforçamento na condução dessas análises, uma vez que, para um comportamento estar ocorrendo, é necessário que ele pertença a contingências atualmente em vigor. Para esses autores, seria possível identificar a contingência atual e modificá-la sem fazer menção à história de estabelecimento do comportamento em questão, uma vez que as contingências responsáveis pelo estabelecimento não são necessariamente as responsáveis pela sua manutenção. Entretanto, outros autores defendem a relevância de se abordar a história de exposição às contingências. Eles defendem, em primeiro lugar, que a história de estabelecimento do comportamento pode nos fornecer pistas de quais contingências atuais são responsáveis por sua manutenção. Além disso, temos casos em que apenas as contingências atuais não são capazes de explicar um padrão comportamental em uma análise mais ampla. Um exemplo clássico disso envolve o subproduto da punição chamado de *respostas incompatíveis*. Essas respostas são negativamente reforçadas, evitando que um comportamento anteriormente punido seja emitido e, como consequência, punido outra vez. Esse tipo de comportamento, claramente determinado por contingências prévias, impede o contato com as contingências atuais e, por conseguinte, impossibilita que exerçam o controle sobre ele.

Por exemplo, um rapaz que apaga os números de telefones de mulheres que conheceu em festas pode estar emitindo uma resposta incompatível. Digamos que, ao namorar uma mulher que conheceu em uma festa, ele foi traído e sofreu muito. Desde então, pode até trocar telefone com moças que conhece em tais lugares, mas posteriormente apaga os números como forma de impedir que uma relação estável se estabeleça. De fato, apagar os telefones é uma resposta incompatível, pois impede que um comportamento punido no passado ocorra. Entretanto, muitas dessas mulheres talvez não o traíssem em uma relação estável. Em outras palavras, as consequências atuais de namorar algumas dessas mulheres seriam reforçadoras, e não punitivas, mas não exercem controle sobre o comportamento porque a história de punição estabeleceu a resposta incompatível de apagar o número dos telefones. Essas respostas são incompatíveis com a exposição às contingências atuais. Dificilmente conseguiríamos analisar funcionalmente o comportamento de apagar os contatos do celular sem investigar a sua história de exposição às contingências.

Conforme visto em capítulos anteriores, um mesmo comportamento pode produzir consequências diferentes. Também vimos que os diferentes tipos de consequências produzem diferentes efeitos sobre o comportamento (Tab. 9.1).

TABELA 9.1 Tipos de consequência do comportamento e seus efeitos

Tipo de consequência	Efeito sobre o comportamento	Tipo de operação
Reforçadora positiva	Aumenta a frequência	Apresentação de um estímulo
Reforçadora negativa	Aumenta a frequência	Retirada de um estímulo ou evitação da apresentação de um estímulo
Punitiva positiva	Diminui a frequência	Apresentação de um estímulo
Punitiva negativa	Diminui a frequência	Retirada de um estímulo
Extinção (ausência de reforçamento)	Diminui a frequência	Suspensão do reforço
Recuperação (ausência da punição)	Aumenta a frequência	Suspensão da punição

Com base nas análises das relações entre o comportamento e a sua consequência, ou seja, das contingências, é possível identificar as condições que afetam a probabilidade de ocorrência do comportamento. Portanto, é crucial para o psicólogo conhecê-las e saber identificá-las, pois, só assim, caso necessário, saberá o que modificar. O exercício de uma análise funcional vai além da identificação das consequências do comportamento, incluindo também a identificação das funções que elas exercem sobre ele. Os passos a seguir representam uma maneira didática de identificar a função de um estímulo consequente sobre um comportamento.

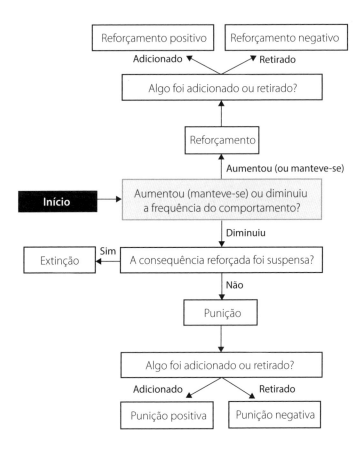

PONTO DE PARTIDA: A consequência do comportamento aumentou ou diminuiu a frequência do comportamento?
1. Se aumentou, então é preciso verificar se:
   Um estímulo foi acrescentado ou retirado do ambiente em decorrência da ocorrência do comportamento?
   – Se foi acrescentado, a consequência é **reforçadora positiva**.
   – Se foi retirado, a consequência é **reforçadora negativa**.
      O estímulo estava presente ou ausente no momento em que o comportamento foi emitido?
      i. Se estava presente, trata-se de um **comportamento de fuga**.

ii. Se ainda não estava presente, trata-se de um **comportamento de esquiva**.
2. Se diminuiu, então é preciso verificar se:
O comportamento parou de produzir uma consequência reforçadora?
– Se sim, houve **extinção operante**.
– Se não, as consequências serão **punitivas**.
Um estímulo foi acrescentado ou retirado do ambiente em decorrência da emissão do comportamento?
i. Se foi acrescentado, trata-se de uma consequência **punitiva positiva**.
ii. Se foi retirado, trata-se de uma consequência **punitiva negativa**.

Análise funcional de comportamentos em laboratório

No Capítulo 4, que trata do controle aversivo, vimos um exemplo curioso de comportamento de contracontrole emitido por um rato. Naquele experimento, as respostas de pressão à barra de um sujeito de pesquisa privado de alimento eram mantidas pela apresentação de comida. Em um dado momento do experimento, as respostas passaram a ser seguidas de choques, além de alimento. O aspecto crucial desse procedimento é que o alimento permanece sendo disponibilizado com a resposta de pressão à barra, mesmo com a liberação do choque. Estamos diante, nesse caso, de um comportamento que compõe contingências conflitantes (situação muito comum em terapia analítico-comportamental): a resposta tem duas consequências, uma reforçadora positiva (apresentação do alimento) e outra punitiva positiva (apresentação do choque).

Em se tratando de contingências conflitantes, como no exemplo citado, a frequência do comportamento vai depender de diversos fatores, como a magnitude dos estímulos consequentes envolvidos (p. ex., a quantidade de alimento e a voltagem do choque para cada pressão à barra), a privação e o esquema de reforçamento ou de punição em vigor para cada consequência. Caso o choque seja de pequena magnitude em relação ao valor reforçador do alimento[2], por exemplo, o esperado seria o animal continuar emitindo a resposta, comendo e recebendo os choques. Porém, caso a magnitude da corrente elétrica seja maior que o valor reforçador do alimento, o esperado seria que parasse de pressionar a barra.

Contingências conflitantes são comuns no dia a dia, como ingerir bebidas alcoólicas em grande quantidade, por exemplo. Ainda que os efeitos do álcool possam ser reforçadores para quem bebe, os efeitos aversivos da intoxicação no dia seguinte, como náuseas e dores de cabeça, podem enfraquecer esse comportamento. Essa situação é um pouco diferente daquela do rato do exemplo anterior, uma vez que a apresentação da comida e do choque é praticamente concomitante, ao passo que há um lapso temporal entre os efeitos reforçadores do álcool e os efeitos aversivos da intoxicação. Esse intervalo entre o compor-

---

[2] O valor reforçador do alimento dependerá da privação do animal (quanto maior a privação, maior o valor reforçador do alimento) e do fato de ele comer ou não fora da sessão experimental (sistema de economia aberta ou fechada). Obviamente, no segundo caso, a comida contingente à resposta de pressão à barra terá maior valor reforçador.

tamento e a sua consequência, como visto anteriormente, trata-se de um atraso que tem como resultado uma diminuição no efeito das consequências atrasadas sobre o comportamento. Essa é uma das razões pelas quais as pessoas continuam a beber mesmo que passem mal no dia seguinte. Esse tema foi discutido no Capítulo 7, quando tratamos de autocontrole e esquemas concorrentes encadeados.

Caso haja um meio de anular a contingência aversiva da qual faz parte um comportamento que também é reforçado, por exemplo, beber sem passar mal no dia seguinte ou pressionar a barra sem a apresentação do choque, é provável que a frequência desse comportamento aumente. No caso do experimento com o rato, conforme relatado por Azrin e Holtz (1966), um dos animais deitou-se de costas na grade que compõe o chão da caixa, colocou a cabeça no comedouro e pressionou a barra com o rabo. Procedendo dessa forma, o sujeito de pesquisa se manteve obtendo o alimento com a resposta de pressão à barra ao mesmo tempo que evitava o choque, uma vez que seus pelos possuem propriedades isolantes de corrente elétrica. Nesse exemplo, temos alguns comportamentos respondentes e operantes a serem analisados: 1) a resposta de pressão à barra; 2) as respostas emocionais na presença do choque; 3) as respostas emocionais na presença da barra pressionada; 4) o deitar de costas no chão da caixa.

A resposta de pressão à barra

Conforme descrito, a resposta de pressão à barra pertencerá a duas contingências operantes: uma de reforçamento positivo e uma de punição positiva.

Reforçamento positivo. Se levarmos em conta a modelagem prévia, assim como apenas essa contingência, podemos prever, sem dificuldades, que a resposta de pressão à barra será provável caso o animal esteja privado de alimento. O diagrama a seguir descreve essa contingência:

Fonte: Azrin e Holtz (1966).

Essa mesma resposta de pressão à barra também pertence a uma contingência de punição positiva.

Punição positiva. De acordo com essa contingência, que é a relação entre a resposta de pressão à barra e a produção do choque, a emissão do comportamento se torna pouco provável. Temos, portanto, uma resposta que pertence a duas contingências, que produzem um efeito combinado, uma que aumenta a probabilidade de sua ocorrência e outra que a diminui. Essas contingências conflitantes alterarão a probabilidade da resposta e, além disso, podem fazer com que a resposta de contracontrole ocorra.

CS*	—	R	→	S^P+
A barra	serve de ocasião	pressionar a barra	produz	choque

*Estímulo aversivo condicionado

Fonte: Azrin e Holtz (1966).

As respostas emocionais na presença do choque

O choque é um estímulo incondicionado (US) que elicia uma série de respostas incondicionadas (URs), como contrações musculares, palpitações e taquicardia.

US	→	UR
Choque	elicia	contração muscular, taquicardia, palpitações

As respostas emocionais na presença da barra pressionada

Como o pressionar a barra precede a apresentação do choque, é provável que observemos o condicionamento de um novo reflexo. A barra é um estímulo neutro (NS), o qual será emparelhado ao choque, que é um estímulo incondicionado (US). Após alguns emparelhamentos, isto é, após o animal pressionar a barra e receber a corrente elétrica, a barra também passará a eliciar respostas semelhantes às observadas na presença do choque. Nesse caso, temos as chamadas respostas condicionadas (CRs), que serão eliciadas pela barra, a qual passará a ser um estímulo condicionado (CS). A despeito de toda a discussão conceitual envolvida, essas CRs podem ser denominadas de respostas de ansiedade.

Não só os estímulos incondicionados ou condicionados, como as próprias respostas de ansiedade, têm funções aversivas, ou seja, podem punir positivamente ou reforçar negativamente um comportamento. Essa nova função aversiva condicionada pode fazer o animal emitir respostas incompatíveis ao comportamento punido de pressionar a barra. Portanto, outro efeito observado nesse tipo de estudo é o do sujeito de pesquisa que passa a maior parte da sessão experimental recolhido ao canto da caixa oposto ao da barra. Em outras palavras, o rato estaria emitindo uma resposta incompatível ao comportamento punido. Além disso, temos uma clara interação entre o comportamento operante e o respondente. Como estar com a pata na barra ou mesmo estar próximo a ela eliciam respostas emocionais aversivas condicionadas, o animal emitirá uma resposta de esquiva, mantendo-se no canto oposto da caixa. É importante notar que a barra não possuía funções aversivas no início do experimento, muito pelo contrário, uma vez que precedia a apresentação do estímulo reforçador (i.e., o alimento). Entretanto, devido ao condicionamento respondente da barra com o choque, ela adquiriu funções aversivas condicionadas, podendo punir ou reforçar negativamente o comportamento operante.

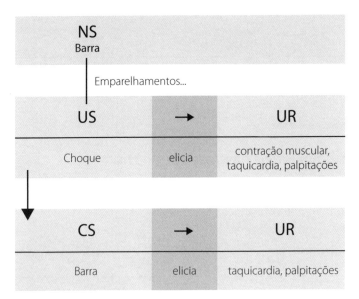

Fonte: Azrin e Holtz (1966).

O deitar de costas no chão da caixa

Por fim, analisaremos a resposta de contracontrole, que é o pressionar a barra deitado de costas na grade, em que o sujeito experimental obtém o alimento e se esquiva do choque. As contingências conflitantes são uma condição ideal para a observação de respostas de contracontrole, nas quais o comportamento outrora punido continua produzindo reforçadores e, com a emissão da resposta de contracontrole, deixa de produzir os estímulos punitivos. Devido à privação de alimento, este adquire uma forte função reforçadora, que garante uma alta probabilidade de qualquer resposta que o produza. Em contrapartida, o choque, dependendo da sua magnitude, é mais do que suficiente para suprimir quaisquer comportamentos que o produzam. Caso seja possível a emissão de uma segunda resposta, a qual evita que a pressão à barra seja seguida do choque, ela será negativamente reforçada, isto é, sua ocorrência se tornará provável. É exatamente isso que acontece nesse experimento: a segunda resposta, no caso, deitar de costas na grade do chão da caixa, passa a ocorrer, sendo negativamente reforçada por evitar que a resposta de pressão à barra seja positivamente punida com o choque.

Podemos resumir as contingências descritas da seguinte maneira: a resposta de contracontrole produz a interrupção (quebra) da contingência de punição positiva (recuperação), fazendo apenas a contingência de reforçamento operar sobre o comportamento. Dessa forma, observa-se o aumento na frequência de respostas de pressão à barra, já que não existem mais contingências conflitantes. É importante lembrar que, se, além da punição da resposta de pressão à barra com o choque, ela deixasse de produzir alimento, não observaríamos respostas de contracontrole, pois não haveria contingências conflitantes.

Voltando ao experimento original, temos novamente a eliciação de respostas emocionais. Conforme analisado, o próprio comportamento punido se torna um CS que elicia respostas emocionais semelhantes às observadas quando a punição é apresentada. Portanto, a resposta de contracontrole (deitar de costas na grade) e a resposta previamente punida (pressionar à barra) eliciam respostas emocionais. Um exemplo claro disso é quando mentimos, o que, na maioria das vezes, é uma resposta de contracontrole. É muito comum vermos a eliciação de respostas emocionais quando se emite o comportamento de mentir, pois ele provavelmente foi punido no passado quando descoberto. É justamente nesse princípio que se baseiam os detectores de mentiras utilizados pela polícia. Na realidade, os testes não detectam a mentira, e sim as respostas emocionais eliciadas quando mentimos. Uma vez que o comportamento de mentir foi punido no passado, ele passa a eliciar respostas emocionais semelhantes às observadas no momento em que ocorreu a punição.

Análise funcional de um caso clínico

A análise funcional de um desempenho de laboratório é mais complexa do que parece à primeira vista, não é verdade? E acredite, o exemplo citado anteriormente é um dos mais simples. Agora, vamos nos dedicar a uma tarefa mais ousada: utilizar os princípios da Análise do Comportamento para descrever o comportamento humano em um contexto clínico. Antes de iniciarmos o exame desse caso clínico, é necessário fazer algumas considerações sobre a análise de comportamentos de pessoas fora do laboratório, isto é, em contextos cotidianos como um atendimento clínico em psicologia, por exemplo.

Se fôssemos apenas listar os títulos dos relatos já publicados nos quais o comportamento escolhido como variável dependente foi a pressão à barra por ratos, provavelmente teríamos uma lista com mais páginas que este livro inteiro. Não há nenhum mistério topográfico sobre respostas de pressão à barra: o rato deve "empurrar" a barra para baixo, nada mais. Se esse comportamento é tão simples, por que tantas pesquisas? As pesquisas não são sobre a resposta propriamente dita, mas sobre as variáveis ambientais que alteram sua topografia, frequência, taxa, magnitude, latência, pausas pós-reforço, etc. Na maioria desses trabalhos, portanto, estudou-se o efeito de variáveis ambientais sobre uma classe de respostas formada por comportamentos com topografia simples (apenas um movimento), bem definidos e de fácil registro.

Se listássemos também as pesquisas comportamentais com seres humanos, constataríamos que boa parte delas avaliou efeitos de variáveis ambientais sobre uma classe formada por respostas com topografia simples (apenas um movimento) e bem definidas, como, por exemplo, pressionar um botão ou clicar sobre um estímulo na tela de um computador. Também encontraríamos relatos de pesquisa em que foram estudadas classes de respostas mais complexas, como, por exemplo, estereotipias, falas psicóticas, hiperatividade, desempenho acadêmico e comportamentos observados nos mais diversos tipos de psicopatologia.

O conjunto dessas pesquisas constitui a base empírica para a prática profissional do analista do comportamento. Ao atender um cliente em um consultório, por exemplo, o clínico deve planejar sua análise e intervenção com base nos dados científicos produzidos por esses trabalhos (basear sua prática profissional em evidências científicas).

No entanto, certas dificuldades surgirão ao se aplicar o conhecimento científico à resolução de problemas cotidianos. Uma primeira dificuldade que se apresenta é que frequentemente esses problemas envolverão muitas classes de respostas diferentes e múltiplas variáveis de controle. Dito de outra forma, um único caso clínico, por exemplo, requererá do analista do comportamento o conhecimento de dezenas ou centenas de relatos de pesquisa diferentes.

É importante lembrar que questões dessa natureza não impedem a aplicação do conhecimento científico à resolução de problemas cotidianos. Na verdade, a complexidade das situações cotidianas só pode ser razoavelmente analisada, para fins de intervenção, se o profissional tiver domínio do conhecimento científico disponível sobre o problema no qual deseja intervir. Nesse sentido, a análise de um caso clínico, por exemplo, deve ser feita com muito cuidado, baseada em princípios e dados científicos e com a constante avaliação dos resultados que estão sendo obtidos (evolução do caso).

Feitas essas considerações, abordaremos agora um caso clínico de promiscuidade masculina, analisando funcionalmente alguns dos comportamentos emitidos por um cliente hipotético em terapia. Apresentamos a seguir um resumo do caso.

Marcos[2] é um servidor público de 29 anos que trabalha no poder judiciário e mora com os pais. É formado em Direito e cursa uma especialização *lato sensu* em sua área. Faz musculação em uma academia cinco vezes por semana e joga futebol aos sábados. Veio à terapia queixando-se estar em uma "sinuca de bico".

Marcos namora Paula (28 anos) há três anos. Eles se conheceram em um curso preparatório para concursos públicos. Marcos relata que sua namorada é muito ciumenta, possessiva e agressiva. Além disso, no último ano do namoro, ela tem cobrado constantemente "um compromisso mais sério", isto é, que se casem, ou que, pelo menos, noivem. O cliente relata não querer mais continuar com o relacionamento, desejando "escapar" do casamento a qualquer custo. Entretanto, não consegue romper com Paula, relatando as seguintes razões: "Não quero quebrar minha coerência. Você sabe, no início do namoro, apaixonado, a gente fala muitas coisas que depois se arrepende. Então, eu falei que a amaria para sempre, que ela era a mulher da minha vida, que queria casar com ela, etc. Como é que agora, de uma hora para outra, digo que não a amo mais e que quero terminar? Além disso... eu sei que não... mas há vezes que penso que ela vai morrer ou fazer alguma besteira se eu terminar. Ela é tão nervosa e tão dependente de mim que eu fico preocupado". De fato, em algumas brigas em que Marcos sugeriu que interrompessem temporariamente o namoro ("dessem um tempo"), Paula teve atitudes extremas, como sair correndo sozinha de um bar onde estavam, de madrugada em um lugar perigoso, e ameaçar pular do carro em movimento.

Marcos, desde que começou a flertar com 14 anos, nunca ficou solteiro. Sempre "emendava" um relacionamento em outro e, em geral, traía a sua namorada do momento com a seguinte. Ele teve mais três namoros com duração superior a um ano e meio. Relatou ter passado por situações similares nos outros namoros, querendo terminar e não conseguindo. Essas relações duraram mais do que Marcos gostaria, e ele somente conseguiu rompê-las quando se envolveu com outra pessoa.

Os poucos amigos de Marcos estão todos comprometidos, e ele não tem com quem sair caso fique sozinho. Afirma ser muito tímido para fazer amigos, apesar de ter uma excelente fluência verbal e conseguir falar sobre diversos assuntos quando já conhece a pessoa. Marcos

---

[2] Os nomes apresentados no relato do caso são fictícios.

(Continua)

(Continuação)

não parece ter problemas para conseguir parceiras, uma vez que sempre manteve casos fora do relacionamento. Entretanto, relatou que, desde criança, se achou inferior aos outros. Achava-se feio, sem graça, muito magro, cabelo esquisito, dentes tortos, etc. Toda situação de conquista o fazia se sentir melhor. Relatava que só sentia que tinha valor quando alguém queria ficar com ele. As suas investidas amorosas realmente não foram bem-sucedidas em sua adolescência: seus amigos costumavam ter seus flertes bem-sucedidos e se vangloriavam disso, enquanto Marcos experimentou algumas rejeições dolorosas.

Apesar de não relatar sentir culpa pelas traições, Marcos relata que queria mais liberdade para viver esses casos: "Eu pegaria muito mais mulher se não estivesse encoleirado". Ele também relata invejar os homens solteiros na atualidade que podem conhecer inúmeras mulheres por meio de aplicativos de celular. Algumas das mulheres que conheceu ao trair a sua namorada eram, segundo ele, muito interessantes, e ele as teria perdido por estar namorando.

Para conseguir manter sua infidelidade em segredo, Marcos inventa todo o tipo de desculpa para sair sozinho. Costuma deixar sua namorada em casa cedo para sair com outras mulheres depois. É extremamente cuidadoso com o celular, nunca o deixa disponível para que Paula não comece a mexer no aparelho. Além disso, está sempre apagando as chamadas e as mensagens. Só leva suas amantes para locais onde não possa ser identificado por alguém conhecido. É extremamente vigilante quanto às redes sociais, apagando imediatamente qualquer postagem que possa comprometê-lo.

Marcos também relata que gostaria de passar mais tempo com seus amigos, mas como Paula exige muito a sua presença, ele não consegue vê-los com a frequência que gostaria. Relata que adora encontrar seus amigos e contar seus casos de infidelidade. Seus amigos riem muito das suas histórias e chamam-no de "canalha, calhorda, garanhão, pegador, 'com mel', etc.".

Diante de questionamentos acerca das consequências de curto e longo prazo de seus comportamentos, Marcos começa a chorar, dizendo que é "um monstro mesmo", "que não tem jeito" e "que arrasa com a vida de quem gosta dele". Fica repetindo isso até que a psicóloga mude de assunto.

Já elogiou a aparência e as roupas da psicóloga algumas vezes, puxando assuntos cotidianos com ela. Praticamente em toda sessão, leva um chocolate ou outro doce para a profissional. Além disso, em uma sessão, Marcos emitiu as seguintes falas: "Se minha namorada fosse como você, assim, uma mulher controlada, decidida e compreensiva, eu gostaria muito mais dela" e "Se eu encontrasse você num bar, certamente ia te passar uma cantada". Marcos também fala de si mesmo em muitas sessões de forma sedutora (olhares e expressões corporais), como se estivesse se vangloriando das mulheres que conquista.

Marcos explica a sua infidelidade dizendo que se sente mais homem ao trair. Teve vários namoros longos e sempre traiu suas namoradas. Aprendeu a admirar homens assim. Seu pai traia sua mãe com frequência. Quando bebia, seu pai contava seus casos para os filhos e sobrinhos homens, dizendo: "Eu sei que é errado, mas homem é assim mesmo. Se pintar uma gostosa, você vai dar para trás?". Marcos e seus irmãos gargalhavam quando o pai contava essas histórias. Ele também fala com um sutil sorriso no canto da boca que trai sua namorada porque ela briga demais com ele, é como se fosse uma forma de se vingar de sua agressividade. Outra razão apontada foi a de que "precisava experimentar outras pessoas" para testar o seu amor por Paula: "Só chifro para ver se é dela mesmo que eu gosto".

(Continua)

(Continuação)

> Apesar da conivência com o pai, Marcos tem uma forte relação de afeto com a mãe, que, segundo seus relatos, parece muito com a namorada do ponto de vista comportamental: controladora, possessiva e agressiva. Ele frequentemente abre mão do que gostaria de fazer quando sua mãe e Paula ficam contrariadas. Já deixou de sair sozinho várias vezes com seus amigos quando Paula reclamou. Em uma oportunidade, chegou a negociar a compra de uma motocicleta de um amigo e desistiu do negócio quando sua mãe o proibiu. Marcos relatou trocar as palavras "amor" por "mãe" e "mãe" por "amor" com muita frequência. Em algumas dessas vezes, elas, a mãe e a namorada, nem notaram a troca; em outras, brigaram com ele.

Em um atendimento clínico, dentro do consultório, o analista do comportamento conta, no geral, com as seguintes fontes de informação: observação direta dos comportamentos do cliente emitidos na presença do psicólogo (p. ex., o modo como fala, os assuntos que aborda, as palavras que mais usa e as que nunca usa, o modo como reage quando o psicólogo encerra a sessão, o jeito que se veste, o modo como se senta, etc.) e informações indiretas dos comportamentos do cliente por meio de seu relato verbal (que, dependendo do caso, é ele, o comportamento verbal, o comportamento a ser observado diretamente).

Apesar de a segunda fonte de informações sobre o comportamento representar "o grosso" da terapia em termos de dados, afinal se trata dos comportamentos do cliente nas incontáveis situações atuais e históricas do seu dia a dia, também representa a fonte menos fidedigna. Emitir um comportamento e relatá-lo são dois comportamentos. Ambos estão sob o controle de variáveis distintas, de modo que não devemos esperar uma correspondência plena entre eles, conforme demonstrado empiricamente por diversos estudos (para uma revisão desses estudos, consultar os trabalhos de Medeiros e Medeiros [2018], Beckert [2005] e LIoyd [2002]).

Neste caso clínico, o comportamento verbal de Marcos de dizer a Paula que, depois de deixá-la em casa na sexta à noite, foi direto para casa está sob o controle das consequências apresentadas por Paula a relatos verbais similares no passado, por exemplo. Porém, ir a uma festa com os amigos depois de deixá-la em casa na sexta-feira está sob o controle de outras variáveis. Relatar que foi para a festa depois de deixá-la em casa é um comportamento que provavelmente seria punido, como já ocorreu com Paula e com as demais namoradas de Marcos no passado. Portanto, relatar com precisão o próprio comportamento de ir à festa com os amigos é menos provável. O relato não correspondente "fui para casa dormir" é mais provável nessa situação em função das consequências providas por Paula a relatos como esse no passado.

Os relatos dos clientes em terapia acerca de suas queixas nem sempre descrevem comportamentos (p. ex., "a vida vai de mal a pior"). Mais raramente ainda, envolvem informações sobre o comportamento, os seus antecedentes e as suas consequências. Cabe ao psicólogo conduzir a entrevista clínica para que o cliente lhe forneça as informações necessárias para a realização das análises funcionais. Perguntas sobre as situações ou pessoas com as quais o cliente age de determinadas formas, sobre o que acontece ou como os outros reagem quando ele age assim, sobre a frequência com a qual ele se comporta desse modo, entre outras, são fundamentais para a obtenção das informações necessárias para a realização dessas análises. Solicitações de descrições de como ele age objetivamente e de relatos de como esse comportamento ocorre no passado fazem parte da coleta de dados para uma análise funcional.

Mediante a coleta de dados, a primeira etapa é elencar os comportamentos-alvo, ou seja, aqueles que, de alguma forma, têm relação direta ou indireta com as queixas/demandas do cliente. Eles podem ocorrer na sessão de terapia, conhecidos como **comportamentos-alvo emitidos**, os quais podem ser observados diretamente pelo psicólogo. Porém, eles também podem não ocorrer na sessão, sendo chamados de **comportamentos-alvo relatados**, que são aqueles aos quais o psicólogo tem acesso apenas mediante relato. Os comportamentos-alvo ainda podem ser classificados como **a enfraquecer**, ou seja, aqueles cuja frequência, após a realização da análise funcional, deva ser diminuída como objetivo terapêutico; e como comportamentos-alvo **a fortalecer**, isto é, aqueles que devem ter a frequência aumentada como objetivo terapêutico. Na categoria comportamento a fortalecer, também é possível listar aqueles que ainda não fazem parte do repertório do cliente. A classificação de comportamentos-alvo a enfraquecer ou a fortalecer leva em consideração as topografias e as funções do comportamento. Os objetivos em um tratamento clínico analítico-comportamental envolvem a modificação na frequência, duração, magnitude, latência e topografia, etc., dos comportamentos-alvo. Esses objetivos só podem ser definidos após a realização da análise funcional que é parte da **formulação comportamental**.

A formulação comportamental é uma maneira de organizar as informações de um caso clínico de modo que permita o acompanhamento e a comunicação com outros profissionais. A formulação comportamental envolve um conjunto de tópicos que devem ser apresentados: 1. Dados do caso; 2. Queixa; 3. Histórico; 4. Comportamentos-alvo; 5. Análises funcionais; 6. Propostas de intervenção; 7. Resultados obtidos; e 8. Conclusões. Após as primeiras três sessões, é esperado que o psicólogo já seja capaz de elaborar a formulação comportamental até o quinto tópico. Os demais tópicos serão elaborados após a conclusão do caso ou após um período que permita observar alguns resultados da intervenção. A parte mais importante de uma formulação comportamental é a análise funcional dos comportamentos-alvo do cliente. Será apresentada a seguir a formulação comportamental do caso de Marcos até as análises funcionais.

Dados pessoais: 29 anos; homem; solteiro, porém namorando há três anos; trabalha como funcionário público; estuda em nível de pós-graduação; reside com os pais.

Queixas: As queixas de Marcos dizem respeito ao seu relacionamento que, segundo ele, não é mais satisfatório. A despeito disso, o cliente se queixa de não conseguir rompê-lo, temendo as reações da namorada. As cobranças de sua namorada acerca de uma relação mais estável, como um noivado ou casamento, também, segundo Marcos, o incomodam. Relata, ainda, desejar ter mais tempo para passar com os seus amigos e para ter relacionamentos com outras mulheres. Também se queixa do modo como é tratado pela sua namorada e pela sua mãe, as quais julga agressivas e controladoras.

Dados históricos úteis à análise funcional: Marcos relata um histórico de fracasso em flertar na sua adolescência, fase na qual se considerava feio e inferior aos demais. Também quanto ao histórico de relacionamentos afetivos, relatou nunca ter ficado sozinho, de modo que raramente teve um momento de solteirice entre um namoro e outro. Muitas vezes, Marcos estava envolvido com duas pessoas ao mesmo tempo, a namorada atual e a que viria a ser sua futura namorada. A relação com seus irmãos e seu pai ilustra uma condescendência e até incentivo à infidelidade masculina, na medida em que o genitor se gabava quanto aos casos de traição. Marcos relata que aprendeu a admirar homens promíscuos, sendo, segundo ele, um indicativo de valor pessoal como homem.

Comportamentos-alvo: Os comportamentos-alvo são aqueles que, de acordo com a análise funcional, têm relação direta ou indireta com as queixas do cliente; e, caso tenham a sua frequência alterada após os procedimentos terapêuticos, conclui-se que os objetivos terapêuticos foram atingidos. No caso de Marcos, foram elencados os seguintes comportamentos-alvo para análise:

1. *Continuar o namoro com Paula.* Este comportamento, a despeito de Marcos relatar que gostaria de deixar de emiti-lo, possui alta frequência, uma vez que ele emitiu poucas respostas que resultassem no término ao longo dos três anos que está no relacionamento. O comportamento-alvo de continuar a namorar Paula representa um conjunto de classes de respostas muito amplo e difícil de definir, envolvendo comportamentos bem diversos, como sair com ela, apresentá-la como namorada, frequentar sua casa, usar anel de compromisso, manter contato por mídias diversas, fazer planos para o futuro do casal, etc. Todas essas respostas geram consequências próprias que também afetam a sua ocorrência; entretanto, estamos agrupando-as aqui na classe continuar a emiti-las resulta em consequências comuns.
2. *Trair.* O comportamento de trair tem baixa valoração social, entretanto, não é por isso que foi incluído como um comportamento-alvo a enfraquecer. No caso de Marcos, o comportamento de trair tem relação, conforme será descrito na análise funcional, com a baixa probabilidade de ocorrência do comportamento de terminar o namoro, de modo que possui uma relação indireta com a queixa. O comportamento de trair, no caso de Marcos, pode ser definido como as respostas de entrar em contato, flertar, beijar e ter relações sexuais com outras mulheres que não Paula, ocorrendo pelo menos uma vez por semana.
3. *Prevenir a descoberta de traição.* Comportamento que ocorre diariamente. Marcos toma diversas medidas preventivas que resultam na diminuição da chance de seu comportamento de trair ser descoberto, como apagar mensagens/chamadas de celular, gerenciar com cuidado as redes sociais e frequentar locais discretos ao trair.
4. *Gabar-se para os amigos.* Esse comportamento possui alta probabilidade e ocorre praticamente todas as vezes que Marcos está com os seus amigos, ou seja, uma vez por semana. Pode ser definido como os relatos sobre as relações de Marcos com outras mulheres.
5. *Acatar as imposições agressivas de Paula e de sua mãe.* Comportamento a enfraquecer, com frequência semanal. Pode ser definido como se comportar de acordo com as determinações de Paula e de sua mãe, alterando a sua opinião a partir da argumentação agressiva de ambas. Como exemplo dessa categoria podemos citar as vezes que Marcos desistiu de sair sozinho com os seus amigos para encontrar Paula ou abriu mão de comprar uma motocicleta após a proibição da mãe.
6. *Justificar respostas de traição.* Comportamento frequente nas sessões de terapia e que pode ser definido como emitir verbalizações acerca das razões que o levaram a trair, como, por exemplo, "Precisava experimentar outras pessoas" e "Só chifro para ver se é dela mesmo que eu gosto". Essas respostas ocorrem praticamente todas as vezes que o tema traição é abordado em terapia.

7. *Chorar e apresentar fala autodepreciativa diante de questionamentos da psicóloga.* Ao ser questionado acerca das consequências de suas atitudes com relação às mulheres, mais especificamente em relação à Paula, Marcos começa a chorar e se descrever com adjetivos pejorativos, como "Sou um monstro mesmo".
8. *Assediar a psicóloga.* Esse comportamento pode ser definido como presentear e elogiar a psicóloga, de forma similar como faz com as demais mulheres com as quais interage. Em todas as sessões esse comportamento ocorre pelo menos uma vez.
9. *Lapso verbal envolvendo a mãe e a namorada.* Marcos, cerca de duas vezes por mês, chama a mãe de "amor" e Paula de "mãe".

Após a listagem dos comportamentos-alvo, iniciamos a análise funcional propriamente dita. Essas análises, em um primeiro momento, constituem apenas hipóteses com base nas informações coletadas a partir dos relatos do cliente e de seus comportamentos emitidos durante a sessão. As hipóteses de análises funcionais precisam ser validadas por meio da modificação nas frequências dos comportamentos-alvo a partir das mudanças de suas variáveis de controle. Infelizmente, esse tipo de teste nem sempre é possível para todos os comportamentos-alvo, uma vez que as variáveis de controle muitas vezes não são passíveis de controle pelo psicólogo, ao contrário do que acontece no laboratório.

Também se pode testar as hipóteses de análise por meio da coleta de novos dados advindos do relato e da observação de comportamentos do cliente durante a sessão. Entretanto, conforme recomendam Medeiros e Medeiros (2011; 2018), esse tipo de teste deve ser feito com cautela, evitando-se fazê-lo por meio de perguntas fechadas, isto é, aquelas que podem ser respondidas com "sim" ou "não". Por exemplo, as respostas de Marcos às perguntas: "Você chora e se chama de monstro para que eu deixe de questioná-lo acerca do modo como trata as mulheres, não é mesmo?" ou "Você me elogia e me presenteia tentando me seduzir como faz com as demais mulheres com as quais convive?" dificilmente serão confiáveis, de modo que podemos refutar ou confirmar as hipóteses de modo equivocado se nos basearmos nelas.

Outro ponto a se considerar ao realizar análises funcionais é a possibilidade de um comportamento ter relação com outro. Goldiamond (1974) denomina a análise funcional que relaciona diferentes comportamentos-alvo de *análise não linear*. Isso ocorre de duas maneiras. Na primeira, dois comportamentos-alvo distintos podem resultar em consequências mantenedoras similares, porém as produzem com frequências, atrasos e magnitudes distintas. Na segunda, um mesmo comportamento produz mais de uma consequência, de modo que os comportamentos que resultariam nas mesmas consequências reforçadoras podem produzir outras consequências adicionais diferentes. Por exemplo, Marcos, em vez de chorar e se autodepreciar, o que resulta na mudança de assunto pela psicóloga, poderia pedir diretamente para que ela mudasse de tópico. A possibilidade de esses dois comportamentos resultarem nas mesmas consequências mantenedoras permite que os tratemos como uma situação de escolha, similar àquela descrita no capítulo de esquemas de reforçamento (Cap. 3).

Como Marcos raramente se opõe à mãe e à namorada, é possível supor que pedir diretamente seria pouco provável, o que se constituiria em uma generalização de estímulos. Dito de outro modo, Marcos estaria se comportando diante da psicóloga de modo similar a como se comporta diante da mãe e da namorada. A dificuldade de se opor às posições de outras pessoas, em boa parte dos casos, resulta do histórico de punição às tentativas de oposição no passado. Desse modo, quando Marcos chora e se autodeprecia, retirando assim o questionamento da psicóloga, não se opõe a ela. Como se opor pode resultar na mudança de assunto e em punição, chorar e se autodepreciar se torna mais provável, uma vez que resultaria apenas na mudança de assunto. Para analisar a frequência de chorar e se autodepreciar, precisamos, portanto, verificar o que afeta a probabilidade de ocorrência dos comportamentos alternativos, como o de pedir diretamente.

Outra forma pela qual os comportamentos se relacionam em uma análise funcional é o efeito que um comportamento produz na probabilidade de ocorrência de outro. As respostas incompatíveis são mantidas por reforçamento negativo ao tornar menos provável a ocorrência de um comportamento que foi punido no passado. No fim das contas, o que controla a probabilidade de ocorrência de uma resposta incompatível é a não apresentação do estímulo aversivo que também funciona como estímulo punitivo contingente ao comportamento punido no passado. Marcos, por exemplo, durante a adolescência, teve as suas iniciativas de flertes punidas ou não reforçadas, o que provavelmente tornou aversiva a situação de estar fora de um relacionamento. Continuar namorando poderia ser uma resposta incompatível aos comportamentos de flertar quando solteiro de Marcos, os quais foram punidos no passado.

Continuar o namoro com Paula. Iniciaremos a nossa análise pela queixa trazida por Marcos. Ele relata que não consegue terminar seu namoro, apesar de ser isso o que gostaria de fazer. Estamos diante de um comportamento pertencente a contingências conflitantes. Verifiquemos as consequências em curto e longo prazo de continuar o namoro. Em primeiro lugar, apresentaremos as consequências que tornam esse comportamento menos provável.

Namorando, Marcos tem menos disponibilidade logística de conhecer, flertar e iniciar relacionamentos com novas mulheres. Segundo ele, conhecer novas mulheres representa reforçadores aos quais tem menos acesso por estar namorando. O namoro implica estar com Paula nos dias e horários mais apropriados para conhecer e flertar com novas mulheres. Namorando, Marcos também não pode instalar em seu celular os aplicativos que possibilitam flertar. Além disso, ele não pode ser visto com outras mulheres em público, o que também resulta na limitação de acesso a elas.

S^A	—	R	→	S^{P-}
Contatos com Paula como namorada	ocasião para	continuar o namoro com Paula	produz	a perda do acesso a novas mulheres

Continuar namorando também faz Marcos ter menos tempo para passar com seus amigos. Desse modo, ele deixa de entrar em contato com os diversos reforçadores envolvidos nessas interações, como atenção, reconhecimento e admiração consequentes aos relatos de traição, por exemplo.

S^A	—	R	→	S^{P-}
Contatos com Paula como namorada	ocasião para	continuar o namoro com Paula	produz	menos tempo com os amigos

Por fim, continuar o namoro com Paula resulta nas suas cobranças, brigas e reclamações, às quais Marcos não estaria exposto se estivesse solteiro. Ademais, muitas das cobranças são a respeito de ele não se engajar nos planos de noivado e casamento, o que foi relatado como o aspecto mais aversivo de estar namorando.

S^A	—	R	→	S^{P+}
Contatos com Paula como namorada	ocasião para	continuar o namoro com Paula	produz	brigas, cobranças e reclamações

A despeito de todas essas consequências punitivas negativas e positivas de continuar namorando, esse comportamento-alvo tem a sua frequência mantida. Logo, é necessário descrever os reforçadores que o mantém.

O fato de "quebrar sua coerência" e de ser cobrado por isso pode contribuir para manter o namoro. Como Marcos fez diversas "juras de amor eterno" no início do relacionamento, as cobranças de quebra de coerência serão prováveis caso não mantenha a relação, assim como ocorreu com outras promessas não cumpridas no passado. É provável que o efeito dessa história de controle aversivo se generalize para o não cumprimento das promessas decorrente de romper o namoro. Essa cobrança potencial é um estímulo aversivo, pois reforça negativamente o comportamento de continuar namorando.

S^A	—	R	→	S^{R-}
Contatos com Paula como namorada	ocasião para	continuar o namoro com Paula	evita	cobranças pelas promessas não cumpridas

Outra consequência reforçadora negativa que mantém o comportamento de Marcos de continuar a namorar Paula é a sua reação de sofrimento em decorrência do término. Quando Marcos rompeu outros relacionamentos no passado, teve que lidar com o sofrimento de algumas de suas ex-namoradas, como telefonemas de madrugada, mensagens enormes em redes sociais, crises de choro na sua frente, etc. Em algumas conversas que tiveram no passado em que Marcos mencionou pensar em terminar, Paula emitiu respostas extremas, como tentar sair do carro em movimento, por exemplo.

S^A	–	R	→	S^{R-}
Contatos com Paula como namorada	ocasião para	continuar o namoro com Paula	evita	respostas de sofrimento de Paula

Consequências reforçadoras positivas também mantêm o comportamento de namorar Paula, como companhia, carinho, sexo, entre outros. Apesar de esse não ser um aspecto enfatizado no relato, essa hipótese é pertinente, uma vez que Marcos, desde sua primeira namorada, nunca ficou sozinho. Marcos iniciava um relacionamento logo após o término do anterior. Além disso, seus amigos estão todos comprometidos e, mesmo que Marcos tenha mais tempo para eles, não necessariamente conseguirá encontrá-los com a frequência desejada.

S^A	–	R	→	S^{R+}
Contatos com Paula como namorada	ocasião para	continuar o namoro com Paula	produz	companhia, carinho e sexo

Quando Marcos começou a flertar com mulheres na adolescência, obteve poucos sucessos, ao contrário de seus amigos. A situação de flerte estando solteiro, com base nesse histórico, pode ter adquirido uma função aversiva condicionada. Flertar comprometido não teria a mesma função, uma vez que, mesmo com a rejeição em suas iniciativas de flerte, Marcos poderia entrar em contato com os reforçadores positivos advindos de sua relação com Paula. Sendo assim, mesmo que esses reforçadores positivos mantenham o comportamento de namorar Paula, a rejeição quando solteiro também pode manter esse mesmo comportamento por reforçamento negativo. O discurso de Marcos de que solteiro teria mais acesso a mulheres deve ser analisado com cautela. É verdade que, solteiro, Marcos poderia ter mais tempo, instalar aplicativos e frequentar mais lugares onde poderia conhecer e flertar com mais mulheres. Entretanto, os seus flertes nem sempre seriam bem-sucedidos e ele entraria em contato com mais casos de rejeição. Ao namorar, Marcos tem uma boa justificativa para não conseguir estabelecer relações com o número de mulheres que gostaria, mas solteiro, não. Desse modo, outra hipótese plausível de análise funcional para o comportamento de Marcos manter o namoro com Paula é a sua função de esquiva das rejeições prováveis com que entraria em contato ao flertar solteiro.

S^A	–	R	→	S^{R-}
Contatos com Paula como namorada	ocasião para	continuar o namoro com Paula	evita	rejeições solteiro

A análise descrita estabelece a relação entre o comportamento de namorar Paula e as consequências prováveis do comportamento de flertar solteiro. Trata-se de uma análise não linear, conforme já descrito. Continuar namorando, portanto, seria mantido também por evitar as rejeições, que são consequências prováveis do comportamento de flertar solteiro. No senso comum, diríamos que Marcos "tem medo de ficar sozinho", "é inseguro" ou "tem baixa autoestima". Essas são apenas outras formas menos precisas de descrever as relações de controle dos comportamentos-alvo do cliente e, por isso, são pouco úteis para nos fornecer as informações necessárias para que atuemos sobre o seu comportamento. Além disso, corremos o risco de aderir ao mentalismo ao atribuir o papel de causa a esses tipos de descrições, tratando-as como explicações. Como afirma Skinner (1953), explicações assim não são explicações. Elas carecem de clareza, exigem mais explicações e cessam a investigação das causas realmente relevantes, nos deixando mais longe de entender o que realmente está acontecendo.

Um último comentário precisa ser feito quanto ao comportamento de continuar o namoro com Paula. Temos contingências conflitantes especificamente para esse caso, em que o reforçamento negativo e a punição se fazem particularmente importantes. Continuar namorando ou terminar pode ser interpretado como uma situação de escolha com duas alternativas (Hanna & Todorov, 2002). Cada uma, como veremos mais adiante, vai diferir quanto ao atraso e à magnitude das consequências.

Continuar o relacionamento com Paula produz consequências reforçadoras positivas e, principalmente, negativas, em curto prazo. Ao mesmo tempo, podemos conjecturar que, caso o comportamento de namorar Paula continue por muito mais tempo, a magnitude dos estímulos aversivos que mantêm esse comportamento por reforçamento negativo aumentará. Além disso, Marcos terá vivido uma relação insatisfatória por um tempo muito maior. Temos aqui, portanto, uma situação de escolha em que, por um lado, o comportamento de continuar namorando evita o contato com estímulos aversivos de magnitude moderada em curto prazo. Entretanto, por outro lado, em longo prazo, a magnitude dos reforçadores negativos que mantêm o comportamento de namorar será muito maior, dificultando ainda mais a escolha de Marcos.

Marcos passou por contingências conflitantes similares no passado quando adiou o término dos seus namoros, fazendo-o apenas quando se apaixonava por uma nova pessoa. Quando já estava com a outra, os reforçadores advindos da nova relação superavam a magnitude dos estímulos aversivos que mantinham o comportamento de continuar o namoro atual. Ademais, era retirada uma consequência reforçadora negativa importante no controle do comportamento de continuar namorando, uma vez que Marcos não precisaria mais flertar solteiro, evitando, assim, as rejeições. Dessa forma, Marcos pode terminar o relacionamento agora ou esperar mais para entrar em contato com as consequências aversivas de maior magnitude caso o faça no futuro.

Alternativa 1: Continuar namorando	**Atraso:** longo
	Magnitude: sofrimento e cobranças de maior intensidade por parte de Paula e mais tempo em uma relação insatisfatória.
Alternativa 2: Terminar o namoro	**Atraso:** curto
	Magnitude: sofrimento e cobranças moderadas de Paula. Perda de companhia, carinho e sexo advindos da relação.

Trair. As contingências conflitantes das quais o comportamento de continuar namorando fazem parte nos ajudam a começar a explicar a infidelidade de Marcos. As suas respostas de infidelidade produzem parte dos reforçadores que estariam disponíveis se ele estivesse solteiro: a companhia de outras mulheres.

S^A	—	R	→	S^{R+}
Receptividade de outras mulheres	ocasião para	trair	produz	acesso a outras mulheres

Ao assumir um relacionamento estável, como um namoro com presunção de fidelidade, é esperado que Marcos tenha acesso aos reforçadores advindos da relação com Paula em detrimento daqueles disponibilizados por outras mulheres. Trair, nesse caso, é uma forma de ter acesso aos reforçadores das duas alternativas de reforçamento teoricamente incompatíveis. No entanto, para emitir esse comportamento, Marcos precisará emitir diversas respostas de contracontrole, como apagar as mensagens de celular, apagar os rastros de suas interações nas redes sociais, sair com outras mulheres para lugares discretos, etc.

Prevenir a descoberta da traição. Conforme já exposto, as respostas de prevenir a descoberta de traição podem ser classificadas como respostas de contracontrole. Mais uma vez, temos uma análise não linear, já que as respostas de contracontrole são negativamente reforçadas ao evitar que outro comportamento passível de punição seja, de fato, punido. No relato do caso de Marcos, não está explícito se o seu comportamento de trair foi punido no passado. A despeito disso, por mais que a nossa cultura possa ser condescendente com a infidelidade masculina, provavelmente Marcos já observou punição no comportamento de trair de outras pessoas. Além disso, é provável que Paula tenha feito ameaças do que faria caso ele a traísse.

O contato passado do comportamento com as consequências é o principal determinante da probabilidade de sua ocorrência. Entretanto, o ambiente social pode afetar a probabilidade de ocorrência do comportamento de outros modos que não foram explorados neste livro. Nesse exemplo específico, é possível verificar o efeito da observação da exposição de outras pessoas às contingências (p. ex., ver o comportamento de outras pessoas ser punido) e de descrições verbais de contingências (p. ex., as ameaças de Paula em caso de descoberta de traição) sobre o comportamento de prevenir a descoberta da traição. Por mais que o reforçador negativo que controla as ameaças de Paula seja a diminuição da probabilidade do comportamento de trair, o efeito colateral da tentativa de controle por meio de descrições de contingências aversivas é a emissão de respostas de contracontrole. No caso, a emissão de respostas de prevenção da descoberta de traição.

S^A	–	R	→	S^{R-}
Traições e indícios de traições	ocasião para	prevenir a descoberta de traição	evita	as reações de Paula ao descobrir as traições (p. ex., término, choro, brigas, etc.)

Os estímulos punitivos contingentes à traição não serão administrados apenas por Paula, mas, provavelmente, também por sua família, amigos dela e do casal. É provável que a família de Marcos e os seus próprios amigos punam o seu comportamento de trair, ou, no caso de seu pai e de seus amigos, o comportamento de trair e não conseguir evitar ser descoberto. Desse modo, o comportamento de prevenir a descoberta da traição também será negativamente reforçado pelas reações das outras pessoas.

S^A	–	R	→	S^{R-}
Traições e indícios de traições	ocasião para	prevenir a descoberta de traição	evita	as reações de familiares e amigos do casal

Gabar-se das traições. Cabe ressaltar, ainda, que as respostas de prevenir a descoberta da traição só são emitidas porque o comportamento de trair é frequente. Desse modo, precisamos explicar por que se relacionar com outras mulheres é tão reforçador. Comecemos pelas contingências atuais. Os amigos de Marcos reforçam com atenção e admiração (reforçadores condicionados generalizados) suas aventuras amorosas.[3] O acesso a esses reforçadores depende da emissão do comportamento de relatar as respostas de traição. Ainda que não seja essencial, as traições precisam ocorrer para serem relatadas. Desse modo, em uma cadeia comportamental, elas adquirem funções reforçadoras condicionadas. Mesmo que as amantes de Marcos não sejam tão bonitas, interessantes ou capazes de satisfazê-lo sexualmente como Paula, por exemplo, o acesso a elas reforça o comportamento de trair, uma vez que este faz parte da cadeia comportamental que culmina nos reforçadores condicionados generalizados disponibilizados pelos amigos.

S^A	–	R	→	S^{R+} condicionados generalizados
Presença dos amigos Traições	ocasião para	gabar-se das traições	produz	reconhecimento dos amigos

Além das contingências atuais, recorrer à história de condicionamento dos comportamentos de Marcos nos ajuda a entender o estabelecimento da função reforçadora condicionada do acesso às mulheres. Vários eventos contribuíram para isso, como os seus fracassos em flertes na adolescência e o modelo de promiscuidade do pai. Podemos inferir que esse tipo de história estabeleceu a função reforçadora condicionada generalizada do reconhecimento dos amigos, bem como fortaleceu comportamentos que produzem tal reconhecimento. Esses comportamentos, de acordo com os modelos do pai e dos amigos, envolviam relações com mulheres. O reconhecimento, como discutido anteriormente, é contingente ao relato de ter relações com várias e atraentes mulheres, o que pode ter resultado no estabelecimento da função reforçadora condicionada do acesso a mulheres (que não a namorada). Em decorrência disso, esse acesso possui função reforçadora advinda não apenas da companhia, das conversas e do sexo, como também da função reforçadora condicionada adquirida por preceder o reconhecimento dos amigos. Podemos inferir que os principais reforçadores de estar com mulheres, no caso de Marcos, dependem de sua história de reforçamento, com forte influência do terceiro nível de seleção, o cultural.

Os estímulos presentes quando um comportamento foi reforçado no passado podem adquirir função reforçadora condicionada em decorrência da proximidade temporal com a apresentação do estímulo reforçador. Estamos falando de um condicio-

---

[3] Um ponto a se discutir aqui é que, de acordo com o relato, Marcos é chamado de "canalha" e "calhorda" por seus amigos. Essas palavras, em sua definição literal, são consideradas críticas. Entretanto, elas têm um efeito reforçador sobre o comportamento de Marcos. Para ele e seus amigos, ser chamado assim representa consequências reforçadoras e não punitivas. Essa constatação serve para ilustrar que devemos analisar a função dos estímulos, e não a sua estrutura.

namento respondente entre os estímulos temporalmente próximos à apresentação do estímulo reforçador. Os reforçadores, quando apresentados, muitas vezes eliciam respostas emocionais resumidas cotidianamente como alegria, prazer e satisfação, por exemplo. Os estímulos presentes no momento do reforçamento poderiam ser neutros para essas respostas, mas, após a repetição da contingência (emparelhamento), podem se tornar estímulos condicionados para respostas condicionadas similares à alegria, ao prazer e à satisfação.

Um comportamento pode exercer a função de estímulo para outros comportamentos do próprio organismo, como quando Marcos relata seus comportamentos à psicóloga, por exemplo. Relatar é um comportamento que está sobre o controle discriminativo dos comportamentos relatados na condição de estímulos. Desse modo, o próprio comportamento na condição de estímulo neutro também poderia ser emparelhado ao reforçador que o segue. Um exemplo banal disso ocorre quando resolvemos um problema difícil de matemática ou de física. Mesmo que não tenha ninguém para elogiar o nosso feito, ocorre um aumento na probabilidade de tentarmos resolver novos problemas pelo simples fato de esse comportamento ter precedido o reconhecimento como reforçador condicionado generalizado. Assim, Marcos não precisa contar para seus amigos as suas aventuras amorosas todas as vezes que ocorrem. As relações com as mulheres, em si, podem adquirir a função reforçadora condicionada por esse mesmo processo, fortalecendo o comportamento de flertar. Em outras palavras, as relações com outras mulheres adquirem funções reforçadoras condicionadas, reforçando *per se* as respostas que produzem tais consequências. Nesse caso, teríamos um exemplo de condicionamento de ordem superior, uma vez que a função eliciadora do reconhecimento depende da história de condicionamento de um estímulo neutro com um estímulo condicionado de ordem inferior. Ou seja, o reconhecimento é um estímulo condicionado, diferentemente da estimulação sexual, por exemplo, que é um estímulo incondicionado.

NS		
Acesso a outras mulheres		
↓	Emparelhamentos	
CS (ordem inferior)	→	CR (ordem inferior)
Atenção e admiração dos amigos	elicia	respostas emocionais de alegria, prazer e satisfação
CS (ordem superior)	→	CR (ordem superior)
Acesso a outras mulheres	elicia	respostas emocionais de alegria, prazer e satisfação

S^A	−	R	→	S^{R+} e CS	→	CR
Receptividade de outras mulheres	ocasião para	trair	produz	acesso a outras mulheres	elicia	respostas emocionais de alegria, prazer e satisfação

É provável que, nesse esquema, as situações de flerte, como estímulos que precedem a receptividade de outras mulheres, também adquiram função eliciadora das respostas emocionais de alegria, prazer e satisfação. Em outras palavras, as situações de flerte vão reforçar os comportamentos de Marcos que as produzirem, como ir a festas, casas noturnas e bares, por exemplo. Alguns homens e mulheres fiéis se comportam dessa maneira, em que situações de flerte reforçam o comportamento de interagir com outras pessoas, mesmo que as respostas de infidelidade, como as trocas de carícias, não se concretizem. Portanto, o comportamento dessas pessoas pode estar sendo reforçado pelos efeitos respondentes que as situações de flerte eliciam.

Chorar e apresentar fala autodepreciativa diante de questionamentos da psicóloga. Marcos, nas sessões de terapia, começa a chorar quando questionado pela psicóloga acerca de suas respostas de infidelidade, até que ela mude de assunto. O choro parece, em sua topografia, com um comportamento respondente que, se fosse o caso, seria eliciado pelos temas sob discussão no momento da terapia. Entretanto, nesse caso, seria mais apropriado tratá-lo como um comportamento operante. Ou seja, o choro de Marcos é controlado pelas suas consequências, e não apenas eliciado pelos estímulos antecedentes. De fato, os temas discutidos na terapia eliciam respostas emocionais, mas as consequências reforçadoras negativas da mudança de assunto por parte da psicóloga também determinam a ocorrência da resposta de chorar.

S^A	−	R	→	S^{R-}
Questionamentos acerca dos comportamentos de infidelidade	ocasião para	chorar e autodepreciar-se	produz	mudança de assunto e retirada dos questionamentos

CS	→	CR emocionais
Questionamentos acerca dos comportamentos de infidelidade	elicia	chorar

O choro de Marcos, portanto, é uma resposta multicontrolada, como outras discutidas até aqui, tendo a sua probabilidade de ocorrência determinada por aspectos operantes e respondentes. Se a psicóloga continuar a mudar de assunto sempre que Marcos chorar, esse comportamento de fuga irá se manter. Uma alternativa útil seria o uso do reforçamento diferencial, que consistiria em insistir no assunto mesmo com o choro (extinção), e mudar de assunto apenas quando isso fosse pedido diretamente (reforçamento negativo). Essa postura da psicóloga também faria os questionamentos sobre a infidelidade do cliente perderem sua função eliciadora por um processo de extinção respondente. Ao se deparar com o tema da infidelidade na condição de estímulo que elicia as respostas emocionais, como o choro, sem críticas ou julgamentos da psicóloga, o estímulo provavelmente perderá sua função eliciadora condicionada.

Justificar respostas de traição. Novamente temos um comportamento mantido por reforçamento negativo, no caso, o de justificar a traição. Conforme já discutido, o comportamento de trair é passível de punição. Além disso, são comuns comentários de cunho crítico à traição ou às pessoas que traem ou traíram. O comportamento de trair, no senso comum, é explicado pela falta de caráter, má índole, falta de respeito e amor ao outro.

S^A	–	R	→	S^{R-}
Traições Psicóloga	ocasião para	justificar as traições	evita	críticas e possível julgamento da psicóloga

Conforme discutem Medeiros (2013a; 2013b) e Medeiros e Rocha (2004), quando um comportamento é passível de punição, apresentar justificativas para a sua emissão é uma resposta verbal que pode resultar na eliminação ou na diminuição da magnitude da consequência punitiva. O comportamento de justificar as respostas de traição para a psicóloga pode ser mantido por reforçamento negativo da retirada das críticas que ela poderia fazer. Mesmo que a profissional tenha exercido a audiência não punitiva, ou seja, não tenha criticado os relatos de traição do cliente, é provável que ocorra a generalização de suas respostas de esquiva. Em outras palavras, Marcos se comportou em relação à profissional de maneira similar àquela com a qual se comporta diante de outras pessoas, mais especificamente, diante de mulheres.

Assediar a psicóloga. Esse comportamento, conforme o anterior, ilustra novamente a generalização de estímulos. Marcos tenta iniciar um flerte com a profissional do mesmo modo como o faz com outras mulheres jovens e atraentes. As mesmas análises pertinentes ao comportamento de trair valem para esse caso, uma vez que sua função é a mesma. A repetição desse comportamento dentro do consultório é muito importante, pois possibilita o uso da relação entre psicóloga e cliente para a realização de análises e de intervenção. Ao contrário dos comportamentos que ocorrem fora da sessão, cujos relatos são tudo a que o clínico tem acesso, os comportamentos que ocorrem na sessão podem ser observados diretamente pelo profissional.

Além das mesmas consequências do comportamento de trair, nesse caso é possível elencar mais uma consequência reforçadora negativa. Ao elogiar e presentear a psicóloga, Marcos poderia diminuir a probabilidade de que os relatos de seus comportamentos de traição fossem punidos pela profissional. Essa resposta de esquiva nos remete ao exemplo comum de crianças que são especialmente afetuosas com os pais no dia em que precisam mostrar o boletim com alguma nota baixa.

S^A	–	R	→	S^{R-}
Psicóloga	ocasião para	assediar a psicóloga	evita	críticas e possível julgamento da psicóloga

Podemos presumir, todavia, que o comportamento de assediar a terapeuta também seria passível de punição e extinção, uma vez que representaria um desrespeito à Paula, às mulheres, à profissional e à profissão de psicólogo. Entretanto, a descrição do caso não contém esse tipo de ocorrência, de modo que seria uma mera conjectura. Ademais, se esse comportamento é frequente, podemos presumir que a psicóloga não o puniu e, de certa forma, pode estar reforçando-o.

Lapso verbal envolvendo a mãe e a namorada. Novamente nos deparamos com a importância do controle de estímulos. Os lapsos verbais, ou seja, a ocorrência de uma resposta verbal correspondente a um estímulo na presença de outro (p. ex., trocamos as palavras), têm chamado atenção da psicologia clínica independentemente do nome que se dê a eles (p. ex., atos falhos). Foi defendido que os lapsos verbais poderiam revelar aspectos da personalidade, desejos e motivações ocultos ao próprio indivíduo, de modo que deveriam adquirir um protagonismo no processo terapêutico. De fato, o lapso verbal pode fornecer informações úteis à terapia – não sobre a personalidade, desejos e motivações, mas, sim, sobre as variáveis de controle de comportamentos-alvo do cliente (na perspectiva da Análise do Comportamento). O fato de Marcos trocar "mãe" por "amor" nos revela, apenas, que a sua mãe e Paula são estímulos que apresentam certas similaridades, tornando a emissão do vocativo relativo a uma delas provável na presença da outra. É provável que os lapsos verbais de Marcos tenham sido reforçados em algumas situações (p. ex., a ouvinte respondeu como se Marcos tivesse se referido a ela) e, em outras, punidos com reclamações. O reforçamento intermitente é, conforme discutido no Capítulo 7, especialmente eficaz em manter o comportamento. Por sua vez, a punição é menos eficaz em suprimir o comportamento que a produz se aplicada intermitentemente. Assim, é provável que os lapsos verbais de Marcos sejam mantidos.

S^A	–	R	→	S^{R+}
Mãe	ocasião para	"amor"	produz	a ouvinte atender (intermitentemente)

S^A	–	R	→	S^{P+}
Mãe	ocasião para	"amor"	produz	a ouvinte reclamar (intermitentemente)

Acatar as imposições agressivas da mãe e da namorada. Essa categoria possui relação com a anterior, na medida em que o modo controlador, agressivo e possessivo de se comportar é uma similaridade entre Paula e a mãe de Marcos, o que ajuda a compreender os lapsos verbais. Diante delas, Marcos exibe o padrão comportamental descrito pela literatura de terapia analítico-comportamental de submissão, passividade ou inassertividade. Esse comportamento também é mantido por reforçamento negativo, de modo que as brigas, reclamações e demonstrações de contrariedade de Paula e de sua mãe são retiradas quando Marcos cede.

S^A	–	R	→	S^{R-}
Imposições da mãe e de Paula	ocasião para	acatar	evita/ retira	brigas, reclamações e demonstrações de contrariedade

Diante desse panorama relativamente complexo, tentamos descrever as possíveis variáveis controladoras dos comportamentos mais relevantes apresentados por Marcos. Os comportamentos escolhidos foram úteis para se demonstrar a aplicabilidade prática dos princípios apresentados. Para tanto, foi necessário utilizar vários conceitos estudados, como reforçamento, punição, estímulos discriminativos, estímulos condicionados, generalização, respostas condicionadas, condicionamento de ordem superior, extinção operante e respondente, entre outros. Skinner já dizia "infelizmente [para o psicólogo], o comportamento é complexo". Ou seja, para explicar, predizer e controlar o comportamento, temos de lançar mão de todo conhecimento acumulado e sermos capazes de aplicá-lo às situações cotidianas, como foi o caso de Marcos.

Uma última nota

Neste capítulo, apresentamos algumas noções acerca da análise funcional do comportamento e para que ela serve. Foram dados dois exemplos para ilustrar como se procede a análise: um de laboratório e um clínico. Defendemos que a análise funcional é um instrumento essencial para se estudar o comportamento, seja com fins de produção de conhecimento, seja com fins tecnológicos. Uma vez que sejam identificadas e descritas as variáveis que controlam um comportamento, podemos, enfim, compreendê-lo: predizê-lo e controlá-lo. Para finalizar este capítulo, gostaríamos de fazer uma ressalva sobre os termos *predizer* e *controlar* quando aplicados ao comportamento, bem como sobre o termo *determinantes*.

Predizer o comportamento. Quando falamos em *predição do comportamento*, referimo-nos apenas ao ato de conhecer um pouco melhor as condições em que as pessoas fazem o que fazem, pensam o que pensam ou sentem o que sentem, ou seja, comportam-se. Quando você, por exemplo, fica receoso em dizer algo a alguém por temer sua reação, está fazendo predição do comportamento; quando sabe que determinada pessoa ficará "embaraçada" se um assunto específico for abordado, você está fazendo uma predição do comportamento; sempre que você "arrisca um palpite" sobre o que alguém irá fazer/pensar/sentir em determinada situação, está fazendo predições acerca dos comportamentos dessa pessoa. Nesse sentido, o que a Análise do Comportamento tenta fazer, como ciência do comportamento, é buscar meios de predição comportamental mais precisos, advindos de investigações sistemáticas. Ao se identificar em quais condições o comportamento ocorre, podemos, diante de condições similares, prever sua ocorrência com certo grau de segurança. Ao mesmo tempo, na ausência de certas condições, podemos prever que um dado comportamento dificilmente ocorrerá.

Controlar o comportamento. O leigo, frequentemente, ao ouvir a expressão *controlar o comportamento*, pensa que ela se refere a obrigar alguém a fazer algo contra a própria vontade. A forma como usamos o termo *controle* em Análise do Comportamento é muito mais ampla do que isso. Quando falamos em controlar comportamento, o que queremos dizer, de maneira geral, é dispor condições para que o comportamento tenha maior ou menor probabilidade de ocorrer.

O analista do comportamento, ao fazer perguntas ao seu cliente, está controlando o comportamento do indivíduo. O cliente, por sua vez, ao responder aos questionamentos do analista, está controlando o comportamento do profissional. Um psicólogo de abordagem centrada na pessoa, quando promove a aceitação incondicional, está controlando o comportamento do cliente. Um psicanalista, quando interpreta um ato falho de seu paciente, e o psicodramatista, quando aplica a técnica da cadeira vazia, estão fazendo a mesma coisa, isto é, controlando o comportamento alheio, assim como um médico quando receita uma medicação. Paralelamente, os clientes e pacientes desses profissionais, e de outros profissionais da saúde, também controlam seus comportamentos.

Quando dizemos a alguém o quanto vai ser divertido ir a, por exemplo, um *show* de *rock*, estamos tentando controlar seu comportamento (o comportamento de ir ao espetáculo). Quando curtimos ou comentamos uma publicação em uma rede social, estamos controlando o comportamento de quem a postou – e quem postou a publicação, obviamente, está controlando o nosso comportamento e o de muitas pessoas. Quando dizemos "preste atenção no que estou dizendo", estamos controlando um comportamento. Quando fazemos ou atendemos pedidos, também estamos controlando comportamentos.

A mãe, ao atender as birras do filho, está controlando seu comportamento, ou seja, está tornando mais provável a sua ocorrência no futuro. Em contrapartida, quando a birra do filho cessa ao ter seu pedido atendido, a criança está controlando o comportamento da mãe de atendê-lo, ou seja, está tornando mais provável que ela o emita no futuro porque foi reforçado negativamente ao cessar a birra.

Assim, a expressão *controlar o comportamento* não tem **nenhum sentido pejorativo e não se refere apenas à coerção**. Além disso, raramente o controle se dá de forma deliberada, decorrendo de relações naturais entre os organismos. O Behaviorismo Radical parte do pressuposto de que é função do cientista identificar as relações de controle. Para Skinner, caso o cientista do comportamento se furte em fazê-lo, contribui para a manutenção das relações de controle exploratórias e coercitivas. Segundo ele, apenas de posse do conhecimento de como as relações de controle ocorrem, temos condições de evitar que sejamos controlados de forma exploratória e coercitiva.

Determinantes do comportamento. Skinner, assim como Freud, por exemplo, acreditava que o comportamento é determinado. A diferença é que Freud sugeria um determinismo psíquico, enquanto Skinner sugeria um determinismo ambiental. Quando falamos em determinantes ambientais do comportamento, referimo-nos aos múltiplos aspectos do ambiente atual e histórico que levam as pessoas a se comportar da forma como o fazem e, em última instância, a serem quem são.

É correto afirmar que a Análise do Comportamento estuda somente o comportamento. Porém, a definição de comportamento para essa ciência é muito mais abrangente que a do senso comum e de outras abordagens em psicologia. Para a Análise do Comportamento, pensamento, sentimento, emoção, raciocínio, criatividade, memória e os demais termos psicológicos descrevem comportamentos em diferentes níveis de análise. Portanto, na análise comportamental, estuda-se tudo o que se estuda em qualquer área da psicologia – nada que diz respeito à compreensão global do ser humano, em termos psicológicos, é deixado de fora.

Questões de Estudo

1. Qual das alternativas a seguir melhor descreve o que é uma análise funcional?

　a. Identificação das causas psíquicas do comportamento.

　b. Uma investigação da utilidade do comportamento para o indivíduo.

　c. Identificação das causas antecedentes do comportamento.

　d. Identificação das variáveis ambientais determinantes do comportamento.

　e. Uma investigação da estrutura do comportamento.

2. Quanto a uma análise funcional, é incorreto afirmar que:

a. Apenas o nível ontogenético deve ser considerado, porque todos os nossos comportamentos são aprendidos.

b. É o ponto de partida de qualquer intervenção comportamental.

c. Os paradigmas respondentes e operantes serão utilizados para analisar os comportamentos.

d. Sua meta final é a predição e o controle do comportamento.

e. Leva em consideração apenas variáveis ambientais.

3. Considere os seguintes itens:

I. Uma análise funcional é dispensável uma vez que os procedimentos comportamentais são tão eficazes que não é preciso identificar os seus determinantes.

II. Os três níveis de seleção devem ser levados em consideração quando se faz uma análise funcional, ainda que, no nível filogenético, não tenhamos modos de testar nossas hipóteses de análise por experimentação.

III. Não basta identificar as consequências do comportamento para fazer uma análise funcional operante, sendo necessário classificá-las pelos efeitos que exercem sobre o comportamento.

Marque a alternativa correta:

a. Os itens I e II são falsos.

b. Apenas o item II é verdadeiro.

c. Todos os itens são falsos.

d. Apenas o item I é falso.

e. Todos os itens são verdadeiros.

4. Considere os seguintes itens sobre predição e controle:

I. O controle e a previsão do comportamento são uma utopia, uma vez que nós, humanos, somos livres para decidir.

II. Para prever e controlar o comportamento, precisamos identificar os desejos das pessoas.

III. Para predizer e controlar o comportamento, precisamos identificar em que condições ele ocorre.

Marque a alternativa correta:

a. Apenas o item III é verdadeiro.

b. Apenas o item I é verdadeiro.

c. Os itens I e III são falsos.

d. Os itens I e II são verdadeiros.

e. Os itens II e III são falsos.

Gabarito: 1. d; 2. a; 3. d; 4. a.

Bibliografia consultada, citada e sugestões de leitura

Azrin, N. N. & Holz, W. C. (1966). Punishment. Em W. K. Honig (Org.), *Operant behavior: Areas of research and application* (pp.380-447). Englewood Cliffs.: Prentice-Hall.

Beckert, M. E. (2005). Correspondência verbal/não-verbal: pesquisa básica e aplicações na clínica.In J. Abreu-Rodrigues & M. R. Ribeiro (Orgs.*), Análise do comportamento: pesquisa, teoria e aplicação* (pp. 229-244). Porto Alegre: Artmed.

Goldiamond, I. (1974). Toward a constructional approach to social problems: ethical and constitutional issues raised by applied behavior analysis. *Behaviorism, 2*(1), 1-84.

Hanna, E. S., & Todorov, J. C. (2002). Modelos de autocontrole na análise experimental do comportamento: utilidade e crítica. *Psicologia: teoria e pesquisa*, 18(3), 337-343.

Lloyd, K. E. (2002). A review of correspondence training: suggestions for a revival. *The Behavior Analyst, 25*, 57–73.

Medeiros, C. A. (2013a). Contingências sociais na escola: treinando o comportamento de mentir. Em E. Tunes (Org.). *O fio tenso que une a psicologia e a educação* (pp. 75-98). Brasília: UniCEUB.

Medeiros, C. A. (2013b). Mentiras, indiretas, desculpas e racionalizações: manipulações e imprecisões do comportamento verbal. In C. E. Costa, C. R. X. Cançado, D. R. Zamignani & S. R. S. Arrabal-Gil (Orgs.). *Comportamento em Foco, v. 2* (pp. 157- 170). São Paulo: ABPMC.

Medeiros, C. A. & Medeiros, N. N. F. A. (2011). Psicoterapia Comportamental Pragmática: uma terapia comportamental menos diretiva. In C. V. B. B. Pessoa, C. E. Costa & M. F. Benvenuti (Orgs.), *Comportamento em Foco* v. 01 (pp. 417-436). São Paulo: Associação Brasileira de Psicologia e Medicina Comportamental – ABPMC.

Medeiros, C. A. & Rocha, G. M. (2004). Racionalização: um breve diálogo entre a psicanálise e a análise do comportamento. In Brandão, M.E.S. (org.). *Sobre o comportamento e cognição* (Vol. 13, pp. 27-38). Santa André: ESETEC.

Medeiros, N. N. F. A., & Medeiros, C. A. (2018). Correspondência verbal na Terapia Analítica Comportamental: contribuições da pesquisa básica. *Revista Brasileira de Terapia Comportamental e Cognitiva, 20*, 40-57.

Rachlin, H. (1974). Self control. *Behaviorism*, 2, 94-107.

Sidman, M. (1995). *Coerção e suas Implicações*. Campinas: Psy.

Skinner, B. F. (1953). *Science and human behavior.* New York: The Macmillan Company.

10

Atividades de laboratório com animais não humanos

Objetivos do capítulo

Ao final deste capítulo, espera-se que o leitor seja capaz de:

1. Realizar modelagem de comportamentos simples;
2. Conduzir reforçamento contínuo de um comportamento;
3. Realizar procedimento de extinção;
4. Analisar gráficos de frequência e comparar os efeitos do reforçamento e da extinção sobre o comportamento;
5. Realizar um treino discriminativo;
6. Identificar padrões comportamentais de diferentes esquemas de reforçamento;
7. Registrar frequência de comportamentos simples.

Os livros de psicologia, das mais diversas áreas e abordagens, apresentam uma grande gama de teorias sobre uma infinidade de assuntos relativos ao ser humano e, em alguns casos, aos organismos vivos em geral (em se tratando da psicologia, organismos pertencentes ao reino animal). Nesses livros você pode encontrar, por exemplo, dezenas de teorias sobre a aprendizagem, muitas das quais fornecem explicações bastante diferentes para um mesmo fenômeno. Por que tantas teorias sobre um mesmo assunto? Todas elas estão certas e se completam? Existem várias teorias porque nenhuma é, de fato, correta ou completa?

Os analistas do comportamento entendem que as teorias devem ser sistematizações de um grande conjunto das relações funcionais entre o comportamento e seus determinantes ambientais, obtidas a partir de pesquisas empíricas e, de preferência, que tenham utilizado a metodologia experimental. Ao mesmo tempo, uma teoria deve ser constantemente testada empírica e, se possível, experimentalmente. O teste empírico/experimental refere-se às observações repetidas (replicações) da relação funcional entre o comportamento (variável dependente – VD) e aspectos do ambiente (variável independente – VI) em diversas situações para, a partir dessas observações, construir e reformular teorias. Em outras palavras, para comprovar a "veracidade" de uma teoria, devemos verificá-la na prática e, de preferência, no laboratório, onde podemos controlar melhor as situações que criamos para estudar as relações funcionais e, consequentemente, avaliar as teorias. Neste capítulo você encontrará a descrição de várias atividades que podem ser desenvolvidas no laboratório, com ratos albinos, para o estudo do comportamento. Essas atividades colocam à prova alguns dos conceitos que estudamos até aqui.

Por que estudar o comportamento de animais não humanos para entender o humano?

A atual quantidade de evidências científicas disponíveis que mostram o quanto aprendemos sobre o comportamento humano estudando o de animais não humanos dispensaria qualquer outra justificativa para continuarmos com essa prática no âmbito da psicologia. De qualquer forma, é importante que o aluno que inicia seus estudos conheça alguns dos porquês relacionados à pesquisa com animais não humanos que visa compreender, no fim das contas, o comportamento humano. Iniciemos pelas evidências científicas.

As evidências práticas e científicas. Para fornecer uma ideia geral da relevância do estudo do comportamento animal não humano para a psicologia, reproduzimos a seguir alguns trechos de um artigo escrito por Charles Snowdon, professor de psicologia e zoologia do Departamento de Psicologia da Universidade de Winsconsin:

> Muitos problemas da sociedade humana estão frequentemente relacionados a interações entre ambiente e comportamento ou entre genética e comportamento. As áreas da Socioecologia e do Comportamento Animal lidam com a questão das interações comportamentais e do ambiente, tanto do ponto de vista imediato quanto do evolutivo. Um número crescente de cientistas sociais tem recorrido ao Comportamento Animal como uma base teórica para interpretar a sociedade humana e entender possíveis causas de problemas das sociedades. (...) Uma pesquisa realizada por de Waal ilustra a importância da cooperação e reconciliação em grupos sociais de chimpanzés e outros macacos. Esse trabalho fornece novas perspectivas para a análise e o tratamento do comportamento agressivo em humanos. A metodologia utilizada no estudo do Comportamento Animal tem tido um tremendo impacto na Psicologia e nas Ciências Sociais. Jean Piaget iniciou seus estudos trabalhando com caramujos e, posteriormente, estendeu o uso de observações e de descrições comportamentais cuidadosas para seus famosos estudos sobre o desenvolvimento da cognição humana. J. B. Watson iniciou seus estudos do comportamento observando gaivotas. Vários aspectos de planejamentos experimentais, de técnicas de observação a atenção a sinais

na comunicação não verbal, foram muitas vezes desenvolvidos em estudos do Comportamento Animal antes de sua aplicação a estudos do comportamento humano. O estudo comportamental de humanos seria muito reduzido hoje sem a influência da pesquisa do Comportamento Animal. O trabalho de Charles Darwin sobre as expressões da emoção em animais teve uma influência muito importante sobre diversos psicólogos, como Paul Ekman, que estuda o comportamento emocional humano. Os trabalhos de Harry Harlow sobre o desenvolvimento social de macacos Rhesus e os de Overmier, Maier e Seligman sobre o desamparo aprendido têm tido forte influência nas teorias de desenvolvimento infantil e na psiquiatria. (...) Estudos com chimpanzés usando análogos da linguagem levaram a novas tecnologias (teclado de computadores usando símbolos arbitrários), que têm sido aplicadas com sucesso ao ensino da linguagem para populações humanas desfavorecidas. (...) Sir Charles Sherrington, ganhador do prêmio Nobel, desenvolveu um modelo para a estrutura e função do sistema nervoso baseado somente em observações comportamentais e deduções. Setenta anos de pesquisas neurobiológicas subsequentes corroboraram completamente as inferências de Sherrington a partir das observações comportamentais. (Snowdon, 1999, pp. 366-369)

Nesse trecho, Snowdon mostra apenas alguns exemplos de como o estudo do comportamento de animais não humanos foi importante para aprendermos sobre o comportamento humano. Os princípios comportamentais que vimos nos capítulos anteriores deste livro foram primeiramente estudados em animais não humanos e constituem a base para o trabalho de analistas do comportamento nos mais diversos contextos: na escola, no tratamento do autismo, na clínica psicológica, nas organizações, nos esportes, etc.

Continuidade biológica e comportamental. Os médicos e farmacêuticos, ao formular um novo medicamento, não o testam diretamente em seres humanos, mas, primeiro, em animais, como ratos e macacos. Eles assim o fazem porque, em geral, o medicamento produzirá nos sujeitos de pesquisa efeitos semelhantes aos que produzirá nos humanos. Se isso acontece, então quer dizer que a fisiologia desses animais se parece, em algum grau, com a nossa. Não fosse assim, de nada adiantaria testar os novos medicamentos neles. Esse fato está relacionado com a teoria da evolução das espécies, de Charles Darwin, de que existe uma continuidade biológica entre as espécies.

Do mesmo modo que humanos e não humanos compartilham algumas características do seu funcionamento interno – sua fisiologia –, também compartilham algumas características comportamentais, como, por exemplo, a sensibilidade, existente em todos os organismos animais, às consequências de seu comportamento. Assim, da mesma forma que, por questões práticas e éticas, o médico estuda o efeito de um medicamento para um ser humano em um rato, o psicólogo também estuda os comportamentos de ratos em laboratório para tentar compreender melhor o comportamento do homem. Esse estudo nos fornece *insights* sobre o comportamento humano, isto é, propicia a ocorrência de novas ideias que nos ajudam a compreender melhor nosso objeto de investigação. Nas aulas práticas de laboratório, geralmente trabalhamos com o rato albino da raça *Wistar* experimentalmente ingênuo (nunca foi ao laboratório antes), privado de água por 24 horas antes do experimento, mantido no biotério da instituição de ensino.

Questões práticas e éticas. Muitos experimentos de laboratório são demorados (meses ou anos) e enfadonhos. Dificilmente conseguiríamos convencer pessoas a participar deles. Assim, utilizamos animais não humanos quando possível e desejável. Algumas manipulações de variáveis necessárias para se compreender o comportamento não podem ser realizadas com seres humanos, como, por exemplo, intervenções cirúrgicas, aplicação de choques, privação de água e alimento, exposição a eventos estressantes (p. ex., temperaturas e barulhos excessivos) e administração de fármacos. Nesses casos, utilizamos sujeitos de pesquisa. Para estudar depressão e ansiedade, por exemplo, às vezes é necessário produzi-los em laboratório. Não é correto deprimir alguém para estudar a depressão, bem como induzir em pessoas estados de ansiedade. Obviamente, é possível questionar se é correto fazer isso com animais, mas este é um assunto que foge ao escopo deste livro. O importante, aqui, é sabermos que a mesma lei que permite o uso de animais não humanos em pesquisa também estabelece regras rigorosas para a manutenção do bem-estar deles na criação e no uso em pesquisas.

Mas por que pombos e ratos? Por que não macacos, que são geneticamente ainda mais parecidos com seres humanos? É claro que são feitos estudos psicológicos com macacos, mas pombos e ratos são mais fáceis de manejar e relativamente baratos para se adquirir e manter (hospedagem, alimentação e trato), por isso são tão comuns em laboratórios de condicionamento operante.

Complexidade e história de aprendizagem. Uma postura epistemológica que tem se mostrado útil na história da ciência é iniciar a investigação do mais simples para o mais complexo, e não o contrário. Seres humanos com certeza são os mais complexos habitantes deste planeta em muitos aspectos, inclusive e, principalmente, o comportamental. Comportamentos de ratos e pombos são mais simples, por isso começamos por eles. Se não conseguimos entender o comportamento de um rato em uma situação controlada de laboratório, devemos, no mínimo, suspeitar daquilo que pensamos entender sobre o comportamento humano.

Outro fator extremamente importante que nos leva à pesquisa com animais é a história de aprendizagem. Todas as nossas interações passadas com o ambiente interferem no modo como nos comportamos hoje, e o passado de todo e de cada organismo é diferente. É devido à especificidade de nossas histórias de interação com o ambiente que, por exemplo, duas pessoas em uma mesma situação comportam-se de formas diferentes, mesmo que sejam gêmeos univitelinos criados pela mesma família. Quando fazemos pesquisa com humanos, estes já trazem uma bagagem de aprendizagem gigantesca, e toda ela interfere nos comportamentos que queremos estudar. Já com animais isso é um pouco menos complicado. Podemos ter acesso a praticamente tudo o que acontece na vida deles, desde o nascimento, quando são criados em laboratório, ou seja, sabemos quase tudo o que eles aprenderam até aquele momento.

Demonstrações, experimentos e aprendizagem do aluno. Pesquisas experimentais com animais não humanos são importantes para conhecermos mais sobre o comportamento humano e não humano, e há ainda muita coisa para ser estudada. Com relação à aprendizagem do estudante de psicologia, às vezes os professores realizam demonstrações experimentais com sujeitos de pesquisas para mostrar os princípios comportamentais em funcionamento. Com a facilidade atual de se gravar e disponibilizar vídeos, quando o objetivo de uma atividade com animais não humanos é apenas mostrar algo ao aluno, é mais correto, do ponto de vista ético, recorrer a um vídeo do que realizar a atividade com um animal não humano. Em seu canal do YouTube, Márcio Borges Moreira, o primeiro autor deste livro, apresenta dezenas de vídeos com demonstrações de princípios comportamentais utilizando animais não humanos. O *link* encontra-se a seguir: https://www.youtube.com/user/borgesmoreirayt.

Ao mesmo tempo, nos cursos de Psicologia, algumas atividades laboratoriais com animais não humanos não têm apenas o objetivo de demonstrar um princípio teórico, mas visam proporcionar aos alunos a experiência de conduzir um experimento comportamental, o que é muito importante para sua aprendizagem. Essas atividades constituem o primeiro passo para lidar, por exemplo, com comportamentos humanos complexos na clínica psicológica. Nesses casos, é preciso que estudante e professor conduzam as atividades com todos os cuidados éticos necessários. Por exemplo, se o rato foi privado de água por 24 horas para a realização de um exercício de laboratório, apenas em último caso o aluno deveria faltar à atividade, de modo a evitar que o animal seja submetido a novas privações desnecessárias.

Pesquisas e demonstrações experimentais com humanos. É preciso lembrar que a maioria das pesquisas atuais em Análise do Comportamento é realizada com seres humanos. À medida que passamos a compreender um pouco melhor determinado fenômeno comportamental ao estudar o comportamento de animais não humanos, damos o passo seguinte: estudar esse mesmo fenômeno, no laboratório, com pessoas. Tem sido cada vez mais comum que demonstrações de princípios comportamentais em cursos de Psicologia sejam realizadas com pessoas, utilizando os próprios alunos como participantes.

Não se assuste com a expressão "realizar experimentos com pessoas". Esses estudos, em Análise do Comportamento, no geral não envolvem nada mais que submeter os participantes a tarefas muito similares a situações cotidianas. Ao contrário do que é normalmente feito com ratos, em vez de utilizar reforçadores primários (cuja efetividade reforçadora depende de privação), os experimentos didáticos com humanos utilizam pontos, elogios ou congratulações, ou seja, reforçadores condicionados que independem de privações específicas para fortalecer os comportamentos investigados. Logo, os participantes humanos dessas pesquisas didáticas não serão privados de água, como é feito com os ratos de laboratório.

O laboratório de condicionamento operante

O laboratório de condicionamento operante é um tipo de **laboratório de análise experimental do comportamento**. Trata-se de um local onde podemos testar os efeitos de variáveis ambientais sobre o comportamento – onde contamos com situações controladas, ou seja, situações com atenuação de interferências indesejáveis. A maior parte dos laboratórios de condicionamento operante é elaborada para trabalhar com pombos e ratos, mas é claro que existem também aqueles voltados para o estudo do comportamento humano, geralmente equipados com computadores.

Ratos e pombos são bastante sensíveis a variáveis como, por exemplo, barulhos e temperatura. Se realizamos pesquisas em um ambiente não controlado, essas variáveis, entre outras, podem enviesar (influenciar de modo não programado e indesejável) os dados obtidos. Se um dia realizamos um experimento com temperatura ambiente baixa, e no outro o repetimos com temperatura ambiente alta, os organismos com os quais estamos trabalhando podem se comportar de forma diferente em função da temperatura; por isso, é preciso controlá-la, mantendo-a constante, por exemplo. As pesquisas realizadas em ambiente não controlado, portanto, podem produzir resultados pouco confiáveis, ou seja, que não expressam de forma fidedigna a relação funcional investigada. No exemplo da inconstância da temperatura, podemos concluir de modo equivocado que o comportamento se alterou em função de uma variável manipulada diretamente pelo experimentador (p. ex., diferentes esquemas de reforçamento), enquanto, na realidade, a alteração que o comportamento sofreu pode ser efeito da variação da temperatura nos diferentes dias de aplicação.

Em um experimento, queremos saber quais tipos de eventos alteram o comportamento dos organismos e, principalmente, como o afetam. O comportamento dos organismos é extremamente sensível a mudanças em seu ambiente. Dezenas, ou mesmo centenas de alterações ambientais podem alterar um mesmo comportamento – é daí que vem sua complexidade. Devemos estudar cada efeito isoladamente. É isso mesmo que você está pensando: às vezes são necessários dezenas de experimentos para se estudar os eventos que afetam um único comportamento e, mesmo assim, nunca esgotaremos as possíveis influências. Uma vez que queremos conhecer como cada evento ambiental afeta isoladamente o comportamento, antes de ver o efeito global, devemos sempre controlar (manter constantes) todos os eventos que não estamos estudando no momento. No laboratório, isso é possível.

A Figura 10.1 mostra um exemplo de um típico laboratório de análise do comportamento dedicado ao estudo com comportamento operante de animais não humanos. Esses laboratórios, no geral, contêm caixas de condicionamento operante ligadas a uma interface que as comunica com um computador, no qual um *software* permite controlá-las: acen-

Figura 10.1
Exemplo de um típico laboratório de análise do comportamento dedicado ao estudo com comportamento de animais não humanos (Laboratório da Faculdade Guairacá, http://guairaca.com.br/graduacao/psicologia/).

der luzes, ligar geradores de som, acionar o bebedouro, registrar as respostas de pressão à barra do animal, etc. As caixas de condicionamento operante às vezes ficam dentro de caixas de isolamento acústico para atenuar sons externos. Muitas delas, como as exibidas na Figura 10.1, são ligadas a um painel de controle manual, por meio do qual o aluno controla suas funções. Nessas caixas, os registros das respostas de pressão à barra são feitos pelo próprio estudante em **protocolos de registro**. Os protocolos de registro são elementos comuns em pesquisas empíricas. Em geral, consistem em tabelas nas quais são feitas anotações acerca de um comportamento de interesse, além de conterem informações como data, dados de identificação do sujeito/participante da pesquisa, condição experimental em vigor, número da sessão, etc.

O principal equipamento utilizado em um laboratório de condicionamento operante é a caixa de condicionamento operante (ou caixa de Skinner), que pode ser vista na Figura 10.2. Esse equipamento foi projetado por B. F. Skinner para o estudo do comportamento operante, ou seja, aquele que produz alterações no ambiente e é afetado por elas. Essas caixas, utilizadas para estudos com animais não humanos – geralmente ratos ou pombos –, são equipadas, entre outros acessórios, com uma ou duas barras ou dois discos de respostas, uma lâmpada e um bebedouro/comedouro. Quando uma das barras é pressionada, por exemplo, aciona-se o bebedouro, disponibilizando água para o animal. Nas fotografias da Figura 10.2, o número 1 indica uma lâmpada que pode ser utilizada como estímulo discriminativo quando acesa; o 2 indica a barra da esquerda; o 3, a abertura por onde o animal tem acesso à água (bebedouro); o 4, a barra da direita; o 5, a caixa de isolamento acústico; e o número 6, o mecanismo do bebedouro. Os dispositivos nos quais o animal responde, como as barras, neste exemplo, são chamados de **operandos**.

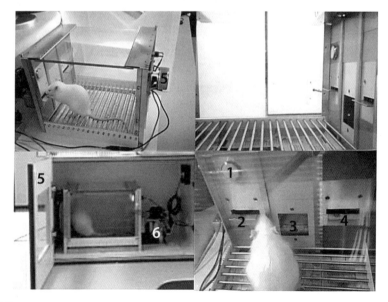

Figura 10.2
Fotografias de caixas de condicionamento operante, também chamadas de caixas de Skinner.

Atividade prática 1: modelagem

As práticas que serão descritas a seguir referem-se às principais atividades realizadas por estudantes de psicologia nas disciplinas introdutórias de Análise do Comportamento. As descrições constituem linhas gerais para sua realização. Variações delas, bem como outras práticas, podem ser encontradas em manuais de atividades de laboratório. Ao final do capítulo você encontrará modelos de folhas de registro (protocolos de registro) que podem ser utilizados para a realização dessas atividades.

Prepare-se para sua primeira atividade no laboratório. Na realidade, serão três, realizadas em sequência: registro do nível operante, treino ao bebedouro e a modelagem propriamente dita. Será a primeira vez que seu ratinho irá entrar na caixa de Skinner. Você realizará todas as atividades práticas com o mesmo animal, podendo, dessa forma, observar passo a passo o aprendizado de um organismo em função das manipulações ambientais que ocorrerão.

Registro do nível operante

No laboratório, fazemos intervenções (manipulação de variáveis) para estudar seus efeitos sobre o comportamento. É importante, portanto, conhecer o modo como o sujeito experimental se comporta antes da intervenção, para sabermos se ela alterou seu comportamento. Por esse motivo, antes de uma intervenção (ou experimento), fazemos sempre o registro do **nível operante**, também chamado de **linha de base** do comportamento.

Nível operante é a forma, ou jeito, bem como a frequência ou a duração com a qual um comportamento ocorre antes da intervenção, ou seja, é a maneira como os organismos se comportam em um determinado ambiente antes que qualquer manipulação deliberada seja feita. Para determinar o efeito de uma variável sobre o comportamento de um organismo, é necessário saber como ele já se comporta antes da introdução dessa nova variável. Só podemos concluir que nossa manipulação experimental teve efeito sobre o comportamento se tivermos uma base de comparação de como este era antes da manipulação, sendo essa a função da linha de base.

Objetivo desta atividade de laboratório. Obter uma linha de base do comportamento do sujeito experimental, ou seja, obter dados sobre como esse sujeito se comporta antes da intervenção que será realizada, para comparar essas informações com aquelas que serão coletadas durante a intervenção. Espera-se que a frequência dos comportamentos de tocar a barra e, principalmente, de pressioná-la (que será ensinado posteriormente) seja baixa em relação aos demais (farejar, levantar e limpar-se), os quais são comportamentos que já pertencem ao repertório do sujeito experimental.

Procedimento a ser seguido para realizar a atividade. O registro do nível operante terá duração de 20 minutos. Você utilizará a **Folha de registro 01** para registrar os comportamentos que ocorrem durante esse período – lembre-se de preencher o cabeçalho da folha. O registro será feito mesclando-se o registro de evento com o por intervalo. Você registrará, minuto a minuto, o número de ocorrências de cada comportamento solicitado na Folha de registro 01. Para registrar a frequência das respostas selecionadas para observação, marque um traço na coluna e linha apropriadas para cada ocorrência dos comportamentos indicados na tabela **Registro do nível operante**, da Folha de registro 01. Veja um exemplo na Figura 10.3.

A seguir estão as definições topográficas (em termos de forma) dos comportamentos a serem registrados. Para registrar quantas vezes um comportamento ocorre, é preciso saber identificá-lo com precisão e, como você verá, cada definição deve excluir propriedades que pertençam às demais (Fig. 10.4):

a. **Pressionar a barra**: considere uma ocorrência desse comportamento quando o animal tocar a barra com uma ou duas patas dianteiras ou com a cabeça, produzindo sobre ela uma pressão de tal forma que se ouça o "clique" característico do mecanismo da barra em funcionamento.
b. **Tocar a barra**: considere uma ocorrência desse comportamento se o rato apenas encostar na barra com uma ou duas patas dianteiras ou com o focinho, porém sem produzir sua depressão e/ou o "clique" já mencionado.
c. **Farejar**: considere uma ocorrência desse comportamento quando o animal aproximar o focinho, enrugando-o, de quaisquer partes da caixa experimental, sem, contudo, retirar as duas patas dianteiras do piso. Para contar uma nova ocorrência, o rato deve ficar sem farejar por pelo menos 2 segundos.
d. **Levantar-se**: considere uma ocorrência desse comportamento quando o animal retirar as patas dianteiras do chão da caixa, mantendo o próprio peso sobre as patas traseiras e aproximando o focinho do teto ou do topo das paredes da caixa experimental.
e. **Limpar-se**: considere uma ocorrência desse comportamento quando o animal esfregar as patas dianteiras na cabeça e/ou focinho e/ou corpo mais de duas vezes.

Registro do nível operante					
Min.	Pressionar a barra	Tocar a barra	Farejar	Levantar	Limpar-se
01	/		///	//	/////
02			/	/	//
03		/	//	/	///
.					
20					

Figura 10.3
Exemplo de preenchimento da planilha de registro do nível operante.

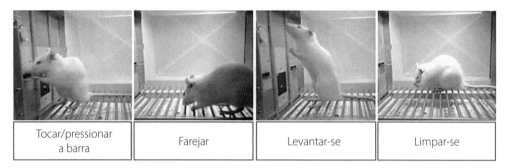

Figura 10.4
Exemplo das topografias das respostas selecionadas para observação e registro.

Antes de iniciar a atividade, prepare seu relógio (ou cronômetro) e caneta. Quando estiver a postos, peça ao professor (ou monitor da disciplina) para colocar o sujeito na caixa de condicionamento operante. Em algumas faculdades, o próprio aluno deve manusear o animal, retirando-o do recipiente de transporte e colocando-o na caixa de Skinner. Para fazê-lo, entretanto, o estudante deve ser treinado pelo professor ou monitor da disciplina de modo a evitar acidentes que impliquem lesões em si mesmo ou no animal, bem como causar estresse neste. O modo mais recomendado é pegar o animal por cima e por trás, de modo que sua cabeça fique entre os dedos indicador e polegar, os quais serão responsáveis por imobilizar as patas dianteiras. Ao mesmo tempo em que essa operação deve ser feita com firmeza e decisão, o aluno deve ser delicado com o animal e não pressioná-lo demasiadamente. Luvas e jalecos são equipamentos comumente utilizados quando se manuseia o animal, ainda que não sejam adotados em todos os laboratórios.

Assim que o rato estiver dentro da caixa, dispare o cronômetro e comece a fazer o registro dos comportamentos na **Folha de registro 01**. Terminados os 20 minutos de registro do nível operante, dê início, imediatamente, à prática de treino ao bebedouro. Os dados que você coletar durante o registro do nível operante serão transformados em um gráfico como o apresentado na Figura 10.5. Para plotá-lo, faça o somatório das ocorrências dos comportamentos e anote-o no local adequado na Folha de registro 01.

Treino ao bebedouro

O animal com o qual você trabalhará estará privado de água por 24 horas antes de cada sessão experimental. Essa operação de privação tornará o líquido um estímulo reforçador efetivo em relação às suas respostas. Você ensinará ao sujeito de pesquisa alguns comportamentos utilizando água como consequência reforçadora para seus comportamentos. O primeiro comportamento a ser ensinado é o de ir até o bebedouro consumir o líquido quando apresentado.

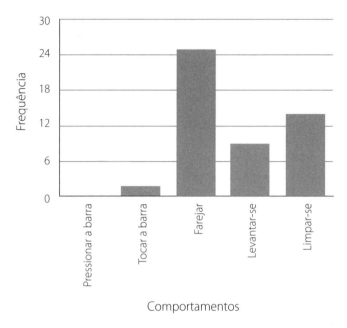

Figura 10.5
Exemplo de gráfico de frequência das respostas registradas durante o nível operante. Seu gráfico deve ficar parecido com este.

Objetivo desta atividade de laboratório. O treino ao bebedouro tem como objetivo fazer o animal se aproximar do bebedouro após a ocorrência do ruído característico de seu funcionamento. O ruído produzido pelo funcionamento do bebedouro pode, inicialmente, produzir no animal comportamentos indesejáveis (afastar-se da barra ou do próprio bebedouro, ou ficar parado). Contudo, o fato de encontrar água a cada vez que o bebedouro for acionado gradualmente reduzirá a frequência e magnitude dessas respostas. Por fim, o animal começará a aproximar-se do bebedouro quando ouvir o ruído produzido pelo seu acionamento. Essa prática é fundamental para o posterior condicionamento da resposta de pressão à barra, pois a consequência imediata para essas respostas será o ruído, e não a água em si.

Procedimento a ser seguido para realizar a atividade. Toda caixa de Skinner tem, acoplado a ela, um botão para acionamento manual do bebedouro. Pergunte a seu professor ou monitor onde fica o botão e como fazer para acioná-lo. Para que uma gota de água seja disponibilizada, é necessário que você o mantenha pressionado. Acione o botão e o mantenha pressionado por cinco segundos. Solte-o, espere mais cinco segundos e aperte-o novamente, mantendo-o apertado por mais cinco segundos. Repita esse procedimento até que o animal passe a se aproximar do bebedouro com a presença do barulho. Lembre-se de checar o funcionamento do equipamento e a presença de água limpa no recipiente da caixa de Skinner antes de qualquer sessão experimental a partir do treino ao bebedouro. Feito isso, inicie o procedimento de **modelagem** da resposta de pressão à barra.

Modelagem da resposta de pressão à barra

Nesta prática você entrará em contato com quatro princípios básicos de aprendizagem:

1. Novos comportamentos geralmente não surgem "do nada", mas evoluem de algum outro comportamento que já ocorre. Para ensinar algo novo, portanto, você deve estar atento àquilo que o organismo já faz e escolher um ponto de partida.
2. As consequências daquilo que os organismos fazem são extremamente importantes para que um novo comportamento seja aprendido (princípios do reforçamento).
3. As consequências daquilo que os organismos fazem são extremamente importantes para que um comportamento já existente deixe de ocorrer (princípios da extinção).
4. As consequências imediatas são mais eficazes que as atrasadas no controle do comportamento.

O rato estará a 24 horas privado de água. Essa operação de privação tornará bastante provável que toda ação que produza água em seu ambiente volte a ser realizada, ou seja, os comportamentos emitidos que tiverem como consequência a produção de água se tornarão mais prováveis de ocorrerem outra vez. Como você já sabe, chamamamos a relação entre ocorrência de um comportamento e a produção de uma consequência que aumente a sua frequência de *reforçamento*.

Na Figura 10.6 temos um exemplo de modelagem de um novo comportamento. A figura mostra os passos que Skinner utilizou para modelar o comportamento de saltar de um cão. Nesse exemplo, o cão estava privado de alimento. Quando o cão emitia um comportamento desejado (um comportamento que fosse próximo ao comportamento de saltar),

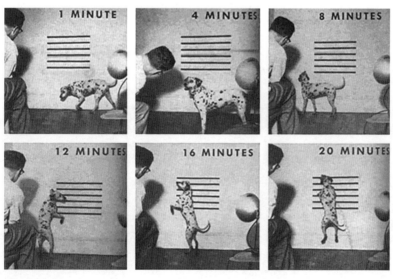

Figura 10.6
Fotos de Skinner modelando o comportamento de saltar com um cachorro.
Originalmente publicadas em: LOOK magazine, 20 de maio de 1952, p. 17.
Figura retirada do *website*: https://vovvenvanna.wordpress.com/2011/12/18/skinner-och-de-hundra-en-dalmatiner-na/.

seu comportamento era reforçado, ou seja, o cachorro recebia alimento contingentemente à ocorrência do comportamento-alvo. O primeiro comportamento selecionado foi aproximar-se da parede; o segundo foi levantar a cabeça; o terceiro, olhar para as linhas, e assim por diante. Skinner fez isso em 20 minutos. Para ensinar o cão a saltar, para modelar seu comportamento, o pesquisador utilizou dois procedimentos: reforçamento (apresentação de alimento quando uma resposta adequada ocorria) e extinção (não apresentar o alimento quando uma resposta inadequada ocorria). Você fará algo parecido para ensinar seu rato a pressionar uma barra.

Objetivo desta atividade de laboratório. Esta prática tem como objetivo modelar (ensinar) um novo comportamento: pressionar a barra de respostas que se encontra no interior da caixa de condicionamento operante. Para tanto, você deve usar reforçamento (apresentação de água) e extinção (suspensão da apresentação da água).

Procedimento a ser seguido para realizar a atividade. O primeiro comportamento a ser reforçado com a apresentação de água dependerá dos comportamentos que seu sujeito experimental, o rato, exibir no início da sessão. Veja alguns exemplos: olhar em direção à barra, caminhar em direção a ela, cheirá-la, lambê-la, tocá-la, etc. Veja a Fotografia 1 da Figura 10.7 para um exemplo de comportamento inicial.

O comportamento-alvo final desejado é o de pressionar a barra. Para que ele possa ocorrer, o rato deve estar com as duas patas dianteiras levantadas e estar próximo à barra, tão próximo que possa tocá-la. Modele primeiro o comportamento de se aproximar da barra, em seguida o de levantar-se, depois o de tocar a barra e, por último, o de empurrá-la para baixo (pressioná-la), conforme os exemplos na Figura 10.7.

Os passos selecionados não devem ser nem muito pequenos nem muito grandes. Por exemplo, se o comportamento inicial foi olhar para a barra, você irá reforçá-lo; ou seja, cada vez que o rato olhar para barra, você irá acionar o bebedouro (assim como você fez no treino ao bebedouro), e fará isso até que o animal, ao tirar a cabeça do bebedouro, emita imediatamente o comportamento que está sendo reforçado – olhar em direção à

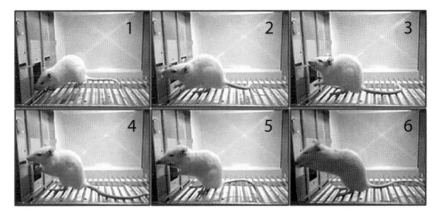

Figura 10.7
Fotografias ilustrando passos sequenciais selecionados para modelar a resposta de pressão à barra.

barra. Após o comportamento escolhido ter sido aprendido, você irá colocá-lo em extinção; ou seja, quando ele ocorrer, você não mais irá reforçá-lo, isto é, não irá apresentar água para o animal. Isso fará que variações topográficas do comportamento ocorram. Uma dessas variações consistirá em uma aproximação maior à barra. O próximo comportamento a ser reforçado poderá ser dar um ou dois passos em direção à barra (ou qualquer outro comportamento de aproximação da barra). Reforce-o até observar que o comportamento é emitido logo após a resposta consumatória (nesse caso, beber a água) e, em seguida, coloque-o em extinção, passando a esperar pela ocorrência de um outro comportamento que se aproxime mais da resposta final para, então, reforçá-lo. Assim, gradativamente você reforçará e extinguirá os comportamentos, iniciando por aqueles mais distantes até os que se aproximam mais da resposta de pressão à barra e exigindo uma ação cada vez mais próxima ao comportamento final para a liberação do reforço. Em termos técnicos, você fará o reforçamento diferencial de aproximações sucessivas do comportamento-alvo.

Em geral, cada comportamento deve ser reforçado entre 5 e 10 vezes até que a sua ocorrência possa ser controlada pela apresentação da água. Com menos de cinco reforçamentos é improvável que a apresentação de água como estímulo consequente passe a controlar a ocorrência do comportamento, de modo que, ao deixar de reforçá-lo, o animal dificilmente emitirá uma variação topográfica que seja mais próxima da resposta final desejada. Em contrapartida, reforçar um dado comportamento mais de 10 vezes pode resultar em saciação, ou seja, a água perderá a eficácia como estímulo reforçador.

Se você perder a sequência de passos, não se preocupe. Suponha que você esteja no terceiro passo que selecionou para modelagem. O passo seguinte é levantar-se. Ao passarem-se cerca de 60 segundos sem que o animal emita o comportamento que você está esperando, reforce novamente (duas ou três vezes) aquele referente ao passo anterior.

Durante a atividade, tome cuidado para não "reforçar demais" uma única resposta, pois a saciedade pode tornar necessário interromper a sessão experimental. Além disso, não exija passos muito longos. A passagem de um comportamento para outro não deve ser muito abrupta, porque é provável que o animal pare de responder antes de obter um novo reforço. Não faça barulhos, nem durante a modelagem, nem após a emissão da resposta de pressão à barra (p. ex., comemorações exageradas, bater na mesa ou na caixa, etc.), pois sons altos podem ser aversivos para o animal e, assim, punir o comportamento que estiver ocorrendo.

Após o rato pressionar a barra cerca de 10 vezes consecutivas com intervalos entre cada resposta de aproximadamente 5 ou 7 segundos, você pode considerar que esse comportamento foi modelado. Nesse momento, você pode passar o bebedouro para o modo automático, ou seja, ele será acionado quando o animal pressionar a barra. Pergunte a seu professor ou monitor como mudar o modo de operação do bebedouro do manual para o automático, o que pode variar entre os diferentes modelos de caixa de Skinner. Nesse ponto, a atividade de modelagem da resposta de pressão à barra estará concluída. Após sua finalização, registre na **Folha de registro 01**, na tabela Passos da modelagem, os passos da modelagem (comportamentos) que você reforçou e a quantidade de gotas de água apresentadas para cada comportamento.

Atividade prática 2: reforço contínuo da resposta de pressão à barra (CRF)

Quando um novo comportamento é aprendido, ele deve ser fortalecido, ou seja, reforçado continuamente para que sua aprendizagem seja consolidada. Isso é feito reforçando-se todas as respostas-alvo ocorridas. Nesse caso, a resposta-alvo é a pressão à barra, e o reforço é a apresentação de água. Você notará que, ao final da sessão, o animal estará pressionando a barra com uma frequência maior do que no início; além disso, a forma, a topografia com que o rato pressiona a barra, ficará cada vez mais parecida.

Objetivo desta atividade de laboratório. O objetivo desta atividade é fortalecer o comportamento de pressionar a barra. Fortalecer um comportamento significa, de maneira simplificada, aumentar sua frequência até que ela se estabilize. A sigla CRF significa reforçamento contínuo (do inglês *continuous reinforcement*). O CRF é um esquema de reforçamento, uma forma como o comportamento é reforçado, em que todas as respostas-alvo são reforçadas; ou seja, para cada resposta de pressionar a barra há a apresentação de um estímulo reforçador. Ao final da sessão de CRF, você construirá um gráfico como o da Figura 10.8, comparando os dados registrados na Folha de registro 01 (nível operante) com os dados da **Folha de registro 02** (CRF).

Procedimento a ser seguido para realizar a atividade. Quando a animal for colocado na caixa de Skinner, o bebedouro já deve estar acionado no modo automático, de maneira que

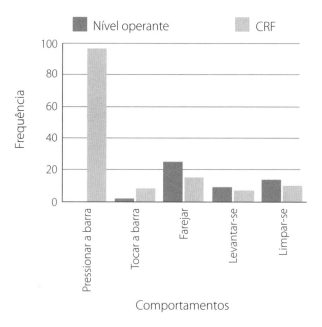

Figura 10.8
Gráfico comparando os resultados obtidos durante a sessão de registro do nível operante e durante a sessão de CRF.

a resposta seja reforçada todas as vezes que ocorrer uma pressão à barra, ou seja, tenha como consequência a apresentação de uma gota d'água. A apresentação da água após a pressão à barra será feita automaticamente pelo computador. Se, no início da sessão, o animal ficar um minuto dentro da caixa de condicionamento operante sem pressionar a barra, retire o bebedouro do modo automático e repita o procedimento de modelagem até que ele volte a pressioná-la de maneira regular, como no final da sessão de modelagem. Você irá iniciar o registro após 10 pressões à barra. Registre durante 20 minutos os comportamentos do animal, em um protocolo semelhante à Folha de registro 01, utilizando a **Folha de registro 02**. Após o final do registro, o sujeito experimental continuará trabalhando até a saciação. Quando ele começar a espaçar as suas respostas de pressão à barra por mais de um minuto, é provável que já esteja saciado. Nesse momento, você pode concluir a sessão. Vinte minutos não costumam resultar em saciação, todavia alguns animais ficam saciados mais rapidamente que outros. Caso o seu rato apresente indícios de saciação antes dos 20 minutos de registro, reporte isso a seu professor ou monitor para que lhe orientem sobre como proceder.

Atividade prática 3: extinção e recondicionamento

Da mesma forma que comportamentos seguidos de consequências reforçadoras aumentam de frequência e continuam ocorrendo, sua frequência diminuirá se não forem mais reforçados, ou seja, se não produzirem mais a consequência reforçadora. A tendência é que retornem a uma frequência próxima àquela que ocorria antes de serem fortalecidos (reforçados), ou seja, aquela observada durante o registro do nível operante. Quando isso acontece, dizemos que o processo de extinção do comportamento operante foi concluído.

Objetivo desta atividade de laboratório. Na sessão de CRF, foi verificado um aumento na frequência da resposta de pressão à barra. Atribui-se esse aumento na frequência à consequência programada: a apresentação de água. O objetivo da atividade prática 3 é confirmar se essa resposta é realmente mantida por suas consequências. Se a apresentação da água é a variável responsável pelo aumento de sua frequência, retirá-la deve produzir um efeito contrário, ou seja, diminuir a frequência dessa resposta. Esse procedimento de suspender a apresentação do estímulo reforçador, como já vimos, é chamado de extinção operante.

Com a quebra da contingência "Pressão à barra (R) → Receber água (C)", espera-se que a frequência da resposta de pressão à barra retorne ao seu nível operante. Espera-se também que, antes desse retorno, a frequência inicialmente aumente de forma abrupta, junto com a variabilidade topográfica da resposta (diferentes formas de pressionar a barra). Ainda, é provável que o sujeito apresente algumas respostas emocionais, como morder a barra e pressioná-la com mais força – resposta essa difícil de ser identificada. Após esse período inicial, é esperado que a frequência da resposta de pressão à barra diminua gradativamente.

A linha de base, o CRF e a extinção ilustram um dos delineamentos experimentais mais utilizados quando o sujeito é o seu próprio controle: o delineamento A-B-A. No caso da resposta de pressão à barra mantida por água, as condições "A" representam aquelas em que a apresentação da água não é contingente à emissão das respostas, ou seja, o nível operante e a extinção. Já a condição "B" representa aquela em que as pressões à barra são seguidas de água, ou seja, o CRF. Esse tipo de delineamento é denominado de delineamento de sujeito único, intrasujeito ou sujeito como o seu próprio controle. Nele, o comportamento de um mesmo indivíduo é medido sob o efeito de diferentes valores de uma mesma variável independente (VI). No caso das respostas de pressão à barra, temos dois valores da VI: a ausência de água contingente às pressões à barra ("A") e a presença de água contingente a essas pressões ("B"). Com esse delineamento é possível acompanhar a mudança no comportamento (variável dependente – VD) a partir da mudança nos valores da VI, o que nos permite concluir com mais segurança que a água é o principal aspecto do ambiente que controla a ocorrência ou não da resposta de pressão à barra. Ou seja, com o delineamento A-B-A desse experimento didático é demonstrada a relação funcional entre o comportamento de pressão à barra e a liberação de água a ele contingente.

Procedimento a ser seguido para realizar a atividade. No início da sessão, as respostas de pressão à barra serão reforçadas em CRF por 20 reforçamentos. Após a 20ª resposta reforçada, o comportamento do pressionar a barra será colocado em extinção, ou seja, a água não será mais apresentada de modo contingente às respostas de pressão à barra (suspensão do reforçamento). O computador fará isso automaticamente, ou, nas caixas com painel de controle, você retornará o bebedouro para o modo manual e não mais o acionará até o final da sessão. Nas caixas controladas por computador, o professor ou o monitor precisarão carregar o procedimento de extinção no *software* antes do início da sessão. Em algumas faculdades, os alunos serão treinados a operar o programa e, em outras, não. O ideal, por razões didáticas óbvias, é que o aluno possa operá-lo diretamente sob supervisão do professor ou do monitor.

A partir desse momento, você observará o comportamento do rato até que ele fique 5 minutos consecutivos sem pressionar a barra. Durante esse período, observe se o animal irá pressionar a barra de formas diferentes ou até mesmo começar a mordê-la. Inicie também o registro dos comportamentos-alvo utilizando a **Folha de registro 03**. Esse registro durará cerca de 40 minutos.

Em seguida, coloque em prática novamente o procedimento de modelagem até que o rato volte a pressionar a barra. Quando o animal estiver pressionando ela novamente de modo sistemático, coloque o bebedouro no modo automático ou carregue o procedimento de CRF no *software* de controle da caixa. Continue a sessão até a saciedade.

Atividade prática 4: esquema de reforçamento intermitente

Como já vimos, os comportamentos operantes não precisam ser reforçados todas as vezes para que continuem a ocorrer. Existem várias maneiras diferentes de se reforçar o comportamento de forma intermitente, os chamados esquemas de reforçamento intermitente. Uma das formas de se fazer isso é utilizando como critério o número de respostas ocorridas – por exemplo, reforçar sempre a quinta resposta-alvo ocorrida desde a apresentação do último estímulo reforçador.

Os esquemas de reforçamento intermitente de razão, ou seja, aqueles baseados no número de respostas ocorridas, são de dois tipos: razão fixa e variável. No esquema de reforçamento intermitente de razão fixa exige-se sempre o mesmo número de respostas para que o estímulo reforçador seja apresentado. No de razão variável, o número de respostas necessárias muda a cada novo reforçamento, girando em torno de uma média que nomeia o esquema. A Tabela 10.1 mostra uma comparação entre um esquema de razão fixa 5 e um esquema de razão variável 5. Note, na tabela, que a média do número de respostas exigidas a cada reforçamento no esquema de razão variável é igual a 5 (2+7+5+4+6+6)/6 = 5. Por esse motivo, o esquema é chamado de razão variável 5 (cuja sigla é VR 5). Isso significa que, em média, no exemplo, o rato pressionou a barra 5 vezes para cada apresentação do estímulo reforçador.

Outra forma de se reforçar o comportamento intermitentemente são os esquemas de intervalo fixo e variável. Esses esquemas, que se baseiam na passagem do tempo para que uma resposta possa ser reforçada, podem ser feitos com intervalos fixos e variáveis. No intervalo fixo, exige-se sempre que um mesmo período de tempo se transcorra para que uma resposta seja reforçada. No intervalo variável, o período de tempo exigido muda a cada novo reforçamento, girando em torno de uma média, conforme exemplificado na Tabela 10.2.

Note, na Tabela 10.2, que a média do intervalo exigido para que uma resposta seja reforçada no esquema de intervalo variável é igual a 5 [(3+5+1+7+6+5+4+9)/8 = 5]. Por esse motivo, o esquema é chamado, no exemplo da tabela, de intervalo variável 5 segundos (cuja sigla é VI 5"), o que significa que, em média, um estímulo reforçador ficou disponível a cada 5 segundos.

Atividade 4.1 Identificação dos padrões comportamentais característicos dos esquemas de reforçamento simples

Objetivo desta atividade de laboratório. Identificar os diferentes padrões comportamentais gerados pelos esquemas de reforçamento intermitente de razão fixa, razão variável, intervalo fixo e intervalo variável.

TABELA 10.1 Procedimentos dos esquemas de razão fixa e razão variável (5 respostas)

Razão fixa 5 (FR 5)	Razão variável 5 (VR 5)
5 pressões à barra → apresentação de água	2 pressões à barra → apresentação de água
5 pressões à barra → apresentação de água	7 pressões à barra → apresentação de água
5 pressões à barra → apresentação de água	5 pressões à barra → apresentação de água
5 pressões à barra → apresentação de água	4 pressões à barra → apresentação de água
5 pressões à barra → apresentação de água	6 pressões à barra → apresentação de água
5 pressões à barra → apresentação de água	6 pressões à barra → apresentação de água

TABELA 10.2 Como funcionam os esquemas de intervalo fixo e de intervalo variável

Intervalo fixo (FI 5″)	Intervalo variável (VI 5″)
Após 5s, 1ª resposta → apresentação de água	Após 3s, 1ª resposta → apresentação de água
Após 5s, 1ª resposta → apresentação de água	Após 5s, 1ª resposta → apresentação de água
Após 5s, 1ª resposta → apresentação de água	Após 1s, 1ª resposta → apresentação de água
Após 5s, 1ª resposta → apresentação de água	Após 7s, 1ª resposta → apresentação de água
Após 5s, 1ª resposta → apresentação de água	Após 6s, 1ª resposta → apresentação de água
Após 5s, 1ª resposta → apresentação de água	Após 5s, 1ª resposta → apresentação de água
Após 5s, 1ª resposta → apresentação de água	Após 4s, 1ª resposta → apresentação de água
Após 5s, 1ª resposta → apresentação de água	Após 9s, 1ª resposta → apresentação de água

Procedimento a ser seguido para realizar a atividade. Essa atividade pode ser realizada com vídeos dos animais trabalhando em cada esquema de reforçamento, em vez da utilização de sujeitos de pesquisa ao vivo no laboratório. Vídeos com animais trabalhando em diferentes esquemas de reforçamento podem ser acessados no YouTube, no Canal do professor Márcio Borges Moreira (https://www.youtube.com/user/borgesmoreirayt). Assista aos vídeos e classifique, com base na taxa de respostas, nas pausas após o reforçamento e nos intervalos entre as respostas, qual dos quatro esquemas de reforçamento está em vigor.

Atividade 4.2 Implementando dois esquemas de reforçamento intermitente

Objetivo desta atividade de laboratório. Uma vez que o comportamento do animal foi reestabelecido e está mantido pelo esquema de CRF, a prática tem como objetivo a manutenção da resposta de pressão à barra, inicialmente em um esquema de razão fixa e, em seguida, em um de intervalo fixo.

Procedimento a ser seguido para a atividade. FR 20 – Ao final dessa sessão, o comportamento de pressão à barra deverá continuar ocorrendo, porém apenas um vigésimo das respostas produzirá água. Mais especificamente, será executado um esquema de FR 20. Entretanto, se iniciarmos a sessão já exigindo 20 respostas para a liberação de cada gota d'água, é provável que o rato deixe de responder antes de atingir o número de respostas necessário para a liberação do reforçador. Assim, a transição do esquema de reforçamento contínuo (CRF) para o FR 20 deve ser feita de modo gradual. Você deixará o bebedouro no automático até que as primeiras 5 respostas sejam reforçadas. Em seguida, colocará o bebedouro no manual e, após a emissão de uma resposta não reforçada, o colocará no automático, de modo que a segunda resposta seja reforçada. Assim, você estará aplicando um FR 2. Após cinco reforçamentos, deixe o bebedouro no manual por três respostas e somente o coloque de volta no automático após a terceira resposta, de modo que, para a apresentação do estímulo reforçador, quatro respostas precisem ser emitidas (FR 4). Novamente, após cinco reforçamentos em FR 4, você aumentará para o FR 8, ou seja, mudará o bebedouro para o automático após sete respostas não reforçadas. Após cinco reforçamentos, aplique o FR 12, também por cinco reforçamentos e, por fim, o FR 20. Deixe o animal no FR 20 até a saciedade. Caso observe que o desempenho se deteriorou ao passar para um valor mais alto de FR, retorne ao valor anterior. Também é possível que a saciação ocorra antes de se atingir o FR 20. Nesse caso, faça uma nova sessão, iniciando com um valor de FR abaixo daquele com que foi concluída a sessão anterior.

Depois que o animal estiver se comportando de modo regular no esquema de FR 20, você dará início à sessão de FR 20 propriamente dita. Você já iniciará a sessão com o FR 20 em vigor, a qual durará 20 minutos. Ao longo dessa sessão, você anotará na **Folha de registro 04.2** as frequências de respostas em blocos de 60 segundos, ou seja, quantas vezes o rato pressionou a barra a cada minuto. Com base nessas informações, você fará um gráfico como o da Figura 10.9.

Caso a interface da caixa de Skinner de sua faculdade seja um microcomputador, em vez de trocar as posições do painel de controle do automático para o manual, você precisará trocar o valor do FR no *software* de controle das caixas quando o animal atingir os critérios descritos. O computador executará o FR programado automaticamente.

FI 20" – Após a sessão com o FR, você executará o FI 20". Como o animal já passou pelo FR, você já pode iniciar a sessão no valor máximo, ou seja, disponibilizar o reforçador após a passagem de 20 segundos desde o último reforçamento. Caso inicie com um animal que veio diretamente do CRF, será necessário fazer um aumento gradual dos valores do FI até se poder submetê-lo ao FI 20". Para as caixas com painel de controle, você iniciará a primeira sessão do FI com o bebedouro no automático, de modo que a primeira pressão à barra pro-

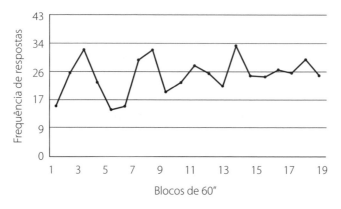

Figura 10.9

Frequência de respostas de pressão à barra, em blocos de 60 segundos, de um rato albino submetido a um esquema de FR 20.

duzirá água. Após esse reforçamento, você realizará duas operações de modo simultâneo: 1) colocará o bebedouro no manual e 2) disparará um cronômetro (peça um ao professor/monitor ou use o cronômetro do seu celular). Assim que se passarem 20", você colocará o bebedouro no automático, de modo que a próxima resposta emitida pelo rato seja seguida da apresentação da água. Quando isso acontecer, zere o cronômetro. Após o reforçamento, repita as operações com o bebedouro e o cronômetro. Caso a sua caixa de Skinner seja ligada a um computador, basta executar o FI 20" no *software* que o computador fará os procedimentos automaticamente. Execute a primeira sessão de FI 20" até o animal chegar à saciedade.

Na segunda sessão de FI 20", você procederá do mesmo modo da primeira, porém, ela será encerrada em 20 minutos. Execute o mesmo registro que você fez no FR 20 utilizando a Folha de respostas 4.2 (note que, se for aplicar o FI manualmente, serão necessários dois cronômetros, um para aplicar o procedimento de FI em si e outro para fazer o registro das respostas de pressão à barra em blocos de 60"). Você fará, em seguida, um gráfico (Fig. 10.10) com as curvas dos comportamentos mantidos nos dois esquemas, de modo que possa compará-las visualmente.

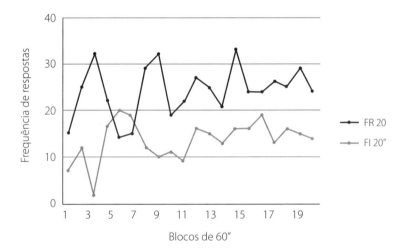

Figura 10.10
Frequência de respostas de pressão à barra em blocos de 60 segundos de um rato albino submetido aos esquemas de FR 20 e FI 20".

Atividade prática 5: treino discriminativo

O tempo todo estamos cercados por vários estímulos (pessoas, objetos, sons, etc.), no entanto nem todos eles exercem controle sobre o comportamento no mesmo momento. Chamamos aqueles que exercem controle sobre o comportamento operante de estímulos discriminativos (S^D). (Há outras funções de estímulos antecedentes, mas, aqui, trabalharemos apenas com o estímulo discriminativo.) A partir deste momento, passamos a falar de controle do comportamento por S^D e pelos estímulos consequentes, e nossa unidade de análise do comportamento passa a ser a contingência de reforçamento de três termos:

$S^D - R \rightarrow S^R$. Um S^D, quando presente no ambiente, torna mais provável a ocorrência de um comportamento que foi reforçado na sua presença no passado.

Nesta atividade prática você ensinará o rato a pressionar a barra na presença de uma luz e a não pressioná-la na sua ausência. Tal processo chama-se discriminação de estímulos e é um processo básico do comportamento que descreve a influência de eventos antecedentes sobre o comportamento operante, o qual passa a ser chamado de comportamento operante discriminado. Novamente, o reforçamento diferencial se faz presente estabelecendo a discriminação operante: as respostas de pressão à barra serão reforçadas apenas na presença da luz, mas não na sua ausência. Esse procedimento é chamado de treino discriminativo. Ao longo do treino discriminativo que você realizará, respostas de pressão à barra ficarão mais frequentes na presença da luz e menos frequentes na ausência dela. Você também poderia reforçar as respostas na ausência da luz e não reforçá-las quando a luz estivesse acesa, ou mesmo usar outra propriedade, como som *versus* não som; o importante é que existam diferenças de estímulos nas duas situações.

Objetivo desta atividade de laboratório. Ensinar o sujeito experimental a pressionar a barra apenas quando a luz que se localiza sobre ela estiver acesa, ou seja, fazer a luz adquirir a função de S^D para a resposta de pressão à barra. Além disso, ensinar o animal a não pressionar a barra na ausência de luz. O objetivo, portanto, é estabelecer uma discriminação operante utilizando um procedimento de treino discriminativo simples.

Procedimento a ser seguido para realizar a atividade. O treino discriminativo será iniciado com a luz sobre a barra acesa (S^D). Nos períodos em que o S^D estiver presente (luz acesa), respostas de pressão à barra deverão ser reforçadas; nos momentos em que a luz estiver apagada (S^Δ – lê-se "s delta"), as respostas de pressionar a barra serão colocadas em extinção. O procedimento de **treino discriminativo**, portanto, consiste em reforçar respostas de pressão à barra na presença do S^D e colocá-las em extinção na presença do S^Δ (ou ausência do S^D) (Fig. 10.11). As apresentações de S^D e S^Δ serão feitas alternadamente da seguinte forma: 30 segundos de apresentação do S^D e 30 segundos de apresentação do S^Δ.

Em caixas de Skinner ligadas a um computador, basta executar o treino discriminativo configurado para 30 segundos de S^D e outros 30 segundos de S^Δ. Caso a caixa seja controlada pelo painel manual, inicie a sessão com a luz acesa e com o bebedouro no automático. Dispare o cronômetro e, quando este chegar a 30 segundos, desligue a luz e coloque o bebedouro no manual; conte mais 30 segundos e, após esse período, novamente ligue a luz e

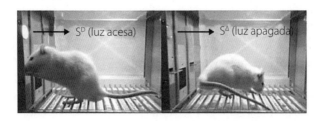

Figura 10.11
Exemplo de discriminação de estímulos. O animal pressiona a barra apenas quando a luz sobre ela está acesa.

coloque o bebedouro no automático. A cada 30 segundos você fará as trocas de luz acesa/bebedouro no automático e luz apagada/bebedouro no manual.

Iremos considerar que o controle discriminativo foi estabelecido quando o sujeito passar por cinco períodos consecutivos na presença do S^Δ (luz apagada) pressionando a barra no máximo três vezes em cada período e, por também cinco períodos seguidos, dirigir-se à barra assim que a luz for acesa, pressionando-a ao longo dos 30 segundos. Durante 40 minutos, você irá registrar na **Folha de registro 05**, minuto a minuto, o número de pressões à barra na presença do S^D e do S^Δ, ou seja, quantas vezes o animal apresentou a resposta enquanto a luz estava acesa e apagada. Caso perceba que o comportamento de pressionar a barra esteja sendo extinto também na presença do S^D (mais de 5 minutos sem pressionar a barra, por exemplo), abra a caixa e reforce manualmente as respostas de pressão à barra independentemente de a luz estar acesa ou apagada.

Atividade prática 6: encadeamento de respostas (comportamentos em sequência)

Os comportamentos estudados até agora produziam diretamente o estímulo reforçador incondicionado (a água). No entanto, no mundo fora do laboratório, para que um reforçador seja produzido, o organismo deve emitir uma série de comportamentos em sequência, ou seja, os comportamentos são submetidos a cadeias comportamentais. Nesta atividade de laboratório, você verá o que é uma cadeia comportamental e como, nela, um S^D passa a ter uma segunda função: a de reforçador condicionado. Ou seja, os S^D, em uma cadeia de respostas, funcionam também como estímulos reforçadores condicionados (aprendidos) para os comportamentos que os antecedem.

Objetivo desta atividade de laboratório. Ensinar o sujeito experimental a emitir uma cadeia comportamental. Em caixas com duas barras de respostas, você condicionou (ensinou) o sujeito experimental a pressionar a barra da esquerda somente quando a luz sobre ela estava acesa (S^D). Nesta atividade de laboratório, você ensinará o rato a emitir um comportamento (pressionar a barra da direita) que tem como consequência acender a lâmpada. A luz passará, então, a ter duas funções: (1) S^D para a resposta de pressionar a barra da esquerda e (2) reforço condicionado para a resposta de pressionar a barra da direita. Portanto, no final da sessão, você deve observar a seguinte sequência de eventos: (1) pressão à barra da direita; (2) luz acesa; (3) pressão à barra da esquerda; (4) apresentação da água (Fig. 10.12). Em caixas com argolas no lugar de uma segunda barra, o objetivo será o mesmo, com a diferença de que o elemento (1) da cadeia será trocado por "passar por dentro da argola". Doravante, vamos nos referir apenas a pressionar a barra da direita, mas os procedimentos seriam os mesmos caso o operando fosse a argola.

Procedimento a ser seguido para realizar a atividade. Seu primeiro passo será modelar a resposta de pressão à barra da direita. Você fará isso utilizando o acendimento da luz como estímulo reforçador condicionado. Após essa modelagem, no momento em que o rato pressionar a barra da direita, automaticamente a luz sobre a barra da esquerda acenderá (em caixas de controle por painel, será necessário acender a luz e colocar o bebedouro no auto-

Figura 10.12
Ilustração de uma cadeia comportamental.

mático quando o animal exibir o comportamento). Aguarde até que o rato pressione a barra da esquerda. Quando ele o fizer, a luz será apagada e o bebedouro será ativado automaticamente. Com a luz apagada, o animal precisará pressionar a barra da direita novamente para acender a lâmpada e, assim, o reforçador ficar disponível outra vez. Caso o rato não pressione a barra da direita de novo (aguarde cerca de 30 segundos), continue a modelagem. Consideraremos que a cadeia comportamental foi estabelecida quando o rato emiti-la 10 vezes consecutivas com intervalos menores do que um minuto entre uma ocorrência de uma cadeia comportamental e outra.

Folha de atividades de laboratório

Aluna(o): _____

Matrícula: _____

(Marque a atividade com **72 horas de antecedência**)

Sujeito número:

Preenchido pelo aluno			Preenchido pelo técnico de laboratório		
Sessão	Data	Hora	Privado em:	OK	Observações
____	__/__/____	__:__	__/__/____ às __:__	___	_____
____	__/__/____	__:__	__/__/____ às __:__	___	_____
____	__/__/____	__:__	__/__/____ às __:__	___	_____
____	__/__/____	__:__	__/__/____ às __:__	___	_____
____	__/__/____	__:__	__/__/____ às __:__	___	_____
____	__/__/____	__:__	__/__/____ às __:__	___	_____
____	__/__/____	__:__	__/__/____ às __:__	___	_____
____	__/__/____	__:__	__/__/____ às __:__	___	_____
____	__/__/____	__:__	__/__/____ às __:__	___	_____
____	__/__/____	__:__	__/__/____ às __:__	___	_____
____	__/__/____	__:__	__/__/____ às __:__	___	_____
____	__/__/____	__:__	__/__/____ às __:__	___	_____
____	__/__/____	__:__	__/__/____ às __:__	___	_____
____	__/__/____	__:__	__/__/____ às __:__	___	_____

Anotações:

_____
_____
_____
_____
_____
_____

Folha de registro 01 | Registro do nível operante

Data: __/__/__   Número do sujeito: _____   N. da caixa operante: _____

Aluna(o): _____   Matrícula: _____

Min.	Pressionar a barra	Tocar a barra	Farejar	Levantar-se	Limpar-se
		Registro do nível operante			
01					
02					
03					
04					
05					
06					
07					
08					
09					
10					
11					
12					
13					
14					
15					
16					
17					
18					
19					
20					
Total					

Passos da modelagem

01) _____   06) _____
02) _____   07) _____
03) _____   08) _____
04) _____   09) _____
05) _____   10) _____

Anotações:
_____
_____

Guarde esta folha. Você precisará destes dados nas próximas atividades de laboratório.

Folha de registro 02 | CRF

Data: ___/___/___   Número do sujeito: _____   N. da caixa operante: _____

Aluna(o): _____   Matrícula: _____

Min.	Pressionar a barra	Tocar a barra	Farejar	Levantar-se	Limpar-se
			CRF		
01					
02					
03					
04					
05					
06					
07					
08					
09					
10					
11					
12					
13					
14					
15					
16					
17					
18					
19					
20					
Total					

Anotações:
_____
_____
_____
_____
_____
_____

Guarde esta folha. Você precisará destes dados nas próximas atividades de laboratório.

Folha de registro 03 | Extinção

Data: ___/___/___   Número do sujeito: _____   N. da caixa operante: _____

Aluna(o): _____   Matrícula: _____

Min.	Pressionar a barra	Tocar a barra	Farejar	Levantar-se	Limpar-se
01					
02					
03					
04					
05					
06					
07					
08					
09					
10					
11					
12					
13					
14					
15					
16					
17					
18					
19					
20					
Total					

Anotações:

Folha de registro 04.1 | Esquemas intermitentes

Data: ___/___/___   **Número do sujeito:** _____   **N. da caixa operante:** _____

Aluna(o): _____   **Matrícula:** _____

Esquemas de reforçamento intermitente											
01	02	03	04	05	06	07	08	09	10	Média	Esquema
2	2	2	2	2	2	2	2	2	2	2	FR 2
5	3	2	3	5	7	4	6	3	2	4	VR 4
2	2	2	2	2	2	2	2	2	2	2	FI 2"
5	3	2	3	5	7	4	6	3	2	4	VI 4"

Anotações:

PRINCÍPIOS BÁSICOS DE ANÁLISE DO COMPORTAMENTO **257**

Folha de registro 04.2 | Esquemas intermitentes

Data: ___/___/___   **Número do sujeito:** _____   **N. da caixa operante:** _____

Aluna(o): _____   **Matrícula:** _____

Bloco de 60"	FR 20	FI 20"
1	//////	//
2		
3		
4		
5		
6		
7		
8		
9		
10		
11		
12		
13		
14		
15		
16		
17		
18		
19		
20		

Anotações:
_____
_____
_____
_____
_____

Folha de registro 05 | Treino discriminativo

Data: ___/___/___   Número do sujeito: _____   N. da caixa operante: _____

Aluna(o): _____   Matrícula: _____

		Treino discriminativo			
Min.	Respostas S^D	Respostas S^Δ	Min.	Respostas S^D	Respostas S^Δ
Ex.	/ / / / / /		30		
01			31		
02			32		
03			33		
04			34		
05			35		
06			36		
07			37		
08			38		
09			39		
10			40		
11			41		
12			42		
13			43		
14			44		
15			45		
16			46		
17			47		
18			48		
19			49		
20			50		
21			51		
22			52		
23			53		
24			54		
25			55		
26			56		
27			57		
28			58		
29			59		

Bibliografia consultada, citada e sugestões de leitura

Matos, M.A., & Tomanari, G.Y. (2002). *A Análise do Comportamento no Laboratório Didático*. Barueri: Manole.

Moreira, M. B. Canal do Márcio Borges Moreira. (c2006). Recuperado de https://www.youtube.com/user/borgesmoreirayt.

Snowdon, C. T. (1999). O significado da pesquisa em comportamento animal. *Estudos de Psicologia*, *4*(2), 265-373.

Algumas normas e dicas para redigir um relatório científico

Objetivos do capítulo

Ao final deste capítulo, espera-se que o leitor seja capaz de:

1. Listar a estrutura geral de um relatório científico;
2. Descrever os conteúdos relacionados a cada seção de um relatório científico;
3. Descrever, em linhas gerais, as orientações para a redação de um relatório científico;
4. Formatar figuras e tabelas de acordo com as normas de redação científica;
5. Citar e formatar adequadamente referências bibliográficas, identificando seus elementos constituintes;
6. Fazer referências à literatura ao longo do texto de acordo com as normas de citação direta, secundária e de paráfrases, respeitando a autoria do material de referência;
7. Elaborar um relatório reportando uma pesquisa empírica.

A habilidade de transmitir informação de forma escrita é essencial para qualquer profissional, esteja ele voltado para a área de pesquisa ou não. Tenha certeza de que, não importa o ramo da psicologia no qual você trabalhará, envolvendo ele pesquisa ou não, saber transmitir informação escrita de forma adequada será um grande diferencial em sua carreira. Além disso, as próprias diretrizes curriculares nacionais para os cursos de graduação em Psicologia (Brasil, 2011) estabelecem que eles devem, obrigatoriamente, capacitar seus alunos a:

XIII - elaborar relatos científicos, pareceres técnicos, laudos e outras comunicações profissionais, inclusive materiais de divulgação;
XIV - apresentar trabalhos e discutir ideias em público;
XV - saber buscar e usar o conhecimento científico necessário à atuação profissional, assim como gerar conhecimento a partir da prática profissional.
(...)
I - levantar informação bibliográfica em indexadores, periódicos, livros, manuais técnicos e outras fontes especializadas através de meios convencionais e eletrônicos;
II - ler e interpretar comunicações científicas e relatórios na área da Psicologia.

Há, portanto, entre outras razões, uma exigência legal para que alunos de psicologia aprendam a elaborar e ler textos científicos (relatórios, laudos, artigos, pareceres, etc.). Neste capítulo, veremos algumas normas e dicas que são utilizadas na redação de relatórios científicos.

Todo e qualquer conhecimento científico só faz sentido se puder ser comunicado e utilizado por outras pessoas. Ao fazer um curso de ensino superior, você deve aprender não só o conhecimento relativo à sua área de estudo, mas também a refletir sobre ele, produzi-lo, transformá-lo e transmiti-lo de forma clara e compreensível. A comunicação do conhecimento por meio de relatórios e artigos científicos é um dos pontos que dá à ciência tanta credibilidade, pois "conhecimentos falsos" ou imprecisos não perduram por muito tempo, já que os pesquisadores costumam replicar as pesquisas uns dos outros para confirmar os resultados obtidos.

Para que outros pesquisadores possam replicar as pesquisas feitas por você, ou seja, para que possam refazê-las exatamente da forma como você as fez, é necessário que sua comunicação (seus relatórios ou artigos científicos) contenha todas as informações necessárias e suficientes para compreender como se deu sua realização. Ou seja, ao comunicar uma pesquisa, seu texto não deve ter nem mais informação que o necessário nem menos que o suficiente para que outra pessoa, ao lê-lo, tenha condições de saber como você realizou o estudo e como refazê-lo exatamente da mesma forma.

Como centenas de pesquisadores publicam, quase diariamente, uma infinidade de artigos, livros, capítulos de livros e relatórios científicos, é preciso certa organização na forma como divulgar as pesquisas, de modo a facilitar o estudo dessas publicações. Dois exemplos simples podem ajudá-lo a entender como a organização (normas para se escrever) facilita a vida dos leitores:

1. Exigência do resumo – todo trabalho deve ter um resumo com as informações básicas da pesquisa (tema, objetivo, método, resultados e conclusões); ao ler o resumo do trabalho, que é bem pequeno, já temos informações suficientes para saber se aquele texto nos interessa ou não. Esta é a principal função do resumo: fornecer informações para o leitor decidir se continuará ou não lendo o restante do texto.
2. Palavras-chave – as palavras-chave são termos que expressam o conteúdo do texto. Elas costumam variar de três a cinco palavras que nos ajudam a encontrar os textos quando estamos fazendo uma pesquisa bibliográfica. Quando queremos achar publicações sobre determinado tema, digitamos o assunto e outros termos relacionados, seja em um "buscador" da internet (p. ex., Google acadêmico), no

computador da biblioteca ou em uma base de dados como o Scielo. É por meio das palavras-chave que os textos são mais facilmente encontrados.

No Brasil, temos dois grandes conjuntos de regras que são muito utilizados pela psicologia para escrever um texto científico: as normas da ABNT (Associação Brasileira de Normas Técnicas; http://www.abnt.org.br/) e as normas da APA (American Psychological Association; http://www.apa.org). Como as normas da APA têm sido mais utilizadas pela nossa área, este texto é baseado nelas.

Antes de prosseguirmos, é preciso fazer algumas observações sobre as normas para redação científica: (1) este capítulo contém apenas algumas das orientações técnicas para publicação de artigos e/ou relatórios científicos; (2) existem diferentes versões de manuais da APA, ou seja, diferentes conjuntos de regras da APA (quinta edição, sexta edição, etc.); e (3) confira sempre com quem irá corrigir/avaliar/revisar o seu trabalho quais normas devem ser utilizadas.

Noções gerais para a confecção do relatório científico

Quando redigimos um relatório científico, é necessário que atentemos a duas principais características: (1) conteúdo e (2) aspectos formais. Um relatório científico deve conter apenas as informações necessárias e suficientes para informar ao leitor de onde partiu o trabalho e qual foi o seu resultado, assim como as implicações teóricas dos achados – e esse conteúdo deve ser apresentado de forma clara e objetiva. Os aspectos formais do texto se referem, entre outros, a tipo de fonte, tamanho das margens, seções (partes do relatório), espaçamento entre linhas, etc. Portanto, ao redigir seu relatório, você deve estar atento ao que escrever e a como organizar e formatar seu texto.

Um relatório científico de uma pesquisa empírica geralmente contém as seguintes seções (partes):

a. Capa
b. Sumário
c. Resumo
d. Introdução
e. Método
 – Sujeito/Participante
 – Local, materiais e equipamentos
 – Procedimento
f. Resultados
g. Discussão
h. Referências
i. Anexos

As normas a seguir exemplificam, de maneira geral, as normas de formatação geralmente utilizadas quando redigimos um relatório científico (cheque sempre com seu professor quais normas são utilizadas no seu curso):

a. O relatório deve ser impresso em folha tamanho A4, somente frente (e não frente e verso);
b. Dois tipos de fonte são mais comumente aceitos: Arial (tamanho 14 para o título e 11 para o restante do relatório) e Times New Roman (tamanho 14 para o título e 12 para o restante);
c. Espaçamento entre linhas: 2,0. Apenas no resumo deve-se usar espaçamento simples;
d. Margens da página: superior, inferior e direita: 2,5 cm; esquerda: 4 cm (a margem esquerda deve ser maior para que a encadernação não dificulte a leitura);
e. Os subtítulos "Sumário", "Método", "Resultados", "Discussão" e "Referências" devem estar em negrito e alinhados ao centro da página;
f. Os subtítulos "Sujeito", "Local, materiais e equipamentos" e "Procedimento" devem estar em negrito e alinhados à esquerda da página;
g. Na introdução, não coloque o subtítulo "Introdução". Esta seção já começa com o texto propriamente dito;
h. O tipo de alinhamento de texto (exceto o alinhamento da capa e do resumo que são "justificados") deve ser "à esquerda". O alinhamento "justificado" é esteticamente mais aprazível, porém pode dificultar a leitura (em razão do espaçamento irregular entre as palavras);
i. Todas as páginas, exceto a capa e a primeira página da introdução, devem estar numeradas;
j. Observar o uso correto das normas ortográficas e gramaticais da Língua Portuguesa. Recomenda-se o uso da linguagem formal, devendo ser evitado o uso de gírias e do sentido conotativo das palavras.

Capa

A capa de um relatório científico deve conter informações como:

1. Nome da instituição (muitas instituições também exigem a sua logomarca)
2. Nome do curso
3. Nome da disciplina
4. Nome do professor
5. Título
6. Nome dos autores (o número de matrícula na instituição pode ser incluído ao lado no nome de cada autor)
7. Cidade onde foi realizado trabalho
8. Data (mês por extenso e ano)

Todos os itens da capa devem estar alinhados ao centro da página, com exceção do cabeçalho (nome da instituição, do curso, da disciplina e do professor) que, para algumas instituições, deve vir alinhado à esquerda. O título do relatório deve ser sugestivo, ou seja, capaz de dar ao leitor uma ideia clara sobre de que se trata a pesquisa relatada. Um bom título é um aspecto fundamental de um trabalho; lembre-se de quantos textos você já leu, ou pelos menos teve curiosidade em folhear, apenas porque achou o título interessante.

A palavra "relatório" não deve constar no título. O título deve compreender uma relação entre o fenômeno estudado (variável dependente – VD) e o aspecto do ambiente que se presume ter o potencial de afetá-lo (variável independente – VI). Em Análise Experimental do Comportamento, o título deve trazer uma relação entre uma VD, que é uma propriedade do comportamento a ser medida, e uma VI, que é um elemento do ambiente que será manipulado diretamente pelo investigador em uma pesquisa experimental. Assim, se você está estudando, digamos, aprendizagem, seu título deve fazer referência à aprendizagem (VD) e à variável independente relacionada a ela, como, por exemplo, privação, esquemas de reforçamento, dificuldade da tarefa, etc. Se a VD for, por exemplo, ansiedade, seu título deve fazer referência a isso e à VI a ela relacionada (p. ex., reforçamento negativo, a história de aprendizagem do sujeito, etc.).

Por fim, o título e o nome do autor devem estar vertical e horizontalmente centralizados. Os títulos costumam ter entre 10 e 15 palavras. A capa de seu relatório deverá se parecer com um dos modelos apresentados na Figura 11.1.

Sumário

Uma página exclusiva deve ser dedicada ao sumário, conforme apresentado na Figura 11.2. Note que o sumário deve conter o título da seção e o número da página na qual ela se inicia. O espaço entre o título da seção e o número da página deve ser preenchido com uma linha pontilhada. O sumário deve ser feito após a redação do trabalho estar completa (excetuando-se o próprio sumário, é claro).

Figura 11.1

Exemplos de capas de relatório científico. Cheque com seu professor se sua instituição de ensino tem seu próprio modelo de capa de relatório.

SUMÁRIO

Sumário..	01
Resumo..	02
Introdução...	03
Método...	10
Resultados..	15
Discussão...	21
Referências...	24

Figura 11.2
Exemplo de sumário.

Resumo e palavras-chave

Apesar de ser o terceiro item do relatório, o resumo corresponde à última etapa de sua confecção: só é possível resumir um texto que já foi escrito. Essa seção deve informar o leitor sobre todo o trabalho, sendo utilizadas, geralmente, entre 200 e 400 palavras. O resumo, portanto, deve conter de forma sucinta o objetivo do trabalho, a descrição dos sujeitos/participantes, o procedimento, seus resultados e a discussão. Além disso, deve ter uma página só para ele e ser feito em um único parágrafo, sem a margem recuada na primeira linha, junto com as palavras-chave. Veja o seguinte exemplo de resumo (Britto, Rodrigues, Santos, & Ribeiro, 2006, p. 73):

> O presente estudo registrou as verbalizações inapropriadas de um esquizofrênico adulto e do sexo masculino. Os comportamentos verbais inapropriados foram observados durante breves períodos de exposição a quatro condições: atenção, atenção não contingente, demanda e sozinho. Os resultados indicaram que as condições afetaram os comportamentos verbais inapropriados diferentemente. Esses resultados são discutidos em termos das suas implicações para as avaliações funcionais antes de intervenções psicológicas.
>
> **Palavras-chave:** análise funcional; comportamento verbal inapropriado; esquizofrenia.

As palavras-chave devem vir logo após o resumo (saltar uma linha). Você deve colocar pelo menos três palavras-chave, separadas por ponto-e-vírgula (;). Note que uma palavra-chave pode ser composta por mais de uma palavra (p. ex., "análise funcional" conta como uma palavra-chave).

Introdução

Na introdução de um relatório científico, você deve apresentar ao leitor o assunto referente a seu trabalho, especificando os termos e conceitos utilizados. Para tanto, você pode citar trabalhos de outros autores relevantes para o assunto de que está tratando. Pense na introdução como um funil de informações, em que você parte do assunto geral para o específico. Uma boa introdução geralmente contém os itens descritos a seguir.

Apresentação e contextualização do tema da sua pesquisa. As introduções são geralmente iniciadas pela apresentação do contexto teórico no qual o trabalho se desenvolveu, fornecendo informações mais gerais sobre o tema ou mesmo definindo-o de acordo com um arcabouço teórico em psicologia. Veja o exemplo seguinte do início de uma introdução de artigo científico (título da pesquisa: *Cuidados parentais e desenvolvimento socioemocional na infância e na adolescência: uma perspectiva analítico-comportamental*; Alvarenga, Weber, & Bolsoni-Silva, 2016, p. 5):

> Existe uma vasta literatura em Psicologia do Desenvolvimento que descreve e discute características comportamentais dos pais que favoreceriam ou prejudicariam o desenvolvimento socioemocional ao longo da infância e da adolescência. Grande parte das teorias que fundamentam esses estudos e dos construtos utilizados caracteriza-se por pressupostos internalistas ou organicistas (Ainsworth, Blehar, Waters, & Wall, 1978; Bowlby, 1969; Hoffman, 1975; Maccoby & Martin, 1983). Contudo, essa literatura também é rica em estudos experimentais e quasi-experimentais, muitos deles de caráter observacional, que vêm acumulando evidências sistemáticas e replicáveis indicando relações entre certos padrões comportamentais dos pais ou cuidadores e resultados desenvolvimentais positivos e negativos nos filhos (Asscher, Hermanns, & Deković, 2008; Mc Gilloway et al., 2012; Sierau et al., 2015).

Fundamentação teórica e conceitual. Essa parte da introdução destina-se à apresentação dos conceitos e teorias relevantes para o seu trabalho, sem os quais o leitor não teria condições de compreendê-lo. Seu estudo necessariamente estará vinculado a um arcabouço teórico e conceitual em psicologia, o qual conferirá uma inteligibilidade ao conhecimento que você está produzindo. A ciência evolui a partir de conhecimentos já produzidos. Imagine se tivéssemos que reinventar a roda a cada nova pesquisa! Os conhecimentos produzidos são resumidos em teorias que tentam dar uma perspectiva geral dos resultados de pesquisa isolados. Ao fazê-lo, alguns conceitos novos são propostos em substituição aos termos oriundos do senso comum. Esses conceitos têm definições próprias que possibilitam a comunicação entre diferentes pesquisadores. Entretanto, sem ter acesso a tais definições, fica muito difícil para o leitor compreender a sua pesquisa e como ela se relaciona com as teorias vigentes. Além disso, você apresentará, de forma resumida, outras pesquisas que investigaram questões similares àquelas que você está investigando, e, para que o leitor possa compreendê-las, ele precisará ter acesso aos conceitos que você utilizou quando as descreveu. Veja um exemplo de definição de conceitos utilizados em textos científicos:

> Nesta definição de operante há um importante avanço: o operante é entendido não como uma resposta única, mas como um conjunto de respostas semelhantes (classe de respostas) cuja semelhança é definida por suas consequências no ambiente, ou seja, o operante deve ser definido por sua função, não por sua topografia (...). Um segundo tipo de classe de estímulos são as classes funcionais. Estímulos que não pos-

suem similaridade física ou atributos comuns, mas que ocasionam a ocorrência de uma resposta comum podem se tornar funcionalmente equivalentes (Catania, 1999; de Rose, 1993; Tonneau, 2001).

Pesquisas correlatas. Essa parte da introdução contém descrições resumidas de trabalhos anteriores que tratam do mesmo assunto e que, mais especificamente, investigaram problemas de pesquisa semelhantes ao que você investigou em sua pesquisa. Os problemas de pesquisa são as perguntas que motivaram a realização de uma pesquisa empírica, cujo objetivo é respondê-las. As perguntas de pesquisa geralmente são acerca da existência ou não de uma relação entre uma VI ("causa") e uma VD ("efeito") e de como seria essa relação. A descrição das pesquisas correlatas deve conter os objetivos do trabalho e um resumo do procedimento utilizado, dos resultados obtidos e das principais conclusões do trabalho original.

Um ponto importante a ser considerado nessa parte da introdução é a relação lógica entre as descrições das diferentes pesquisas correlatas. Sempre que você iniciar a descrição da próxima pesquisa correlata, faça uma relação entre ela e a pesquisa correlata anterior. Essa parte do seu trabalho não se constitui em apenas um conjunto desconexo de descrições de pesquisa correlatas. O ideal é começar pelo estudo que menos se pareça com o seu e terminar com o mais parecido. A seguir, temos um exemplo de uma descrição de uma pesquisa correlata (título da pesquisa: *Reforçamento diferencial de comportamentos verbais alternativos de um esquizofrênico*; Britto, Rodrigues, Santos, & Ribeiro, 2006, pp. 74-75):

> Isaacs, Thomas e Goldiamond (1964) modelaram o comportamento verbal de um homem com o diagnóstico de esquizofrenia catatônica que se mostrava mudo durante 19 anos de institucionalização. O participante permanecia imóvel, sentado e olhando para frente, mesmo quando lhe ofereciam potenciais reforçadores, como cigarros. Durante uma sessão, acidentalmente o experimentador deixou cair um pacote de goma de mascar. Observou-se que o participante olhou em direção à goma. A descoberta do interesse do participante pela goma possibilitou o início de um procedimento de modelagem no qual o experimentador segurava um pedaço de goma e esperava que os olhos do paciente se movimentassem em direção à mesma. O procedimento de modelagem por aproximações sucessivas foi eficaz em estabelecer não só o direcionamento do olhar, mas também uma sucessão de respostas tais como movimentos faciais, movimentos dos lábios, vocalizações, emissão de palavras e um repertório verbal mais complexo que culminou com o participante solicitando "goma, por favor" na 18ª sessão. O participante chegou a falar com vários funcionários do hospital.

Justificativa do problema de pesquisa. Por meio das descrições de pesquisas correlatas, você apresenta o caminho lógico que percorreu até a formulação do seu problema de pesquisa. Provavelmente, algum aspecto do tema ainda não foi investigado pelas pesquisas correlatas, ou, ainda que tenha sido, resultados contraditórios foram obtidos. Desse modo, você finalizará a descrição da última pesquisa correlata descrevendo aqueles problemas que ainda não foram resolvidos na área e relacionando-os às contribuições que seu trabalho proverá para o desenvolvimento da psicologia. Veja um exemplo:

Apesar dos inúmeros experimentos já realizados com humanos e não humanos para a verificação da emergência de relações entre estímulos, muitas questões importantes ainda não foram resolvidas. Não há, também, consenso sobre a capacidade de não humanos, ou organismos sem linguagem, poderem formar classes de equivalência. Não há nem mesmo consenso sobre o que vem a ser o processo denominado responder relacional. Como sugere Hineline (1997), diferentes pesquisadores da equivalência têm abrangido apenas partes do processo, mas considerando que estão estudando o fenômeno como um todo (...). Há poucos dados na literatura que evidenciam o uso de procedimentos de treino discriminativo com discriminações simples na investigação do responder relacional e da emergência de relações entre estímulos (e.g. Debert, 2003; Moreira & Coelho, 2003). Uma maior atenção deve ser dada às discriminações simples na investigação desses fenômenos, já que tais discriminações podem estar diretamente relacionadas à efetividade dos procedimentos de treino, desenvolvimento do processo e resultados utilizados e verificados nas pesquisas sobre responder relacional e emergência de relações entre estímulos.

Objetivos gerais e específicos. A introdução é finalizada com uma descrição clara dos objetivos do trabalho, explicitando-se as VIs e VDs estudadas. O objetivo geral é uma descrição do problema de pesquisa, e os objetivos específicos se constituem em um detalhamento de como a VI será manipulada e de como a VD será medida. Veja o seguinte exemplo (título da pesquisa: *Reforçamento diferencial de comportamentos verbais alternativos de um esquizofrênico*; Britto et al., 2006, p. 77):

> O presente estudo teve como objetivo demonstrar o efeito de contingências tais como o reforçamento diferencial de comportamentos alternativos e extinção sobre o repertório verbal de um indivíduo com diagnóstico de esquizofrenia crônica por quase 30 anos.

É importante lembrar que, na introdução, você não fala sobre como fez o seu experimento nem sobre os resultados que encontrou. Você apenas apresenta as informações necessárias e suficientes para que o leitor do seu trabalho possa compreender sua pesquisa: conceitos relacionados, descrição de pesquisas (objetivo, procedimento, resultados e discussão), problema de pesquisa e objetivo de sua pesquisa. Em alguns casos, uma descrição bem resumida do procedimento pode ser apresentada logo após os objetivos.

Ao longo da redação do seu texto, atente para sua coerência e coesão. Um texto científico é diferente de um conjunto de parágrafos que não possuem relação lógica entre si. Em uma redação científica, um parágrafo se conecta ao outro, as ideias seguem uma sequência lógica e se conectam umas às outras. O texto deve fluir, fazendo-se sempre referência ao que foi escrito anteriormente. Algumas conjunções ou expressões podem ajudá-lo nisso. Veja alguns exemplos na Tabela 11.1.

Além de atentar para a coesão e coerência da redação, você também deve observar o fato de que um texto científico deve ser impessoal, isto é, evita-se utilizar os pronomes pessoais "eu" e "nós". Por esse motivo, utiliza-se o sujeito indeterminado no texto. Veja um exemplo (grifos nossos):

TABELA 11.1 Exemplos de conjunções

Palavra/expressão	Quando usar
e, ademais, adicionalmente	exprime uma relação de soma, de adição
mas, porém, todavia, no entanto, entretanto, em contrapartida, contudo	exprime uma ideia contrária à da outra oração, uma oposição
logo, portanto, ou seja, por conseguinte, consequentemente	exprime uma conclusão da ideia contida na outra oração
porque, que, pois, uma vez que, já que	exprime uma explicação

Dá-se à diferenciação do responder na presença de estímulos diferentes o nome de discriminação de estímulos (Catania, 1999). Quando um pombo bica um disco na presença de uma luz verde (S^D), mas não na presença de uma luz vermelha (S^Δ), ou simplesmente na ausência da luz verde, **diz-se** que o pombo consegue *discriminar* entre os dois estímulos e, também que um *controle de estímulos* foi estabelecido. O procedimento utilizado para se produzir controle de estímulos é denominado *treino discriminativo*, ou *procedimento de discriminação* (Whaley & Malott, 1981).

Ao longo do seu texto, principalmente nas seções de introdução e discussão, muitas das informações e ideias apresentadas serão extraídas de outros textos; logo, serão informações e ideias escritas por outros autores. Quando isso ocorre, você deve informar ao leitor a fonte de sua informação. É preciso tomar muito cuidado ao citar outros autores, pois fazê-lo sem deixar claro que o texto é de autoria alheia, além de deselegante, constitui uma contravenção chamada de *plágio*. O plágio (de texto) é uma redação de um trecho escrito por outrém, mas como se fosse de autoria da própria pessoa. Teoricamente, essa definição de plágio é clara; entretanto, na prática, não é bem assim. Muitas dúvidas surgem nessa hora. Será que uma frase copiada é plágio? Será que é necessária a cópia de um parágrafo inteiro para configurar a contravenção? E quando se trata de um tópico ou de um capítulo integralmente copiados? Será que estarei cometendo plágio se esquecer de colocar entre aspas ou em um parágrafo separado o trecho copiado, ainda que eu tenha citado o autor? A troca de algumas poucas palavras de uma frase copiada já me livra de ser plágio? E seu eu trocar a ordem das orações de uma sentença, deixa de ser plágio?

Infelizmente, o plágio não possui uma definição operacional precisa como aquela que aprendemos no Capítulo 10 sobre o comportamento de se limpar, por exemplo. A despeito disso, o mais prudente é considerar que copiar apenas uma frase, ou mesmo parte de uma frase, já conta como plágio. Além disso, substituir algumas palavras de uma sentença ou trocar as orações de lugar em uma sentença não se constituem em paráfrase (como será apresentado a seguir), sendo, portanto, mais um tipo de plágio.

Todavia, cópias de trechos da literatura, quando são feitas as devidas referências, não são proibidas. Vejamos um exemplo. Digamos que você precise falar do conceito de análise funcional na introdução de seu relatório científico. Além disso, suponha que tenha lido uma boa definição no livro *Coerção e suas implicações*, de autoria de Sidman e publicado em 1995. Você pode copiar a definição do livro de Sidman e colar no seu texto:

> Se quisermos entender a conduta de qualquer pessoa, mesmo a nossa própria, a primeira pergunta a fazer é: "O que ela fez?" O que significa dizer, identificar o comportamento. A segunda pergunta é: "O que aconteceu então?" O que significa dizer, identificar as consequências do comportamento. Certamente, mais do que consequências determinam nossa conduta, mas estas primeiras perguntas frequentemente hão de nos dar uma explicação prática. Se quisermos mudar o comportamento, mudar a contingência de reforçamento – a relação entre o ato e a consequência – pode ser a chave. (Sidman, 1995, p. 104)

Veja que esse trecho é uma cópia idêntica do texto que está escrito no livro de Sidman. Esse tipo de citação é denominado de *citação literal* ou *citação direta*. Quando fazemos uma citação direta, devemos indicar o(s) sobrenome(s) do(s) autor(es), o ano de publicação e a página do trabalho original de onde o trecho foi transcrito. Neste caso, o trecho foi extraído do texto de Sidman (1995), mais especificamente da página 104. Quando se trata de uma citação direta, é preciso, de alguma maneira, diferenciar o texto copiado do seu próprio texto em termos da forma. Quando o trecho transcrito for inferior a 40 palavras, você deverá inseri-lo no parágrafo entre aspas. Por exemplo:

> Uma classe funcional de estímulos não é definida apenas pelo compartilhamento de uma mesma resposta entre os estímulos que a compõem. Para que uma classe de estímulos constitua-se em uma classe funcional deve ser demonstrado que "quando variáveis são aplicadas diretamente sobre um estímulo da classe, elas têm efeito similar sobre os demais" (de Rose, 1993, p. 288).

Caso o trecho transcrito tenha mais de 40 palavras (esse número pode variar de uma norma para outra), você poderá fazer um parágrafo recuado à esquerda, sem a necessidade de utilizar aspas. Em ambos os casos, todavia, é necessário informar o(s) sobrenome(s) do(s) autor(es), o ano de publicação e a página do trabalho original de onde trecho foi transcrito, por exemplo:

> Skinner (1957) define o comportamento verbal como aquele que não afeta o ambiente de forma direta, mas, sim, por meio do comportamento de outra pessoa:
>> Muitas vezes, porém, um homem age apenas indiretamente sobre o meio do qual emergem as consequências últimas de seu comportamento. Seu primeiro efeito é sobre outros homens. Um homem sedento, por exemplo, em vez de dirigir-se a uma fonte, pode simplesmente "pedir um copo d'água", isto é, pode produzir um comportamento constituído por certo padrão sonoro, o qual, por sua vez, induz alguém a lhe dar um copo d'água. (Skinner, 1957, pág. 15)
>
> Nesse trecho, Skinner (1957/1978) estabelece um dos elementos fundamentais da definição de comportamento verbal, que é a mediação de um ouvinte que provê consequências ao comportamento de um falante.

Citações diretas podem ser utilizadas desde que devidamente referenciadas. No entanto, você deve usar esse recurso apenas quando julgar muito importante citar exatamente as palavras do autor. As citações diretas costumam ser empregadas quando o trecho original é uma definição clássica de um conceito, ou quando você quer comprovar que o autor realmente escreveu aquilo daquela forma (isso é muito comum quando as ideias do autor sobre determinado tópico são controversas). Elas também são utilizadas em casos de enumerações de fatores ou de procedimentos muito específicos que seriam muito difíceis de reescrever com as suas próprias palavras. Na maioria dos casos, entretanto, ao redigir um texto científico, nós utilizamos citações parafraseadas ou resumos de ideias, isto é, citamos o que outro autor escreveu, mas fazemos isso com nossas próprias palavras. O parágrafo a seguir é um exemplo disso:

> De acordo com Sidman (1995), há duas perguntas importantes quando queremos entender o comportamento de uma pessoa. A primeira pergunta refere-se ao comportamento propriamente dito (o que a pessoa fez?). A segunda pergunta refere-se a quais foram as consequências desse comportamento, ou seja, ao que aconteceu depois de o comportamento ter ocorrido.

Note que nesse parágrafo fizemos uma citação parafraseada do mesmo trecho de Sidman (1995) que havíamos anteriormente citado de forma literal. Quando fazemos uma citação parafraseada, não precisamos diferenciar o texto, já que é de nossa autoria. No entanto, como o conteúdo é de autoria alheia, uma vez que estamos utilizando informações produzidas por outra pessoa, devemos indicar o(s) último(s) sobrenome(s) do(s) autor(es) e o ano de publicação do livro, artigo ou outro texto no qual lemos aquela informação. Nesse caso, não é necessário pôr o trecho entre aspas, destacar o parágrafo ou inserir o número da página onde se encontra o trecho parafraseado.

Redigir parafraseando é uma das habilidades mais refinadas da redação científica, e os estudantes em geral enfrentam grandes dificuldades nisso. Um erro muito comum é tentar reescrever cada frase do trecho original com as próprias palavras, trocando a ordem dos períodos ou substituindo as palavras por sinônimos. Paráfrases feitas desse modo geralmente implicam frases confusas ou imprecisas do ponto de vista conceitual, já que os termos técnicos não podem ser substituídos por sinônimos do vernáculo popular sem uma troca inevitável de sentido. Muitos estudantes fazem paráfrases desse jeito por não terem compreendido o trecho original ou, ainda que o tenham compreendido, por não possuírem o repertório de escrita necessário para a correta realização de uma boa paráfrase. Para compreender o trecho original, além de repetidas leituras, é recomendável discuti-lo com colegas, com o monitor da disciplina ou com o professor. Seu professor preferirá explicar melhor um assunto a ter de corrigir uma paráfrase ruim. Quanto ao repertório de redação, a melhor forma de aperfeiçoá-lo é por modelagem, ou seja, escrevendo e recebendo *feedback*.

Uma dica útil para se fazer uma paráfrase é ler alguns parágrafos do texto original e fechar o livro ou arquivo consultado e, então, tentar explicar o que você entendeu para uma pessoa real ou imaginária, escrevendo a sua explicação. Mesmo que no início você provavelmente encontre algumas dificuldades, com o treino suas paráfrases ficarão cada vez melhores. Na verdade, fazemos isso de forma oral o tempo todo. Frequentemente estamos reportando o que alguém disse utilizando nossas próprias palavras (p. ex., "Fulano me disse ontem que Beltrano está de férias, por isso não poderá ir à festa hoje"). A ideia básica em um texto científico é a mesma.

Outra situação comum na redação de um texto científico é citar um autor que cita outro, ou seja, citar um autor cujo trabalho você não leu diretamente, mas a partir de um terceiro. Nesses casos, use a palavra *apud* (ABNT) ou a expressão *citado por...* (APA). Digamos que você tenha lido neste livro uma citação de Skinner (1957) que gostaria de utilizar em seu trabalho, por exemplo. Caso você não tenha lido o texto de Skinner no original e apenas teve acesso ao que ele disse por este livro, duas formas corretas de fazer essa citação seriam as seguintes:

> Para Skinner (1957 *apud* Moreira; Medeiros, 2018), o homem atua no ambiente, e as modificações produzidas pelo homem no ambiente retroagem sobre ele, determinando os seus comportamentos futuros.
> Ou
> Para Skinner (1957, citado por Moreira & Medeiros, 2018), o homem atua no ambiente, e as modificações produzidas pelo homem no ambiente retroagem sobre ele, determinando os seus comportamentos futuros.

Dessa forma, o leitor saberá que você não leu diretamente o que Skinner (1957) falou sobre o assunto, mas que apenas leu sobre isso em um texto de outro autor. Nas referências bibliográficas, no final do seu relatório, você deve colocar apenas a obra que consultou. No caso do exemplo citado, você não colocaria referência completa de Skinner (1957). Colocaria apenas Moreira e Medeiros (2018), que foi a obra que você realmente leu. Evite sempre que possível utilizar citações secundárias ou indiretas. Ao fazê-las, você corre o risco de estar apresentando a interpretação de um autor sobre as ideias de outro, e não as ideias originais do autor citado indiretamente. Além disso, devemos, sempre que possível, ler os autores que primeiro apresentaram uma ideia ou conceito. As citações secundárias são aceitas apenas quando o texto original é de difícil acesso, isto é, livros esgotados ou textos escritos em línguas menos acessíveis, como alemão, japonês ou russo. Como a maioria dos textos em Análise do Comportamento é redigida em inglês, o fato de um texto original estar em língua inglesa não justifica o uso de uma citação secundária, por exemplo.

Uma última ressalva precisa ser feita acerca do modo como utilizamos os trabalhos de outras pessoas para a elaboração de um relatório. Com o advento da internet, o acesso ao conhecimento aumentou em termos exponenciais, sendo possível ler, sem sair de casa, grande parte do material necessário para elaborar um texto científico. Uma consequência disso, infelizmente, é a facilidade com a qual se pode apenas copiar o que já foi produzido por outras pessoas. Copiar da literatura, em tese, não é necessariamente problemático, como vimos, desde que seja reconhecida a autoria do material consultado de acordo com as normas de redação científica. Entretanto, são comuns casos de estudantes que fazem cópias de materiais obtidos da internet ou de outras fontes sem, no entanto, fazer as devidas referências. Independentemente da existência ou não de má-fé por parte do estudante, esse tipo de ação, quando descoberta pelos professores ou pela instituição, costuma resultar em consequências graves para o estudante, como a reprovação na disciplina ou mesmo, em situações mais extremas, o desligamento da faculdade. Redigir trabalhos acadêmicos é um exercício difícil e requer habilidades refinadas que muitas vezes ainda não foram estabelecidas no estudante. Não obstante, recomendamos que você se esforce em redigir seu trabalho reconhecendo sempre a autoria das outras pessoas. Se tiver dificuldade em fazê-lo, procure o professor e o monitor da disciplina para obter ajuda, mas nunca recorra à apropriação indevida da produção intelectual alheia.

Método

Na seção "método" você irá informar como o(a) experimento/pesquisa foi realizado(a); quais foram os sujeitos/participantes e suas características; quais tipos de materiais foram necessários; as características do local onde o experimento foi realizado; e o procedimento utilizado para realizar a pesquisa. Enfim, nessa seção você deve apresentar todas as informações necessárias e suficientes para que o leitor de seu trabalho possa entender como ele foi feito, bem como ser capaz de replicá-lo, ou seja, o método deve ser escrito de forma tal que o leitor do seu trabalho seja capaz de refazê-lo exatamente do mesmo modo que você o fez. O método é dividido em três subseções: Sujeitos/Participantes; Ambiente/local, materiais e equipamentos; e Procedimento (os nomes dessas seções podem variar entre normas de publicação).

Sujeitos/Participantes. No seu trabalho, você utilizará como subtítulo **Sujeitos** para organismos não humanos ou **Participantes** para humanos. Nessa parte do relatório você deve informar as características dos sujeitos/participantes que sejam relevantes para sua pesquisa, ou seja, aquelas que poderiam alterar os resultados da sua investigação caso não fossem respeitadas em novos estudos.

Algumas características de sujeitos experimentais não humanos geralmente apresentadas em relatos de pesquisa são: qual a experiência prévia do animal com o tipo de tarefa envolvida no experimento (é experimentalmente ingênuo ou já foi sujeito em outras pesquisas?); idade e sexo; peso; tempo de privação (água, comida) antes do experimento; raça; linhagem; procedência (de onde veio); número de sujeitos utilizados no experimento, etc. Veja um exemplo extraído de Cameschi e Todorov (2003, p. 281):

> Foram utilizados seis ratos albinos Wistar, sem história experimental anterior, provenientes do Biotério Central da Universidade de Brasília. Fora das sessões experimentais, os sujeitos eram mantidos em gaiolas-viveiros individuais, com água e alimento disponíveis o tempo todo.

Algumas características de participantes de pesquisas com animais humanos são: número de participantes; qual a experiência prévia do participante com o tipo de tarefa envolvida no experimento (é experimentalmente ingênuo ou já foi participante de outras pesquisas similares?); idade e gênero; grau de escolaridade; nível socioeconômico; curso de origem no caso de participantes universitários; diagnóstico psiquiátrico, quando houver, etc. Também é importante listar os seus critérios de inclusão e exclusão para a participação na pesquisa, ou seja, aquelas características que os participantes devem ter ou não para que possam participar do estudo. Na descrição dos participantes, também é necessário informar que a participação é voluntária, sendo tal voluntariedade atestada pela assinatura do Termo de Consentimento Livre e Esclarecido (TCLE), cujo texto pode constar nos anexos. Veja um exemplo de descrição de participante de pesquisa extraído de Britto e colaboradores (2006, p. 77):

> Uma pessoa do sexo masculino, solteiro, com 49 anos de idade, não trabalhava, havia completado o segundo grau e residia com o pai. Foi aposentado com diagnóstico de esquizofrenia crônica e internado 12 vezes em diferentes instituições psiquiátricas. Fazia uso constante dos medicamentos: Neozine – 100 mg (1/2 comp. à noite), Risperidona – 2 mg (1 e ½ comp. de manhã e 2 à noite) e Rivotril – 2 mg (1 comp. de manhã e 1 à noite).

Ambiente ou local, materiais e equipamentos. Nessa parte do relatório você irá informar ao leitor quais foram os recursos necessários para realização da pesquisa e onde as sessões experimentais ocorreram. As informações giram em torno das características do local onde o estudo foi realizado (dimensões, mobiliário, ruídos, iluminação, ventilação, etc.) e dos materiais (protocolos de registro, instruções escritas, brinquedos, questionários, testes, etc.) e equipamentos (computadores, gravadores, filmadoras, fones de ouvido, caixas de condicionamento operante, *softwares*, etc.) utilizados para a realização da pesquisa. As descrições devem ser claras e precisas, utilizando-se, sempre que possível, medidas objetivas para fazê-las (p. ex., seria errado dizer: o experimento foi feito em uma sala grande; em vez disso, seria mais preciso afirmar: o experimento foi feito em uma sala medindo 7 x 5 m). Veja alguns exemplos:

> **Exemplo 1 - pesquisa com ser humano; extraído de Britto e colaboradores (2006, p. 77):**
> A sala de atendimento continha três cadeiras, uma mesa, uma poltrona, uma escrivaninha com computador, tapete e almofadas. Foram utilizados: uma câmera filmadora 8 mm, fitas de vídeo, disquetes, revistas, jornais, livros literários e históricos, CDs e folhas de registro.

> **Exemplo 2 - pesquisa com ratos; extraído de Cameschi e Todorov (2003, p. 281):**
> Foi utilizada uma câmara experimental para estudos de controle aversivo do comportamento de ratos. A câmara media 24 x 16,5 x 21,5 cm, contendo um painel de resposta de 7 x 5 cm, colocado a 9,5 cm acima do assoalho e fixado a uma das paredes, avançando para o interior da câmara formando um angulo de 45 graus. O assoalho era composto de 16 barras metálicas de 2 mm de diâmetro, separadas entre si por 1,5 cm. As barras metálicas estavam ligadas por fios condutores a um gerador de choques Grason-Stadler (EUA), modelo E 600 B, com scrambler, isto é, misturador de polaridades. Havia no interior da câmara um sistema emissor de estímulos-sinais, luminoso e sonoro, composto por uma lâmpada e sons gerados por um alto-falante. Para o controle de ruídos estranhos ao experimento, a câmara experimental estava situada dentro de uma câmara de isolamento acústico e visual Grason-Stadler (EUA), modelo E 3125, série A-300, localizada em sala experimental acusticamente isolada. A programação e o registro dos eventos eram realizados

por circuitos eletromecânicos convencionais, situados em sala adjacente ao ambiente experimental.

Procedimento. Nesta parte do relatório você irá descrever em detalhes como a pesquisa foi realizada. Na descrição do procedimento, deve-se atentar para a clareza e a objetividade da linguagem. Evite termos vagos, imprecisos ou ambíguos, e lembre-se: uma boa forma de aprender a descrever o procedimento de uma pesquisa é ler como outros pesquisadores descreveram os seus procedimentos. Veja alguns exemplos:

Exemplo 1 - pesquisa com ratos; extraído de Cameschi e Todorov (2003, p. 282):
Depois da resposta de pressão ao painel ser modelada, os sujeitos foram expostos a uma contingência de esquiva sinalizada com tentativas de 30 segundos, divididos em dois períodos. Durante 20 segundos vigorava o período seguro (PS), durante o qual a câmara experimental permanecia no escuro, e era seguido pelo período de aviso (PA), onde durante 10 segundos uma combinação de som e luz precedia a ocorrência de um choque de 0,5 segundo de duração e 1 mA de intensidade. Nesta fase, uma resposta durante o PS reiniciava este período, bem como uma resposta durante o PA eliminava o sinal e evitava o choque, restabelecendo as condições do PS. Nas fases subsequentes, o responder durante o PA foi reforçado de acordo com um esquema de Razão Fixa (FR) crescente, na seguinte ordem: FR 2, FR 3, FR 5, FR 7 e FR 10. Cada fase vigorou durante 15 sessões diárias de 60 minutos de duração. Dois dos sujeitos (ER-5 e ER-6) retornaram a FR 1 e FR 3 e permaneceram nestas condições durante 15 e 24 sessões, respectivamente.

Exemplo 2 - pesquisa com ser humano; extraído de Britto e colaboradores (2006, pp. 77-78):
Um Delineamento de Reversão no formato ABAB seguido de Folow-up foi utilizado para demonstrar o controle experimental dos procedimentos utilizados, em que se alternaram fases de Linha de Base (A) e de Intervenção (B). O delineamento iniciou-se com quatro sessões para levantamento dos dados em fase de Linha de Base (LB-I). Após a LB-I foi iniciada a Intervenção I (INT-I) com a realização de oito sessões. A seguir, houve retorno à fase de Linha de Base (LB-II) estabelecida em três sessões. Novamente um período de Intervenção II (INT-II) foi realizado com seis sessões. Após um mês sem contato com o participante, outras três sessões de Folow-up foram realizadas com o participante.
Durante a Linha de Base, as sessões foram conduzidas sem o estabelecimento de manipulação experimental. Já a Intervenção consistiu no reforçamento diferencial alternativo (DRA) de todos os comportamentos verbais apropriados do participante e na extinção (EXT) de suas falas psicóticas. Tanto o procedimento de reforçamento quanto o de extinção foram aplicados pelas auxiliares de pesquisa. As auxiliares de pesquisa reforçavam as falas apropriadas com o fornecimento de atenção social contingente. Por exemplo, quando o participante emitia falas do tipo "ontem fiz um peixe assado na casa do meu irmão", as auxiliares de pesquisa forneciam reforço social de forma vocal, como: Muito bem! Ótimo! Isso mesmo! Ou sinalizavam positivamente com a cabeça, mantinham o contato visual, sorriam

e a atenção dispensada ao participante era maior. Já as falas psicóticas como no caso: "o diabo não me deixa sorrir", não eram reforçadas. Quando o participante emitia uma fala psicótica, as auxiliares de pesquisa passavam a agir como se estivessem interessadas em alguma outra coisa, olhavam para algo distante do participante e, até mesmo, se afastavam dele, movendo-se para o outro lado da sala e não emitiam nenhum comentário sobre o que havia sido dito.

A descrição do procedimento deve ser feita, preferencialmente, na sequência em que ele foi realizado. Descreva passo a passo como o experimento foi conduzido, quantas sessões foram feitas, quais os critérios para o encerramento ou mudança de cada fase do experimento e o que os sujeitos/participantes deveriam realizar durante cada sessão. Como o experimento já foi realizado, o tempo verbal de toda a descrição do método deve estar no passado. Veja um exemplo (resumido) extraído de Britto e colaboradores (2006, p. 77) (grifos nossos):

> As sessões **foram** realizadas pela segunda e terceira autoras sob supervisão da primeira autora. Todas as auxiliares da pesquisa **participaram** das transcrições, dos registros e das análises das sessões. O trabalho terapêutico **foi** realizado em 30 sessões que **ocorreram** duas vezes por semana, com a duração de 45 minutos cada sessão e com filmagem de todas as sessões pelas auxiliares da pesquisa.

O procedimento de muitos experimentos é bem complicado, com diversas fases, condições e/ou grupos. Uma estratégia bem-sucedida para auxiliar o leitor a compreender o texto de seu procedimento é utilizar tabelas ou esquemas que ilustrem como se deu o seu experimento. É importante ressaltar, todavia, que esses recursos não substituem o texto em si, apenas o ilustram. Outra dica importante é a padronização. Se, por exemplo, você usou o termo Condição 1 para designar uma variação da VI, utilize essa mesma expressão por todo o seu trabalho. Se você trocar *condição* por *etapa* ou *fase*, o leitor poderá ter dificuldade para compreender o seu texto.

Resultados

Na seção de resultados você apresenta ao leitor os dados que coletou, já analisados e descritos em forma de gráficos e/ou tabelas. Os gráficos devem ser apresentados centralizados horizontalmente. Todos os seus gráficos devem ter:

1. Título, abaixo do gráfico (p. ex., *Figura 1.* Frequência acumulada de respostas em função de...; *Figura 2.* Número de respostas corretas em cada bloco de treino...; etc.).
2. Rótulo dos eixos X e Y.
3. Legenda, quando necessário.
4. O eixo Y (vertical) deve ter cerca de 80% do tamanho do eixo X (horizontal).
5. É importante que todos os elementos do gráfico sejam facilmente visualizados.

As figuras devem ser numeradas sequencialmente à medida que aparecem no texto. Via de regra, as ilustrações só podem aparecer no corpo do texto depois que você as mencionou. No texto, ao se referir a uma imagem, a palavra "figura" deve vir com o F maiúsculo, por exemplo, Figura 1, Figura 2, etc. Quando uma ilustração é inserida no texto, você deve descrevê-la para o leitor. De forma geral, você fará uma espécie de resumo do conteúdo dessa imagem. Veja um exemplo extraído de Cameschi e Todorov (2003, p. 282):

> As Figuras 1 e 2 mostram as taxas de respostas emitidas durante o período seguro e período de aviso, em função do número de respostas requerido durante o período de aviso. Analisando as Figuras de modo comparativo, pode-se observar na Figura 1 que os desempenhos dos sujeitos ER-1 e ER-5 mostram nitidamente decréscimos nas taxas à medida que aumenta o requisito de razão durante o sinal, enquanto que os dados do sujeito ER-6 revelam este declínio a partir de FR 7.

Além de gráficos (figuras), a seção de resultados do seu relatório poderá conter tabelas. As tabelas devem ter a seguinte formatação:

1. Título acima da tabela, com indicação do número da tabela (p. ex., Tabela 1).
2. As únicas bordas que a tabela deve conter são as apresentadas no exemplo da Figura 11.4 (três no total, duas separando a primeira linha e uma indicando seu fim).
3. A tabela deve estar centralizada, e o título deve estar alinhado às suas margens.

As tabelas, assim como as figuras, somente podem aparecer no texto depois de mencionadas. Do mesmo modo, as referências às tabelas, numeradas, devem ser feitas com o T maiúsculo (p. ex., Tabela 1, Tabela 2, etc.).

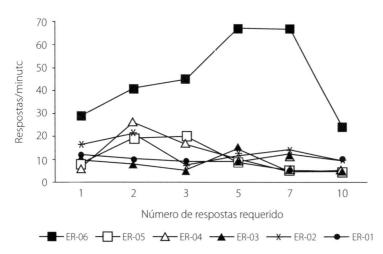

Figura 1. Taxas de respostas no período de aviso em função do número de respostas requerido no período de aviso.

Figura 11.3
Exemplo de figura de um artigo científico. A ilustração, neste caso, mostra um gráfico de linhas.
Fonte: Extraída de Cameschi e Todorov (2003, p. 282).

Tabela 1
Desempenho do sujeito em cada sessão experimental.

Sessão	Nº. de Respostas	Nº. de Reforços	Respostas/Reforço
CRF	15	15	1
Sessão 01	100	10	10
Sessão 02	20	2	10
Sessão 03	120	6	20
Sessão 04	40	4	10

Figura 11.4
Exemplo do uso de tabelas em textos científicos.

É importante ressaltar que, na seção "Resultados", não devemos escrever todos os valores que aparecem nos gráficos e nas tabelas, mas apenas descrever os padrões sistemáticos gerais que podem ser observados nas ilustrações, citando as exceções quando for o caso. Também não devemos explicar os resultados nessa seção. Essas explicações só devem ser feitas na seção seguinte, que é a discussão.

Discussão

Todo experimento/pesquisa, conforme apresentado na introdução, tem o objetivo de responder a uma pergunta. Na seção "Discussão", discutem-se os resultados em relação ao objetivo do trabalho, baseado no que os achados nos dizem. Aqui, você deve dizer se o seu objetivo foi atingido, relacionar seus resultados à literatura abordada na introdução do seu relatório, relatar eventuais problemas encontrados durante a execução do experimento e apontar possíveis modificações para replicações futuras da sua pesquisa. É conveniente retomar o objetivo de seu trabalho no início da discussão. Veja um exemplo extraído de Britto e colaboradores (2006, p. 81):

> O presente estudo teve como objetivo investigar os efeitos do reforçamento diferencial alternativo de falas apropriadas e extinção de falas psicóticas do repertório verbal de uma pessoa diagnosticada como esquizofrênica crônica. A intervenção produziu importante diminuição das falas psicóticas e um aumento das falas apropriadas nas duas fases do tratamento. Mais uma vez foi confirmada a eficácia de métodos operantes no controle de falas psicóticas. (...)
> Os resultados apresentados no presente trabalho são consistentes com estudos presentes na literatura da área, confirmando a possibilidade de controle operante de falas psicóticas como indicaram os trabalhos de Ayllon & Haughton, (1964), Deleon et al. (2003), Dixon et al. (2001); Lancaster et al. (2004) e Wilder et al. (2001). Com efeito, as verbalizações ina-

propriadas de pessoas diagnosticadas como esquizofrênicas demonstram sensibilidade ao arranjo das contingências programadas, como no caso da atenção contingente.

Referências

Na seção de referências você deve colocar a referência bibliográfica completa dos textos que foram citados ao longo do trabalho. Por exemplo, se você citou, na sua introdução, Catania (1999), é preciso colocar nas referências bibliográficas a referência completa dessa obra. A forma como isso é feito pode variar de acordo com a versão da norma utilizada ou da própria norma (APA ou ABNT). Neste texto, veremos algumas diretrizes da APA. É preciso lembrar que essas regras mudam de tempos em tempos. Consulte seu professor sobre essas atualizações. Uma boa dica para ver como fazer essas referências é ler as referências de artigos científicos recentes de Análise do Comportamento.

Liste nas referências todas as obras que foram citadas no seu relatório, mas liste apenas aquelas que foram citadas (se você leu um artigo sobre o assunto, mas não o citou, não o inclua nessa seção). Se, ao escrever a referência, ela ocupar mais de uma linha, suas linhas subsequentes devem estar alinhadas a partir da terceira letra da primeira linha (0,7 cm). Exemplo:

Nalini, L. E. (2002). *Determinação empírica da nomeabilidade de estímulos: implicações para o estudo da relação de nomeação.* Tese de doutorado, Universidade de Brasília, Brasília.

As referências devem ser colocadas em ordem alfabética (pelo sobrenome do primeiro autor). Exemplo:

Catania, A. C. (1999). *Aprendizagem: comportamento, linguagem e cognição.* Porto Alegre: Artes Médicas.
Debert, P. (2003). *Relações condicionais com estímulos compostos.* Tese de Doutorado, Pontifícia Universidade Católica de São Paulo, São Paulo.
Dinsmoor, J. A. (1995). Stimulus Control. Part II. *The Behavior Analyst, 18*(2), 253-269.
Galvão, O., F. (1993). Classes funcionais e equivalência de estímulos. *Psicologia: teoria e pesquisa. 9*, 547-554.
Hayes, S., C. (1989). Nonhumans have not yet shown stimulus equivalence. *Journal of the Experimental Analysis of Behavior, 51*(3), 385-392.

Existem vários tipos de textos científicos que podemos citar em nossos trabalhos, como, por exemplo, artigo de periódico científico, livro, capítulo de alguma obra, leis, manuais, etc. Para cada um desses tipos, há uma maneira diferente de se escrever a referência completa. O primeiro passo para fazer a referência de um texto citado por você, portanto, é conhecer o tipo de produção em questão: se é uma obra de autoria única, um capítulo de um livro coletânea, um artigo de um periódico científico, uma dissertação de mestrado, etc. Aqui, listaremos apenas algumas das possibilidades.

Referências de livros nos quais os capítulos foram escritos pelo mesmo autor ou pelos mesmos autores (livros de autoria única)

Padrão:
Último sobrenome do(s) autor/autores. Iniciais do(s) nome/nomes (ano de publicação). *Nome do livro em itálico.* Cidade em que foi impresso: Nome da editora. Edição, quando não for a primeira.

Exemplos:

> Matos, M. A., & Tomanari, G. Y. (2002). *A Análise do Comportamento no laboratório didático.* São Paulo: Manole.
>
> Sério, T. M., Gioia, P. S., Andery, M. A., & Micheletto N. (2010). *Controle de estímulos e comportamento operante: Uma (nova) introdução.* São Paulo: EDUC.

Referências de livros traduzidos

Muitos livros que consultamos são obras traduzidas de outras línguas. Nesses casos, devemos introduzir, entre o título do livro e a cidade da editora, o nome do(s) tradutor(es), bem como informar o ano da publicação na língua original e o ano da edição consultada.

Padrão:
Último sobrenome do autor/autores. Iniciais do(s) nome/nomes (ano de publicação/ ano da edição consultada). *Nome do livro em itálico.* Iniciais do(s) tradutor(es) do livro, último sobrenome do(s) tradutor(es) do livro (Trad.). Cidade em que foi impresso: Nome da editora. Edição, quando não for a primeira.

Exemplo:

> Keller, F. S., & Schoenfeld, W. N. (1950/1973). *Principles of Psychology.* C. M. Bori & R. Azzi (Trad.) São Paulo: EPU.

Referências de artigos de periódicos

Padrão:
Último sobrenome do autor/autores. Iniciais do(s) nome/nomes (ano de publicação). Nome do artigo. *Nome do periódico em itálico, Volume em itálico* (número), página inicial-página final.

Exemplos:

> Medeiros, C. A, Ribeiro, A. F., & Galvão, O. F. (2003). Efeito de instruções sobre a demonstração de equivalência entre posições. *Psicologia: Teoria e Pesquisa, 19*(2), 165-171.
>
> Moreira, M. B. (2004). Em casa de ferreiro, espeto de pau: O ensino da Análise Experimental do Comportamento. *Revista Brasileira de Terapia Comportamental e Cognitiva, 6*(1), 73-80.

Referência de capítulo de livro

Em alguns livros, denominados de coletâneas, cada capítulo é escrito por um ou vários autores diferentes. Nesses casos, há uma pessoa (ou pessoas) que é responsável pela organização da obra. Nesse contexto, você deve fazer a referência completa do capítulo que foi citado em seu trabalho.

Padrão:

Último sobrenome do autor/autores do capítulo. Iniciais do(s) nome/nomes (ano de publicação). Título do capítulo. Em iniciais do nome do organizador do livro. Último sobrenome do organizador do livro (Org.), *Título do livro em itálico* (pp. página inicial-página final do capítulo). Cidade em que foi impresso: Nome da editora. Edição, a partir da segunda.

Exemplos:

> Medeiros, C. A. (2010). Comportamento governado por regras na clínica comportamental: algumas considerações. Em A. K. C. R., de-Farias (Org.), *Análise Comportamental Clínica: aspectos teóricos e estudos de caso* (pp. 95-111). Porto Alegre. Artmed.
>
> Todorov, J. C., Moreira, M. B., & Moreira, M. (2005). Contingências entrelaçadas e contingências não-relacionadas. Em J. C. Todorov, M. B. Moreira e R. C. Martone (Orgs.), *Metacontingências: comportamento, cultura e sociedade* (pp. 55-59). Santo André: ESETec.

Anexos

A última seção do seu trabalho é chamada de "Anexos". Nela você incluirá alguns documentos utilizados para a realização do seu experimento, os quais, entretanto, não foram inseridos no corpo do texto por não serem essenciais à descrição do trabalho. Entre eles, temos o Termo de Consentimento Livre e Esclarecido (TCLE) não preenchido, ou seja, sem os dados dos participantes, modelos de protocolos de registros, instruções impressas, plantas baixas do local/ambiente, fotos de aparatos experimentais, etc. Os anexos devem ser citados no texto no momento em que você faz referência a eles. Os anexos específicos devem ser designados por uma letra (ANEXO A) ou por um numeral romano maiúsculo (ANEXO II). Após a última página das referências, você deverá inserir uma página em branco com a palavra ANEXOS impressa no centro horizontal e vertical da página. Em seguida, você colocará cada anexo com a sua designação na parte superior da página. Por exemplo: Anexo I – Termo de Consentimento Livre e Esclarecido.

Formato final

Por fim, mostramos a seguir como deve se parecer o seu relatório depois de concluído (Fig. 11.5). Veja também, ao final deste capítulo, uma sugestão de *checklist* que irá auxiliá-lo a conferir se seu relatório está, de maneira geral, seguindo as regras de redação/formatação apropriadas.

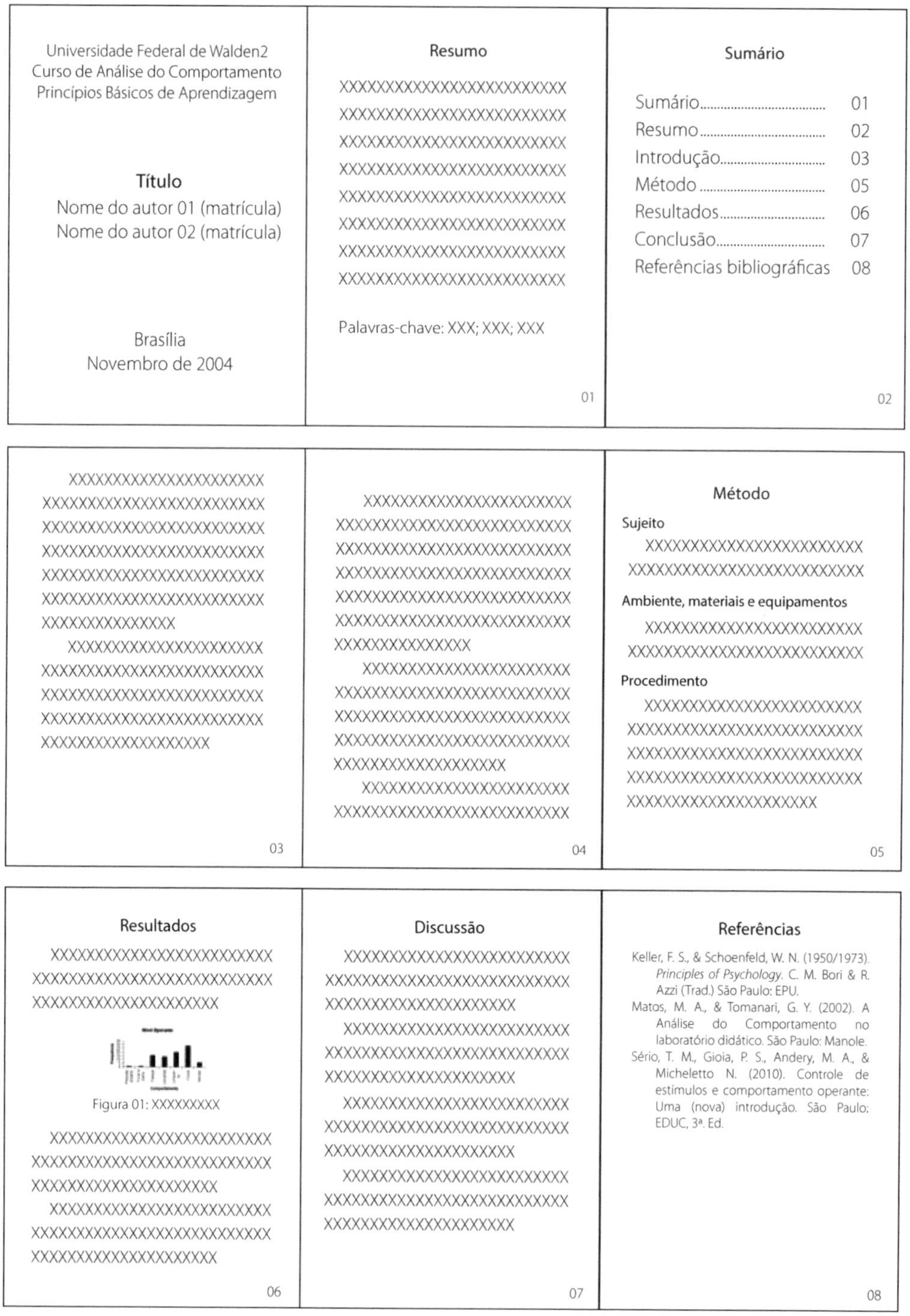

Figura 11.5
Esboço de como deverá se parecer seu relatório científico.

Checklist – o que checar após finalizar o relatório

Item	✓
Quanto à formatação geral	
Configurei o Word para papel A4?	
Imprimi em papel A4?	
Usei fonte Arial 11 ou Times 12?	
Configurei as margens corretamente?	
Usei espaçamento duplo entre linhas?	
Iniciei cada seção do relatório em páginas separadas?	
As páginas estão numeradas?	
Quanto à capa	
Todos os itens estão presentes?	
O título está adequado (VI e VD)?	
Alinhei corretamente os itens (ao centro)?	
Quanto ao resumo e palavras-chave	
O resumo tem entre 200 e 400 palavras (ou a quantidade especificada pelo professor)?	
Inseri de 3 a 5 palavras-chave após o resumo?	
O resumo apresenta objetivo, método, resultados e discussão?	
A formatação do resumo está correta?	
Quanto ao sumário?	
Os números das páginas foram colocados corretamente?	
A formatação foi feita corretamente?	
Quanto à introdução	
O texto está coeso? As ideias estão organizadas de maneira lógica?	
O assunto foi apresentado corretamente?	
O contexto teórico foi apresentado?	

(Continua)

(Continuação)

Os termos e conceitos relevantes foram apresentados?	
Apresentei pesquisas correlatas ao meu trabalho (objetivo, método, resultados e discussão)?	
Apresentei problemas que ainda não foram resolvidos na área?	
Finalizei a introdução com a apresentação do objetivo do trabalho?	
Citei corretamente os trabalhos apresentados (autor, ano)?	
Fiz uso do sujeito indeterminado (p. ex., diz-se, concluiu-se, etc.)?	
Quanto ao método	
Descrevi as seções Sujeito/Participantes; Ambiente, materiais e instrumentos; e Procedimento?	
Separei as seções supracitadas em subtópicos?	
O método contém as informações necessárias e suficientes para a replicação da pesquisa?	
Usei o tempo verbal no passado?	
Quanto aos resultados	
Apresentei todos os resultados relevantes?	
Formatei corretamente figuras/gráficos?	
Descrevi e comentei corretamente as figuras?	
Formatei corretamente as tabelas?	
Descrevi corretamente as tabelas?	
Apresentei os dados de forma coerente com os objetivos do trabalho?	
Quanto à discussão	
Iniciei a discussão retomando os objetivos do trabalho?	
Demonstrei se os objetivos foram atingidos?	
Fiz referências aos resultados apresentados e à literatura citada?	
Apresentei de forma clara as contribuições do trabalho para a ciência?	
Discuti os problemas enfrentados durante a pesquisa (caso haja algum)?	
Apresentei sugestões para futuras replicações?	

(Continua)

(Continuação)

Quanto às referências	
Estão em ordem alfabética?	
Incluí todas as obras que citei no trabalho?	
Incluí apenas aquelas obras que citei no trabalho?	
Formatei as referências corretamente, de acordo com o tipo de publicação?	

Bibliografia consultada, citada e sugestões de leitura

Alvarenga, P., Weber, L. N. D., & Bolsoni-Silva, A. T. (2016). Cuidados parentais e desenvolvimento socioemocional na infância e na adolescência: uma perspectiva analítico-comportamental. *Revista Brasileira de Terapia Comportamental e Cognitiva, 18*(1), 4-21.

Brasil. Ministério da Educação. (2011). *Resolução Nº 5*, de 15 de março de 2011. Brasília: MEC.

Britto, I. G., Rodrigues, M. C. A., Santos, D. C. O., & Ribeiro, M. A. (2006). Reforçamento diferencial de comportamentos verbais alternativos de um esquizofrênico. *Revista Brasileira de Terapia Comportamental e Cognitiva, 8*(1), 73-84.

Cameschi, C. E., & Todorov, J. C. (2003). Análise custo-benefício do reforço negativo em contingências de esquiva sinalizada. *Psicologia: Teoria e Pesquisa, 19*(3), 279-285.

de Rose, J. C. C. (1993). Classes de estímulos: implicações para uma análise comportamental da cognição. *Psicologia: Teoria e Pesquisa, 9*(2), 283-303.

Sidman, M. (1994). *Equivalence relations and behavior: A research story*. Boston: Authors Cooperative.

Skinner, B. F. (1957). *Verbal behavior*. New York: Appletown-Century-Crofts.

Tonneau, F. (2001). Equivalence relations: a critical analysis. *European Journal of Behavior Analysis, 2*(1), 1-33.

Whaley, D. L. & Malott, R. W. (1981). *Princípios elementares do comportamento*. São Paulo: EPU.

12

B. F. Skinner, Análise do Comportamento e o Behaviorismo Radical

> **Objetivos do capítulo**
>
> Ao final deste capítulo, espera-se que o leitor seja capaz de:
> 1. Listar dados históricos da carreira e da obra de Burrhus Frederic Skinner;
> 2. Conceituar Análise do Comportamento;
> 3. Caracterizar Análise Experimental do Comportamento;
> 4. Caracterizar Análise do Comportamento Aplicada;
> 5. Caracterizar Behaviorismo Radical;
> 6. Identificar e contrapor concepções equivocadas sobre o Behaviorismo Radical.

Todos os assuntos abordados neste livro baseiam-se na ciência/abordagem psicológica chamada Análise do Comportamento, cujo maior expoente histórico é Burrhus Frederic Skinner. A concepção de ser humano, as premissas epistemológicas, a proposta de objeto de estudo da psicologia, o modelo de causalidade e as discussões conceituais acerca dos fenômenos psicológicos, entre outras discussões filosóficas que embasam essa abordagem, constituem o corpo de conhecimento filosófico chamado Behaviorismo Radical, também concebido por Skinner, e que constitui a filosofia da Ciência do Comportamento. Neste capítulo veremos um pouco sobre quem foi Skinner e sobre as características definidoras tanto da ciência e profissão chamada de Análise do Comportamento como da filosofia chamada de Behaviorismo Radical.

Burrhus Frederic Skinner

A carreira. Burrhus Frederic Skinner nasceu em 20 de março de 1904, no Estado norte-americano de Nova York. Sua primeira formação acadêmica foi em Letras. Essa carreira, no entanto, teve vida breve. Aos 24 anos, em 1928, após ter entrado em contato com as obras de John Watson e Ivan Pavlov, entre outros autores, Skinner interessa-se pela psicologia, ingressando na pós-graduação em Psicologia da Universidade de Harvard, onde, três anos mais tarde, viria a receber seu PhD na área.

Depois de vários pós-doutorados, Skinner foi ministrar aulas na Universidade de Minnesota, de 1936 a 1945, e na Universidade de Indiana, de 1945 a 1947, na qual foi chefe do Departamento de Psicologia pelo mesmo período. Em 1948, Skinner retorna a Harvard, onde permanece como professor do Departamento de Psicologia até 1990, ano de seu falecimento, que se deu no dia 18 de agosto.

Ao longo de sua carreira, Skinner produziu muitos trabalhos de grande relevância para a psicologia, o que lhe conferiu inúmeras honras e prêmios, como, por exemplo: a Medalha Nacional de Ciência (1968) – honra concedida pelo presidente norte-americano aos cidadãos compatriotas que realizaram importantes contribuições para as ciências sociais, ciências do comportamento, biologia, química, engenharia, matemática e física; a Medalha de Ouro da American Psychological Foundation (1971); e, em 1989, o Distinguished Scientific Contribution Awards, da American Psychological Association, a mais importante associação de psicologia norte-americana.

As ideias. Skinner foi um pesquisador profundamente preocupado com questões relativas ao comportamento humano. Ele trabalhou incessantemente para que a Análise do Comportamento chegasse a um estágio em que fosse possível, por meio dela, construir um mundo melhor. Skinner acreditava ser possível conhecer o homem e a natureza humana de uma forma muito mais profunda que aquela proposta pela psicologia de sua época – e também pela de hoje. Acreditava que, por mais complexo que fosse o comportamento humano (ou

Figura 12.1
Burrhus Frederic Skinner (20 de março de 1904 - 18 de agosto de 1990).
Fonte: Vater des "programmierten Lernens" (2015).

o ser humano), seria possível estudá-lo de forma científica. Essa é uma característica marcante de seu pensamento.

Para Skinner, a ciência é o caminho mais rápido e seguro para a construção do conhecimento. Enquanto muitos sustentavam concepções de que o comportamento humano é muito complexo para ser estudado cientificamente, ou que a subjetividade humana está além do alcance da ciência, Skinner trabalhou arduamente em seus laboratórios para mostrar a viabilidade de uma ciência do comportamento e da inclusão dos "fenômenos comportamentais subjetivos" nesse campo. Com esse esforço, produziu conhecimentos que, hoje, são a base para o trabalho de milhares de analistas do comportamento em todo o mundo. Os trabalhos de Skinner, de seus colaboradores e daqueles que deram e dão continuidade à Análise do Comportamento embasam a atuação de analistas do comportamento (psicólogos, em sua maioria) nas mais diversas áreas: na clínica, nas organizações, nas escolas, no contexto hospitalar, nos esportes, na educação especial, no tratamento do autismo, nas comunidades, no planejamento cultural, no tratamento das mais diversas psicopatologias, nos laboratórios de pesquisa psicológica (com animais e humanos), na psicofarmacologia, na psicologia jurídica, no auxílio às crianças com déficit de aprendizagem ou atenção, entre muitas outras.

A obra. Ao longo de sua produtiva carreira, Skinner escreveu e pesquisou sobre quase todos os assuntos necessários à compreensão do ser humano: aprendizagem, desenvolvimento, memória, ansiedade, o *self*, a subjetividade, a consciência, as psicopatologias, a criatividade, o pensamento, a cognição, as emoções, a personalidade, a linguagem, os aspectos sociais e culturais, as vontades, os desejos, os *insights* e a introspecção. Enfim, quase tudo – se não tudo – o que diz respeito ao ser humano, em seus aspectos comportamentais/psicológicos, pode ser encontrado na obra de Skinner. É necessário ressaltar apenas que a forma como ele aborda todos esses assuntos diverge bastante daquela como outros grandes nomes da psicologia e de outras escolas psicológicas os abordaram.

Em quase sete décadas dedicadas à pesquisa e à produção de conhecimento em Análise do Comportamento, Skinner escreveu e publicou algo em torno de 300 artigos e cerca de 20 livros. Suas publicações abrangeram os mais diversos assuntos. Apenas para ilustrar essa diversidade, apresentamos aqui os títulos de algumas de suas obras: *O comportamento verbal*; *Ciência e comportamento humano*; *A ciência de aprender e a arte de ensinar*; *Superstição em pombos*; *Os efeitos de certas drogas e hormônios no condicionamento e na extinção*; *Uma conferência sobre como escrever um poema*; *A medida da atividade "espontânea"*; *A aliteração nos sonetos de Shakespeare: um estudo sobre o comportamento literário*; *O que é comportamento psicótico?*; *O planejamento de culturas*; e *O estudante criativo*.

Análise do Comportamento, Análise Experimental do Comportamento e Análise do Comportamento Aplicada

A Análise do Comportamento é uma ciência e uma abordagem psicológica cujo objeto de estudo é o comportamento. Os analistas do comportamento buscam compreender o comportamento humano a partir de sua interação com o ambiente (condicionamento respondente, condicionamento operante, contingências de reforçamento e punição, esquemas de reforçamento, o papel do contexto, entre outros tipos de interação). É importante ressaltar que o conceito de ambiente, para essa ciência, vai muito além do seu significado comum e não se confunde com lugar: duas pessoas podem estar em um mesmo lugar e interagirem com diferentes ambientes, por exemplo. **Ambiente**, em Análise do Comportamento, compreende tudo aquilo que pode afetar o comportamento, sejam variáveis mecânicas e químicas, como o vento, o movimento, o som, por exemplo, sejam variáveis sociais, como a presença de outras pessoas, prêmios, conselhos, moda, etc. Os aspectos do ambiente que influenciam o comportamento do organismo podem ser observados por terceiros (i.e., estímulos públicos) ou apenas pelo próprio organismo que se comporta (i.e., estímulos privados). Afirmar que "duas pessoas que estão no mesmo lugar" ou "duas crianças que foram criadas na mesma casa" estão no mesmo ambiente, por exemplo, caracteriza uma compreensão estreita do conceito de ambiente e incongruente com a Análise do Comportamento. O ambiente influenciará o comportamento dos organismos de forma sutil, de modo que pequenas diferenças nessa interação resultarão em grandes diferenças em termos de comportamentos futuros.

Em Análise do Comportamento, como você estudou ao longo deste livro, tentamos identificar como os indivíduos interagem com seus ambientes a partir dos conceitos de condicionamento pavloviano, condicionamento operante, discriminação de estímulos, esquemas de reforçamento, etc., para tentar prever (saber sob quais condições o comportamento tem maior probabilidade de ocorrer) e controlar o comportamento (alterar essas condições e, consequentemente, alterar a probabilidade de sua ocorrência). A ideia central é a seguinte: as consequências que determinado comportamento operante produziu no passado o selecionaram, ou seja, influenciaram se ele continua ocorrendo ou não. Assim, se mudarmos suas consequências hoje, o comportamento muito provavelmente será alterado (controle). Vejamos um exemplo de como é possível prever comportamentos quando conhecemos a história de interação do indivíduo com seu ambiente (Tabela 12.1).

Nosso exemplo começa com dois irmãos gêmeos, que chamaremos de Joaquim e João. Ambos se encontram no terceiro dia de aula no pré-escolar, momento em que suas personalidades, definidas como sistemas comportamentais complexos de interação com o ambiente, são ainda muito parecidas. Os sistemas comportamentais de ambos são resumidos cotidianamente como extroversão e sociabilidade. A Tabela 12.1 apresenta algumas situações vivenciadas pelos dois irmãos ao longo de suas vidas escolares.

Na última situação apresentada no exemplo na Tabela 12.1 (na faculdade), consideremos que dois comportamentos distintos tenham sido emitidos, cada um deles por um dos irmãos: 1) fazer a apresentação oral sem problemas; e 2) inventar uma desculpa e matar aula no dia da apresentação. Qual desses dois comportamentos você acha que foi emitido por Joaquim? Com base nos eventos listados, parece mais plausível que Joaquim é quem tenha inventado a desculpa, não é verdade?

Esse foi um pequeno e simplificado exemplo de como utilizamos as interações entre indivíduo e ambiente para prever o comportamento. Uma análise das interações dos dois irmãos com seu ambiente nos ajuda a elaborar uma análise funcional, conforme descrita em detalhes no Capítulo 9. É possível que João fosse quem tivesse inventado a desculpa? Sim, é claro que é possível. Mas isso invalida a análise? É claro que não. Apenas indicaria que a análise está incompleta. Como chegamos à conclusão de que seria mais provável que Joaquim, e não João, inventasse a desculpa? Chegamos a essa conclusão porque co-

TABELA 12.1 Exemplo de locais e pessoas iguais, mas diferentes ambientes

No terceiro dia de aula do pré-escolar

Joaquim	A professora pede a Joaquim que mostre o desenho que fez em casa.	Joaquim se levanta e mostra para a turma o desenho que fez.	A professora diz que Joaquim não se esforçou e fez um desenho muito ruim. A turma ri dele.
João	A professora pede a João que mostre o desenho que fez em casa.	João se levanta e mostra para a turma o desenho que fez.	A professora elogia bastante o desenho e os colegas dizem frases do tipo "Que legal!"; "Bonito!".

Em algum momento na 1ª série do ensino fundamental

Joaquim	A professora pede a Joaquim que leia um pequeno texto.	Joaquim, sem os óculos de grau no dia, lê e erra muitas palavras.	A professora o repreende, e seus colegas fazem piadas sobre seus erros.
João	A professora pede a João que leia um pequeno texto.	João lê corretamente o texto.	A professora elogia a leitura de João.

Correção de um exercício de Português na 7ª série do ensino fundamental

Joaquim	"Joaquim, leia a sua resposta", diz a professora.	Joaquim, que teve febre alta no dia anterior, responde: "Não fiz, porq..."	A professora o interrompe e diz: "É zero, Joaquim, não me venha com desculpas". A turma diz: "Vixe!, Vixe!".
João	"João, leia a sua resposta", diz a professora.	João responde corretamente.	A professora diz: "Excelente, João, quisera eu que todos os alunos fossem como você". Os colegas o elogiam na hora do recreio.

Durante a faculdade de Psicologia, no primeiro semestre

Joaquim	A professora diz: "Amanhã será a apresentação oral do trabalho".	?	?
João	A professora diz: "Amanhã será a apresentação oral do trabalho".	?	?

nhecíamos situações nas quais o comportamento de fazer apresentação oral ocorreu e as consequências desse comportamento naqueles contextos. Podemos concluir também que o comportamento de inventar a desculpa ocorreu, principalmente, porque no passado existiram aquelas consequências aversivas nessas situações, o que fez o contexto de ter que falar em sala de aula passar a sinalizar que esse comportamento seria exposto a esse tipo de consequência. É nesse sentido que dizemos que, em decorrência de interações passadas, os comportamentos atuais são controlados por seus estímulos antecedentes e consequentes.

São essas interações das pessoas com seus ambientes que a Análise do Comportamento estuda para tentar entender quais fatores as levam a se comportar da maneira como o fazem em determinadas situações. Ao entender isso, passa a ser possível que as pessoas se comportem de formas diferentes em situações similares. Se Joaquim, hoje, evita situações nas quais tem de se expor em público (reforçamento negativo) em decorrência das consequências passadas desse comportamento, é correto supor que, se alterarmos tais consequências, de hoje em diante provavelmente o comportamento mudará no sentido planejado. De acordo com Andery (2010, p. 319):

> A expressão "análise do comportamento" designa, então, um conjunto de práticas de uma comunidade (os analistas do comportamento) e seus produtos. Tais práticas envolvem as maneiras de fazer pesquisa e os seus resultados, ou seja, envolvem a pesquisa científica que serve de base e fundamento para a produção de corpo de conhecimento teórico e de explicações (comportamento verbal) sobre o comportamento e, então, para o desenvolvimento de técnicas, procedimentos e tecnologias de intervenção que são aplicadas para a solução de problemas envolvendo comportamentos.

A Análise do Comportamento é uma ciência e uma profissão. É uma ciência porque os analistas do comportamento realizam pesquisas investigando como as mais diversas variáveis ambientais influenciam o comportamento. Todos os princípios comportamentais descritos neste livro foram amplamente estudados e demonstrados em milhares de pesquisas empíricas/experimentais ao longo de quase um século de pesquisas realizadas tanto com animais não humanos como com seres humanos. Esses estudos, ou o conhecimento produzido a partir deles, têm sido agrupados sob dois rótulos principais, ou duas grandes áreas principais que constituem a ciência da Análise do Comportamento: (1) Análise Experimental do Comportamento e; (2) Análise do Comportamento Aplicada. A despeito do nome de cada uma dessas áreas, ambas são caracterizadas por produzirem conhecimento, principalmente, a partir de pesquisas empíricas/experimentais.

A Análise Experimental do Comportamento (AEC) ocupa-se em produzir conhecimentos sobre os princípios e leis que descrevem como e por quais variáveis o comportamento é influenciado, independentemente de esse conhecimento ter aplicação prática e ser produzido com seres humanos ou animais (i.e., pesquisa básica). Um dos principais periódicos científicos nos quais esses conhecimentos são publicados é o *Journal of the Experimental Analysis of Behavior* (JEAB).

A Análise do Comportamento Aplicada (ABA, do inglês: *Applied Behavior Analysis*) ocupa-se em produzir conhecimentos de aplicação prática (tecnologia comportamental) e imediata ao comportamento humano nos diversos campos de atuação do psicólogo. Uma análise das características dessa área pode ser encontrada em Baer, Wolf e Risley (1987). Um dos principais periódicos científicos nos quais esses conhecimentos são publicados é o *Journal of Applied Behavior Analysis* (JABA). Cooper, Heron e Heward (2007, p. 40) definem assim a ABA:

> Análise do Comportamento Aplicada é a ciência na qual táticas derivadas de princípios comportamentais são aplicadas sistematicamente para aprimorar comportamentos socialmente relevantes e a experimentação é usada para identificar as variáveis responsáveis pela mudança no comportamento.

Note que Cooper, Heron e Heward (2007) definem a ABA como uma ciência, isto é, como uma área de produção de conhecimento, e não a atuação profissional em Análise do Comportamento ou a aplicação em contextos profissionais do conhecimento nela produzido. Portanto, quando nos referimos à AEC e à ABA, estamos nos referindo à ciência da Análise do Comportamento. O conhecimento produzido por essa área, com embasamento filosófico do Behaviorismo Radical, constitui o conjunto de procedimentos e de explicações (comportamento verbal) que caracterizam a prática profissional do analista do comportamento. Nas palavras de Tourinho (2006, p. 2):

> Respondendo às demandas que dão origem à Psicologia, a análise do comportamento se elabora como um sistema que integra produções de três tipos: (a) uma reflexão filosófica ou conceitual sobre o objeto da psicologia, as possibilidades de investigá-lo e o alcance de um conhecimento a seu respeito; (b) uma especificação de regularidades das relações comportamentais, a partir do desenvolvimento de um programa de investigações empírico-experimentais dos processos de aprendizagem; e (c) o desenvolvimento de técnicas ou estratégias de intervenção frente aos problemas humanos definidos como psicológicos (cf. Tourinho, 2003). Esses empreendimentos são por vezes designados como Behaviorismo Radical (a filosofia), Análise Experimental do Comportamento (a ciência) e a prestação de serviços analítico-comportamentais. Há, ainda, a Análise do Comportamento Aplicada, em um espaço intermediário entre a investigação básica e a intervenção frente a problemas específicos.

Ainda sobre a distinção entre AEC e ABA, digamos que você leia um artigo científico que tenha estudado os efeitos de consequências reforçadoras sobre a taxa de respostas de pressão à barra em ratos. Nesse caso, temos uma pesquisa característica da área da AEC (poderíamos dizer o mesmo se o sujeito experimental fosse uma pessoa e a resposta em questão o apertar de um botão no teclado de um computador). Digamos, agora, que você leia um artigo científico que tenha estudado os efeitos da atenção como estímulo reforçador sobre a taxa de respostas autolesivas de uma criança diagnosticada com autismo. Nesse caso, temos uma pesquisa característica da área da ABA: comportamentos autolesivos constituem um problema prático e cotidiano do comportamento humano, ou seja, apresentam relevância social. Veja que ambas as pesquisas estudaram o efeito de consequências reforçadoras sobre classes de respostas específicas e que ambas podem ter sido realizadas utilizando-se o método experimental. A diferença, basicamente, foi a relevância social das classes de comportamentos em questão.

Embora seja extremamente importante que os profissionais estudem pesquisas qualificadas como AEC (incluindo aquelas com animais não humanos), eles basearão suas práticas principalmente em pesquisas qualificadas como ABA ao atuarem profissionalmente em consultórios, escolas, organizações, hospitais, etc. Nesse sentido, vale a pena fazer aqui duas ressalvas, uma geral e uma específica. A primeira é que, independentemente da área de atuação, você encontrará essas pesquisas tanto sob o rótulo de ABA como sob o de AEC. Ambos os termos referem-se à mesma coisa e são duas traduções diferentes de *Applied Behavior Analysis*, o termo que dá origem à sigla ABA. No Brasil, é comum vermos o uso da sigla em inglês, ABA, para se referir à Análise do Comportamento Aplicada, e aí reside nossa segunda ressalva. Essa sigla é conhecida em nosso país principalmente entre profissionais e não profissionais que trabalham ou têm interesse em intervenções com pessoas diagnosticadas com transtorno do espectro autista (TEA). O motivo para a popularização da ABA entre essas pessoas é simples: intervenções baseadas nessa abordagem estão entre os tratamentos mais estudados e com mais evidências de eficácia para o autismo.

No que se refere às intervenções no autismo, muitas pessoas (profissionais ou não), ao dizerem que têm utilizado intervenções baseadas nos conhecimentos produzidos pela Análise do Comportamento, têm se referido a elas como "Método ABA". Porém, o uso da expressão "Método ABA" para se referir a intervenções analítico-comportamentais com pessoas diagnosticadas com TEA pode gerar alguns problemas. Por isso, gostaríamos de sugerir aqui que, em vez de falar em intervenções baseadas no "Método ABA", falássemos sempre em intervenções analítico-comportamentais. Vejamos alguns argumentos que, de acordo com nosso ponto de vista, justificam essa mudança.

Inconsistência conceitual no uso da sigla ABA. Como vimos, a sigla ABA significa, em português, Análise do Comportamento Aplicada. Se escrevêssemos com o nome, e não com a sigla, teríamos o "Método Análise do Comportamento Aplicada". Fica meio estranho, não é verdade? A Análise do Comportamento Aplicada é uma área de produção de conhecimento (ou um conjunto de conhecimentos sobre o comportamento) e não um método. Parte significativa desse conhecimento é a descrição de métodos (ou procedimentos) para se intervir sobre o comportamento. A ABA, portanto, não é um método, mas uma ciência sobre o comportamento humano que tem uma finalidade prática: a solução de problemas socialmente relevantes. Como uma ciência, ela dispõe de um conjunto de conhecimentos que inclui uma grande variedade de métodos e procedimentos de avaliação e intervenção sobre o comportamento.

Não exclusividade do "Método ABA" para o tratamento do autismo. O termo "Método ABA" tem sido utilizado quase exclusivamente – se não exclusivamente – para se referir ao tratamento de pessoas diagnosticadas com TEA. No entanto, os princípios e procedimentos utilizados sob esse rótulo para intervenções com esses pacientes não foram desenvolvidos exclusivamente para tal fim. Por exemplo, tarefas de discriminações condicionais, geralmente realizadas nas chamadas "tarefas de mesa" com crianças autistas, são, basicamente, as mesmas utilizadas para ensinar crianças com desenvolvimento típico a ler e a escrever, bem como para ensinar conceitos complexos a estudantes universitários. Os princípios de reforçamento, extinção e generalização, utilizados sob o rótulo de "Método ABA" para pessoas diagnosticadas com TEA, são os mesmos aplicados em quaisquer outras intervenções analítico-comportamentais. Dessa forma, se fôssemos falar de "Método ABA" para o autismo, seria igualmente correto falar de "Método ABA" para tratamento da depressão, "Método ABA" para o desenvolvimento de habilidades interpessoais, "Método ABA" para tratar transtornos de ansiedade generalizada, etc. Se esse raciocínio estiver correto, então nos parece mais adequado, em todos os casos, incluindo o autismo, falarmos de intervenções analítico-comportamentais.

O risco de se trocar o todo por uma parte. Textos e cursos sobre o "Método ABA", no geral, apresentam apenas uma pequena parte do corpo de conhecimentos chamado de Análise do Comportamento. É esse corpo de conhecimento, no seu todo, que confere efetividade às intervenções analítico-comportamentais, sejam elas no campo do autismo ou não. Nesse sentido, divulgar o "Método ABA" como um conjunto de práticas para o tratamento do autismo pode desviar o foco da Análise do Comportamento.

Os conhecimentos ensinados em muitos cursos e textos que utilizam o termo "Método ABA" em seus títulos são úteis e condizentes com o arcabouço teórico-metodológico da Análise do Comportamento. No entanto, no geral, representam apenas uma pequena parte do todo. Obviamente, nenhum curso sozinho consegue cobrir todo o conteúdo de uma ciência. Realizar intervenções analítico-comportamentais, em qualquer área, sem uma sólida formação em Análise do Comportamento (AEC, ABA e Behaviorismo Radical) pode resultar em problemas de planejamento e execução das avaliações e intervenções, levando a resultados pouco eficazes.

Parte importante do sucesso das intervenções analítico-comportamentais com autistas e de intervenções no geral reside no fato de que elas são baseadas em evidências científicas. As intervenções utilizadas foram testadas de acordo com os critérios rigorosos relativos ao método científico de produção do conhecimento. Os bons profissionais dessa área utilizam apenas procedimentos que foram previamente testados de forma cuidadosa ou que são derivados de princípios amplamente demonstrados por meio de pesquisas empíricas/experimentais. Desse modo, apresentam uma postura responsável com os usuários de seus serviços e com o conhecimento produzido. Esses profissionais, ao receberem casos nos quais é preciso intervir, por exemplo, sobre comportamentos de estereotipia, comportamentos autolesivos ou déficits de aprendizagem de comportamentos de higiene pessoal, consultam a literatura científica sobre intervenções relacionadas a esses comportamentos e reproduzem aquilo que a literatura científica aponta como procedimentos efetivos para tais casos. Essa forma de trabalhar é conhecida como prática baseada em evidências (Leonardi & Meyer, 2015). A despeito disso, esses procedimentos, cuja eficácia é baseada em evidências, não são aplicados de forma padronizada a todo e qualquer caso sem a realização de uma análise funcional individual cuidadosa. Apenas com base na análise funcional individual, o profissional poderá decidir qual o melhor procedimento para o caso em questão e qual a melhor forma de aplicá-lo para aquele paciente em particular.

A prática baseada em evidências, embora pouco discutida no Brasil (cf. Leonardi & Meyer, 2015), deve ser a regra, e não a exceção, na prática profissional dos psicólogos e não só no caso do autismo. A escolha de uma ou outra forma de intervenção não pode ocorrer apenas de acordo com as preferências pessoais do profissional. Essa escolha deve ser baseada na literatura científica, especialmente nos relatos de pesquisa empírica/experimental. O compromisso histórico da Análise do Comportamento como uma ciência do comportamento baseada na experimentação imputa ao profissional da área a obrigação ética e ocupacional de basear seu trabalho em evidências científicas. Para o analista do comportamento, não está em discussão a prática baseada em evidências, pois, para ele, não há prática profissional sem evidências científicas.

O Behaviorismo Radical de Skinner

A Análise do Comportamento é uma ciência e uma profissão. É comum que ciências tenham bases filosóficas, ou seja, que algumas de suas premissas tenham origem em algum conhecimento filosófico. Esse é o caso da Análise do Comportamento e do Behaviorismo Radical. Nas palavras de Skinner (1974/2002, p. 7):

> O Behaviorismo não é a ciência do comportamento humano, mas, sim, a filosofia dessa ciência. Algumas das questões que ele propõe são: É possível tal ciência? Pode ela explicar cada aspecto do comportamento humano? Que métodos pode empregar? São suas leis tão válidas quanto as da Física e da Biologia? Proporcionará ela uma tecnologia e, em caso positivo, que papel desempenhará nos assuntos humanos? São particularmente importantes suas relações com as formas anteriores de tratamento do mesmo assunto. O comportamento humano é o traço mais familiar do mundo em que as pessoas vivem, e deve ter sido dito mais sobre ele do que sobre qualquer outra coisa. E de tudo o que foi dito, o que vale a pena ser conservado?

A Análise do Comportamento é uma ciência que está preocupada em produzir conhecimento empírico/experimental que estabeleça relações entre variáveis ambientais e o comportamento. No âmbito filosófico, o Behaviorismo está preocupado com questões sobre a natureza dessa ciência, de seus métodos e do seu objeto de estudo (o comportamento). Em sua concepção atual, portanto, não é uma abordagem psicológica, mas uma filosofia.

O termo Behaviorismo surgiu formalmente em 1913, com o psicólogo norte-americano John Watson. Ao longo da história, passou por reformulações e recebeu diferentes adjetivos como, por exemplo, Behaviorismo clássico, metodológico, mediacional e radical. Nos dias atuais, praticamente todo mundo que se diz behaviorista está fazendo referência ao chamado Behaviorismo Radical, de B. F. Skinner.

Podemos dizer que a Análise do Comportamento é a formulação atual fundamentada nessa filosofia e que suas principais concepções foram apresentadas por Skinner (mesmo que parte delas já estivessem presentes na formulação original do Behaviorismo clássico, com John Watson). Segundo Skinner (1974/2002, pp. 9-10):

> O próprio Watson fez importantes observações acerca do comportamento instintivo e foi, na verdade, um dos primeiros etologistas no sentido moderno; impressionou-se muito, porém, com as novas provas, acerca daquilo que um organismo podia aprender a fazer, e fez algumas alegações exageradas acerca do potencial de uma criança recém-nascida. Ele próprio considerou-as exageradas, mas, desde então, tais alega-

ções têm sido usadas para desacreditá-lo. Sua nova ciência nascera, por assim dizer, prematuramente. Dispunha-se de muito poucos fatos relativos ao comportamento – particularmente ao comportamento humano. A escassez de fatos é sempre um problema para uma ciência nova, mas, para o programa agressivo de Watson, num campo tão vasto quanto o do comportamento humano, era particularmente prejudicial. Fazia-se mister um suporte de fatos maior do que aquele que Watson foi capaz de encontrar, e, por isso, não é de surpreender que muitas de suas declarações pareçam simplificadas e ingênuas (...). Eles (Watson e Pavlov) foram também forçados a fazer interpretações apressadas do comportamento complexo; Watson afirmando que o pensamento era apenas uma fala subvocal, e Pavlov, que a linguagem não passava de "um segundo sistema de sinais". Nada, ou quase nada, tinha Watson a dizer a respeito de intenções, propósitos ou criatividade. Ele acentuava a promessa tecnológica de uma ciência do comportamento, mas seus exemplos não eram incompatíveis com um controle manipulador (...). Mais de sessenta anos se passaram desde que Watson publicou seu manifesto, e muita coisa ocorreu nesse período. A análise científica do comportamento tem feito progressos dramáticos, e as deficiências da apresentação de Watson são agora, creio eu, principalmente de interesse histórico.

O interesse de Skinner pela psicologia começou quando ele tomou contato com as obras de Watson e Pavlov, entre outros autores. No entanto, no trecho citado, fica claro que Skinner, mesmo reconhecendo a importância das contribuições de Watson e Pavlov para uma ciência do comportamento, discorda de algumas ideias desses autores e as aprimora. Se você prestar bem atenção, perceberá que as críticas que Skinner faz ao behaviorismo de Watson na citação são similares às que os menos avisados fazem, atualmente, à Análise do Comportamento. Isto é, quando as pessoas criticam essa ciência hoje, na verdade, elas estão criticando um behaviorismo ultrapassado ou mesmo mal compreendido, fazendo as mesmas críticas que Skinner fez há mais de quatro décadas (vale ressaltar que parte dessas críticas, dirigidas a Watson, é também fruto da incompreensão de sua obra):

> A afirmação de que os behavioristas negam a existência de sentimentos, sensações, ideias e outros traços da vida mental precisa ser bem esclarecida. O behaviorismo metodológico e algumas versões do positivismo lógico excluíam os acontecimentos privados porque não era possível um acordo público acerca de sua validade. A introspecção não podia ser aceita como uma prática científica, e a psicologia de gente como Wilhelm Wundt e Edward B. Titchener era atacada por isso. O Behaviorismo Radical, todavia, adota uma linha diferente. Não nega a possibilidade da auto-observação ou do autoconhecimento ou sua possível utilidade, mas questiona a natureza daquilo que é sentido ou observado e, portanto, conhecido. Restaura a introspecção, mas não aquilo que os filósofos e os psicólogos introspectivos acreditavam "esperar", e suscita o problema de quanto do nosso corpo podemos realmente observar. (...) O mentalismo, ao fornecer uma aparente explicação alternativa, mantinha a atenção afastada dos acontecimentos externos antecedentes que poderiam explicar o comportamento. O behaviorismo metodológico fez exatamente o contrário: com haver-se exclusivamente com os acontecimentos externos antecedentes, desviou a atenção da auto-observação e do autoconhecimento. O Behaviorismo Radical restabelece certo tipo de equilíbrio.

Não insiste na verdade por consenso e pode, por isso, considerar os acontecimentos ocorridos no mundo privado dentro da pele. Não considera tais acontecimentos inobserváveis e não os descarta como subjetivos. Simplesmente questiona a natureza do objeto observado e a fidedignidade das observações. (Skinner, 1974/2002, pp. 18-19)

Percebemos claramente nesse trecho que Skinner (ou o seu Behaviorismo Radical) não nega a existência de sentimentos, sensações e ideias. O que se questiona é o papel de tais eventos na determinação da conduta humana. Para Skinner, um pensamento, sentimento ou um desejo não podem ser a explicação para um comportamento (p. ex., "Agredi porque estava com raiva"), pois são termos que também descrevem comportamentos e, portanto, devem ser explicados por meio de cuidadosas descrições de suas interações com o ambiente.

Behaviorismo Radical: visão de homem e determinismo. Nessa filosofia, o homem é visto como um organismo semelhante a outro qualquer, sendo o seu comportamento determinado por variáveis ambientais organizadas em três níveis de seleção: o filogenético, o ontogenético e o cultural. O ser humano, ao contrário dos demais animais, todavia, aprendeu a descrever o seu ambiente e a si mesmo (i.e., o comportamento verbal). O comportamento verbal resultou em interações muito mais complexas com o ambiente, sobretudo com o ambiente social, as quais resultaram em comportamentos tão diferentes daqueles comumente emitidos pelos outros animais que justificaram a pressuposição equivocada, segundo Skinner, de que o ser humano é especial no sentido em que exige outras ferramentas de análise para ser investigado. A concepção do homem como diferente dos outros seres pode justificar, ainda, a noção, também equivocada, de que o seu estudo, mais especificamente o estudo de seu comportamento, fugiria ao escopo da ciência.

Ao ver o ser humano como um organismo que não difere dos outros em essência, abrimos a possibilidade de estudar todos dos seus comportamentos utilizando as mesmas ferramentas de análise das demais ciências naturais. O comportamento humano, por mais complexo que seja, é um objeto de estudo que pode ser descrito por leis naturais, da mesma forma como os objetos de estudo da física, da química e da biologia, por exemplo. Desse modo, para o Behaviorismo Radical, não há necessidade de recorrer a explicações para o comportamento baseadas em outros processos internos não observáveis em adição às explicações baseadas na interação entre o organismo e o ambiente. Esse tipo de explicação, como já referido em outros capítulos, é denominado por Skinner de *mentalismo*, e os referidos processos internos, de *ficções explanatórias*.

Quando dizemos que alguém brigou porque estava com raiva, ruborizou porque é tímido, foi aprovado em um concurso público porque é inteligente, etc., estamos explicando os comportamentos de forma mentalista. Estamos recorrendo à raiva, à timidez e à inteligência para explicar o comportamento. O leitor atento concordará que essas são explicações incompletas porque nos ajudam pouco a entender o que está realmente acontecendo. Se nos contentarmos com explicações desse tipo, nos afastamos de encontrar os determinantes dos comportamentos em questão. Skinner defende que devemos perguntar quais condições favoreceram os comportamentos de brigar, de ficar com raiva, de ruborizar, de ficar tímido e de fazer uma boa prova de concurso. Segundo sua abordagem, as ficções explanatórias são pouco úteis para a previsão e o controle do comportamento, uma vez que suas definições decorrem exatamente dos comportamentos que deveriam explicar. Desse modo, para predizer e controlar o comportamento, precisamos descrever com precisão as diversas condições de interações entre o organismo e o ambiente, sem recorrer às ficções explanatórias.

A pressuposição de que o comportamento, como outros fenômenos naturais, é influenciado por variáveis identificáveis, bem como de que a relação entre o comportamento e essas variáveis pode ser descrita por leis científicas, é denominada **determinismo**. Pressupor o determinismo, todavia, não significa defender que todo comportamento possui uma causa mecânica identificável. Skinner criticou o determinismo estrito, o qual pressupunha que a ciência seria capaz de encontrar as verdadeiras causas do comportamento. Para ele, o comportamento terá a sua probabilidade de ocorrência determinada por variáveis ambientais. Essas variáveis não são causas, mas, sim, condições relevantes para a ocorrência de um comportamento, na medida em que alteram a sua probabilidade de ocorrência. É incorreto dizer, por exemplo, que uma pessoa bebe água porque está com sede. Essa explicação é incompleta, uma vez que aponta uma única condição para a ocorrência do comportamento, a saber, a sede. Para utilizarmos a sede como explicação, precisamos explicar o que a gerou, de modo que ela, como explicação para o comportamento de beber água, se torne um elo dispensável. Uma descrição mais precisa seria listar as condições para que esse comportamento ocorra; por exemplo, a pessoa ter acabado de correr 10 km, haver um ambulante vendendo água mineral por perto, o indivíduo ter dinheiro para comprar a água, ter aprendido a comprar água em condições similares, e assim por diante. Uma investigação em Análise do Comportamento fundamentada no Behaviorismo Radical busca identificar as variáveis correlacionadas com a ocorrência do comportamento, procedimento já visto no Capítulo 9 como análise funcional. Ao identificarmos essas variáveis, teremos condições de prever e controlar o comportamento.

Behaviorismo Radical: determinismo e selecionismo. Skinner adota o modelo de casualidade proposto por Darwin, ou seja, o modelo selecionista para explicar o comportamento. O modelo da seleção natural era uma tentativa de explicar como as espécies se originavam a partir de espécies ancestrais. Para tanto, dois processos fundamentais ocorriam: a variação e a seleção. À medida que membros de uma espécie procriavam, as suas bagagens genéticas se combinavam. Essas combinações se davam de forma aleatória, gerando indivíduos únicos e ligeiramente diferentes de seus genitores (variação casual). Esses indivíduos com características específicas sobreviveriam apenas caso tais diferenças fossem importantes para a sua adaptação naquele ambiente (seleção pelo ambiente). Provavelmente, os outros membros da espécie disponíveis para procriar teriam as mesmas características, uma vez que aqueles indivíduos que não as tivessem teriam sucumbido no ambiente em questão (seleção pelo ambiente). A procriação entre espécimes que necessariamente possuiriam certas características reduziria a probabilidade de novos indivíduos sem as características importantes para a sobrevivência naquele ambiente. À medida que esse processo se repetisse ao longo de muitas gerações, essas características selecionadas pelo ambiente seriam definidoras da nova espécie que evoluiu de espécies ancestrais. Portanto, a variação é essencial para a evolução, porque é a partir dela que o ambiente selecionará as características fisiológicas que serão transmitidas às novas gerações.

Para Skinner, esses dois processos também ocorrem com o comportamento. Os organismos nascem apresentando variações, muitas vezes casuais, de suas respostas, como a movimentação dos membros ou a emissão de sons, por exemplo. Algumas dessas variações serão selecionadas pelo ambiente, mais especificamente, pelas consequências que produzem nele. As variações selecionadas, ou seja, reforçadas, tenderão a se repetir naquele ambiente. As que não forem reforçadas, tenderão a deixar de ocorrer. Desse modo, Skinner pressupõe que o comportamento evolui, ou seja, se modifica, a partir da variação casual e da seleção pelas consequências. A variação casual é mais fácil de observar em bebês, já que houve pouco contato com o ambiente selecionador em relação aos adultos. Entretanto, mesmo em se tratando de adultos, quando os inserimos em um ambiente novo, é provável que observemos variações em relação ao modo como geralmente se comportam. Esses processos serão a origem do repertório comportamental que evoluirá no indivíduo sob influência de outros processos, geralmente sociais, como o acesso ao comportamento de outros organismos expostos às contingências (modelação) e a descrições verbais de contingências (instruções), por exemplo.

Ao admitir o papel da variação casual, Skinner abre espaço para a casualidade na determinação do comportamento, rompendo com a noção moderna de determinismo estrito predominante nas primeiras versões de behaviorismo. Assim, para o Behaviorismo Radical, a pergunta comum de estudantes de psicologia sobre se dois gêmeos univitelinos vivendo exatamente no mesmo ambiente teriam a mesma personalidade perde o sentido. É impossível que duas pessoas tenham a mesma interação com o ambiente, por mais que tenham a mesma bagagem genética, já que as variações comportamentais são casuais e é a partir delas que os seus comportamentos serão construídos pelo ambiente selecionador. Para uma discussão particularmente esclarecedora sobre esse ponto, sugerimos a leitura de Moreira (2014).

A seleção atuará sobre o comportamento em três níveis: o filogenético, que envolve a seleção natural das características fisiológicas da espécie e das características comportamentais inatas, como os reflexos incondicionados; o ontogenético, que descreve a seleção pelas consequências e o processo de condicionamento respondente; e, por fim, o cultural, que se refere ao controle que os indivíduos exercem sobre os comportamentos uns dos outros em um grupo. Skinner aplica o modelo selecionista à evolução de uma cultura na medida em que certas **práticas culturais** (i.e., padrões comportamentais grupais, como, por exemplo, reciclar o lixo) são selecionadas ou não pelas suas consequências para essa própria cultura no longo prazo.

Behaviorismo Radical: pragmatismo e os eventos privados. Alguns de nossos comportamentos e parte do ambiente são acessíveis apenas a nós mesmos, mas não às outras pessoas. Esses comportamentos costumam ser descritos por termos psicológicos, como pensamentos, sentimentos e emoções, e estudá-los pode ser especialmente problemático devido à dificuldade do acesso por outras pessoas além de nós mesmos. As primeiras versões do Behaviorismo utilizavam como requisito de validade de um enunciado científico (i.e., uma lei ou teoria científica) a sua comprovação com base na observação consensual. Para tanto, o acesso ao comportamento para duas ou mais pessoas era essencial. Desse modo, os comportamentos inacessíveis à observação por pelo menos dois indivíduos foram inicialmente deixados de fora do objeto de estudo da psicologia, até que fossem criadas novas tecnologias que os tornassem acessíveis à observação consensual.

Por reconhecer a importância desses eventos para a compreensão do comportamento e da "subjetividade", era fundamental que o behaviorismo os reincorporasse à análise. A solução encontrada por Skinner para o estudo dos comportamentos inacessíveis à observação consensual foi filosófica, e não tecnológica. Skinner adotou outro critério de verificação da validade de leis e teorias científicas. O pragmatismo, movimento filosófico que tem William James como um dos principais expoentes, substitui a constatação da validade por meio do critério da observação consensual pelo critério da utilidade. Um enunciado científico será considerado válido se ele for útil, ou seja, se nos ajudar a prever e a controlar os fenômenos de estudo. Ao adotar o modelo pragmático de validade científica, Skinner abre a possibilidade do estudo dos comportamentos inacessíveis a duas ou mais pessoas, sendo os enunciados científicos acerca deles testados pelo critério da utilidade, e não pelo da observação consensual.

Skinner denominou os comportamentos e estímulos acessíveis a apenas uma pessoa de **eventos privados** ou **encobertos**. Portanto, para o Behaviorismo Radical, os estímulos e os comportamentos privados serão estudados pela Análise do Comportamento, ainda que não utilizemos as palavras pensamento, sentimentos e emoção para descrevê-los, por exemplo.

A falta de acesso aos chamados eventos privados gerou uma grande confusão, de acordo com Skinner, no senso comum, na filosofia e na psicologia. Os comportamentos privados, até o advento do Behaviorismo Radical, eram tratados como eventos de natureza distinta dos comportamentos públicos, de modo que exigiriam, para sua explicação, outras ferramentas de análise, indisponíveis às ciências naturais. Essa concepção, de acordo com Skinner, é pouco útil para predizer e controlar o comportamento e, portanto, não passaria no critério pragmático de veracidade científica. De acordo com esse critério, Skinner pressupõe que os mesmos princípios que regem os comportamentos públicos podem ser generalizados para os privados. Essa generalização se justifica pelo critério pragmático de validade científica, afinal é útil para a predição e para o controle dos comportamentos privados presumir que possam ser descritos pelos mesmos princípios comportamentais básicos obtidos com o estudo dos comportamentos públicos (i.e., aqueles que podem ser observados por duas ou mais pessoas).

Portanto, os comportamentos privados são diferentes dos públicos apenas quanto à sua acessibilidade, e não quanto à sua natureza. Tanto os comportamentos públicos como os privados são de natureza física e, desse modo, passíveis ao escrutínio das ciências naturais, que é a categoria na qual Skinner classifica a Análise do Comportamento.

Compreensões equivocadas acerca do Behaviorismo Radical. Para finalizar esta obra, apresentaremos uma lista de ideias completamente equivocadas que muitas pessoas ainda têm sobre o Behaviorismo Radical de Skinner e sobre a Análise do Comportamento e as respectivas explicações e respostas a cada uma dessas ideias. Parte dessas concepções equivocadas foram descritas por Skinner no seu livro de 1974/2002, *Sobre o behaviorismo*:

1. O behaviorismo ignora a consciência, os sentimentos e os estados mentais.

O Behaviorismo Radical rejeita a existência de consciência, sentimentos e estados mentais de forma separada dos comportamentos para os quais são utilizados como explicações. Esses termos são descrições de comportamentos com certas características específicas em níveis de análise geralmente mais amplos. Em decorrência disso, muitos comportamentos com determinações distintas são agrupados sob os mesmos rótulos (p. ex., sentimentos), de modo que tais termos são de pouca utilidade para uma análise científica. Portanto, o Behaviorismo Radical não rejeita a consciência, os sentimentos e os estados mentais.

O Behaviorismo Radical simplesmente os trata como termos psicológicos pouco úteis que descrevem comportamentos, sendo estes, os comportamentos, os objetos de estudo realmente relevantes para uma ciência do comportamento.

2. O behaviorismo negligencia os dons inatos e argumenta que todo comportamento é adquirido durante a vida do indivíduo.

Como visto neste capítulo e no Capítulo 9, um dos níveis de seleção é o filogenético, o qual se refere justamente aos determinantes genéticos do comportamento. Para o Behaviorismo Radical, uma descrição abrangente do comportamento deve compreender determinantes inatos e aprendidos. Como a manipulação genética não é uma das ocupações da psicologia, nosso foco recai sobre a aprendizagem. No entanto, é incorreto dizer que aspectos genéticos não atuem na determinação do comportamento.

3. O behaviorismo apresenta o comportamento simplesmente como um conjunto de respostas a estímulos, descrevendo a pessoa como um autômato, um robô, um fantoche ou uma máquina.

Uma das frases mais citadas de Skinner é: "Os homens agem sobre o mundo, modificam-no e, por sua vez são modificados pelas consequências de sua ação" (Skinner, 1957/1975, p. 15). Por essa afirmação, podemos concluir que o ser humano age sobre o ambiente em vez de meramente reagir a ele como uma espécie de fantoche ou autômato. Entretanto, Skinner parte do pressuposto de que o comportamento é afetado pelo ambiente e que, com base nas descrições das relações entre o comportamento e o ambiente, é possível prevê-lo e controlá-lo. A pressuposição da existência do livre-arbítrio é pouco útil para uma ciência do comportamento que tem como objetivos a predição e o controle.

4. O behaviorismo não tenta explicar os processos cognitivos.

Na realidade, ele tenta explicar qualquer comportamento, inclusive aqueles resumidos pelo conceito de processos cognitivos. A oposição do Behaviorismo Radical é à utilização dos processos cognitivos como explicações para o comportamento (ficções explanatórias). Não faz sentido compartimentalizar o indivíduo em categorias de natureza distinta (dualismo), uma relativa aos processos mentais ou cognitivos e outra relativa ao corpo e ao comportamento observável. Menos justificável ainda é pressupor que eventos de diferentes naturezas possam interagir e interferir na ocorrência um do outro, como, por exemplo, os processos cognitivos terem *status* de causa do comportamento. Conforme já discutido, a existência de processos cognitivos é evidenciada pelos comportamentos para os quais esses processos servem de explicação. Trata-se, portanto, de uma explicação circular. Por exemplo, podemos explicar o comportamento de um jovem de prestar o vestibular para Psicologia, e não para Direito, por meio de um processo ou mecanismo cognitivo de tomada de decisão. Mas como podemos dizer que esse processo ou mecanismo ocorreu ao constatar que o jovem escolheu um curso em detrimento do outro? Para manter o processo ou mecanismo cognitivo de tomada de decisão como explicação para o comportamento diante de mais de uma alternativa de reforçamento, precisaremos explicar como esse processo ou mecanismo funciona. Para isso, precisaremos investigar as contingências atuais e históricas às quais os comportamentos do jovem foram submetidos. Se precisaremos investigá-las de qualquer forma, explicar a escolha pelo processo ou mecanismo de tomada de decisão é circular e incompleto.

5. O behaviorismo não considera as intenções ou os propósitos.

As intenções e os propósitos são apenas outros modos de descrever o controle das consequências sobre o comportamento. Nosso comportamento é determinado pelos eventos ambientais, e as descrições que fazemos para nós mesmos acerca das razões para emitirmos determinadas respostas não necessariamente controlarão nosso comportamento. Uma coisa é admitir que os indivíduos têm intenções ou propósitos, o que o Behaviorismo Radical faz, outra é admitir seu *status* de causa, o que essa filosofia rejeita. Dito de maneira direta e simples: intenção e propósito não são causas do comportamento, são termos relativos aos comportamentos que precisam, eles mesmos, ser explicados em termos de interações entre o indivíduo e seu ambiente.

6. O behaviorismo não consegue explicar as realizações criativas – na arte, por exemplo, ou na música, na literatura, na ciência ou na matemática.

O comportamento artístico, novo ou criativo é tão comportamento quanto aqueles considerados mais simples ou estereotipados. Muitos são difíceis de analisar, principalmente os casos que envolvem a recombinação de outros comportamentos. Entretanto, considerá-los como resultantes de processos que fogem ao escopo de uma análise científica não nos ajuda a compreendê-los. Na atualidade, existem grandes áreas de pesquisa em AEC destinadas a estudar esse tipo de comportamento, como as de relações de equivalência e variabilidade, por exemplo. É muito interessante verificar o comportamento novo ou criativo variar em função de manipulações experimentais nas quais consequências são produzidas a partir da emissão de novos comportamentos, muitas vezes não ensinados diretamente, o que ilustra ainda mais como operam os princípios da variabilidade e seleção para indução, generalização, variação e fortalecimento de repertórios complexos.

7. O behaviorismo não atribui qualquer papel ao eu ou à consciência do eu.

A consciência ou o *eu* são categorias descritivas de comportamentos. Entretanto, os comportamentos designados sob o rótulo de consciência são particularmente interessantes, já que estão sob o controle discriminativo de outros comportamentos da própria pessoa. Em outras palavras, a consciência ou o autoconhecimento compreendem um sistema de respostas complexo especializado em descrever os demais comportamentos do indivíduo e os seus determinantes. O autoconhecimento tem utilidade clínica óbvia, uma vez que uma pessoa que conhece os determinantes do seu comportamento se encontra em posição vantajosa para modificá-lo. Entretanto, se ela o fará ou não dependente de outras variáveis ambientais.

8. O behaviorismo é necessariamente superficial e não consegue lidar com as profundezas da mente ou da personalidade.

Dar nomes a traços de personalidade (extroversão, por exemplo) e dizer que eles explicam os comportamentos observáveis das pessoas não é, de fato, parte da agenda de pesquisa dos behavioristas. Em contrapartida, identificar quais tipos de interação com o ambiente podem levar alguém a se comportar de forma extrovertida é parte fundamental dessa agenda. Do mesmo modo, "mergulhar nas profundezas da mente" de uma pessoa diagnosticada com esquizofrenia, escrevendo páginas e mais páginas sobre quais são e como se organizam seus delírios e alucinações, não é, de fato, parte da agenda de pesquisa dos behavioristas. Em contrapartida, identificar quais tipos de interação com o ambiente podem levar alguém a se comportar de "forma esquizofrênica" é. Veja que os behavioristas não estão interessados em apenas descrever conjuntos de comportamentos, mas em identificar como as interações com o ambiente influenciam tais comportamentos.

9. O behaviorismo limita-se à previsão e ao controle do comportamento e não apreende o ser, ou a natureza essencial do homem.

De fato, estamos (os behavioristas) interessados, em termos científicos, na previsão e no controle do comportamento. Dito de outra maneira, estamos interessados em poder ajudar as pessoas a manipular seu ambiente de forma a prevenir que sofram, por exemplo, de depressão – isso é prever comportamento; estamos interessados em poder ajudar as pessoas a sair, por exemplo, de um quadro depressivo – isso é controlar comportamento. "Apreender o ser", seja lá o que isso signifique, ou definir a natureza essencial do homem, talvez não seja trabalho para a psicologia. Talvez esse tipo de atividade intelectual seja serviço de um campo da filosofia chamado de ontologia. Ainda assim, como o Behaviorismo Radical é uma filosofia que muitas vezes tem caráter ontológico, você encontrará muitos textos discutindo a noção de homem para esta área.

10. O behaviorismo trabalha com animais, particularmente com ratos brancos, mas não com pessoas, e sua visão do comportamento humano atém-se, por isso, àqueles traços que os seres humanos e os animais têm em comum.

Boa parte das pesquisas em AEC utiliza humanos como participantes de pesquisa na atualidade. Os princípios comportamentais obtidos com humanos e não humanos foram aplicados de forma bem-sucedida nos mais diversos campos de atuação da psicologia. Assim, é evidente que estudar o comportamento animal é útil para se compreender o comportamento do homem. No entanto, é equivocado dizer que estudamos "traços que os seres humanos e os animais têm em comum". Não estudamos traços, estudamos como variáveis ambientais influenciam (controlam) o comportamento. O mesmo princípio que explica a resposta de pressão à barra de um rato pode explicar falas esquizofrênicas de uma pessoa (i.e., o reforçamento). Não estamos interessados no comportamento de pressão à barra de um rato, estamos interessados em descobrir quais variáveis podem controlar esse e outros inúmeros comportamentos, tanto em ratos como em pessoas.

11. Os resultados do behaviorismo, obtidos nas condições controladas de um laboratório, não podem ser reproduzidos na vida diária, e aquilo que ele tem a dizer acerca do comportamento humano no mundo mais amplo torna-se, por isso, uma metaciência não comprovada.

Sem dúvidas a situação controlada do laboratório é artificial e simula de modo distante a complexidade do dia a dia. Essa não é uma especificidade da psicologia. Contudo, considerar que o analista do comportamento espera que o resultado de pesquisas específicas deva ser reproduzido tal e qual na vida cotidiana é pressupor que ele tem uma visão estreita das variáveis que operam em situações diárias. Qualquer ciência experimental padece da mesma limitação, como a física, a química e a biologia, por exemplo. Negar a importância da pesquisa em situação controlada é o mesmo que negar os avanços obtidos por essas ciências e o papel de síntese que o corpo de pesquisas tem para a compreensão de eventos mais complexos. Atualmente, boa parte dos estudos em Análise do Comportamento é feita diretamente nas situações cotidianas, adequando e replicando resultados obtidos em laboratório. Muitas pesquisas sobre educação, por exemplo, são feitas diretamente nas escolas, dentro das salas de aula e com a participação dos professores e alunos durante as classes. Pesquisas desse tipo constituem o corpo de conhecimento da ABA.

12. O behaviorismo é supersimplista e ingênuo; seus fatos são ou triviais ou já bem conhecidos; e suas realizações tecnológicas poderiam ter sido obtidas pelo uso do senso comum.

Você se surpreenderia ao verificar o número de pesquisas em Análise do Comportamento que reportaram resultados contraintuitivos, ou seja, diferentes daquilo que se pensava sobre o fenômeno de acordo com o senso comum. Quanto mais a pesquisa em Análise do Comportamento avança, mais surgem novas perguntas de pesquisa, cada vez mais complexas. Se o leitor deste livro vier a ler os últimos exemplares de dois ou três periódicos da área, certamente concluirá que esse ponto não procede, pois verá pesquisas que buscam compreender os efeitos de diferentes variáveis, abordando situações complexas replicando dados em novos contextos.

13. O behaviorismo cultua os métodos da ciência, mas não é científico; limita-se a emular as ciências.

Como uma ciência nova, a Análise do Comportamento se inspirou em ciências consagradas, utilizando-as como modelo. Na realidade, essas foram um ponto de partida, e, após quase 80 anos de fundação, a Análise do Comportamento já criou, refinou e aperfeiçoou os próprios modos de fazer ciência. É claro que o comportamento é um objeto de estudo com especificidades que dificultam a sua investigação científica, assim como é investigar os planetas fora do sistema solar. A despeito disso, não há razões para supor que o seu estudo científico deveria ser descartado. Pelo contrário, trata-se da barreira que deve ser gradualmente ultrapassada e, de fato, vem sendo.

14. Se as alegações do behaviorismo são válidas, devem aplicar-se ao próprio cientista behaviorista e, assim, este diz apenas aquilo que foi condicionado a dizer e que não pode ser verdadeiro.

Skinner descreve o cientista como um organismo que se comporta, sendo o seu comportamento determinado por variáveis ambientais, como, por exemplo, o próprio comportamento por ele estudado. O fato de um comportamento ser condicionado não o faz deixar de ser "verdadeiro". De qualquer forma, talvez a maneira mais simples de rebater essa crítica seja dizer: o conhecimento produzido pelos analistas do comportamento (behavioristas) tem ajudado milhares de pessoas em consultórios clínicos, escolas, empresas, no esporte, nos hospitais e onde mais haja pessoas se comportando.

15. O behaviorismo só se interessa pelos princípios gerais e, por isso, negligencia a unicidade do individual.

De fato, buscamos os princípios gerais que são descrições de relações ordenadas que se repetem, pois, com base neles, podemos prever e controlar o comportamento. Em contrapartida, o modo como esses princípios vão operar em cada indivíduo é próprio, particular e subjetivo. É absolutamente impossível que duas pessoas tenham a mesma interação com o ambiente ao longo de suas vidas. Os princípios gerais são descrições de como essas relações ocorreram em nível individual. Uma evidência da importância dada ao indivíduo pela Análise do Comportamento é a preconização do uso do delineamento de sujeito único, ou seja, o do indivíduo como o seu próprio controle. Em vez de expormos grandes grupos a valores distintos de uma mesma variável independente (VI) para podermos comparar as medidas de seus comportamentos, tentando minimizar o impacto de indivíduos desviantes das médias, expomos o mesmo sujeito aos diferentes valores da VI. Com isso, queremos investigar como a variável manipulada atua no comportamento do indivíduo único.

16. O behaviorismo é necessariamente antidemocrático porque a relação entre o experimentador e o sujeito é de manipulação, e seus resultados podem, por essa razão, ser usados por ditadores, e não pelos homens de boa vontade.

O uso da tecnologia para fins questionáveis moral e eticamente não é novidade na história da humanidade. Da mesma maneira que não são argumentos para interrompermos as pesquisas em outras ciências, também não são justificativas para deixarmos de investigar o comportamento de modo científico. Na realidade, essa afirmação é um reconhecimento da importância dos conhecimentos produzidos de forma cuidadosa pelos pesquisadores em Análise do Comportamento. A despeito disso, Skinner, nos últimos anos de sua carreira, ocupou-se especialmente em propor modos de vivermos de forma democrática e igualitária, evitando a exploração, o controle aversivo e a agressão ao planeta. Para tanto, o autor se baseou nos achados e nos princípios da Análise do Comportamento, notadamente aqueles que mostram os efeitos prejudiciais do controle aversivo.

17. O behaviorismo encara as ideias abstratas, tais como moralidade ou justiça, como ficções.

Ideias abstratas, tais como moralidade ou justiça, são, em certo sentido, ficções. Você já viu a moralidade ou a justiça andando por aí? Brincadeiras à parte, o que queremos dizer é o seguinte: discutir o que é moral ou ético não nos parece ser um trabalho da ciência, mas, sim, da sociedade. Uma vez definido o que é justiça e moral, por exemplo, interessa ao behaviorista descobrir quais variáveis podem fazer as pessoas se comportarem de forma justa e ética. Não seria interessante, por exemplo, uma sociedade sem corrupção? O behaviorista, nesse caso, está interessado em descobrir quais variáveis tornam mais ou menos provável que uma pessoa aja de forma corrupta.

Conforme debatido ponto a ponto, essas afirmações representam uma extraordinária incompreensão do significado e das realizações de um empreendimento científico como a Análise do Comportamento. O próprio Skinner apresenta uma sugestão acerca das causas dessa incompreensão de sua proposta:

> Como se pode explicar isso? A história dos primórdios do movimento talvez tenha causado confusão. O primeiro behaviorista explícito foi John B. Watson, que, em 1913, lançou uma espécie de manifesto chamado *A psicologia tal como a vê um behaviorista*. Como o título mostra, ele não estava propondo uma nova ciência, mas afirmando que a psicologia deveria ser redefinida como o estudo do comportamento. Isso pode ter sido um erro estratégico. (Skinner, 1974/2002, pp. 8-9)

A despeito da incompreensão da proposta de Skinner de uma ciência do comportamento, muitos esforços são feitos para esclarecer para o leigo e para o estudante de psicologia as verdadeiras posturas filosóficas do Behaviorismo Radical. Este capítulo se destinou apenas a apresentar as principais características da Análise do Comportamento e do Behaviorismo Radical em nível introdutório. Outros trabalhos aprofundam mais esse ponto, como os livros *Sobre o behaviorismo*, do próprio Skinner, e *Behaviorismo Radical: a filosofia e a ciência*, de Chiesa (2006), que indicamos como leitura caso você deseje se aprofundar (e se surpreender) no tema.

Principais conceitos apresentados neste capítulo

Análise do Comportamento	Área de investigação conceitual, empírica e aplicada do comportamento.
Análise Experimental do Comportamento	Área de pesquisa básica e produção de conhecimento experimental da Análise do Comportamento.
Análise Aplicada do Comportamento	Área de pesquisa e produção de conhecimento experimental da Análise do Comportamento com foco na aplicação dos achados e no desenvolvimento de tecnologias comportamentais. Aplicação dos princípios comportamentais nos diversos campos de atuação do psicólogo.
Behaviorismo Radical	O behaviorismo não é a ciência do comportamento humano, mas, sim, a filosofia dessa ciência.

Bibliografia consultada, citada e sugestões de leitura

Andery, M. A. P. A. (2010). Métodos de pesquisa em análise do comportamento. *Psicologia USP, 21*(2), 313-342.

Baer, D. M., Wolf, M. M., & Risley, T. R. (1987). Some still-current dimensions of applied behavior analysis. *Journal of Applied Behavior Analysis, 20*(4), 313-327.

Chiesa, M. (2006). *Behaviorismo Radical: a filosofia e a ciência*. Tradução C. E. Cameschi. Brasília: Celeiro. (Trabalho original publicado em 1994).

Cooper, J. O, Heron T. E, & Heward W. L. (2007). *Applied behavior analysis*. Upper Saddle River: Pearson.

Leonardi, J. L, & Meyer, S. B. (2015). Prática Baseada em Evidências em Psicologia e a História da Busca pelas Provas Empíricas da Eficácia das Psicoterapias. *Psicologia: Ciência e Profissão, 35*(4), 1139-1156.

Moreira, M. B. (2014). Curtindo a vida adoidado: personalidade e causalidade no behaviorismo radical. In A. K. C. R. de-Farias, & M. R. Ribeiro. (Org.). *Skinner vai ao cinema* (2ª. ed, pp. 1-23). Brasília: Instituto Walden4.

Skinner, B.F. (1978). *O comportamento verbal*. Tradução de Maria da Penha Villalobos. São Paulo: Cultrix/EDUSP. (Trabalho original publicado em 1957).

Skinner, B.F. (2002). *Sobre o behaviorismo*. Tradução de Maria da Penha Villalobos. São Paulo: Cultrix/EDUSP. (Trabalho original publicado em 1974).

Tourinho, E. Z. (2006). Relações comportamentais como objeto da Psicologia: algumas implicações. *Interação em Psicologia, 10*(1), 1-8.

Vater des "programmierten Lernens" (2015). *Deutschlandfunk*. Recuperado de http://www.deutschlandfunk.de/der-psychologe-burrhus-frederic-skinner-vater-des.871.de.html?dram:article_id=328441.